Der UN-Menschenrechtsausschuß und sein Beitrag zum universellen Schutz der Menschenrechte

Springer-Verlag Berlin Heidelberg GmbH

Wolf von der Wense

Der UN-Menschenrechtsausschuß und sein Beitrag zum universellen Schutz der Menschenrechte

Springer

Wolf von der Wense
Parkstraße 8
21682 Stade

ISBN 978-3-540-66418-5

Die Deutsche Bibliothek - CIP-Einheitsaufnahme
von der Wense, Wolf: Der UN-Menschenrechtsausschuß und sein Beitrag zum universellen Schutz der Menschenrechte / Wolf von der Wense. - Berlin; Heidelberg; New York; Barcelona; Hongkong; London; Mailand; Paris; Singapur; Tokio: Springer, 1999
ISBN 978-3-540-66418-5 ISBN 978-3-642-58549-4 (eBook)
DOI 10.1007/978-3-642-58549-4

Ursprünglich erschienen bei Springer-Verlag Berlin Heidelberg New York 1999

Umschlaggestaltung: Erich Kirchner, Heidelberg

SPIN 10741103 43/2202-5 4 3 2 1 0 - Gedruckt auf säurefreiem Papier

Für Pirka

Vorwort

Die vorliegende Arbeit wurde im Sommersemester 1999 von der Rechts- und Staatswissenschaftlichen Fakultät der Rheinischen-Friedrich-Wilhelms-Universität als Dissertation angenommen.

Der Autor dankt dem Erstkorrektor, Herrn Prof. Dr. Herdegen, für die freundliche Unterstützung sowie die anregende und zugleich kritische Betreuung der Schrift. Für die Übernahme der Zweitkorrektur fühlt sich der Autor Herrn Prof. Dr. Dolzer gleichfalls dankbar verbunden.

Das Werk geht zurück auf eine Anregung des Mitgliedes des UN-Menschenrechtsausschusses, Herrn Prof. Dr. Buergenthal, dem der Autor ebenfalls seinen Dank schuldet. Die instruktive Begleitung bei verschiedenen Fragen des internationalen Menschenrechtsschutzes während des Studienjahres an der George Washington University Law School 1994/95 hat die Erschließung des Themas erst möglich gemacht.

Literatur und Rechtsprechung konnten im Text bis zum 1. März 1998 ausgewertet werden.

Stade, im April 1999 Dr. Wolf v. der Wense, LL.M.

Inhaltsverzeichnis

Abkürzungsverzeichnis

a.A.	anderer Auffassung
Abs.	Absatz
Add.	Addendum
a.E.	am Ende
AEL	Academy of European Law
AEMR	Allgemeine Erklärung der Menschenrechte
AfrJICL	African Journal of International and Comparative Law
AfrKMR	Afrikanische Kommission für Menschenrechte
AJIL	American Journal of International Law
Allg. Bem.	Allgemeine Bemerkung
AMRK	Amerikanische Menschenrechtskonvention
Anm.	Anmerkung
AöR	Archiv des öffentlichen Rechts
APZ	Aus Politik und Zeitgeschichte
Art.	Artikel
ASEAN	Association of South-East Asian Nations
ASIL	American Society of International Law
Aufl.	Auflage
AUJILP	American University Journal of International Law and Policy
AULR	American University Law Review
ArchVR	Archiv des Völkerrechts
ARSP	Archiv für Rechts- und Sozialphilosophie
ASILP	American Society of International Law Proceedings
AULR	American University Law Review
AYIL	Australian Yearbook of International Law
Bd.	Band
BDGVR	Bericht der Deutschen Gesellschaft für Völkerrecht
BHR	Bulletin of Human Rights
BJIL	Brooklyn Journal of International Law
BLR	Buffalo Law Review
BVerfG	Bundesverfassungsgericht
BYBIL	British Yearbook of International Law
bzgl.	bezüglich
CanYBHR	Canadian Yearbook of Human Rights
CCPR	Covenant on Civil and Political Rights
CJR	Comparative Judicial Review
CLR	Canterbury Law Review

CYBIL	Canadian Yearbook of International Law
CWILJ	California Western International Law Journal
DDR	Deutsche Demokratische Republik
ders.	derselbe
d.h.	das heißt
DJCIL	Duke Journal of Comparative and International Law
DLJ	Dalhousie Law Journal
DPLR	De Paul Law Review
dt.	deutsch(e)
EGMR	Europäischer Gerichtshof für Menschenrechte
EJIL	European Journal of International Law
EKMR	Europäische Menschenrechtskommission
EMRK	Europäische Menschenrechtskonvention
engl.	englisch
EPIL	Encyclopedia of Public International Law
EU	Europäische Union
EuArch	Europa-Archiv
EuGH	Europäischer Gerichtshof
EuGRZ	Europäische Grundrechte Zeitschrift
EuR	Europarecht
evt.	eventuell
EYB	European Yearbook
EYBHR	European Yearbook of Human Rights
f. (ff.)	folgende (fortfolgend)
FAZ	Frankfurter Allgemeine Zeitung
FG	Festgabe
FILJ	Fordham International Law Journal
FS	Festschrift
FYBIL	Finish Yearbook of International Law
ggf.	gegebenenfalls
GJICL	Georgia Journal of International and Comparative Law
GS	Gedächtnisschrift
GV	Generalversammlung
GYIL	German Yearbook of International Law
HILJ	Harvard International Law Journal
HJIL	Houston Journal of International Law
HHRJ	Harvard Human Rights Journal
HKMR	Hochkommissar für Menschenrechte
HRLJ	Human Rights Law Journal
HRQ	Human Rights Quarterly
HRR	Human Rights Review
Hrsg.	Herausgeber
IAGMR	Inter-Amerikanischer Gerichtshof für Menschenrechte
IAKMR	Inter-Amerikanische Kommission für Menschenrechte
IAMRK	Inter-Amerikanische Menschenrechtskonvention
ICCPR	International Covenant on Civil and Political Rights

ICESCR	International Covenant on Economic, Social and Cultural Rights
ICJ	International Court of Justice
ICJRev.	International Commission of Jurists - The Review
ICLQ	International and Comparative Law Quarterly
ICRC	International Committee of the Red Cross
IGH	Internationaler Gerichtshof
IJIL	Indian Journal of International Law
ILC	International Law Commission
I.L.M.	International Legal Materials
ILO	International Labour Organisation
ILR	Iowa Law Review
IPBPR	Internationaler Pakt für bürgerliche und politische Rechte
IPWSKR	Internationaler Pakt für wirtschaftliche, soziale und kulturelle Rechte
i.S.v.	im Sinne von
i.V.m.	in Verbindung mit
IYBHR	Israel Yearbook of Human Rights
JuS	Juristische Schulung
JZ	Juristen-Zeitung
KADF	Konvention zur Abschaffung der Diskriminierung der Frau
KAF	Konvention zur Abschaffung der Folter
KARD	Konvention zur Abschaffung der Rassendiskriminierung
KRK	Kinderrechtskonvention
LLAICLJ	Loyola of Los Angeles International and Comparative Law Journal
MJIL	Michigan Journal of International Law
MJILT	Maryland Journal of International Law and Trade
MLR	Modern Law Review
MRA	Menschenrechtsausschuß
NCCLJ	North Carolina Central Law Journal
NDLR	Notre Dome Law Review
NEJCC	New England Journal on Criminal and Civil Confinement
NGO	Nongovernmental Organization
NILR	Netherlands International Law Reporter
NJW	Neue Juristische Wochenschrift
Nr.	Nummer
NVIR	Nederlandse Vereniging voor International Recht
NYBIL	Netherlands Yearbook of International Law
NYUJILP	New York University Journal of International Law and Policy
OAS	Organisation of American States
OP	Optional Protocol
P.C.I.J.	Permanent Court of International Justice
PYBIL	Pace Yearbook on International Law
RdC	Recueil des Cours de l'Académie de droit international
RDI	Rivista de Diritto Internazionale
Rev.	Revised

Rzf.	Randziffer
s.	siehe
S.	Seite/Satz
SCLR	Santa Clara Law Review
SLR	Syracuse Law Review
SR.	Summary Records
StIGH	Ständiger Internationaler Gerichtshof
StLLJ	Saint Louis Law Journal
StMLJ	Saint Mary's Law Journal
STLJ	Suffolk Transnational Law Journal
TILJ	Texas International Law Journal
TOP	Tagesordnungspunkt
u.a.	unter anderem
UCDLR	University of California at Davis Law Review
UdSSR	Union der Sozialistischen Sowjetrepubliken
UN	United Nations
UNC	United Nations Charta
UNHCR	United Nations High Commissioner for Refugees
U.N.T.S.	United Nations Treaties Series
UPSLR	University of Puget Sound Law Review
Urt.	Urteil
u.U.	unter Umständen
VerfO	Verfahrensordnung
VJIL	Virginia Journal of International Law
VJTL	Vanderbildt Journal of Transnational Law
VN	Vereinte Nationen
Vol.	Volume
Vorbem.	Vorbemerkung
VorlVerfO	Vorläufige Verfahrensordnung
VRK	Völkerrechtskommission
WiLR	Wisconsin Law Review
WKRSV	Wiener Konvention über das Recht der Staatennachfolge in Verträge
WSR	Wirtschafts- und Sozialrat
WULQ	Washington University Law Quarterly
WVK	Wiener Vertragsrechtskonvention
YEL	Yearbook of European Law
YJIL	Yale Journal of International Law
YJWPO	Yale Journal of World Public Order
ZaöRV	Zeitschrift für ausländisches öffentliches Recht und Völkerrecht
z.B.	zum Beispiel
ZRP	Zeitschrift für Rechtspolitik
ZSR	Zeitschrift für Schweizerisches Recht

Einleitung

Mit der Verabschiedung des Internationalen Paktes für Bürgerliche und Politische Rechte[1] und seines Fakultativprotokolles[2] vor über 30 Jahren am 19. Dezember 1966 durch die Resolution 2200 A (XXI) der Generalversammlung hat sich die Weltgemeinschaft erstmals ein Vertragswerk geschaffen, das den menschenrechtlichen Schutz des einzelnen im Bereich der bürgerlich-politischen Rechte umfassend regelt.[3] Nach seinem Inkrafttreten am 23. März 1976 gemäß Art. 49 IPBPR[4] wurde der Pakt zum wichtigsten universellen menschenrechtlichen Vertrag. Dieses geschah zum einen aufgrund der Bandbreite der materiellen Gewährleistungen. Damit unterscheidet er sich von anderen thematisch beschränkten universellen Menschenrechtsverträgen.[5] Zum anderen folgt seine Bedeutung aus seiner universellen Zielrichtung und der damit verbundenen großen Anzahl von Paktstaaten.[6] Trotz der einschränkenden Bestimmungen des Art. 48 steht er allen Staaten der Welt zur Unterzeichnung offen.[7] Durch diese universelle Zielrichtung ist der nach dem Pakt eingerichtete Menschenrechtsausschuß mit Herausforderun-

---

[1] Hiernach "IPBPR" oder "Pakt".

[2] Hiernach "FP".

[3] Einziges vorausgegangenes internationales menschenrechtliches Vertragswerk, das mit dem IPBPR konzeptionell vergleichbar ist, ist die Konvention zur Abschaffung der Rassendiskriminierung (KARD), welche am 04.01.1969 in Kraft trat und ebenfalls einen mit einem Ausschuß eingerichteten Überwachungsmechanismus enthält.

[4] Im folgenden sind Artikel ohne nähere Bezeichnung solche des IPBPR.

[5] Hierunter fallen z.B. die Konvention zur Abschaffung der Rassendiskriminierung (KARD), die Konvention zur Abschaffung der Diskriminierung der Frau (KADF), die Konvention zur Abschaffung der Folter (KAF) sowie die Kinderrechtskonvention (KRK).

[6] Zum 1. August 1997 hatte der Pakt 138 Vertragsparteien; U.N. Doc. A/52/40, S. 102 (1997).

[7] So hat auch die Schweiz, obwohl kein Mitglied der Vereinten Nationen, den Pakt ratifiziert; U.N. Doc. A/52/40, S. 105 (1997). - In der Vergangenheit wurde der Ausschlußcharakter des Art. 48 nur im Falle der Republik Chinas (Taiwan) relevant. Die Republik China hat den Pakt am 5. Oktober 1967 unterschrieben. U.N. Doc. CCPR/C/2/Rev. 4, S. 131 (1994). Hierzu äußerten sich Vertreter der Staaten Bulgariens, Weißrußlands, der Tschechoslowakei, der Mongolei, Rumäniens, der Ukraine, der UdSSR und Jugoslawiens, daß allein die Volksrepublik zur Vertretung Chinas berechtigt sei und sie daher die Unterschrift als nichtig ansähen. U.N. Doc. CCPR/C/2/Rev. 4, S. 131 (1994). Taiwan hat in der Folgezeit nicht an der Paktarbeit partizipiert.

gen konfrontiert, die regionale Menschenrechtsorgane, wie sie in Europa,[8] Amerika[9] und Afrika[10] bestehen, nicht in gleicher Weise treffen. Aufgrund der engen geschichtlichen und kulturellen Verflechtungen einzelner Mitgliedsstaaten können die Gremien der regionalen Menschenrechtsinstrumentarien[11] auf einen größeren Konsens in bestimmten Rechts- und Auslegungsfragen zurückgreifen.[12] Zudem müssen sie sich mit regionsspezifischen Menschenrechtsproblemen auseinandersetzen.[13]

Der Ausschuß hingegen kann sich bei der Anwendung und Auslegung des Paktes nicht nur auf einen einzigen Kulturkreis beziehen, sondern hat zu berücksichtigen, daß innerhalb der Paktstaaten eine Vielzahl von Kulturen und Rechtstraditionen bestehen. Damit ist er gezwungen, die Auslegung und Anwendung der Paktbestimmungen kulturübergreifend vorzunehmen, um eine möglichst globale Anerkennung zu erlangen.[14] So haben Paktstaaten den Besonderheiten ihres Kultur- und Rechtskreises dadurch Rechnung getragen, indem sie die Umsetzung

---

[8] Konvention zum Schutze der Menschenrechte und Grundfreiheiten vom 4. November 1950 (EMRK).

[9] Amerikanische Konvention über Menschenrechte vom 22. November 1969 (IAMRK).

[10] Banjul Charta der Menschenrechte und Rechte der Völker vom 27. Juni 1981 (Banjul Charta).

[11] Neben den regionalen Gerichtshöfen (EGMR und IAGMR) betrifft dies vor allem die jeweils eingerichteten Kommissionen. Dies war bis November 1998 die Europäischen Kommission für Menschenrechte (EKMR) und ist die Inter-Amerikanischen Kommission für Menschenrechte (IAKMR) sowie die im Rahmen der Banjul Charta eingerichtete Afrikanische Menschenrechtskommission. Zur Arbeit der Afrikanischen Menschenrechtskommission Umozurike, FS Bernhardt, 635 ff.

[12] So wird z.B. im Rahmen der Banjul Charta an mehreren Stellen Bezug genommen auf afrikanische Traditionen, sei es in der Präambel, sei es in der Form, wie einige Rechte ausformuliert worden sind. Vgl. Art. 29 Nr. 7 und Art. 18 Abs. 2 Banjul Charta.

[13] So ist das Phänomen des "Verschwindenlassens" von unliebsamen Personen vor allem eine Erfahrung des lateinamerikanischen Raums gewesen, mit dem sich daher auch der IAGMR vertieft beschäftigen mußte; so z.B. im Fall *Velasquez Rodriguez ./. Honduras*, 9 HRLJ 212 ff. (1988). Vgl. hierzu auch die Verfahren, die jüngst vor dem MRA gebracht wurden: *Mojica ./. Dominikanische Republik*, 449/1991, 17 HRLJ 18 f. (1996); *Bautista de Arellana ./. Kolumbien*, 563/1993, 17 HRLJ 19 ff. (1996).

[14] Einige Problemfelder im Rahmen dieses Bestrebens nach einem universellen Standard sind die fehlende Bereitschaft Chinas den Pakt zu ratifizieren, die Zurückhaltung einiger islamischer Staaten in der Anerkennung der Gleichberechtigung von Mann und Frau sowie die regional unterschiedlich ausgeprägte Rückbesinnung auf körperliche Bestrafung durch Amputationen; Tomuschat, 45 ZaöRV 545, 552 (1985). Zum spezifisch indischen Phänomen der Tötung von Frauen wegen unzureichender Mitgift durch den Ehemann und der damit verbundenen Verletzung von Art. 6 vgl. Carlson-Whitley, 17 UPSLR 637 ff. (1994).

des Paktes unter Vorbehalte gestellt haben.[15] Der Ausschuß ist jedoch auch anhand der ihm eingeräumten Kompetenzen im Berichtsprüfungsverfahren (Art. 40), im Staatenbeschwerdeverfahren (Art. 41) und im Individualbeschwerdeverfahren (Art. 5 FP) angehalten, die einheitliche und damit universelle Umsetzung des Paktes zu überwachen. Das hierdurch entstehende Spannungsverhältnis zwischen der Berücksichtigung politischer, wirtschaftlicher, kultureller und religiöser Besonderheiten einzelner Paktstaaten einerseits und einer einheitlichen und stringenten universellen Auslegung und Anwendung der Paktvorschriften andererseits stellt für den Ausschuß eine große Herausforderung beim universellen Schutz der Menschenrechte dar. Auf der Suche nach dem Ausgleich zwischen Universalität, d.h. einer möglichst hohen Zahl von Paktstaaten, und Integrität, d.h. der uneingeschränkten und einheitlichen Auslegung und Anwendung der Paktrechte, könnte für den Ausschuß die Gefahr einer Fehlgewichtung zu Lasten des universellen Schutzes bestehen.

Zu untersuchen ist mithin, wie der MRA diesen Herausforderungen begegnet und ob er durch seine unterschiedlichen Aktivitäten zur Hervorbringung und Wahrung eines einheitlichen Paktstandards beigetragen hat.

Im ersten Kapitel ist das universelle Menschenrechtskonzept zu beleuchten, dessen normativer Umsetzung im Völkerrecht und den Herausforderungen denen dieser Universalitätsgedanke ausgesetzt ist. Hieran schließt sich eine Darstellung der wesentlichen Verfahrensvorschriften des Paktes und der im IPBPR vorgesehenen Verfahrensarten an, mit denen der MRA betraut ist.

Hiernach ist im zweiten Kapitel zu betrachten, in welchen Bereichen sich der Ausschuß mit dem universellen Charakter der im Pakt niedergelegten Menschenrechte auseinanderzusetzen hat und welche Beeinträchtigungen dem universellen Anspruch der Rechte durch die Paktstaaten drohen. Ausgangspunkt für eine Beurteilung des Beitrags des Ausschusses zum universellen Schutz sind dabei seine Verlautbarungen[16] im Rahmen des Berichtsprüfungsverfahren gemäß Art. 40 sowie die im Rahmen des Individualbeschwerdeverfahrens nach Art. 5 Abs. 4 des Fakultativprotokolls erlassenen Auffassungen (*views*).

Anhand dreier Gesichtspunkte ist anschließend der Beitrag des Ausschusses zur Wahrung und Entwicklung eines universellen Menschenrechtsstandards zu beleuchten. Erstens ist zu untersuchen, mit welchen paktinternen Beeinträchtigungen für einen universellen Menschenrechtsstandard der Ausschuß konfrontiert ist und wie der MRA diesen begegnet. Hiervon umfaßt ist der Umgang mit Vorbehalten, die Einräumung eines Beurteilungsspielraumes (*Margin of Discretion*) bei der Ausgestaltung einzelner Rechte, die Berücksichtigung religiöser und kulturel-

[15] So hat z.B. Ägypten seine Ratifikation unter den Vorbehalt gestellt, daß es sich dem IPBPR insoweit unterwirft, als daß die Paktbestimmungen nicht mit der islamischen Scharia in Konflikt stehen; U.N. Doc. CCPR/C/2/Rev. 4, S. 36 (1994).

[16] Hierbei handelt es sich in erster Linie um die Allgemeinen Bemerkungen, die der Ausschuß gemäß Art. 40 Abs. 4 Satz 1 als Anlage zum U.N. Doc. CCPR/C/21 erläßt sowie die abschließenden Bewertungen der Staatenberichte als Anlage zum U.N. Doc. CCPR/C/79.

ler Vorstellungen sowie wirtschaftlicher Bedingungen als zulässige Schranken bei der Umsetzung eines universellen Menschenrechtsstandards.

Zweitens ist zu analysieren, ob der Ausschuß dafür Sorge trägt, daß eine weltweit einheitliche Anwendung und Auslegung von identischen Menschenrechtsbegriffen erfolgt. Hierbei ist zu berücksichtigen, inwieweit der Ausschuß bei seinen Verlautbarungen die Rechtsprechung anderer internationaler Menschenrechtsgremien, vornehmlich des Europäischen und des Inter-Amerikanischen Gerichtshofes für Menschenrechte berücksichtigt oder von diesen abweicht und damit gegebenenfalls der universelle Charakter der Menschenrechte gefährdet wird. Bei dieser vergleichenden Betrachtung wird jedoch stets zu berücksichtigen sein, daß die anwendbaren menschenrechtlichen Verträge zur Umschreibung eines Rechts oder Tatbestandes unter Umständen unterschiedlich gefaßt sind und somit auch unterschiedliche Schutzbereiche bestehen können. Daher ist bei einem Vergleich mit anderen Verfahren oder Erklärungen zunächst auf eine bestehende Vergleichbarkeit abzustellen. Jedoch kann schon hier vorausgeschickt werden, daß die regionalen Menschenrechtsinstrumentarien von dem im IPBPR niedergelegten Katalog sowie untereinander nicht grundsätzlich divergieren. Die unterschiedlichen prozeduralen Ausprägungen der regionalen menschenrechtlichen Überwachungsmechanismen reflektieren lediglich die spezifischen Bedürfnisse und kulturellen Eigenheiten der jeweilige Region.[17]

Drittens ist zu untersuchen, inwieweit die institutionellen Grenzen des IPBPR den Beitrag des Menschenrechtsausschusses zur Wahrung und Entwicklung des universellen Schutzes der Menschenrechte beeinflussen. Anhand neuer vom MRA entwickelter Verfahren im Rahmen seiner Tätigkeit sowie von ihm vertretenen Rechtsauffassungen wird zu klären sein, wie weit die Expansion des Tätigkeitsfeldes des Ausschusses zur Durchsetzung des universellen Schutzes der Menschenrechte gehen kann. Bei dieser Analyse werden insbesondere Entwicklungen und progressive Verlautbarungen des MRA aus jüngster Zeit zu beachten sein. Neben der Einführung abschließender Länderberichtsbewertungen durch den Ausschuß wird gleichfalls die Frage der Staatennachfolge[18] zum Pakt eine Rolle spielen. Hierbei handelt es sich um Maßnahmen, die der Ausschuß zur effektiveren und damit zur einheitlicheren Überwachung und Geltung des Paktes ergegriffen hat. Ferner werden die Kooperationsmöglichkeiten mit anderen internationa-

---

[17] Schreuer, 6 EJIL 477, 487 (1995).

[18] Als jüngstes Beispiel in dieser Frage wird u.a. der Fall Hongkongs zu begutachten sein. Hierzu hat der MRA mehrfach festgestellt, daß mit der Übergabe Hongkongs durch Großbritannien an die Volksrepublik China zum 1. Juli 1997 die aus dem IPBPR erwachsenden Verpflichtungen, insbesondere die Berichtsverpflichtungen gem. Art. 40 Abs. 1 (b) nicht erlöschen würden, sondern bestehen blieben. U.N. Doc. CCPR/C/79/Add. 57, S. 6 (1995); U.N. Coc. CCPR/C/79/Add. 69 (1996). Beide Bemerkungen sind abgedruckt in 17 HRLJ 469 ff. (1996). Die gleiche Problematik wird im Fall der Rückgabe Macaus durch Portugal an die Volkrepublik China am 19.12.1999 auftreten. Auch hierzu hat der Ausschuß in einer abschließenden Bemerkung bereits Stellung genommen. U.N. Doc. CCPR/C/79/Add. 77, Rzf. 3 f. (1997).

len Körperschaften in Menschenrechtsfragen zu untersuchen sein. Hierbei bedarf es der Betrachtung inwieweit der Ausschuß in jüngster Zeit die ihm durch den Pakt übertragenen Kompetenzen extensiv auslegt, um einen effektiven Rechtschutz zu gewährleisten.[19] Dazu ist der rechtliche Rahmen neuer, bislang ungenutzter Arten der Vertragsüberwachung, wie z.B. die Möglichkeit von Vor-Ort-Besuchen in den Paktstaaten, zu beleuchten.

Die im Mittelpunkt dieser Arbeit stehende Frage ist mithin, ob der Menschenrechtsausschuß ein wirksamer "Motor" zur Wahrung und Entwicklung eines universellen Menschenrechtsschutzes ist und im Rahmen der ihm im Pakt zugewiesenen Kompetenzen überhaupt sein kann. Die Antwort findet sich im dritten Kapitel, das die gefundenen Ergebnisse zusammenfaßt und einen Ausblick auf mögliche zukünftige Entwicklungen bietet.

---

[19] Zu den jüngsten Entwicklungen der Ausweitung der Paktüberwachung durch den Ausschuß im Rahmen des Berichtsprüfungsverfahrens gemäß Art. 40 vgl. Boerefijn, 17 HRQ 766 ff. (1995); Nowak, 16 HRLJ 377 ff. (1995).

1. Kapitel: Universeller Menschenrechtsstandard und der UN-Menschenrechtsausschuß

Die universelle Geltung der Menschenrechte war und ist teilweise noch heute rechtsphilosophisch umstritten. Fehlt es konzeptionell bereits am universellen Charakter der Menschenrechte, könnte der MRA verpflichtet sein, dies bei der Überprüfung, ob Paktstaaten ihren Vertragsverpflichtungen genügen, zu berücksichtigen. Paktstaaten könnten sich darauf berufen, daß die vom MRA gewählte Auslegung einer Paktverpflichtung der eigenen Kultur- und Rechtstradition widerspreche.

A. Universeller Menschenrechtsstandard

Trotz eines wachsenden Instrumentariums international bindender menschenrechtlicher Abkommen[20] einerseits sowie unverbindlicher Resolutionen und Erklärungen andererseits[21] gibt es noch immer Stimmen, die sowohl den materiellen Konsens als auch den universellen Charakters der Menschenrechte bestreiten.[22] Noch jüngst auf der Weltmenschenrechtskonferenz in Wien gab die Frage der Universalität der Menschenrechte Anlaß zu Diskussionen.[23] Aufgrund der vielfachen Herausforderungen und Bedenken in dieser Frage wurde in der abschließenden Wiener Erklärung der universelle Charakter der Menschenrechte schließlich jedoch wieder und wieder hervorgehoben.[24]

---

[20] Hierzu gehören zum einen - um nur die wichtigsten zu nennen - die universellen Menschenrechtsverträge wie u.a. die beiden Internationalen Pakte über Bürgerliche und Politische bzw. Wirtschaftliche, Soziale und Kulturelle Rechte, die Antirassismuskonvention, die Antivölkermordkonvention, die Antifolterkonvention, die Frauerechtskonvention und die Kinderrechtskonvention. Ferner fallen hierunter auch die regionalen Menschenrechtsabkommen aus Europa, dem inter-amerikanischen Raum sowie die "Banjul-Charta" aus Afrika.

[21] Aus jüngster Zeit vor allem die Abschlußerklärung nach der Weltmenschenrechtskonferenz in Wien 1993: Vienna Declaration and Programme of Action June 1993, U.N. Doc. A/CONF. 157/24 (Part I), abgedruckt in 14 HRLJ 352 ff. (1993).

[22] Kühnhardt, Universalität, S. 107 ff.; Isensee, 50 JZ 421, 426 (1995); Tomuschat, GS Sasse, S. 585 ff.

[23] Mbaya, 27 ZRP 256 (1994); Perry, 19 HRQ 461, 481 ff. (1997).

[24] Cerna spricht im Hinblick auf die Häufigkeit des Begriffes "Universalität" in der Wiener Erklärung schon von einer Redundanz, 16 HRQ 740, 742 (1994). Trotz dieser, die Uni-

Zwar ist die universelle Geltung einiger, auch im Pakt enthaltener, Individualrechte unbestritten,[25] so in der Frage des Folterverbotes und des Schutzes vor rassischer Diskriminierung. Jedoch sehen sich Vertreter der Universalität aller Menschenrechte noch immer dem Vorwurf ausgesetzt, es handele sich bei dem christlich-aufklärerischen Verständnis der Menschenrechte um ein eurozentrisches Konstrukt, das nicht universell anwendbar sei.[26] So hat z.B. Ägypten seine Ratifikaiton des Paktes unter den Vorbehalt gestellt, daß die Paktrechte nur soweit Geltung haben, sofern sie nicht mit der islamischen Scharia in Konflikt stehen.[27]

Kritik am Universalitätsanspruch der Menschenrechte ist insbesondere von Vertretern des kulturellen Relativismus geäußert worden. Ist rechtsphilosophisch die universelle Ausrichtung der Menschenrechte zu bejahen, bedarf es zudem der Klärung, ob neben dem Pakt für die Staatengemeinschaft eine völkerrechtliche Pflicht zur Beachtung der in ihm enthaltenen Menschenrechte besteht. Ist sodann eine solche außerhalb des Paktregimes bestehende universelle Rechtspflicht abzulehnen, kommt dem MRA als Hüter des Paktes eine exponierte Stellung als potentieller Garant für den universellen Schutz der Menschenrechte auch über den Pakt hinaus zu.

---

versalität geradezu beschwörenden Formulierungen in der Erklärung findet sich in Teil I Rzf. 5 folgender Satz: "While the significance of national and regional particularities and various historical, cultural and religious backgrounds must be borne in mind, it is the duty of States, regardless of their political, economic and cultural systems, to promote and protect all human rights and fundamental freedoms". - Im Vorfeld der Weltkonferenz fanden Regionaltreffen statt, wobei auf dem afrikanischen und dem asiatischen Versuche für eine Relativierung unternommen wurden. So heißt es in Rzf. 5 der Erklärung von Tunis, der Abschlußerklärung des afrikanischen Treffens: "... no ready-made model can be prescribed at the universal level since the historical and cultural realities of each nation and the traditions, standards and values of each people cannot be disregarded." 14 HRLJ 367 (1993). In der Bangkok Erklärung, der Abschlußerklärung für die Region Asien heißt es in Rzf. 8: "... while human rights are universal in nature they must be considered in the context of a dynamic and evolving process of international norm-setting, bearing in mind the significance of national and regional particularities and various historical, cultural and religious backgrounds". 14 HRLJ 370 (1993). Vgl. hierzu auch Wolfrum, 23 EuArch 681 f. (1993). Pollis, 18 HRQ 316, 330 f. (1996) wertet das Fehlen einer ausdrücklichen Bezugnahme auf den Pakt durch die Wiener Erklärung im Gegensatz zur expliziten Bezugnahme auf den IPWSKR als Indikator dafür, daß es an einer universellen Anerkennung der Rechte des IPBPR fehlt.

[25] Herdegen, ARSP-Beiheft 65, S. 117 (1996); Donnelly läßt einen solchen interkulturellen Konsens nicht ohne weiteres gelten, 6 HRQ 400, 403 (1984).

[26] Dem Grunde nach bejahend Isensee, 50 JZ 421, 426 (1995). Dem entgegen vertritt Tomuschat, daß es sich bei der AEMR nicht einfach um ein Produkt der westlichen Zivilisation handelt, Universality Colloquy, S. 73. Auch Warzazi Embarek würdigt den islamischen Beitrag zu AEMR, Universality Colloquy, S. 80.

[27] U.N. Doc. CCPR/C/2/Rev. 4, S. 36 (1994).

I. Universelle Konzeption der Menschenrechte

Im Hinblick auf die Genese der Menschenrechte ist unbestreitbar, daß sie westlich-europäischen Ursprungs sind.[28] In den Revolutionen des ausgehenden 18. Jahrhunderts waren sie in Amerika und Frankreich Forderungen eines neuzeitlich-ethischen Humanismus nach Freiheitsrechten und demokratischer Mitbestimmung. Die "Trias" der Französischen Revolution - Freiheit, Gleichheit, Brüderlichkeit - brachte hierbei exemplarisch zum Ausdruck, daß die Würde des Menschen als ein sittliches Subjekt in Gestalt allgemeiner und gleicher Freiheitsrechte zu Anerkennung zu bringen sei.[29] Die Idee des Individuums als Träger subjektiver Rechte gegenüber dem Staat als Hoheitsträgern fand stetere Verbreitung und ein Hinweis auf ihre europäische Herkunft in Anlehnung an die Trias der Französischen Revolution findet sich u.a. in Artikel 1 der AEMR.[30] Neben internationalen Verträgen und Erklärungen sind Grundrechtsgarantien und Menschenrechtsbekundungen auch in verschiedenen Verfassungen seit dem Ende der Kolonialzeit aufgenommen worden.[31] Die Menschenrechte werden als Norm im wesentlichen[32] zurückgeführt auf ein Naturrecht, wonach der einzelne allein durch sein Menschsein unveräußerliche Rechte besitzt, die vom Staat als Träger der Hoheitsgewalt zu respektieren und zu gewährleisten sind.[33] Nach dem Konzept der Universalität der Menschenrechte tragen alle Menschen von Geburt an diese unveräußerlichen Rechte allerorts gegenüber dem Souverän. Normativer Anknüpfungspunkt für den universellen Charakter der Menschenrechte ist der in Art. 1 Abs. 3 und Art. 55 (c) UN-Charta niedergelegte Gleicheitsgrundsatz. Die Individualrechte gelten danach universell-einheitlich, da sie jedem einzelnen aufgrund seines Menschseins erwachsen.

Da in Ländern mit nichtwestlichen Kulturen und Denktraditionen anthropologische, philosophische, ideengeschichtliche und historische Erfahrungen und Normen bestimmend sind, die sich von den westlichen Gegebenheiten und Vorstellungen unterscheiden, kann ein gleichlautendes, übereinstimmendes Menschenrechtsverhältnis nicht *a priori* als unzweifelhaft angenommen werden. Dies

---

[28] Mutua, 36 VJIL 589, 592 (1996), hält Menschenrechte für die universalisierte Version westlicher liberaler Demokratien.

[29] Bielefeldt, 17 EuGRZ 489, 490 (1990). Zur Herkunft der Menschenrechte Brugger, 114 AöR 537, 539 ff. (1989); Gibson, 14 STLJ 41, 44 ff. (1990); Hofmann, 28 JuS 841 ff. (1988); Mutua, 36 VJIL 589 ff. (1996).

[30] Art. 1 lautet: "Alle Menschen sind *frei* und *gleich* an Würde und Rechten geboren. Sie sind mit Vernunft und Gewissen begabt und sollen einander im Geiste der *Brüderlichkeit* begegnen." (Eigene Hervorhebungen.)

[31] Kühnhardt, Universalität, S. 108; Tomuschat, GS Sasse, S. 585, 589 f.

[32] Neben dem *Naturrecht* werden auch das *Vernunftrecht*, ein *Gesellschaftvertrag*, die *Natur des Menschen* sowie das *utilitaristische Prinzip der Wohlfahrtsmaximierung* als Rechtsquelle angeführt. Vgl. Brugger, 114 AöR 537, 568 ff. (1989).

[33] Buergenthal, 23 StMLJ 3, 6 (1991); Higgins, 52 MLR 1, 11 (1989); Howard, 15 HRQ 315 (1993); Kühnhardt, Universalität, S. 86; Mbaya, 27 ZRP 256, 257 (1994); Verdross/Simma, § 1237.

gilt auch für die Länder, in denen die Verfassungsstruktur formell der westlichen Staatsauffassung und dem westlichen Menschenrechtsbegriff entsprechen sollte.[34] Dieses hat zur Folge, daß weltweit verschiedene Menschenrechtskonzepte bestehen.[35]

Bei Ländern und Kulturen der nichtwestlichen Welt handelt es sich nicht um eine kulturelle und geistig-politische Einheit, so daß auch nicht von einer einheitlichen Kritik an der Universalität der Menschenrechte ausgegangen werden kann. Als Begründung für den universellen Charakter der Menschenrechte sieht ein idealistischer Ansatz die formale Aufnahme der Menschenrechte im Völkervertragsrecht bereits als den notwendigen und entscheidenden Durchbruch der konzeptionellen Universalität an.[36] Nach dieser Auffassung sind Menschenrechte bereits dadurch universell, daß sie Gegenstand völkerrechtlicher Verträge sind. Diese Ansicht setzt die völkervertragsrechtliche Normgebung gleich mit einer allgemeinen kulturellen Übereinkunft der dahinterstehenden historischen und ethischen Wertbestände.[37] Der universelle ethische Konsens zur Anerkennung der Menschenrechte wird zudem nicht aus der weltweiten Durchsetzung einer bestimmten - etwa der westlichen - Kultur, sondern als Erkenntnis und politische und rechtliche Notwendigkeit aus den elementaren Unrechtserfahrungen dieses Jahrhunderts, die der Menschheit *gemeinsam* seien, hergeleitet.[38] Zu der Auffassung, daß die Menschenrechte durch Konsens der Staatengemeinschaft einen weltweiten Standard bilden, gesellt sich somit das Argument, daß die weltweite Betroffenheit von Menschenrechtsverletzungen - quasi die Menschheit als "Schicksalsgemeinschaft" - Grundlage für die konzeptionelle Universalität der Menschenrechte sei.

II. Kritik durch kulturellen Relativismus

Im Rahmen der philosophisch-ethischen Dimension der Debatte über den universellen Charakter der Menschenrechte wird der Universalitätsgedanke ange-

---

[34] Kühnhardt, 13 EuGRZ 665 (1986); ders., Universalität, S. 108; Tomuschat, GS Sasse, S. 585, 587 ff.

[35] Zu divergierenden Menschenrechtskonzepten verschiedener Kulturkreise vgl. die Zusammenstellung bei An-Na'am, Cross Cultural Perspectives, S. 191 ff.

[36] Kühnhardt, 13 EuGRZ 665 (1986); ders., Universalität, S. 108; Perry, 19 HRQ 461, 485 (1997).

[37] Die Herausbildung eines universellen menschenrechtlichen Standards in Form internationaler Übereinkommen und Erklärungen könnte ein wichtiger Schritt in der Entwicklung der Staatengemeinschaft zur Rechtsgemeinschaft sein. Herdegen, ARSP-Beiheft 65, S. 117 (1996).

[38] Bielefeldt, 17 EuGRZ 489, 491 (1990), Hervorhebung im Original; ders., 21 ZRP 423, 428 (1988); Brugger, 114 AöR 537, 562 (1989). Nach Nariman folgt das Bewußtsein, daß Menschenrechte universeller Natur seien nicht aus philosophischer Überzeugung, sondern aus "a feeling of moral outrage", 50 ICJRev. 9 (1993).

fochten durch den sogenannten kulturellen Relativismus.[39] Nach dieser Auffassung variierten kulturelle Vorstellungen von Ort zu Ort und seien, um sie zu verstehen, in ihrem jeweiligen kulturellen Kontext zu erfassen. Darüber hinaus entstammten moralische Ansprüche einem kulturellen Zusammenhang, in dem sie auch gefangen seien. Diese Kulturen, die regional unterschiedlich seien, seien die einzige Quelle von Moralvorstellungen. Nicht anders verhalte es sich mit der Idee der Menschenrechte, die der europäisch-abendländischen Kulturtradition entspringe und andere kulturelle Konzepte und Ideale unbeachtet ließe.[40] Stattdessen sollten verschiedene Wertesysteme gleiche Gültigkeit und Wertigkeit besitzen.[41] Insbesondere anerkennten "traditionelle" Kulturen im allgemeinen nicht die Vorstellung, daß der Mensch allein aufgrund seines Menschseins Träger von Rechten sei.[42] Hierauf basierend wird der Universalitätscharakter der Menschenrechte mit insgesamt vier - mit einander verknüpften - Argumentationsansätzen in Frage gestellt und abgelehnt.

1. Fehlende universelle Anerkennung

Es wird angeführt, daß dasjenige was im Einzelfall nicht praktiziert werde, auch als Prinzip nicht relevant sei.[43] Wenn also Menschenrechte nicht universell anerkannt und in der Praxis eingehalten werden, dann komme ihnen auch kein universeller Charakter zu.[44] Daraus wird gefolgert, daß bereits durch den Dissens der Staatengemeinschaft zu Umfang und Inhalt eines Menschenrechtskataloges dessen universeller Geltungsanspruch obsolet werde.

Diesem Einwand ist jedoch entgegenzuhalten, daß er die logische Grundlage des Universalitätsgedankens verkennt. Das Konzept der Universalität wird nach der Auffassung der kulturellen Relativisten nur auf eine bestehende Praxis reduziert, ohne deren normativen Charakter zu hinterfragen. Diese relativierende Ansicht übersieht jedoch, daß faktische Verhältnisse aus sich heraus noch keine Aussage über die normative oder ethische Qualität eines vorliegenden Zustandes treffen. So ergibt sich die rechtliche Beurteilung eines Sachverhaltes nicht direkt

---

[39] Zur Bedeutung des kulturellen Relativismus (*cultural relativism*) generell: Donnelly, 6 HRQ 400, 403 ff. (1984); Hannaford, 31 CYBIL 151, 165 ff. (1993); Howard, 15 HRQ 315 ff. (1993); Kühnhardt, Universalität, S. 227 ff.; Pollis, 18 HRQ 316 ff. (1996); Renteln, 7 HRQ 534 ff. (1985); Tesón, 25 VJIL 869 ff. (1985); Perry, 19 HRQ 461, 468 (1997). Der universelle Anspruch der Menschenrechte ist nicht zuletzt im asiatischen Raum umstritten, wie z.B. anläßlich des ASEAN-EU Treffen in Bangkok im März 1996 deutlich wurde; Marfording, 19 HRQ 431, 432 (1997).

[40] So war für muslimische Staten bei der Verabschiedung der AEMR die Proklamation der Religionsfreiheit unannehmbar, da sie der orthodoxen Auslegung islamischer Gesetze und Glaubensverpflichtungen widersprach, Kühnhardt, 13 EuGRZ 665 (1986).

[41] Marfording, 19 HRQ 431, 432 (1997).

[42] Donnelly, 6 HRQ 400, 404 (1984).

[43] Pollis/Schwab, S. 11.

[44] Cerna, 16 HRQ 740, 751 (1994).

aus den bestehenden Verhältnissen und Umständen einer bestimmten Situation, sondern aus abstrakten juristischen Regeln und Grundsätzen, die auf einen konkreten Lebenssachverhalt anzuwenden sind. Bereits die beachtliche Zahl der Ratifikationsstaaten zum Pakt kann als nahezu universeller Konsens zu einem gemeinsamen Werteverständnis ausgelegt werden. Hierin verbirgt sich das Einverständnis des überwiegenden Teiles der Staatengemeinschaft, daß dem einzelnen unveräußerliche Menschenrechte zustehen.

2. Kein universell einheitliches Menschenrechtskonzept

Das zweite Gegenargument des kulturellen Relativimus stellt nicht auf die tatsächlichen Gegebenheiten der Verwirklichung eines menschenrechtlichen Standards ab, sondern setzt sich mit der Frage der generellen Geltung auseinander. Nach diesem Einwand handele es sich bei den Menschenrechten nicht um ein universell geltendes kulturelles Konzept,[45] sondern diese seien aufgrund ihrer Wurzeln in der abendländischen Kultur von ihrem materiellen Umfang regional beschränkt und nicht auf andere Erdteile anwendbar.[46] So sei z.B. das Verständnis über die gleichberechtigte Stellung der Frau in der Gesellschaft kein universelles kulturelles Ideal, sondern divergiere in afrikanischen, islamischen und westlichen Staaten.[47] Zudem sei es vielen prämodernen Kulturen eigen, daß sie das Konzept des Menschen als moralische Kategorie gar nicht enthielten, sondern sich eine Person allein aus dem sozialen Status bzw. der Zugehörigkeit zu einer bestimmten Gruppe definiere.[48]

Hierzu ist jedoch festzuhalten, daß durch den umfassenden Konsens der Staatengemeinschaft durch die Unterwerfung unter den Pakt sich ein universell einheitliches Menschenrechtskonzept herausbildet. Nahezu sämtliche Staaten haben den IPBPR bereits ratifiziert. Zudem wird vom kulturellen Relativismus verkannt,

---

[45] Freeman, 16 HRQ 491, 492 f. (1994).

[46] Pathak beschreibt des Konzept einiger Universalisten als "common culture of modernity", wonach alle Staaten, Regionen, Städte, Familien und Lebensarten von dieser Kultur geformt seien, die sich im Zuge der weltwirtschaftlichen Vernetzung ergeben habe. Pathak, Introductory Report, Universality Colloquy, 5, 11.

[47] Renteln, 7 HRQ 514, 534 (1985); zur eigenständigen Auffassung der Universalität der Menschenrechte in Afrika vgl. die Ausführungen von Nguéma, Universality Colloquy, 126, 127 f.; ders., 17 EuGRZ 301 ff. (1990); zu den im Koran niedergelegten Menschenrechten vgl. den Katalog bei Kühnhardt, Universalität der MR, S. 143; zur Frage der Gleichberechtigung im Islam vgl. Bielefeldt, 17 HRQ 587, 596 f. (1995); Tomuschat, GS Sasse, 585, 595 ff. Zur Frage des Verhältnisses von Islam und Menschenrechten allgemein vgl. Bielefeldt, 17 EuGRZ 489 ff. (1990); ders., 25 ZRP 146 ff. (1992); ders., 17 HRQ 387 ff. (1995); Mayer, 15 MJIL 307 ff. (1994); Wolfrum, 23 EuArch 681, 682 (1993). Hinsichtlich jüngerer Entwicklungen zur Durchsetzung und Überwachung der Menschenrechte im arabischen Raum auf Nichtregierungsebene vgl. Crystal, 16 HRQ 435 ff. (1994).

[48] Donnelly, 6 HRQ 400, 404 (1984).

daß der universelle Anspruch der Menschenrechte auf eine umfassende Ausgestaltung von gesellschaftlichen Strukturen verzichtet[49] und es sich bei Menschenrechtskatalogen nicht um prinzipiell abgeschlossene Rechte handelt.[50] Staaten wird durch Menschenrechtskataloge weder ein politisches noch ein abgeschlossenes Rechtssystem aufgezwungen. Noch handelt es sich bei Menschenrechtsverpflichtungen um solche statischen Charakters. Die Geschichte der Menschenrechte und deren Entwicklung in bisher drei "Generationen" zeigt viemehr, daß das Konzept der Menschenrechte einem steten Wandel unterworfen ist. Somit ist gleichfalls nicht ausgeschlossen, daß bislang in einzelnen Kulturen beachtete Ideale einen universellen menschenrechtlichen Charakter erlangen. Die Berücksichtigung der Eigenheiten verschiedener Kulturkreise bei der Fortentwicklung der Menschenrechte ist mithin möglich, so daß unterschiedliche kulturelle Vorstellungen gleichfalls in einem universellen Menschenrechtsstandard aufgehen können.[51]

3. Schutz der ursprünglichen Kulturen

Drittes Argument gegen den universellen Charakter der Menschenrechte ist die Feststellung, daß ursprüngliche Kulturen (*indigenous cultures*) kein geringerwertiges soziales Gut seien als Individualrechte.[52] Hinter diesem Argumentationsansatz birgt sich der Kern des kulturellen Relativismus: Die nicht hinterfragte Gleichsetzung verschiedener kultureller Ideale und die Erhebung einer Kultur zum rechtlichen Absolutum. Sobald die Förderung der Menschenrechte mit den sozialen Wertmaßstäben einer Kultur kollidiere, sei - so die Auffassung der kulturellen Relativisten - auf die Durchsetzung der Menschenrechte zu verzichten, da dies zu einer Änderung der betroffenen Kultur führen könne, die es mit allen Mitteln zu erhalten gelte.[53]

Zwar scheint der kulturelle Relativismus in seinem Ansatz universelle ethische Ideale bzw. Regeln die für alle Kulturen verbindlich sind zu verwerfen, doch findet sich dahinter wiederum ein universeller ethischer Anspruch, der sich wie folgt herleitet: (1.) es gibt keine universellen ethischen Regeln, (2.) jeder sollte nach den Regeln seiner eigenen Kultur handeln, (3.) Regel (2.) ist eine universelle ethische Regel.[54] Letztlich wird also der universelle Anspruch der Menschenrechte damit bestritten, daß einer jeweiligen Kultur ein Absolutheitsanspruch zukomme,

---

[49] Tomuschat, Menschenrechte - Universaler Anspruch, 18, 26.

[50] Bielefeldt, 21 ZRP 423, 430 (1988).

[51] Die Berücksichtigung von Gruppenrechten in der Banjul Charta wie in den Art. 22 ff. zeigt z.B., daß bereits regionale Menschenrechtsverträge den kulturellen Besonderheiten dieser Region Rechnung tragen.

[52] "[C]ultural relativism may be defined as the position according to which local cultural traditions (including religious, political, and legal practices) properly determine the existence and scope of civil and political rights enjoyed by individuals in a given society", Téson, 25 VJIL 869, 870 (1985).

[53] Howard, 15 HRQ 315, 319 (1993).

[54] Howard, 15 HRQ 315, 319 (1993); Téson, 25 VJIL 869, 888 (1985).

wonach diese ohne Einflüsse anderer Kulturen bestehen dürfe und in diesem Zustand zu erhalten sei. Dies sei wiederum ein universelles Prinzip.

Hierbei ist jedoch zu bedenken, daß diese Auffassung auf einer falschen Prämisse basiert. Denn die friedliche Koexistenz verschiedener Kulturen ist oft nicht deren moralischer Bestandteil. Vielmehr wird folgender logischer Gedankengang in vielen Kulturen enthalten sein: (1.) es gibt universelle ethische Regeln, (2.) unsere Kultur verkörpert diese Regeln, (3.) jeder andere sollte diesen Regeln folgen, auch wenn dies die Aufgabe seiner bisherigen eigenen Kultur beinhaltet.[55] Gerade aufgrund dieses Absolutheits- bzw. Universalitätsanspruches einzelner Kulturen wird der kulturübergreifende Charakter der Universalität der Menschenrechte deutlich. Denn wird der Bestand der universellen Menschenrechte als Wertekodex geschaffen, der in allen Kulturen und Kulturkreisen gleich geschützt ist, kulturunabhängig besteht und im Fall der Expansion einer Kultur in eine andere gewährleistet ist, so dient dieser als Mindeststandard zum Schutz des einzelnen. Zudem verkennt der kulturelle Relativismus, daß kulturelle Traditionen und Strukturen sowie religiöse Rahmenbedingungen nicht statischer Natur sind.[56] Vielmehr waren und sind alle Kulturen einer steten Auseinandersetzung mit anderen kulturellen und sozialen Einflüßen ausgesetzt. Diese dynamische Entwicklung schafft zugleich den Raum für eine auch weltweit größer werdende Akzeptanz der Menschenrechte, so daß der Hinweis auf andersartige kulturelle Wertmaßstäbe einer Verbreitung der universellen Menschenrechtsidee nicht im Wege steht.

4. Fehlende Beurteilungskompetenz in Menschenrechtsfragen

Das vierte Argument der kulturellen Relativisten apostrophiert, daß sich Außenstehende nicht mit der Menschenrechtsfrage in einer anderen Kultur auseinandersetzen könnten, da sie die Einordnung der Menschenschrechtsproblematik in der jeweiligen Kultur nicht vornehmen könnten.[57] Denn bei denjenigen, die sich mit der Menschenrechtssituation in einem ihm fremden Lande auseinandersetzen, handele es sich um Universalisten, die sich der Spezifika der betroffenen Kultur nicht bewußt seien.[58] Wenn jemand zu menschenrechtlich-kulturellen Fragen Stellung nehmen könnte, dann nur jemand, der der entsprechenden Kultur entstamme. Diesem Argument ist wiederum entgegenzuhalten, daß empirische Erfahrungen ergeben, daß die Einhaltung der Menschenrechte in erster Linie von Opfern im Fall der Nichtbeachtung dieser Rechte, also in der Regel den Angehörigen der jeweiligen Kultur eingefordert werden.[59] Sie sind es, die - der gleichen Kultur entstammend - von dieser Rechte einfordern. Angehörige einer anderen Kultur spielen in diesem Zusammenhang nur eine untergeordnete Rolle, indem sie

---

[55] Howard, 15 HRQ 315, 320 (1993).

[56] Wolfrum, 23 EuArch 681, 684 (1993).

[57] Freeman, 16 HRQ 491, 495 (1994).

[58] Pathak, Introductory Statement, 5, 12.

[59] So wenden sich z.B. die potentiellen Opfer von Menschenrechtsverletzungen im Rahmen der kontradiktorischen Verfahren an internationale Menschenrechtseinrichtungen wie den MRA, EGMR, IAGMR und an die AMRK.

evt. materielle Hilfe leisten oder die Hilferufe kanalisieren.[60] Auch diesem Gegenargument fehlt daher die Überzeugungskraft.

5. Würdigung

Die Einwände der kulturellen Relativisten vermögen den universellen Anspruch der Menschenrechte nicht auszuräumen. Dieses gilt umso mehr, als die Kritiker des Universalitätsgedankens es stets versäumt haben, diejenigen Menschenrechte zu individualisieren, denen der universelle Charakter fehlt.[61] Unter Zugrundlegung des auf Art. 1 Abs. 3 und Art 55 (c) UNC basierenden Imperativs der Weltgemeinschaft zur gleichen Achtung der Menschenrechte und Grundfreiheiten für alle Menschen ist der universelle Charakter der Menschenrechte auch positivistisch zu rechtfertigen. Aufgrund dieser Vorschrift der "Weltverfassung" ist eine nach Weltregionen unterscheidende Umsetzung der Menschenrechte nicht möglich. Die Darstellung der philosophisch-juristischen Debatte um den universellen Charakter der Menschenrechte zeigt jedoch auch, daß die geistige Auseinandersetzung zu der Universalitätsfrage Vorbedingung für die globale Akzeptanz der Menschenrechte ist, um einem "Überrumpelungseffekt" vorzubeugen. Es hat sich gezeigt, daß der inter-kulturelle Austausch zu Wertfragen und damit auch zu Menschenrechten hierzu notwendig ist, um einen Konsens in der Frage der Akzeptanz der Universalität zu erzielen.[62] Mögen die kulturellen Konzepte und Ansprüche der vornehmlich westlichen Staaten in einem solchen globalen Diskurs auch nicht überall auf Widerhall und Übereinstimmung stoßen, so bleibt jedoch die Sicherung und Förderung der Menschenrechte die unabdingbare Basis, die von einzelnen Kulturen nicht grundsätzlich in Frage gestellt werden kann, auch um eine Kulturenvielfalt zu gewährleisten. Inwieweit im Rahmen einer rechtlichen Ausgestaltung auf solche Besonderheiten Rücksicht genommen wird, sei es im Vertragsrecht durch Vorbehalte oder der Einräumung eines Beurteilungsspielraums (*margin of discretion*), sei es im Gewohnheitsrecht durch den Ausschluß eines Rechtes beruhend auf der Anwendung des Rechtsinstituts des *persistent objector* bleibt einer anschließenden Betrachtung vorbehalten. Die Universalität, d.h. die weltweit einheitliche Geltung der Menschenrechte gilt rechtsphilosophisch als konzeptionelles Prinzip.

---

[60] Vgl. hierzu den Jahresbericht und die Sonderberichte von verschiedenen NGO's wie z.B. amnesty international, Human Rights Watch, International Commission of Jurists, Internationale Gesellschaft für Menschenrechte. Zum Überblick der in Deutschland tätigen menschenrechtlichen NGO's vgl. Bungarten/Koczy, S. 27 ff.

[61] Tomuschat, 45 ZaöRV 547, 564 (1984). Die einzige Paktbestimmung, auf die bei einer solchen Diskussion Bezug genommen worden ist, ist Art. 23 Abs. 3: "Eine Ehe darf nur im freien und vollen Einverständnis der künftigen Ehegatten geschlossen werden." Vgl. hierzu auch Donnelly, 6 HRQ 400, 416 (1984).

[62] Howard, 15 HRQ 315, 320 (1993); Téson, 25 VJIL 869, 889 (1985).

III. Universell verbindlicher Menschenrechtsstandard

Unabhängig davon, ob Menschenrechte auf eine universelle Geltung ausgerichtet sind, stellt sich die Frage, ob aus einer konzeptionellen Universalität der Menschenrechte auch eine normative folgt, d.h. die Staatengemeinschaft zur Beachtung menschenrechtlicher Normen völkerrechtlich verpflichtet ist. Ist eine solche Rechtspflicht zu bejahen, könnte dies Einfluß auf die Arbeit des Ausschusses zur universellen Auslegung der Paktrechte haben.

Die Frage der normativen Umsetzung der universellen Menschenrechte gewinnt insbesondere in den Fällen an praktischer Relevanz, in denen sich Staaten einer Konsensäußerung zu dem vertraglichen Corpus der Menschenrechte enthalten haben.[63] Von einer solchen allgemeinen, *per se* bestehenden, Bindung an einen Menschenrechtskatalog in juristischer Hinsicht außerhalb des Völkervertragsrechtes ist nicht ohne weiteres auszugehen. Zwar hat der IGH in seinem Rechtsgutachten zu Namibia aus dem Jahre 1971 festgestellt, daß die von Südafrika praktizierte Apartheidspolitik gegen das Diskriminierungsverbot des Art. 1 Abs. 3 der UNC verstoße.[64] Damit steht zwar fest, daß alle Mitgliedsstaaten der Weltorganisation dem Grunde nach auf die Einhaltung und Gewährleistung der Menschenrechte verpflichtet sind.[65] Da jedoch über das Diskriminierungsverbot hinaus der Inhalt des Begriffs "Menschenrechte" nicht weiter präzisiert ist, bleibt unklar, auf welche weiteren Rechte die UN-Mitgliedstaaten verpflichtet sind. Somit ist zu untersuchen, ob es neben der generalklauselartigen Bestimmung der UNC eine weitere Rechtsgrundlage für einen universell-verbindlichen Menschenrechtskodex gibt.

Als eine solche Rechtsgrundlage für einen allgemeinverbindlichen normativen Menschenrechtsstandard kommen neben dem Völkervertragsrecht folgende Rechtsgrundlagen in Betracht: Völkergewohnheitsrecht, *Jus Cogens*, eine Rechtspflicht aus der autoritativen Auslegung der AEMR sowie aus Allgemeinen Rechtsgrundsätzen im Sinne von Art. 38 Abs.1 (c) IGH-Statut.[66]

---

[63] Bestünde eine solche Rechtspflicht, so eröffnete dies im Falle der Nichtbeachtung durch einen Staat, anderen Staaten die Möglichkeit eines Rechtfertigungsgrundes für Gegenmaßnahmen, wie z.B. Repressalien oder sogar eine humanitäre Intervention. Isensee, 50 JZ 421, 425 f. (1995); Simma, 1993 AEL Vol. IV Book Nr. 2, 153, 214; Simma/Alston, 12 AYIL 82, 87 (1992); Verdross/Simma, § 1343. Hierzu jüngst ausführlich: Doehring, FS Buergenthal, 549 ff.

[64] Gutachten vom 21. Juni 1971*Legal Consequences for the States of the Continued Presence of South Africa in Namibia (South West Africa) not withstanding Security Council Resolution 276 (1970)*, ICJ Reports 1971, S. 57.

[65] Tomuschat, Menschenrechte - Universaler Anspruch, 18, 20.

[66] Hierzu allgemein: Buergenthal, International Human Rights, S. 26 f.; Simma/Alston, 12 AYIL 82 ff. (1992); Simma, 1993 AEL Vol. IV, Book Nr. 2, 153, 213 ff.

1. Völkergewohnheitsrecht

Als Rechtsgrundlage eines normativen, universell-verbindlichen Menschenrechtsstandard kommt zunächst Völkergewohnheitsrecht in Betracht. Als Menschenrechtskatalog mit universellem Geltungsanspruch auf der Basis des Gewohnheitsrechtes wurde bereits mehrfach die Allgemeine Erklärung der Menschenrechte (AEMR) zugrundgelegt. Es gibt Stimmen im völkerrechtlichen Schrifttum, die den gesamten Corpus der Allgemeinen Erklärung dem Völkergewohnheitsrecht zuordnen.[67] Andere Autoren halten indes nur das Herzstück (hard core rights) der AEMR für völkergewohnheitsrechtlich verankert.[68]

Voraussetzung für die Entstehung von Völkergewohnheitsrecht im Sinne von Art. 38 Abs. 1 (b) IGH-Statut[69] ist nach klassischer Völkerrechtslehre ein Rechtsbewußtsein, eine *opinio juris sive necessitatis,* sowie eine bestehende Staatenpraxis.[70] Dabei kommt der Staatenpraxis als bestätigendes Element der Rechtsauffassung eine hervorgehobene Rolle zu. Es wird nach traditioneller Völkerrechtslehre zur Feststellung des objektiven Elementes im Rahmen eines induktiven Ansatzes aus dem bestimmten Verhalten eines Staates auf dessen Rechtsüberzeugung geschlossen.[71] In jüngster Zeit hat zur Frage der Entstehung von Völkergewohnheitsrecht jedoch ein neuer Ansatz Platz gegriffen, nach dem Gewohnheitsrecht nicht mehr induktiv, sondern interpretativ hergeleitet wird.[72] Diesem folgend wird nicht mehr aus tatsächlichem Staatenhandeln auf eine dem Handeln zugrunde liegende Rechtsauffassung geschlossen. Vielmehr soll danach vom Wort ausgegangen werden. Es werden also Auszüge von Erklärungen der Generalversammlung, Vertragstexte, Konventionsentwürfe oder z.B. die Schlußakte von Helsinki als Grundlage genommen, deren tatsächliche Umsetzung man in der Staatenpraxis sodann sucht, um ein Gewohnheitsrecht apostrophieren zu können.[73] Dieser An-

---

[67] Sohn, 12 TILJ 129, 133 (1977); ders., AULR 1, 17 (1982).

[68] Lillich, 25 GJICL 1, 3 (1995/96); Meron, Customary Law, S. 84 ff. Verdross/Simma, § 1234, sprechen im Hinblick auf die elementaren in der AEMR enthaltenen Menschenrechte von einer völkerrechtlichen Verbindlichkeit ohne darzulegen, woraus sich diese Verbindlichkeit ergibt. - Tomuschat hält einige der in der AEMR niedergelegten Rechte für gewohnheitsrechtlich verankert, so z.B. das Recht auf Leben und das Folterverbot. Tomuschat, Menschenrechte, S. 8; ders., 241 RdC 195, 303 (1993 IV).

[69] Dieser lautet: [Der Gerichtshof wendet an,] das internationale Gewohnheitsrecht als Ausdruck einer allgemeinen, als Recht anerkannten Übung [...].

[70] Brownlie, S. 5 ff.; Buergenthal/Maier, S. 22 f.; Charney, 87 AJIL 530, 536 (1993); Janis, S. 46; Paust, 25 GJICL 147, 148 (1995/96); Seidl-Hohenveldern, Rzf. 467; Verdross/Simma, § 560.

[71] So schon der Ständige Internationale Gerichtshof im *Lotus* Fall, P.C.I.J. Reports Serie A, Nr. 10, S. 18 (1927); Simma, 1993 AEL Vol. IV, Book Nr. 2, 153, 216.

[72] Simma, 1993 AEL Vol. IV, Book Nr. 2, 153, 217.

[73] So auch der IGH im Fall *Nicaragua ./. USA* (*Case concerning Military and Paramilitary Activities in and against Nicaragua,* Judgment) ICJ Reports 1986, Rzf. 186: "The Court does not consider that, for a rule to be established as customary, the corresponding practice must be in absolutely rigorous conformity with the rule. In order to deduce the exi-

satz zur Bestimmung von Völkergewohnheitsrecht scheint in den Fällen angebracht, in denen sich *opinio juris* und Staatenpraxis gleichzeitig in einem soliden erstmaligen Schritt etablieren.[74] Gleichfalls können solche Deklarationen Ausdruck einer *opinio juris* sein, deren späteren Bestätigung es in der Staatenpraxis noch bedarf.[75] Erheblich problematischer ist dieser Ansatz indes in den Fällen, in denen vertretene Rechtsansicht und tatsächliches Handeln von Beginn an auseinanderfallen. Bereits in diesen Konstellationen von der Etablierung eines Völkergewohnheitsrechtes zu sprechen und die Inkongruenz als Ausnahmefall zu deklarieren, wird der insbesondere für das Völkergewohnheitsrecht notwendigen Rechtssicherheit nicht gerecht.

Streitig ist, ob auch für völkergewohnheitsrechtlich verankerte Normen des Menschenrechtsschutzes sowohl eine *opinio juris* als auch die dazugehörige Staatenpraxis zur Anerkennung zu fordern ist. Das Bestehen eines gewohnheitsrechtlichen Menschenrechtskataloges bzw. die gewohnheitsrechtliche Manifestation einzelner Menschenrechte wird gerne - und oft vorschnell - apostrophiert.[76] Die bestätigenden Staatenpraxis auf Grundlage einer entsprechenden Rechtsüberzeugung zur Begründung von völkergewohnheitsrechtlichem Menschenrechtsstandards würde nur entfallen, wenn im menschenrechtlichen Bereich ein anderer Rechtsstandard gelten würde, als im übrigen Völkergewohnheitsrecht. Zwar gibt es im Hinblick auf Menschenrechte als Gewohnheitsrecht auch Stimmen in der Literatur, die auf die Staatenpraxis als konstitutives Element gänzlich verzichten wollen.[77] Doch ist es gerade im menschenrechtlichen Bereich, einem für viele Staaten sensiblen Rechtsgebiet, notwendig, daß bei der Postulation eines menschenrechtlichen Mindeststandards als Völkergewohnheitsrecht ein solcher zweifelsfrei begründet werden kann.[78] Denn würde man allein bei der Frage des menschenrechtlichen Gewohnheitsrechtes auf das Merkmal der *opinio iuris* abstellen

---

stence of customary rules, the Court deems it sufficient that the conduct of States should, in general, be consistent with such rules, and that instances of State conduct inconsistent with a given rule should generally have been treated as breaches of that rule, not as indications of the recognition of a new rule. If a state acts in a way prima facie incompatible with a recognized rule, but defends its conduct by appealing to exceptions or justifications contained within the rule itself, [...] the significance of that attitude is to confirm rather than to weaken the rule." Henkin, 25 GJICL 31, 37 (1995/96).

[74] Simma/Alston, 12 AYIL 82, 97 (1992).

[75] Verdross/Simma, § 637.

[76] Kritisch zur Feststellung des MRA in seiner Allgemeinen Bemerkung 24, U.N. Doc. CCPR/C/21/Rev.1/Add. 6, Rzf. 8 (1994), es bestehe das gewohnheitsrechtliche Verbot bei minderjährigen Straftätern die Todesstrafe auszuführen: Schabas, 21 BJIL 277, 309 (1995).

[77] Z.B. Tönnies in FAZ vom 4. Juli 1996, S. 33. Stattdessen sollen auch nichtstaatliche Körperschaften wie der UNHCR oder Nichtregierungsorganisationen in den Entwicklungsprozeß von Völkergewohnheitsrecht im menschenrechtlichen Bereich mit einbezogen werden; so z.B. Gunning, 31 VJIL 211, 220 (1991). Hierzu kritisch Paust, 25 GJICL 147, 149 (1995/96).

[78] D'Amato, 25 GJICL 47, 49 (1995/96).

und auf die bestätigende Staatenpraxis verzichten, bestünde die Gefahr, daß sich Staaten "gewohnheitsrechtlich" bestehender Verpflichtungen mit dem Hinweis entziehen könnten, es handle sich hierbei gar nicht um klassisches Völkergewohnheitsrecht. Ein gewohnheitsrechtliches Sonderrecht für Menschenrechte läßt sich weder rechtsdogmatisch herleiten, noch würde es dem Anliegen des internationalen Menschenrechtsschutzes dienen. Das von den Vertretern eines umfassenden gewohnheitsrechlichen Menschenrechtsstandards erstrebte Ziel, die rechtlich verbindliche Verankerung von Menschenrechten in einer neuen Art des Völkergewohnheitsrechtes, würde genau ins Gegenteil verkehrt. Andererseits rechtfertigt auch kein sachlicher Grund die unterschiedliche Behandlung der Menschenrechte außer dem dahinterstehenden Wunsch, einen globalen Menschenrechtsschutz völkerrechtlich bestmöglichst zu fundamentieren. Somit muß auch im Hinblick auf mögliche im Völkergewohnheitsrecht verankerte Menschenrechte gelten, daß neben der notwendigen *opinio juris* ebenfalls die dazugehörige Staatenpraxis vorliegen muß.[79]

Unter dieser Voraussetzung wird man feststellen müssen, daß es der Staatengemeinschaft zwar nicht an Bekenntnissen zu den Menschenrechten mangelt,[80] es jedoch an einer sämtliche in der AEMR enthaltenen Menschenrechte beachtenden Staatenpraxis fehlt.[81] Zwar werden einzelne, auch im Pakt enthaltene Rechte, soweit von den Staaten praktiziert, daß ihnen ein gewohnheitsrechtlicher Status

---

[79] So im Ergebnis auch Simma/Alston, 12 AYIL 82, 98 (1992); Simma, 1993 AEL Vol. IV Book Nr. 2, 153, 220 f. So ebenfalls die Stellungnahme Frankreichs zur Allgemeinen Bemerkung 24 in U.N. Doc. A/51/40, S. 117 (1996).

[80] Hierzu zählen u.a. die Schlußakte von Helsinki sowie die Deklarationen der Generalversammlung und der UN-Menschenrechtskommission.

[81] Henkin, 25 GJICL 31, 38 (1995/96); Meron, Customary Law, S. 94; Simma, 1993 AEL Vol. IV Book Nr. 2, 153, 220. Andererseits wird man auf der Suche nach Völkergewohnheitsrecht im menschenrechtlichen Bereich anhand der zahlreichen Aktivitäten der UN auf diesem Gebiet,wie z.B. durch Resolutionen der Generalversammlung, der Menschenrechtskommission sowie anderer Verfahren wie z.B. dem nach Resolution 1503 als auch der Einsetzung von Special Rapporteurs für Länder oder eigenständige Themen zu dem Ergebnis kommen, daß es den Vereinten Nationen gewohnheitsrechtlich gestattet ist, auf schwerwiegende Verletzungen (*gross violations*) der Menschenrechte zu reagieren. Simma/Alston, 12 AYIL 82, 98 (1992). Sohn, 25 GJICL 399 (1995/96), vertritt sogar, daß nicht die Staaten Völkerrecht im Bereich des Menschenrechtsschutzes hervorbringen, sondern dies letztlich durch Professoren und Publizisten geschehe. - Im Hinblick auf die notwendige Kongruenz von *opinio iuris* und Staatenpraxis zur Bejahung eines völkergewohnheitsrechtlichen Satzes ist bemerkenswert, daß im Hinblick auf das Folterverbot der Oberste Gerichtshof Israels in Jerusalem dem israelischen Inlandsgeheimdienst Schin Bet genehmigte, Mitglieder antiisraelischer Terrorgruppen mit "physisch mäßigem Druck" zu verhören. Vgl. Focus 48/1996, 25. November 1996, S. 318. Im Hinblick auf diese Entscheidung können bereits Bedenken daran aufkommen, daß innerhalb der Staatengemeinschaft eine übereinstimmende Rechtsauffassung des Folterverbots besteht.

zuzubilligen ist.[82] Bei anderen Menschenrechten wird sich eine solche bestätigende Staatenpraxis jedoch nicht finden lassen. Zudem wird ein Staat bei eigenen u.U. systematischen Verfehlungen im menschenrechtlichen Bereich die Anerkennung des in Frage stehenden Menschenrechts prinzipiell leugnen oder aber versuchen, die Verletzungen abzustreiten oder als einzelne Entgleisungen zu titulieren. Indes muß sich in diesen Einzelfällen jedoch die Staatenpraxis zur Begründung des universellen normativen Anspruchs in der Praxis bewähren. Aufgrund des Fehlens einer zweifelsfreien Staatenpraxis der in der AEMR enthaltenen Rechte - so z.B. hinsichtlich des Rechts auf Eigentum - bietet das Völkergewohnheitsrecht somit keine umfassende Rechtsgrundlage für einen universell verbindlichen Menschenrechtsstandard.

Aber selbst wenn man den progressiveren Stimmen folgen würde und dem Merkmal der Staatenpraxis im menschenrechtlichen Völkergewohnheitsrecht eine untergeordnete Rolle zubilligen würde, ist ein umfassender universeller Menschenrechtsschutz hierdurch nicht gewährleistet. Es stünde Staaten offen, sich einem umfassenden im Völkergewohnheitsrecht verankerten universellen verbindlichen Menschenrechtsstandard dadurch zu entziehen, indem sie die Ausnahmeregelung des *persistent objector* für sich beanspruchten. Damit könnten sie die Anwendung einer oder mehrerer materieller Menschenrechtsbestimmungen für sich ausschließen.

Dieses setzt jedoch voraus, daß die Rechtsfigur des *persistent objector* generell und insbesondere auch in dem die Menschenrechte betreffenden Völkergewohnheitsrecht anwendbar ist.[83] Die Figur des *persistent objector* ist u.a. in Anlehnung an die Rechtsprechung des IGH entwickelt worden. Sie besagt, daß ein Staat die Entstehung einer Norm des Gewohnheitsrechtes nicht verhindern kann. Wenn er sich indes von Anfang an ihrer Anwendung beharrlich widersetzt hat, durch sie nicht gebunden wird.[84] Der IGH hatte im *Anglo-Norwegischen Fischereifall*[85] festgestellt: "In any event the ten-mile rule would appear to be inapplicable as against Norway in as much as she always opposed any attempt to apply it to the Norwegian coast."[86]

Im Hinblick auf den Wortlaut dieses Urteils hat es Tomuschat abgelehnt, ein allgemeines Prinzip des *persistent objector* anzuerkennen mit der Begründung, es

---

[82] Meron, Customary Law, S. 94 ff., faßt hierunter das Völkermordverbot, das Verbot des Sklavenhandels, der Mord oder das Verschwindenlassen von Personen, das Folterverbot, rechtsgrundlose Haft, die systematische Rassendiskriminierung, die andauernde Praxis der schwerwiegenden Menschenrechtsverletzung, das Recht auf Selbstbestimmung sowie das Recht auf menschliche Behandlung von Gefangenen.

[83] Zur Rechtsfigur des *persistent objector* Charney, 56 BYBIL 1 ff. (1986).

[84] Dem Prinzip des *persistent objector* zustimmend Brownlie, S. 10; Henkin, 25 GJICL 31, 36, 38 (1995/96); Schweitzer, Rzf. 184; Verdross/Simma, § 558.

[85] ICJ Reports 1951, S. 131.

[86] ICJ Reports 1951, S. 131.

handele sich bei der zitierten IGH Entscheidung lediglich um ein *obiter dictum*.[87] Zudem entfalle die Anwendbarkeit der *persistent-objector*-Regel erst recht auf dem Gebiet des Menschenrechtsschutzes. So sei von Südafrika dem Vorwurf, es verstoße mit dem Apartheidssystem gegen die UNC und Völkergewohnheitsrecht, stets das Prinzip des *persistent objector* entgegengehalten worden. Zudem hätte Südafrika stets geltend gemacht, daß die Ausgestaltung der Regierungsform eines Landes eine ausschließlich interne Angelegenheit sei, in die von den Vereinten Nationen nicht eingegriffen werden dürfe.[88]

Für eine grundsätzliche Anerkennung des *persistent-objector*-Prinzips spricht vor allem das darin enthaltene Zustimmungserfordernis zur Entstehung einer Regel des Völkergewohnheitsrechts. Dieses ist Ausdruck der Staatensouveränität wonach kein Staat gegen seinen Willen völkerrechtlich verpflichtet sein soll.[89] Denn kann ein Staat nachweisen, daß er beständig eine bestimmte Rechtsauffassung vertreten und diese praktiziert hat, soll er nicht zu einem anderen Handeln gezwungen werden. Ferner spricht für die Annahme eines solchen Prinzips der Grundsatz der Staatengleichheit, dessen Ausfluß es ist, daß sich nicht eine Staatengruppe als *praeceptor mundi* geriert.[90]

Gleichwohl ist vertreten worden, daß dieser Grundsatz des *persistent objector* erst recht nicht auf dem Gebiet menschenrechtlicher Rechtssätze anwendbar sei. Tomuschat argumentiert anhand des Apartheid-Beispiels, daß die *persistent-objector*-Regel nicht gelte. Ob eine solche Durchbrechung jedoch unisono für alle auch im Gewohnheitsrecht verankerten Menschenrechte gilt, d.h. die Regel im menschenrechtlichen Bereich gänzlich unanwendbar ist, darf bezweifelt werden. Ist eine peremptorische Norm betroffen, *jus cogens*, besteht keine Möglichkeit des "opt-out" als *persistent objector*. Dafür, daß im Beispiel der Apartheid eine solche universell-bindende Regel betroffen ist, spricht vieles.[91] Problematischer ist jedoch die Anwendung dieser Auffasssung, wenn ein Menschenrecht, das nicht peremptorisch manifestiert ist, betroffen ist, wie z.B. die Todesstrafe für Minderjährige.

Der MRA hat in seiner Allg. Bem. 24 das Verbot der Todesstrafe für Minderjährige als Völkergewohnheitsrecht apostrophiert.[92] Diese apodiktische Feststellung als wahr unterstellt, dürfte sich im Falle der Nichtbeachtung dieses Rechts

---

[87] Tomuschat, 241 RdC 195, 287 (1993 IV). Auch D'Amato, 25 GJICL 47, 63 (1995/96) und Paust, 25 GJICL 147, 152 (1995/96), lehnen diese Rechtsfigur ab.

[88] Tomuschat, 241 RdC 195, 289 (1993 IV); Charney, 56 BYBIL 1, 15 (1986).

[89] Während des Entstehungsprozesses einer völkergewohnheitsrechtlichen Norm obliegt es einem Staat, der sich von dieser Norm nicht binden lassen möchte, dieser unmißverständlich seine Zustimmung vorzuenthalten, um an diese nicht gebunden zu sein. Nachdem sich eine solche Norm gewohnheitsrechtlich manifestiert hat, ist ein solcher Widerspruch als verspätet unbeachtlich.

[90] Tomuschat lehnt die Figur des *persistent objector* zudem mit dem Argument ab, daß deren Zulässigkeit eine statische Besitzstandswahrung der protestierenden Staaten zur Folge hätte; Tomuschat, 241 RdC 195, 288 (1993 IV).

[91] Vgl. nur Brownlie, S. 513.

[92] Allg. Bem. 24, U.N. Doc. CCPR/C/21/Rev. 1/Add. 6, Rzf. 8 (1994).

kein Staat auf das Prinzip des *persistent objector* berufen. Dieses Ergebnis hätte eine besondere Relevanz im Hinblick auf die Rechtslage in den USA. So können nach dem Gesetz diverser US-Bundesstaaten Straftäter, die zur Tatzeit minderjährig waren, mit dem Tode bestraft werden.[93] Hierbei handelt es sich um eine langjährige Praxis, die sich die Vereinigten Staaten auch völkervertragsrechtlich vorbehalten haben.[94] Ob trotz dieser innerstaatlichen Rechtslage von einer völkergewohnheitsrechtlichen Verpflichtung der USA, keine minderjährigen Straftäter hinzurichten, ausgegangen werden kann, ist zweifelhaft.[95] Vielmehr ist davon auszugehen, daß den Vereinigten Staaten insofern der Status eines *persistent objector* zukommt und eine gewohnheitsrechtliche Verpflichtung der Vereinigten Staaten, Minderjährige nicht hinzurichten, nicht besteht.[96]

Mithin steht der Annahme eines auf Völkergewohnheitsrecht basierenden, umfassenden universellen Menschenrechtskataloges nicht nur die fehlende bestätigende Staatenpraxis entgegen. Auch erscheint es möglich, daß sich ein Staat trotz einer bestehenden *opinio iuris* und bestätigender Staatenpraxis der Anwendung eines solchen Rechtssatzes, bei dem es sich nicht um eine peremptorische Norm handelt, entziehen kann, indem er sich auf das Prinzip des *persistent objector* berufen könnte. Ein umfassender, völkerrechtsverbindlicher universeller Menschenrechtsstandard läßt sich mithin dem Gewohnheitsrecht nicht entnehmen.

2. Jus Cogens

Als weitere völkerrechtlich Rechtsgrundlage für einen verbindlichen Menschenrechtsstandard kommen Normen des *jus cogens* in Betracht. Im Hinblick auf Definition und Rechtswirkung von *jus cogens* spricht die WVK in Art. 53 von einer zwingenden Norm des allgemeinen Völkerrechts, "die von der internationalen Staatengemeinschaft in ihrer Gesamtheit angenommen und anerkannt wird als eine Norm, von der nicht abgewichen werden darf und die nur durch eine spätere Norm des allgemeinen Völkerrechts derselben Rechtsnatur geändert werden kann." Zwar enthält die WVK keine inhaltliche Aufzählung solcher zwingenden Normen, jedoch besteht Einigkeit darüber, daß grundlegende Menschenrechtsnormen hierunter fallen.[97] Mithin wären alle Vereinbarungen ungültig, die auf die

---

[93] Vgl. hierzu den von den USA eingelegten Vorbehalt in U.N. Doc. CCPR/C/2/Rev. 4, S. 40 (1994) sowie die hierzu abgegebene Begründung von Stewart in 14 HRLJ 77, 81 (1993).

[94] Zur Problematik von Vorbehalten zum IPBPR vgl. das 2. Kapitel, A II.

[95] So aber Shelton, 8 HRLJ 355, 357 ff. (1987), die das Hinrichtungsverbot Minderjähriger für eine Norm des *jus cogens* ansieht.

[96] In diesem Sinne auch die IAKMR in ihrer Resolution 3/87, 8 HRLJ 345, 354 (1987). So ebenfalls Fox, 82 AJIL 601 (1988); Sherman, 29 TILJ 69, 90 f. (1994).

[97] Buergenthal/Maier, Public International Law, S. 108; Frowein, Jus Cogens, 327, 329; Paust, 25 GJICL 147, 153 f. (1995/96); Simma, 1993 AEL Vol. IV Book Nr. 2, 153, 226; Verdross/Simma, § 527. D'Amato, 25 GJICL 47, 57 (1995/96) hält bei der Feststellung eines universell verbindlichen Menschenrechtsstandards den Verweis auf *jus cogens* für

Abschaffung bzw. Beeinträchtigung eines solchen menschenrechtlichen Kernbereiches abzielten. Welche Rechte von einem solchen *jus cogens* Katalog umfaßt sind, ist zwar nicht genau zu definieren,[98] mindestens sollen hiervon jedoch folgende Rechte erfaßt sein: das Folterverbot,[99] das Recht auf Selbstbestimmung,[100] das Völkermordverbot[101] sowie das Verbot des Sklavenhandels.[102]

Der IGH hat bereits im *Barcelona Traction Fall* zur allgemeinen Pflicht der Staaten zur Beachtung der Menscherechte Stellung genommen. Er hob hervor, daß die Staaten nicht nur Verpflichtungen gegenüber anderen Staaten hätten, sondern auch gegenüber der Staatengemeinschaft als Ganzes.[103] Er führte hierzu aus:

> "Such obligation derive, for example, in contemporary international law, from the outlawing of acts of aggression, and of genocide, as also from the principles and rules concerning the basic rights of the human person, including protection from slavery and racial discrimination."

Auch wenn der IGH in seiner Entscheidung von Verpflichtungen *erga omnes* und nicht ausdrücklich von *jus cogens* spricht, läßt sich insofern von deren Gleichsetzung ausgehen. Die Verletzung einer *jus-cogens*-Regel stellt in den meisten Fällen auch eine Verletzung einer *erga-omnes*-Pflicht darstellt.[104] Eine bilaterale Vereinbarung zur Mißachtung von Menschenrechtsgarantien würde genau so die Verpflichtungen gegenüber einem Drittstaat verletzen, wie eine unilaterale Verletzung.[105] Trotz dieser Manifestation eines im *jus cogens* verankerten Menschenrechtsschutzes durch Rechtsprechung und Lehre ist der Umfang des hiervon erfaßten Rechtskataloges aufgrund seiner Beschränkung auf den wichtigsten Kern der Menschenrechte nur gering.[106] Einen umfassenden Menscenrechts-

---

unzulässig, da es sich hierbei nicht um eine Rechtsquelle, sondern um eine "Meta-Norm" handele. Im übrigen bestünde Unklarheit über die dem *jus cogens* unterfallenden Normen.

[98] Doehring, FS Bernhardt, 355, 357; Frowein, Jus Cogens, 327, 329.

[99] Frowein, Jus Cogens, 327, 328; Kälin, 23 BDGVR 9, 12; Meron, Customary Law, S. 23, 31.

[100] Meron, Customary Law, S. 96.

[101] Brownlie, S. 513; Kälin, 23 BDGVR 9, 12.

[102] Brownlie, S. 513; Kälin, 23 BDGVR 9, 12.

[103] ICJ Reports 3, 32 (1970). Zur Bedeutung von *erga-omnes*-Verpflichtungen im Völkerrecht vgl. Frowein, FS Mosler, 241, 243 ff.; Schindler, FS Bernhardt, 199, 201 f.; Vierdag, 25 NYIL 119, 129 (1994).

[104] In diesem Sinne: Doehring, FS Bernhardt, 355, 361; Frowein, Jus Cogens, 327, 329. Kälin spricht im Zusammenhang dieses Kataloges von der höchsten Schicht des menschenrechtlichen *ordre public*, Kälin, 23 TDGVR 9, 39.

[105] Kälin, 23 TDGVR 9, 12 f.

[106] Frowein weist zu Recht darauf hin, daß der IGH im *Barcelona Traction Urteil* mit dem Verweis auf die *"basic rights of the human person"* durch die Verwendung des Wortes *"basic"* an der Stelle von *"fundamental"* nur den wichtigsten Kern der Menschenrechte erfassen wollte, nicht dagegen an liberale Freiheitsrechte gedacht habe. Frowein, FS Mosler, 241, 243 f.

schutz ausserhalb des Völkervertragsrecht vermag folglich auch nicht der Rückgriff auf das Rechtsinstitut des *jus cogens* zu begründen.

3. Autoritative Auslegung der AEMR

In der Literatur wurde zur Begründung eines universell verbindlichen Menschenrechtsstandards von Buergenthal[107] und Sohn[108] die Rechtsfigur der autoritativen Auslegung der AEMR entwickelt. Sie schlagen vor, den Katalog der Rechte aus der AEMR als eine autoritative Auslegung des nicht näher ausgeführten Begriffs der Menschenrechte in den Artikeln 1 Abs. 3, 55 und 56 der UN-Charta anzusehen. Sie leiten hieraus eine rechtsverbindliche Verpflichtung der UN-Mitgliedsstaaten zur Beachtung der in der AEMR enthaltenen Rechte ab.[109] Diese Rechtsfigur wird auch vom IAGMR im Bezug auf die OAS-Charta vertreten. In einem Rechtsgutachten hob der Gerichtshof hervor, daß die OAS-Mitgliedsstaaten an die "Amerikanische Erklärung der Menschenrechte und -pflichten" als autoritative Auslegung des Begriffs "Menschenrechte" in der OAS-Charta gebunden seien.[110]

Unter systematischen Gesichtspunkten beinhaltet diese Argumentation insofern einen wahren Kern, als daß der Katalog der AEMR die Art. 55 und 56 UNC den Begriff der Menschenrechte inhaltlich ausfüllt. Problematisch wird dieser Ansatz jedoch, wenn es darum geht, ob über den Wortlaut der AEMR hinaus auch andere Rechte, die nach der Verabschiedung der Allgemeinen Erklärung artikuliert worden sind, wie z.B. das Recht auf Entwicklung,[111] dem in der UNC enthaltenen Begriff der Menschenrechte unterfallen. Zudem ist zweifelhaft, insbesondere im Hinblick auf das in Art. 17 AEMR postulierte Recht auf Eigentum, ob alle in der Allgemeinen Erklärung enthaltenen Rechte bei Verabschiedung der Charta vom Begriff der Menschenrechte umfaßt sein sollten.[112] Aufgrund dieser Zweifel an einer hinreichenden Präzisierbarkeit eines verbindlichen Rechtskataloges und der damit fehlenden Rechtssicherheit im Lichte einer möglichen progressiven Entwicklung des Umfangs des Menschenrechtsbegriffes vermag diese Lösungsmöglichkeit nicht vollends zu überzeugen.

---

[107] Buergenthal, 63 WLR 1, 9 (1988); ders., International Human Rights, S. 35.

[108] Sohn, 32 AULR 1, 16 f. (1982).

[109] Nach diesen Vorschriften verpflichten sich die Mitgliedstaaten die allgemeine Achtung und Verwirklichung der Menschenrechte und Grundfreiheiten für alle ohne Unterschied der Rasse, des Geschlechts, der Sprache oder der Religion zu erreichen.

[110] Advisory Opinion OC-10/89 vom 14. Juli 1989, Rzf. 43, "Interpretation of the American Declaration of the Rights and Duties of Man Within the Framework of Article 64 of the American Convention on Human Rights", abgedruckt in 29 I.L.M. 379, 389 (1990).

[111] In diesem Sinne auch: Simma/Alston, 12 AYIL 82, 101 (1992); Simma, 1993 AEL Vol. IV Book Nr. 2, 153, 224.

[112] Tomuschat lehnt diesen Ansatz zudem mit der Begründung ab, daß aufgrund der großen Präzision der Rechte in der AEMR nicht mehr von einer bloßen Konkretisierung der UNC-Artikel gesprochen werden könne. Tomuschat, Menschenrechte, S. 8.

4. Allgemeine Rechtsgrundsätze

Ein weiterer Ansatz aus dem sich die völkerrechtliche Verbindlichkeit eines universellen Menschenrechtskataloges ergeben soll, wird von Alston und Simma vorgeschlagen.[113] Hiernach sollten Menschenrechte der in Art. 38 Abs. 1 (c) IGH-Statut niedergelegten dritten Säule des Völkerrechts den "von den Kulturvölkern anerkannten allgemeinen Rechtsgrundsätzen" unterfallen. Abgeleitet wird dieser Lösungsansatz aus dem Umstand, daß es sich bei "allgemeinen Rechtsgrundsätzen" um eine Rechtsquelle handelt, in dessen Mittelpunkt vor allem das Element des Konsenses stehe.[114] Diese Zustimmung der Staaten finde sich in den diversen Erklärungen und Bekenntnissen zu den Menschenrechten, nicht zuletzt auch in der AEMR, wieder.

Diesem Begründungsansatz ist jedoch entgegenzuhalten, daß er der grundsätzlichen Konzeption der "allgemeinen Rechtsgrundsätze" nicht gerecht wird. Bei diesen handelt es sich um solche Rechtssätze, die sich in verschiedenen Rechtsordnungen herausgebildet haben und aufgrund dieser Übereinstimmung auf die internationale Ebene und interstaatliche Beziehungen übertragen werden.[115] Im Fall der Menschenrechte, gemessen am Katalog der AEMR, fand diese Entwicklung jedoch ausschließlich auf der internationalen Ebene statt. Sie wurden zunächst international etabliert, bevor sie von nationalen Rechtsordnungen rezipiert wurden. Art. 38 Abs. 1 (c) IGH-Statut rechtfertigt jedoch nur die Übertragung eines Standards von der nationalen auf die internationale Ebene, aber nicht umgekehrt.[116] Somit unterfällt der Menschenrechtskatalog nicht dem klassischen Verständnis der "allgemeinen Rechtsgrundsätze".[117] Mithin bietet auch dieser Lösungsansatz keine überzeugende Rechtsgrundlage für einen umfassenden universell verbindlichen Menschenrechtsstandard außerhalb des Völkervertragsrechtes.

IV. Ergebnis

Die Menschenrechte sind konzeptionell universell angelegt. Sie dulden grundsätzlich keine Relativierung unter Berufung auf kulturelle oder regionale Einschränkungen eines Staates.

---

[113] Alston/Simma, 12 AYIL 82, 102 ff. (1992); Simma, 1993 AEL Vol. IV Book Nr. 2, 153, 224 ff.

[114] Alston/Simma, 12 AYIL 82, 104 (1992). Simma spricht an anderer Stelle von "*opinio iuris* without concordant practice" in 1993 AEL Vol. IV Book Nr. 2, 153, 225.

[115] Bassiouni, 11 MJIL 768, 816 f. (1990); Brownlie, S. 16; Seidl-Hohenveldern, Rzf. 508; Verdross/Simma, §§ 601 f.

[116] Chenkin, S. 141. Für eine Übersicht strafprozessualer Garantien nationaler Rechtsordnungen, die sich ebenfalls auf internationaler Ebene wiederfinden als Beispiel "allgemeiner Rechtsgrundsätze", vgl. Bassiouni 3 DJCIL 235 ff. (1993).

[117] Zu diesem Ansatz ebenfalls kritisch: Lillich, 25 GJICL 1, 15 f. (1995/96), der diese Rechtsfigur für eine abgewandelte - aber unverständliche - Fassung der gewohnheitsrechtlichen Herleitung menschenrechtlicher Verpflichtungen betrachtet.

Die umfassende normative Umsetzung, d.h. Rechtsverbindlichkeit eines umfassenden universellen Menschenrechtsstandards kann sich über die wenigen im *jus cogens* bzw. Völkergewohnheitsrecht verankerten Rechte nur aus Völkervertragsrecht ergeben. Weder Völkergewohnheitsrecht, noch der Ansatz der autoritativen Auslegung bzw. der vertretenen Auffassung, daß sich in den Menschenrechten "allgemeine Rechtsgrundsätze" im Sinne von Art. 38 Abs. 1 (c) IGH-Statut reflektieren, führen zu einem umfassenden universell-verbindlichen Menschenrechtsstandard. Einziges Instrument zur völkerrechtlich universellen Verankerung eines umfassenden Menschenrechtskataloges bleibt das Völkervertragsrecht.

Unter diesem Aspekt kommt dem IPBPR und der in seinem Rahmen durch den MRA entwickelten Rechtspraxis eine hervorgehobene Rolle zu, da es sich bei dem Pakt um den wichtigsten Vertrag bürgerlich-politischer Rechte mit territorial universaler Zielrichtung handelt.

Aber auch in materieller Hinsicht kommen Pakt und Ausschuß eine besondere Bedeutung bei der Wahrung und Hervorbringung des universellen Schutzes der Menschenrechte zu. Aufgrund der Vielzahl von Ratifikationen und Beitritten von Staaten aller Weltregionen zum IPBPR obliegt es dem Ausschuß, die universelle, d.h. weltweit einheitliche Umsetzung des Paktes zu überwachen.[118] Da es an einem auf universeller Ebene arbeitendem vergleichbarem Organ fehlt, nimmt der MRA eine exponierte Stellung beim weltweiten Schutz der Menschenrechte ein.

---

[118] Zum 1. August 1997 hatten 138 Staaten den Pakt ratifiziert bzw. waren ihm beigetreten. U.N. Doc. A/52/40, S. 102 (1997).

B. Der Menschenrechtsausschuß und der IPBPR

I. Der Menschenrechtsausschuß

Mit Inkrafttreten des IPBPR wurde nach Maßgabe des Art. 28 als Überwachungs- und Ausführungsorgan des Paktes ein Ausschuß eingerichtet. Dieser ist für die Durchführung der verschiedenen Verfahren, die ihm nach dem IPBPR sowie dem ersten Fakultativprotokoll zugewiesen sind, verantwortlich. Dabei fungiert der Ausschuß in drei verschiedenen Verfahren und wird aufgrund seines Mandates als "Hüter des IPBPR" bezeichnet:[119] Der Auschuß fordert an und prüft Staatenberichte nach Art. 40, er behandelt Staatenbeschwerden nach Art. 41 und Individualbeschwerden nach Maßgabe des im FP vorgesehenen Verfahrens.

Der Menschenrechtsausschuß besteht gemäß Art. 31 Abs. 3 aus 18 Mitgliedern, die aus verschiedenen Ländern kommen müssen und die ferner die verschiedenen geographischen Regionen sowie die unterschiedlichen Zivilisations- und grundlegenden Rechtssysteme repräsentieren sollen, Art. 31 Abs. 2. Die Ausschußmitglieder sollen gemäß Art. 28 Abs. 2 von hohem sittlichen Ansehen sein und eine anerkannte Kompetenz auf dem Gebiet des Menschenrechtsschutzes haben. Diese Vorschrift sieht ebenso vor, daß potentielle Kandidaten juristische Erfahrungen haben sollten. Bislang sind fast alle Ausschußmitglieder Juristen gewesen.[120] Die bisherigen Ausschußmitglieder setzten sich hauptsächlich aus Professoren, aber auch Richtern und Diplomaten zusammen. Gemäß Art. 32 Abs. 1 dauert die Amtszeit eines Ausschußmitgliedes vier Jahre bei Möglichkeit einer Wiederwahl. Obwohl die Mitglieder von ihren jeweiligen Regierungen vorgeschlagen werden, erfüllen sie ihre Aufgabe in persönlicher Eigenschaft gemäß Art. 28 Abs. 3. Sie sind nicht an Weisungen ihrer Regierungen gebunden und dürfen solche nicht entgegennehmen.[121] Somit ist der Ausschuß als ein unabhängiges Expertengremium angelegt, der sich selbst auch nicht als UN-Gremium versteht, sondern als unabhängiger Vertragskörper innerhalb des Paktes.[122] Die Unabhängigkeit und Unvoreingenommenheit der Ausschußmitglieder wird auch dadurch unterstrichen,

---

[119] Herndl in U.N. Doc. CCPR/C/SR. 702, Rzf. 4 (1987); Opsahl, Human Rights Committee, 369, 396.

[120] Nowak, CCPR, Art. 28 Rzf. 3; Tomuschat, 29 VN 141 (1981). Wolfrum spricht in diesem Zusammenhang sogar von einer Pflicht, daß die Ausschußmitglieder Juristen sein müssen, 1995 ASIL/NVIR Proceedings, S. 59.

[121] Nowak, CCPR, Art. 28 Rzf. 4. Trotz dieser Paktvorschrift weist das ehemalige Ausschußmitglied Tomuschat darauf hin, daß einige Staaten die Mitwirkung eines Sachverständigen ihrer Nationalität als außenpolitisches Handeln des Staates selbst ansehen und sich daher ermächtigt sähen, diesem auch Weisungen zu erteilen; Tomuschat, 108 ZSR 1, 11 (1989).

[122] Aguilar Urbina in U.N. Doc. CCPR/C/SR. 1080, Rzf. 21 (1991); Ando in U.N. Doc. CCPR/C/SR. 1385, Rzf. 28 (1994).

daß die Mitglieder eine diesbezügliche Erklärung bei Aufnahme ihrer Tätigkeit in dem Ausschuß gemäß Art. 38 abzugeben haben. In der Literatur ist die Nominierung bestimmter Kandidaten als Indikator der Bereitschaft und Ernsthaftigkeit einiger Staaten interpretiert worden, die durch den Pakt vorgegebenen Verpflichtungen einzuhalten und zu realisieren.[123] Der Vorschlag von unterqualifizierten Kandidaten wurde mithin als Nichtbereitschaft des jeweiligen Paktstaates zur Umsetzung der Paktnormen ausgelegt.[124]

Obwohl Art. 2 Abs. 1 der VerfO, die nach Maßgabe von Art. 39 Abs. 2 errichtet wurde, vorsieht, daß der Ausschuß mindestens zwei Mal im Jahr zusammenkommen soll, ist seit 1978 ein dreimaliges Treffen pro Jahr Praxis des Ausschusses geworden.[125] Die Sitzungen finden im Frühjahr, Sommer und Herbst statt. Während die Frühjahrssitzung in New York stattfindet, werden die beiden übrigen Sitzungen in Genf abgehalten.

II. Das Berichtsprüfungsverfahren gemäß Art. 40

Im Vergleich zu den Beschwerdeverfahren, die nur bei ausdrücklicher Unterwerfung durch den jeweiligen Vertragsstaat anzuwenden sind, verpflichtet das Staatenberichtsverfahren nach Art. 40 alle Paktstaaten dem Ausschuß Berichte über die Verwirklichung der Menschenrechte vorzulegen. Somit ist das Staatenberichtsverfahren von besonderer Bedeutung innerhalb des Paktsystems und quasi das Herzstück des im IPBPR niedergelegten Überwachungssystems.[126]

1. Die Prinzipien des Berichtsprüfungsverfahrens nach Art. 40

Das Procedere des Staatenberichtsverfahrens richtet sich nach Art. 40. Jeder Vertragsstaat ist gemäß Art. 40 Abs. 1 (a) verpflichtet, einen ersten Bericht hinsichtlich der getroffenen Maßnahmen zur Verwirklichung der im Pakt garantierten Rechte sowie über den Fortschritt der Gewährleistung der Rechte innerhalb eines Jahres nach Inkrafttreten des Paktes dem Ausschuß vorzulegen. Aufgrund eines Beschlusses des Ausschusses sind weitere Folgeberichte (*periodic reports*) alle fünf Jahre fällig.[127] Darüber hinaus sind von den Staaten Berichte vorzulegen, wann immer sie von dem Ausschuß verlangt werden, gemäß Art. 40 Abs. 1 (b).

Die Berichte sollen nicht nur den erlangten Erfolg in der Gewährleistung der Rechte enthalten, sondern sollen sich gemäß Art. 40 Abs. 2 S. 2 zudem mit Schwierigkeiten und Problemen in der Umsetzung einzelner Paktvorschriften beschäftigen. Die Berichte werden gemäß Art. 40 Abs. 2 S. 1 dem Generalsekretär der Vereinten Nationen zugeleitet, der sie wiederum an den Ausschuß über-

---

[123] Bayefsky, S. 229, 243.
[124] Bayefsky, S. 229, 243.
[125] Tomuschat, 29 VN 141, 142 (1981).
[126] Empell, S. 5; Robertson, 332, 334; Tomuschat, 29 VN 141, 146 (1981).
[127] U.N. Doc. A/36/40, Rzf. 104 (1981).

mittelt. Darüber hinaus ist der Generalsekretär gemäß Art. 40 Abs. 3 befugt, nach Konsultation mit dem Ausschuß, Auszüge aus den Berichten an andere UN-Organe weiterzuleiten, sofern diese in ihren Aufgabenbereich fallen. Es ist die Aufgabe des Ausschusses, diese Staatenberichte zu prüfen[128] sowie eigene Berichte und allgemeine Bemerkungen den Vertragsstaaten zukommen zu lassen, Art. 40 Abs. 4. Sodann haben die Paktstaaten nach Art. 40 Abs. 5 die Möglichkeit, eigene Stellungnahmen zu den Bemerkungen des Ausschusses abzugeben.

Der Ausschuß veröffentlicht gemäß Art. 45 einen jährlichen Bericht über seine Tätigkeit, die er der Generalversammlung über den Wirtschafts- und Sozialrat (ECOSOC) zukommen läßt.[129] Dieser Jahresbericht enthält sowohl die abschliessenden Bemerkungen des Ausschusses bezüglich der Staatenberichte als auch eine Zusammenfassung der Themen, die vom Ausschuß hinsichtlich seiner Arbeit und der Verwirklichung des Paktes diskutiert worden sind. Ferner enthält der Jahresbericht eine Übersicht über die vorgelegten Berichte, die überfälligen Berichte sowie die allgemeinen Bemerkungen, die vom Ausschuß verabschiedet worden sind. Ebenso umfaßt der Jahresbericht die Auffassungen des MRA aus den Individualbeschwerdeverfahren. Der Jahresbericht wird vom Wirtschafts- und Sozialrat sowohl an die Generalversammlung, als auch an die Menschenrechtskommission weitergeleitet.[130] Von der Generalversammlung seinerseits wird der Jahresbericht an seinen Dritten Ausschuß zur Beratung verwiesen.[131]

2. Unterschiedliche Arbeitsauffassungen in der Anfangsphase des MRA

Vor den jüngsten politischen Umwälzungen in Ost- und Mitteleuropa bestand eine grundsätzliche Differenz über die dem IPBPR zu Grunde liegende Menschen-

---

[128] Gemäß der englischen Version "to study", nach der französischen "étudie". Die ehemalige DDR sprach in ihren Zitaten und Übersetzungen vom passiven "Studieren", während die Bundesrepublik stets vom aktiveren "Prüfen" redet; zum Meinungsstreit über die Auslegung des Begriffs "study" in den Anfangsjahren des Ausschusses vgl. Empell, S. 64 ff.

[129] Der Jahresbericht wird als U.N. Doc. A/.../**40** veröffentlicht. - Zusätzlich sind Dokumente des Menschenrechtsausschusses mittlerweile auch im Internet zugänglich. Unter der Adresse: "http://www.umn.edu/humanrts/hrcommittee/hrc-page.html" sind u.a. der Jahresbericht des MRA, die Entscheidungen im Individualbeschwerdeverfahren, die allgemeinen Bemerkungen sowie die abschließenden Bemerkungen weltweit erhältlich.

[130] In der Vergangenheit ist die Arbeit des Ausschusses insbesondere von der Generalversammlung in Resolutionen gewürdigt worden: Siehe z.B. G.A. Res. 45/135, U.N. Doc. A/45/49 Vol. I (1990); G.A. Res. 46/113; U.N. Doc. A/46/49 Vol. I (1991); G.A. Res. 47/111, U.N. Doc. A/47/49 Vol. I (1992); G.A. Res. 48/119, U.N. Doc. 48/49 Vol. I (1993).

[131] Innerhalb des Dritten Ausschusses wurde die Arbeit des MRA schon mehrfach gewürdigt und - auch kritisch - diskutiert. Siehe z.B. die Diskussion über Allg. Bem. 14 [32], 1. Kapitel B II 6.

rechtskonzeption und seiner gebotenen Umsetzung durch den Pakt und seinen Ausschuß. Dieser Konflikt hat auch den Ausschuß und seine Arbeit nachhaltig beeinflußt. Während die Vertreter der westlichen Welt sowie neutraler Staaten die Verwirklichung der Menschenrechte als Anliegen der Weltgemeinschaft auffaßten, wurde von sozialistischen Staaten ehemals die Ansicht vertreten, daß der Schutz und die Verwirklichung der Menschenrechte eine strikte innere Angelegenheit der Staaten sei.[132] Danach sollte auch die Beurteilung der Verwirklichung der Menschenrechtslage in einem Paktstaat dem Ausschuß entzogen sein.

Dieses unterschiedliche Verständnis von Menschenrechten und ihrer Durchsetzung war auch in den Staatenberichten der ehemals kommunistischen Länder reflektiert: alle Berichte dieser Länder unterstrichen die Einheit von bürgerlichen und politischen Rechten mit den wirtschaftlichen und sozialen Rechten[133] und stuften diese noch unter ein "Recht auf Frieden".[134] Dieser Ansatz des Menschenrechtsverständnisses hatte auch Folgen für die Auffassung hinsichtlich der Kompetenzen und Zuständigkeiten des MRA und damit auch für die effektive Arbeit des Ausschusses.[135] Es bestand Uneinigkeit über die Befugnisse des Ausschusses.

Zwar sind zur Bestimmung der Kompetenzen des Ausschusses nach dem Pakt grundsätzlich die Art. 31 - 33 der Wiener Vertragsrechtskonvention (WVK) heranzuziehen.[136] Jedoch haben die darin enthaltenen Auslegungsregeln den damaligen Streit nicht entscheiden können. Vielmehr wurden aufgrund der unklaren Rechtslage von den Ausschußmitgliedern verschiedene Arbeitsaufträge für den MRA aus dem Pakt herausgelesen. Diese unterschiedlichen Auslegungen durch die Ausschußmitglieder haben die Grundlage für einen Meinungsstreit zwischen Ausschußmitgliedern aus dem Westen und dem ehemaligen Ostblock gebildet. So vertraten die Mitglieder aus den sozialistischen Staaten die Ansicht, daß das Staatenberichtsverfahren nur gedacht sei, den Austausch von Informationen und Erfah-

---

[132] Zur ausführlichen Darstellung dieses Meinungsstreites und seiner Bedeutung für die Arbeit des MRA siehe Empell, S. 198; McGoldrick, Human Rights Committee, S. 89. Bezeichnenderweise hat das ehemalige sowjetische Mitglied des Ausschusses kurz nach den dramatischen Umwälzungen in Osteuropa die Auffassung vertreten, daß es sich beim internationalen Menschenrechtsschutz um eine dynamische Entwicklung handelt und daß im Hinblick auf den IPBPR nicht alle menschenrechtlichen Beziehungen innerstaatlicher Natur seien, sondern sich die Beziehung zwischen Individuum und MRA über die staatlichen Grenzen hinweg ausdehnt; Mullerson, 1 EJIL 33, 34 (1991).

[133] Graefrath, Menschenrechte, S. 141.

[134] Graefrath, Menschenrechte, S. 23 ff.

[135] Vgl. hierzu auch 2. Kapitel C I.

[136] Obwohl die WVK erst vier Jahre nach dem IPBPR in Kraft getreten ist, am 27. Januar 1980, sind deren Vorschriften als Normen des Völkergewohnheitsrechts auch auf den Pakt anwendbar. Insofern wird die WVK auch vom MRA bei der Auslegung des IPBPR angewandt, z.B. *Broeks ./. Niederlande*, 172/1984, U.N. Doc. CCPR/C/OP/2, S. 196, 200 f. (1990). Zur Frage der WVK als Völkergewohnheitsrecht siehe Coccia, 15 CWILJ 1, 11 (1985); Buergenthal/Maier, International Law, S. 92; Empell, S. 38; Seidl-Hohenveldern, Rzf. 196.

rungen der Paktstaaten in Menschenrechtsfragen zu fördern.[137] Dadurch sollten die Paktstaaten zur Erfüllung ihrer Paktverpflichtungen "stimuliert" werden.[138] Ebenso wurde von dieser Seite vertreten, daß Zweck der Staatenberichte die Einrichtung eines kontinuierlichen Dialoges sei, sowie die Unterstützung der Paktstaaten, um Schwierigkeiten bei der Vertragserfüllung zu überwinden:

> "There was nothing in article 40 to indicate that the Committee was authorized to take the reports on what States parties had done and were trying to do to implement the Covenant as a basis for making a general assessment of the human rights situation, the fulfilment of obligations or violations in particular countries, or for interpreting the Covenant or making recommendations and suggestions concerning specific States. Such an interpretation of article 40 would go far beyond the wording of the Covenant."[139]

Die Umsetzung der Paktverpflichtungen und somit der Schutz der Menschenrechte wurde mithin als innere Angelegenheit eines jeden Staates aufgefaßt, deren Beurteilung dem MRA entzogen sein sollte.[140] Art. 40 Abs. 4 S. 2, der die Abfassung eigener Berichte durch den Ausschuß vorsehe, sei folglich auch unvereinbar mit diesem Prinzip, da es den Paktstaaten überlassen sei, welche Schlußfolgerungen sie aus den Diskussionen mit dem Ausschuß ziehen würden und welche Maßnahmen sie ergreifen würden.[141]

Die Mehrheit der Ausschußmitglieder vertrat in dieser Frage jedoch eine gegenteilige Auffassung. Von ihnen wurde das Staatenberichtsverfahren als Instrument angesehen, die effektive Umsetzung von Menschenrechten in den jeweiligen Paktstaaten zu überwachen und daher sollten auch eigene Schlußfolgerungen und Berichte am Ende der Behandlung eines jeden Staatenberichts abgefaßt werden, die eine Bewertung der menschenrechtlichen Lage miteinschlössen.[142] Das grundverschiedene Verständnis von Menschenrechten und ihrer internationalen Durchsetzung sowie der diesbezüglichen Kompetenzen des MRA hat sehr lange die Arbeit des Ausschusses überschattet und verlor erst in jüngster Zeit durch Veränderungen des Staatenberichtsverfahrens an Bedeutung.

Erst durch die Auflösung der Ost-West Konfrontation war es dem Ausschuß möglich, die im 2. Kapitel C beschriebenen Expansionsmöglichkeiten zu beschreiten.

---

[137] Graefrath in U.N. Doc. CCPR/C/SR. 231, Rzf. 9 (1980); Lallah in U.N. Doc. CCPR/C/SR. 282, Rzf. 17 (1981).

[138] Mohr, Durchsetzung von Völkerrechtsnormen, S. 40.

[139] Graefrath in U.N. Doc. CCPR/C/SR. 231, Rzf. 10 (1980).

[140] Jhabvala, 6 HRQ 81, 85 (1984); Lauff, 34 NJW 2611, 2612 (1981).

[141] Koulishev in U.N. Doc. CCPR/C/SR. 232, Rzf. 11 (1980).

[142] Dieye in U.N. Doc. CCPR/C/SR. 304, Rzf. 5; Opsahl in U.N. Doc. CCPR/C/SR. 109, Rzf. 9 (1978); Sadi in U.N. Doc. CCPR/C/SR. 304, Rzf. 2; Tomuschat in U.N. Doc. CCPR/C/SR. 232, Rzf. 41 (1980), in U.N. Doc. CCPR/C/SR. 306, Rzf. 31 (1981) und in U.N. Doc. CCPR/C/SR. 345, Rzf. 17 (1982); siehe auch Nowak, CCPR, Art. 40 Rzf. 21; Empell, S. 210.

3. Qualität der Berichte

Die Qualität der von den Staaten dem Ausschuß übersandten Berichte variieren erheblich voneinander. Sie rangierten bisweilen von einer[143] bis zu 479[144] Seiten. Zur Vereinheitlichung der Berichte hat der Ausschuß Richtlinien für Form und Inhalt der einzureichenden Berichte nach Erst-[145] und Folgeberichten[146] aufgestellt. Nach diesen Richtlinien haben die Staaten in ihren Berichten auf die Umsetzung der verschiedenen Bestimmungen des Paktes in ihrem Land einzugehen. Dabei haben die Erstberichte u.a. auf die im innerstaatlichen Recht vorgenommenen Änderungen einzugehen, die von den Paktstaaten vorgenommen wurden, um innerstaatliches Recht in Konformität mit den Paktverpflichtungen zu bringen. Sie haben aber auch Auskunft über die Schwierigkeiten und Probleme, die bei der Paktumsetzung aufgetreten sind, zu geben.[147] Die danach vorzulegenden Folgeberichte sollen hingegen Antwort auf die bei der letzten Berichtsprüfung aufgeworfenen, jedoch unbeantwortet gebliebenen Fragen geben. Darüber hinaus haben die Berichte Informationen über die jüngsten menschenrechtlichen Entwicklungen in dem Paktstaat zu enthalten. Zudem sollen die Folgeberichte die staatlichen Handlungen und Maßnahmen dokumentieren, die vom Paktstaat aufgrund des Dialogs mit dem Ausschuß ergriffen worden sind. Die Richtlinien zur Abfassung der Berichte sehen schließlich ausdrücklich vor, daß sich die Rechenschaft der Staaten nicht nur in einer Beschreibung der jeweiligen Rechtslage erschöpfen, sondern auch über die tatsächlichen menschenrechtlichen Bedingungen berichten sollen.[148] Denn in der Praxis neigen Staaten eher dazu, die menschenrechtliche Lage im eigenen Land in möglichst positivem Licht darzustellen bzw. die Darstellung auf eine Beschreibung der Gesetzeslage zu beschränken.[149]

---

[143] Der erste Bericht Syriens, U.N. Doc. CCPR/C/1/Add. 1 (1977), wurde durch einen neuen, siebenseitigen Bericht, U.N. Doc. CCPR/C/1/Add. 1/Rev. 1 (1977), ersetzt.

[144] Der erste Bericht Kanadas, U.N. Doc. CCPR/C/1/Add. 43, Vol. I und II (1977).

[145] U.N. Doc. CCPR/C/5/Rev. 2 (1995).

[146] U.N. Doc. CCPR/C/20/Rev. 2 (1995)

[147] Der Ausschuß hat in seiner Allg. Bem. 2 [13] Rzf. 2 kritisiert, daß die Erstberichte nicht auf auftretende Umsetzungsschwierigkeiten eingehen würden. U.N. Doc. A/35/40 (1980).

[148] Daß dieses nicht immer der Fall ist, wird insbesondere von Tomuschat kritisiert, 35 VN 157, 158 (1987).

[149] Bei diesen Richtlinien handelt es sich nicht um die einzigen Mittel der praktischen Kooperation zwischen dem MRA und den Paktstaaten. Das U.N. Centre for Human Rights in Genf ist ferner den Vertragsstaaten auf Wunsch bei der Abfassung der Staatenberichte behilflich. U.N. Doc. A/47/40, Rzf. 21 (1992). Zudem veranstaltet das Zentrum Fortbildungen für Regierungsvertreter der Paktstaaten, um über Inhalt und Umfang der Paktbestimmungen zu informieren. Nowak, 16 EuGRZ 430, 431 (1989); Tomuschat, Menschenrechte, Staatenberichte, Rzf. 8. In vielen Ländern beruhen Menschenrechtsverletzungen nur auf Unwissenheit bestehender Menschenrechtsverpflichtungen, die durch Weiterbildung von Polizeibeamten und Gefängnispersonal nicht entstehen würden. Tomuschat, Die Vereinten Nationen und die Menschenrechte, 49/88 APZ 14, 24.

4. Rechtzeitigkeit der Berichte

Als Problem und damit besonders großes Hindernis des effektiven Funktionierens des Staatenberichtssystems hat sich die verspätete Einreichung der Staatenberichte erwiesen.[150] Ein bemerkenswertes Beispiel ist Syrien, dessen erster Folgebericht zum 28. August 1984 fällig war, aber bis zum heutigen Tag nicht beim Ausschuß eingegangen ist.[151] Aber auch die Berichtsvorlage des Iran ist in diesem Zusammenhang auffallend: Nach dem Erstbericht 1978 hat es bis zum Mai 1992 gedauert, bis der erste Folgebericht dem Ausschuß vorgelegt worden ist.[152] Nach dem jüngsten Jahresbericht des MRA sind derzeit rund Zweidrittel der gesamten Paktstaaten mit ihren Berichten in Verzug.[153]

Um dieser Situation Abhilfe zu verschaffen, ist der Ausschuß dazu übergegangen, Erinnerungsschreiben an die betroffenen Staaten nach Art. 69 der VerfO zu senden. Alle diese betroffenen Staaten werden im Jahresbericht an die Generalversammlung einzeln aufgeführt.[154] Eine andere Maßnahme, die Paktsaaten an ihre Berichtspflicht zu erinnern, ist ein Treffen des Ausschußvorsitzenden[155] oder eines Mitarbeiters[156] des Auschusses mit den Vertretern des betroffenen Staates oder die Aufforderung an einen Vertreter der diplomatischen Mission des Paktstaates, das Versäumnis zu erläutern.[157] Ferner hat der Ausschuß auch der Generalversammlung die Säumnis bestimmter Staaten bei der Berichtvorlage gemeldet.[158] In einem Fall hat sogar ein Ausschußmitglied einen Paktstaat besucht, um Rat und Unterstützung zu geben sowie bei der Abfassung des Berichtes behilflich zu sein.[159]

---

[150] U.N. Doc. A/51/40, Rzf. 31 (1996). - Fällt ein Staat in der rechtzeitigen Vorlage seiner Berichte zurück, so ist es die Praxis des Ausschusses, ihm auch einen späteren Zeitpunkt für die Folgeberichte zu setzen; s. Ando in U.N. Doc. CCPR/C/SR. 1335, Rzf. 71 (1994).

[151] U.N. Doc. A/52/40, S. 115 (1997).

[152] U.N. Doc. A/47/40, S. 177 (1992). Iran erklärte nach der islamischen Revolution im April 1979, daß die menschenrechtliche Situation nicht mehr die gleiche sei, wie im Erstbericht beschrieben und Iran daher einen Ergänzungsbericht (*supplementary report*) vorlegen würde. Bartsch, 33 NJW 489, 490 (1980). Diesen Ergänzungsbericht erhielt der Ausschuß 1982 als U.N. Doc. CCPR/C/1/Add. 58 (1982). Nach einer heftigen, teilweise sogar polemischen Diskussion auf Seiten der Staatendelegation beschloß der Ausschuß, daß der vorgelegte Bericht nicht den Anforderungen entsprach und somit nicht als Bericht im Sinne der VerfO anerkannt werden könne, da er sich nur auf eine Beschreibung der Islamischen Revolution beschränkte. Daraufhin beschloß die Delegation einen neuen Bericht vorzulegen, der jedoch erst 1992 eingereicht wurde. U.N. Doc. CCPR/C/28/Add. 15 (1992).

[153] U.N. Doc. A/52/40, Annex III, S. 112 ff. (1997).

[154] U.N. Doc. A/51/40, S. 18 f. sowie S. 102 ff. (1996).

[155] Dieses Verfahren wurde z.B. im Fall vom Jamaika gewählt; U.N. Doc. CCPR/C/SR. 196, Rzf. 29 (1980) und U.N. Doc. CCPR/C/SR. 262, Rzf. 23 (1980).

[156] U.N. Doc. A/50/40, Rzf. 57 (1995).

[157] U.N. Doc. CCPR/C/SR. 107, Rzf. 16 (1978).

[158] U.N. Doc. CCPR/SP/14 (1980).

[159] U.N. Doc. A/48/40, Rzf. 14 (1993).

Im November 1994 beschloß der Ausschuß den Paktstaaten das ernsthafte Problem der verspäteten Staatenberichte durch einen Brief des Ausschussvorsitzenden an die Paktstaaten zu erläutern.[160] Ferner beschloß der Ausschuß, daß der Ausschußvorsitzende sowohl die Versammlung der Vertragsstaaten als auch den Dritten Ausschuß der Generalversammlung auf die bestehenden Mißstände verstärkt aufmerksam machen sollte.[161] In dem Zusammenhang der verspäteten Staatenberichte wurde vielfach die Frage aufgeworfen, ob es den Staaten gestattet sein soll, ausstehende Berichte in einem kombinierten Bericht vereint vorzulegen.[162] Eine endgültige Entscheidung hierzu steht zwar noch aus. Jedoch hat der Ausschuß beschlossen, daß in außergewöhnlichen Fällen der Verspätung die Möglichkeit besteht, daß der betreffende Paktstaat nur einen provisorischen Bericht vorlegt, der nur zu einer begrenzten Anzahl von Paktvorschriften Stellung nimmt.[163] Zudem hat der MRA die Praxis aufgenommen, nach der verspäteten Vorlage von Berichten die Vorlagefrist für den kommenden Bericht zu verlängern.[164] Auf diese Weise wird sichergestellt, daß Berichte zeitnah geprüft werden können.

Im Hinblick auf zu treffende Entscheidungen durch den Ausschuß ist bemerkenswert, daß zusätzlich zu Art. 39 Abs. 2 (b), wonach der Ausschuß Entscheidungen durch Mehrheitsbeschluß fällt, diese Regelung durch eine Fußnote zu Art. 51 VerfO ergänzt worden ist. Danach soll vor einer Entscheidung "consensus"[165] hergestellt werden soll. Bislang wurden alle Entscheidungen des Ausschusses auf *consensus*-Basis gefaßt.[166] Trotz zahlreicher Novellierungen der VerfO in jüngster Zeit ist die Fußnote zu Art. 51 VerfO unverändert geblieben.[167] Hinsichtlich der Abschaffung dieser Fußnote und damit des *consensus*-Prinzips könnte argumentiert werden, daß es dem Ausschuß verwehrt sei, das im Pakt vorgesehene Mehr-

---

[160] U.N. Doc. CCPR/C/SR. 1385, Rzf. 21-22 (1994).

[161] U.N. Doc. CCPR/C/SR. 1385, Rzf. 21-22 (1994).

[162] U.N. Doc. CCPR/C/SR. 1114 (1991). Prof. Higgins hat zu dieser Frage die Auffassung vertreten, daß es nicht dem einzelnen Paktstaat freistehe, von sich aus Berichte zusammenzufassen, dies könne nur der Ausschuß. U.N. Doc. CCPR/C/SR. 1229, Rzf. 16 (1993).

[163] U.N. Doc. A/51/40, Rzf. 32 (1996).

[164] So wurde z.B. für Deutschland die Vorlagefrist für den fünften periodischen Berichts vom 3. August 1998 auf den 3. August 2000 verlängert, nachdem der zum 3. August 1993 fällige vierte periodische Bericht erst am 12. September 1995 vorgelegt worden war und vom Ausschuß sodann im November 1996 geprüft wurde. U.N. Doc. A/52/40, S. 117, Ziff. 14 (1997).

[165] „Consensus" bedeutet nicht ein einstimmiges Votum, sondern eine Übereinstimmung der Ausschußmitglieder dahingehend, daß kein Mitglied dem Votum grundsätzlich ablehnend gegenüber steht. Tomuschat, Ausschuß für Menschenrechte, 29 VN 141, 148 (1981). Suy definiert „consensus" als "procedure of adopting a text without proceeding to a vote in the absence of formal substanitve objections", EPIL Bd. 1, S. 759 (1992). Ein Beispiel zur Anwendung dieser Regel aus jüngerer Zeit findet sich in U.N. Doc. CCPR/C/SR. 1385, Rzf. 43 (1994).

[166] McGoldrick, Human Rights Committee, S. 48; Nowak, CCPR, Art. 39, Rzf. 10.

[167] Die jüngste Fassung der VerfO ist als U.N. Doc. CCPR/C/3/Rev. 4 (1997) publiziert.

heitsentscheidungsverfahren durch ein eigenes Votum zu ändern.[168] Diesem Gedanken ist auf der anderen Seite jedoch entgegenzuhalten, daß das *consensus*-Verfahren einen wichtigen Beitrag zu einer versöhnlichen und kooperativen Atmosphäre innerhalb des Ausschusses geleistet hat und damit eine stärkere Politisierung verhindert hat, die die effektive Arbeit des Ausschusses erheblich gemindert hätte.[169] Mag auf diese Weise auch immer die Gefahr eines Vetos bestehen, so hat aber auch das unwidersprochene Votum eines internationalen Gremiums besonderes Gewicht und Autorität. Im Zusammenhang mit den jüngsten Neuerungen, insbesondere dem Abfassen von wertenden Schlußberichten durch den Ausschuß, wurde bereits vorhergesagt, daß der Ausschuß auch das Prinzip des *consensus* in naher Zukunft abschaffen werde.[170]

Im Hinblick auf die steigende Zahl von Beitritten zu den verschiedenen internationalen Menschenrechtspakten hat der Ausschuß in Abstimmung mit den Ausschüssen der anderen internationalen menschenrechtlichen Verträge seine generellen Richtlinien zur Abfassung der Erst- und Folgeberichte während seiner zweiundvierzigsten[171] und seiner dreiundfünfzigsten[172] Sitzungsperiode geändert. Die jüngste Änderung trägt der Abschlußerklärung der Wiener Menschenrechtskoferenz von 1993 ("Wiener Erklärung") Rechnung[173] und fordert die Paktstaaten auf, in ihren Berichten ein besonderes Augenmerk auf die Gleichberechtigung der Frau zu legen. Die erste Novellierung aus dem Jahre 1991 wurde eingeführt, um die Berichte zum Nutzen und zur Vereinheitlichung für die Paktstaaten und die Ausschüsse einander anzugleichen. Nach den von den Ausschüssen der im UN-System bestehenden Menschenrechtsverträgen[174] vorgesehenen Angleichungen hat jeder Paktstaat, der mehr als einen dieser Menschenrechtsverträge ratifiziert hat, dem entsprechenden Überwachungsorgan grundsätzlich zwei Berichte vorzulegen. Bei dem ersten Bericht handelt es sich um einen Grundsatzbericht,[175] der für alle betroffenen Vertragsausschüsse identisch ist und allgemeine sowie grundsätzliche

---

[168] Tomuschat weist darauf hin, daß die Bedeutung dieser Fußnote erheblich geringer sei, als ihr allgemein zugerechnet werde. Insbesondere könne sie eine formelle Abstimmung *de jure* nicht verhindern, sondern habe nur einen *de-facto*-Effekt. Tomuschat in EPIL Bd. 2, S. 1115, 1117 (1995).

[169] Nowak, 7 EuGRZ 532, 541 (1980); Graefrath, Menschenrechte, S. 129.

[170] Nowak, 14 HRLJ 9, 11 (1993). Dementgegen stehen jedoch die Stellungnahmen einiger Ausschußmitglieder aus der jüngsten Vergangenheit in U.N. Doc. CCPR/C/SR. 1554/Add. 1 (1996).

[171] U.N. Doc. A/46/40, Rzf. 21, 32 sowie Annex VII (1991).

[172] U.N. Doc. A/50/40, Annex VII, S. 140 ff. (1995).

[173] Vienna Declaration and Programme of Action, Teil II, Rzf. 36-42, abgedruckt in 14 HRLJ 352, 359 f. (1993).

[174] Bei den anderen Menschenrechtsverträgen handelt es sich um den Internationalen Pakt für Wirtschaftliche, Soziale und Kulturelle Rechte (IPWSKR), der Konvention zur Abschaffung der Rassendiskriminierung (KARD) sowie die Konvention zur Abschaffung der Diskriminierung der Frau (KADF).

[175] Richtlinien zur Abfassung dieser Grundsatzberichte („core documents") finden sich in U.N. Doc. HRI/CORE/1 (1992).

Daten über den Paktstaat enthält.[176] Dieser Bericht wird nur ein einziges Mal erstellt. Der zweite Bericht hingegen enthält die spezifischen Auskünfte der Implementierung des jeweiligen Menschenrechtsvertrages, wie z.B. zum IPBPR.

Das Berichtsprüfungsverfahren als tragende Stütze des Überwachungsmechanismusses des Paktes sieht sich mithin vielfachen Herausforderungen in quantitativer und qualitativer Hinsicht ausgesetzt. Trotz begrenzter Ressourcen[177] hat der Ausschuß eine größer werdende Flut von Berichten zu bearbeiten, deren Gehalt oft schwankt, so daß die Gewährleistung eines effektiven und konstruktiven Prüfungsverfahrens zur Gewährleistung eines universellen Menschenrechtsschutzes schon faktischen Hindernissen seitens der Paktstaaten ausgesetzt ist.

5. Anforderung von Staatenberichten gemäß Art. 40

Bei einer näheren Betrachtung der von dem Ausschuß angeforderten Staatenberichte gemäß Art. 40 ist zwischen den unterschiedlichen Kategorien der Staatenberichte zu differenzieren. Zum einen handelt es sich hierbei um die Erst-, Folge- und Zusatzberichte, die nach Maßgabe von Art. 40 Abs. 1 (a) abgegeben werden.[178] Zum anderen haben die Paktstaaten ggf. Sonderberichte nach Art. 40 Abs. 1 (b) vorzulegen.

a. Periodische Berichte gemäß Art. 40 Abs. 1 (a)

Nach dem Verfahren der periodischen Berichte legt ein Paktstaat seinen Bericht über die Implementierung der Menschenrechtsvorschriften dem Ausschuß über den Generalsekretär gemäß Art. 40 Abs. 2 vor. Danach informiert der MRA den Pakstaat sobald wie möglich über das Datum, die Dauer und den Ort der Sitzung, an dem der Bericht durch den Ausschuß gemäß Art. 68 Abs. 1 VerfO geprüft wird. Somit hat der Paktstaat die Möglichkeit, weitere Erläuterungen und Ergänzungen zu dem Bericht vorzubereiten und entsprechende Vertreter für die Sitzung zu benennen.[179] In diesem Zusammenhang ist erwähnenswert, daß die Staaten zwar nicht verpflichtet sind gemäß Art. 68 Abs. 2 VerfO, bei der Prüfung ihres

---

[176] Ebenda. Hierin enthaltene Informationen sollen z.B. allgemeine Bemerkungen über Land und Leute sein, die generelle politische Struktur, das Rechtssystem, in dem die Menschenrechte gewährt werden und eine Beschreibung der Wege und Mittel, mit denen die Achtung der in den Verträgen manifestierten Menschenrechte gesichert und bekanntgemacht wird. Siehe z.B. das „core document" der Vereinigten Staaten, HRI/CORE/1/Add. 49 (1994).

[177] So war es z.B. während der 49. Sitzungsperiode des MRA aufgrund finanzieller Engpässe nicht möglich, *Summary Records* zu erstellen. U.N. Doc. A/50/40, Rzf. 24 (1995).

[178] In jüngster Zeit bestehen Bestrebungen des Ausschusses, die Prüfung von Erst- und periodischen Berichten zu effektivieren. Hierfür ist an eine Angleichung der Prüfungsverfahren gedacht. U.N. Doc. A/51/40, Rzf. 28 (1996).

[179] Die Sitzungen, in denen die Staatenberichte mit den Regierungsvertretern diskutiert und untersucht werden, sind in der Regel der allgemeinen Öffentlichkeit zugänglich, sofern der Ausschuß nichts anderes beschließt, Art. 33 VerfO.

Berichtes vor dem Ausschuß anwesend zu sein,[180] jedoch haben Ausschußmitglieder davon abgeraten, einen Staatenbericht in Abwesenheit der Staatenvertreter zu prüfen.[181] Bislang wurde jeder Staatenbericht mit der Ausnahme des Berichts von Guinea in der Anwesenheit einer Delegation geprüft.[182] Sowohl Ausschußmitglieder als auch Vertreter im Schrifttum haben hervorgehoben, daß die Teilnahme der Delegationen der jeweiligen Paktstaaten für das Staatenberichtssystem besonders wertvoll sei.[183] Gleichwohl ist die Qualifikation verschiedener Delegationsmitglieder bereits öfters kritisiert worden. Denn viele Staaten können aufgrund finanzieller Engpässe nur ihre allgemeinen UN-Repräsentanten schicken, denen unter Umständen Hintergrundwissen oder besondere Detailkenntnisse mangeln.[184]

Ziel des Ausschusses ist es, bei der Zusammenstellung der Tagesordnung für eine Sitzungsperiode fünf Berichte[185] aus verschiedenen Regionen der Welt zu behandeln.[186] In der Kategorie der periodischen Berichte ist zu unterscheiden zwischen den Erstberichten, den Zusatzberichten sowie den regulären Folgeberichten (*periodic reports*).

aa. Erstberichte

Die Untersuchung von Erstberichten (*initial reports*) folgt einem systematischen Verfahren,[187] das sich in der Regel auf drei Sitzungen erstreckt.[188] Um einen Bericht zu untersuchen bzw. zu prüfen, trifft sich der Ausschuß mit einer Delegation des Paktstaates. Zu Beginn eines solchen Treffens kann die Delegation weitere Informationen vorlegen, wie z.B. Gesetzestexte oder andere relevante Dokumente, die den Bericht betreffen. Hiernach gibt die Delegation eine kurze mündli-

---

[180] Art. 68 S. 2 VerfO sieht vor, daß „... the States Parties **may** be present..." U.N. Doc. CCPR/C/3/Rev. 4 (1997).

[181] U.N. Doc. CCPR/C/SR. 1385 (1994) Francis in Rzf. 2, Pocar in Rzf. 9 und Chanet in Rzf. 10.

[182] U.N. Doc. A/39/40, Rzf. 136 (1984). Nach der Diskussion des Sonderberichtes der Bundesrepublik Jugoslawien (Serbien und Montenegro), U.N. Doc. CCPR/C/88 (1992), schlug Wennergren vor, im Abschlußbericht festzuhalten, daß kein Vertreter der Republik Serbiens an dem Dialog teilgenommen hatte, jedoch fand sich für einen solchen Vermerk kein *consensus*, U.N. Doc. CCPR/C/SR. 1261, Rzf. 61 (1993).

[183] Chanet in U.N. Doc. CCPR/C/SR. 1385, Rzf. 10 (1994); Nowak, 10 EuGRZ 11 (1983); Tomuschat, Menschenrechte, Staatenberichte, Rzf. 10.

[184] Bouziri nannte ein Delegationsmitglied „unqualifiziert" in U.N. Doc. CCPR/C/SR. 466, Rzf. 19 (1983); Nowak, CCPR, Art. 40 Rzf. 32; Tomuschat, 29 VN 141, 146 (1981).

[185] Bis zur Frühlingssitzung 1987 hat die Tagesordnung lediglich vier Berichte vorgesehen, U.N. Doc. CCPR/C/47, TOP 8 (1987). Es gab aber auch schon Sitzungen, in denen sechs Berichte auf der Tagesordnung standen, U.N. Doc. CCPR/C/65, TOP 5 (1989) und U.N. Doc. CCPR/C/67, TOP 4 (1990).

[186] Evans in U.N. Doc. CCPR/C/SR. 363, Rzf. 22 (1982); Prado Vallejo in U.N. Doc. CCPR/C/SR. 462/Add.1, Rzf. 9 (1983).

[187] Tomuschat, 35 VN 157, 158 (1987).

[188] U.N. Doc. A/51/40, Rzf. 28 (1996); O'Flaherty, 16 HRQ 515, 517 (1994).

che Einführung in den Bericht und geht dabei häufig auf die jüngsten Entwicklungen im innerstaatlichen Menschenrechtsschutz ein. Diese Möglichkeit der zusätzlichen Informationsvorlage hat sich in der Vergangenheit als sehr nützlich erwiesen, da es manchmal fast ein Jahr dauert, bis der vorgelegte Bericht durch den Ausschuß geprüft wird.[189] In jüngster Zeit hat es auch Fälle gegeben, in denen der Ausschuß vor dem Treffen einen Fragenkatalog erstellt hat, um die zur Prüfung zur Verfügung stehende Zeit möglichst effektiv zu nutzen.[190]

Nach der Einführung durch die Staatendelegation bekommt jedes Ausschußmitglied die Möglichkeit, Fragen zu stellen. Während dieser ersten Fragerunde steht es den Mitgliedern bereits frei, erste Anmerkungen und Einschätzungen zu äußern.[191]

Es hat sich eingebürgert, daß die erste Fragerunde von einem Ausschußmitglied eröffnet wird, das aus der gleichen Region kommt wie das Land, dessen Bericht zur Prüfung ansteht.[192] Wird der Bericht eines Staates geprüft, dessen Staatsangehöriger auch Ausschußmitglied ist, so enthält sich dieses Mitglied der Prüfung und Beratung.[193] In der Regel antwortet die Staatendelegation nicht gleich auf diese Frage- und Bemerkungsrunde, sondern hat einen oder mehrere Tage Zeit, die notwendigen Antworten vorzubereiten und kann diese *en bloc* bei einem späteren Treffen vorlegen. Somit kann die Staatendelegation schwierigere Fragen auch in schriftlicher Form beantworten.[194] Jedoch eröffnet die Möglichkeit der *en-bloc*-Beantwortung auch, daß Fragen, die Staaten eher unangenehm sind, nur oberflächlich oder gar nicht beantwortet werden.[195]

Die zusätzlich vorgelegten Antworten und Informationen werden in einer sogenannten zweiten Runde geprüft.[196] Hier können nun die Ausschußmitglieder Fragen zu konkreten Themen stellen, die bislang unzureichend oder noch gar nicht

---

[189] Empell, S. 14.

[190] So zum ersten Mal im Fall Guatemalas. U.N. Doc. CCPR/C/SR. 1474, Rzf. 32 (1996). Nach Auffassung des Ausschusses soll die Vorbereitung eines Fragenkataloges in Zukunft beibehalten werden. U.N. Doc. A/51/40, Rzf. 28 (1996).

[191] Tomuschat, 35 VN 157, 158 (1987). Ein diesbezügliches Beispiel aus jüngerer Vergangenheit ist die Bemerkung von Ndiaye während der Untersuchung des Erstberichts von Sudan, als er seiner Besorgnis über die verfassungsrechtliche Stellung des Präsidenten mit besonderen Vollmachten Ausdruck verlieh. U.N. Doc. CCPR/C/SR. 1065, Rzf. 16 (1991).

[192] Mavrommatis in U.N. Doc. CCPR/C/SR. 391, Rzf. 4 (1983).

[193] Vgl. Fußnote 1 zu U.N. Doc. CCPR/C/79/Add. 50 (1995), die auf diese Prinzip der Enthaltung bei der Prüfung des US-amerikanischen Berichtes und der Enthaltung des amerikanischen Ausschußmitgliedes Buergenthal hinweist. - Aufgrund dieser entwickelten Praxis ist Ganji's Diskussionsteilnahme bei der Prüfung des iranischen Berichtes zu Beginn der Ausschußarbeit als Ausnahme anzusehen. U.N. Doc. CCPR/C/SR. 406, Rzf. 31 (1978). Ebensolches gilt für die Intervention von Prado Vallejo bei der Prüfung des ekuadorianischen Berichtes, U.N. Doc. CCPR/C/SR. 406, Rzf. 9 (1982).

[194] Nowak, 7 EuGRZ 532, 536 (1980).

[195] Tomuschat, 35 VN 157, 158 (1987).

[196] Fisher, 76 AJIL 142, 145 (1982); Nowak, 7 EuGRZ 532, 536, 542 (1980); Tomuschat, 29 VN 141, 146 (1981).

behandelt worden sind, auf die die Delegation dann *ad hoc* reagiert. Antworten auf diese Fragen können wiederum Grundlage für neue Anmerkungen und Fragen der Ausschußmitglieder sein. In dieser Phase der Berichtsprüfung entwickelt sich ein spontaner Gedankenaustausch.[197]

Zu Beginn der Ausschußtätigkeit haben die Mitglieder aus den sozialistischen Ländern an der zweiten Runde der Berichtsprüfung nicht teilgenommen, da sie das Verfahren als mit dem Pakt unvereinbar ansahen.[198] Jedoch haben sie sich nach einer kurzen Zeit auch an der zweiten Runde beteiligt mit der Begründung, es stünde jedem Staate frei, sich diesem Verfahren zu unterwerfen.[199] Eine solche Teilnahme impliziere nicht die Kompetenz des Ausschusses, die menschenrechtliche Situation in einem Paktstaat zu bewerten bzw. zu beurteilen.

In jüngster Zeit wurde von den Ausschußmitgliedern angeregt, das bisherige Verfahren der Erstberichtsprüfung zu ändern. Von einer Arbeitsgruppe wurden bereits einige Änderungsvorschläge vorgelegt, die auch im Ausschuß diskutiert worden sind.[200] Mittlerweile hat sich der Ausschuß dazu entschlossen, anhand des jeweils vorbereiteten Fragenkataloges einen intensiveren Dialog zwischen Delegation und MRA herbeizuführen.[201]

bb. Zusatzberichte

Zusatzberichte (*supplementary reports*) sind Berichte, die die Paktstaaten als zusätzliche Informationen auf Nachfrage von Ausschußmitgliedern im Rahmen der periodischen Berichte vorlegen. Eine solche Anfrage wird von Mitgliedern des MRA gemacht, wenn sie mit der Qualtität der vorgelegten Informationen nicht zufrieden sind. Die Möglichkeit der Anforderung von Zusatzberichten ist in Art. 70 Abs. 2 VerfO niedergelegt[202] und folgt im Prüfungsverfahren den Prinzipien der Prüfung von Erstberichten. Dies hat zur Folge, daß Fragen zu Zusatzberichten

---

[197] Diese Art des Gedankenaustausches erhielt bereits die Bezeichnung "Kreuzverhör". So Graefrath, U.N. Doc. CCPR/C/SR. 276, Rzf. 17 (1981); Bartsch, 35 NJW 478, 481 (1982); Nowak, 7 EuGRZ 532, 536 (1980).

[198] Vgl. die Erklärung von Graefrath in U.N. Doc. CCPR/C/SR. 228, Rzf. 5 (1980).

[199] Die ersten Ausschußmitglieder aus sozialistischen Staaten, die sich an diesem Verfahren beteiligte waren Hanga in U.N. Doc. CCPR/C/SR. 301, Rzf. 34 (1981) sowie Movchan in U.N. Doc. CCPR/C/SR. 302, Rzf. 13 (1981).

[200] U.N. Doc. CCPR/C/SR. 1450, SR. 1458, 1496, SR. 1500, SR. 1501 (1995/1996).

[201] U.N. Doc. A/51/40, Rzf. 28 ff. (1996).

[202] Beispiel für die Anforderung von Zusatzberichten aus jüngster Zeit ist Peru. Vgl. U.N. Doc. A/47/40, Rzf. 300 (1992). In diesem Fall hat der Paktstaaat neben seinem regulären Zweitbericht, U.N. Doc. CCPR/C/51/Add. 4 (1991), zusätzliche Informationen vorgelegt, U.N. Doc. CCPR/C/51/Add. 5 (1992), sowie einen Zusatzbericht, U.N. Doc. CCPR/C/51/Add. 5 (1992). Darüber hinaus wurde von Großbritannien vor der Rückgabe der Kronkolonie Hongkong an die Volksrepublik China zum 1. Juli 1997 nicht nur der vierte periodische Bericht, U.N. Doc. CCPR/C/95/Add. 5 (1995), sondern auch ein Zusatzbericht, U.N. Doc. CCPR/C/117 (1996), vorgelegt.

geschlossen beantwortet werden, nachdem der betreffende Paktstaat Zeit hatte, sich auf die Antworten vorzubereiten.[203] Innerhalb des Ausschusses bestehen Bestrebungen, die Prüfung eines Zusatzberichtes mit der Prüfung des nächsten Folgeberichtes zu verbinden.[204] Prof. Higgins hat jüngst vorgeschlagen, daß eine separate Prüfung von Zusatzberichten nur auf ausdrücklichen Wunsch des Ausschusses vorgenommen werden sollte.[205]

cc. Folgeberichte

Die Prüfung von regulären Folgeberichten (*periodic reports*) unterscheidet sich von der Prüfung der Erst- und Zusatzberichte in vielfacher Hinsicht. So werden Aufforderungen an die Paktstaaten übersandt, den nächsten Folgebericht ein Jahr vor seiner Fälligkeit dem Ausschuß zu übersenden.[206] Zudem sollen die Folgeberichte die abschließenden Bemerkungen *(concluding observations)* des Ausschusses von der letzten Berichtsprüfung enthalten.[207]

Kurz bevor die Diskussion eines Folgeberichtes mit der Staatendelegation ansteht, trifft sich eine kleine Arbeitsgruppe, bestehend aus drei Ausschußmitgliedern, die eine vorläufige Prüfung des vorgelegten Berichtes im Lichte der vorhandenen Informationen vornimmt und einen Katalog von möglichen Fragen entwirft.[208] In der Regel wird der Fokus dieses Fragenkataloges auf Themen gerichtet sein, die bei dem letzten Treffen mit der Staatendelegation unbeantwortet oder nur unzureichend beantwortet worden sind. Im Idealfalle enthält ein solcher Fragenkatalog eine Liste der landesspezifischen Probleme, mit denen sich ein Paktstaat bei der Umsetzung der Bestimmungen des IPBPR konfrontiert sieht.[209]

---

[203] McGoldrick, Human Rights Committee, S. 81 f.; Nowak, CCPR, Art. 40, Rzf. 35. Siehe auch die Prüfung der Zusatzberichte von Venezuela und Kanada in U.N. Doc. A/40/40, S. 27, 32 (1985) sowie von El Salvador in U.N. Doc. A/42740, S. 40 (1987).

[204] Vgl. die ausdrückliche Entscheidung von 1985 in U.N. Doc. A/40/40, S. 11 sowie die allgemeine Entscheidung von 1986 in U.N. Doc. A/41/40, Rzf. 45 a.

[205] Higgins in U.N. Doc. CCPR/C/SR. 1229, Rzf. 16 (1993).

[206] U.N. Doc. A/52/40, Rzf. 34 (1997).

[207] U.N. Doc. A/52/40, Rzf. 34 (1997).

[208] Dieses Verfahren wurde zu erst angewandt beim zweiten periodischen Bericht des ehemaligen Jugoslawiens in U.N. Doc. CCPR/C/28/Add. 1 (1983). Siehe auch U.N. Doc. CCPR/C/SR. 480/Add. 1, Rzf. 1 (1983); Bartsch, 38 NJW 1751, 1753 (1985). Zunächst war unklar, ob dieses Verfahren nur auf die Prüfung von Zweitberichten oder auch die folgenden Berichte angewandt werden sollte. Man entschied sich jedoch dann dafür, das Verfahren auf sämtliche periodischen Berichte anzuwenden. Nowak, 16 EuGRZ 430, 431 (1989).

[209] Ausschußmitglieder aus den sozialistischen Staaten haben in einem solchen Fragenkatalog die Einführung eines Überwachungsmechanismus strikt abgelehnt. Da es die Auffassung der sozialistischen Staaten war, daß der Ausschuß nicht befugt sei, die Implementation des IPBPR durch die Paktstaaten zu überwachen, sondern dieser nur dafür da sei, ein Forum zum gegenseitigen Austausch und der Kooperation im Menschenrechtsbereich zur Verfügung zu stellen, wurde befürchtet, daß die Erstellung eines landesspezifi-

Nachdem der Fragenkatalog vom Ausschuß als Ganzes angenommen worden ist, war es bislang Praxis, diesen dem fraglichen Paktstaat zwei oder drei Tage vor der eigentlichen Berichtsprüfung zu übersenden, so daß sich die Staatendelegation auf die Sitzung vorbereiten konnte.[210] Im Zuge einer jüngst stattgefundenen Straffung des Berichtsprüfungsverfahrens geht der Ausschuß nunmehr - zunächst versuchsweise - dazu über, den Fragenkatalog zu einem Staatenbericht bereits in der vorhergehenden Sitzungsperiode zu erstellen.[211] Während der Berichtsprüfung, die in der Regel zwei Sitzungen umfaßt,[212] wird jeder Themenkomplex nacheinander behandelt.[213] Nachdem die weiteren Informationen von der Staatendelegation vorgelegt worden sind, erhalten die Ausschußmitglieder die Gelegenheit, vertiefende Fragen zu stellen, die von der Delegation *ad hoc* beantwortet werden.[214] Als dies Verfahren 1984 zum ersten Mal aufgenommen wurde, wurde es von der Sowjetunion mit dem Argument zurückgewiesen, daß es dem jeweiligen Paktstaat selbst zustehe, das Prüfungsverfahren am Ende der Sitzung abschließend zu bewerten.[215] Diese Auffassung unterstreicht erneut das Verständnis der sozialistischen Staaten, daß der Ausschuß nicht bevollmächtigt sei, die Menschenrechtssituation in einem Paktstaat im Rahmen des Berichtsprüfungsverfahrens einzuschätzen oder zu beurteilen. Es ist bemerkenswert, daß die Ukraine kurze Zeit später trotz dieser dogmatischen Bedenken bereit war, sich auch dieser Stufe des Prüfungsverfahrens zu unterwerfen.[216]

Obwohl Ausschußmitglieder in der Form ihrer Fragen stets freundlich, höflich und kooperativ[217] sind und es nicht an diplomatischem Geschick fehlen lassen, sind ihre Fragen dennoch klar und unnachgiebig. Dabei wird es von den Ausschußmitgliedern vermieden, Angriffe oder gar allgemeine Verurteilungen auszusprechen.[218] Unter den Fragen, die am meisten gestellt werden, befindet sich die nach dem rechtlichen Status des Paktes innerhalb der innerstaatlichen Rechtsordnung, ob sich Einzelne vor innerstaatlichen Gerichten auf die Vorschriften des Paktes berufen können und ob der Text des IPBPR und die Staatenberichte öffent-

---

schen Fragenkataloges eine Ausschußhandlung *ultra vires* sei. Tomuschat, 35 VN 157, 158 (1987). Für einen aktuellen Fragenkatalog vgl. den bzgl. des dritten periodischen Berichtes von Peru in U.N. Doc. CCPR/C/SR. 1519 (1996).

[210] Nowak, 11 EuGRZ 421, 422 (1984).

[211] U.N. Doc. A/52/40, Rzf. 37 (1997).

[212] U.N. Doc. A/51/40, Rzf. 28 (1996); U.N. Doc. A/52/40, Rzf. 39 (1997).

[213] Dimitrijevic führt dieses Verfahren - zu Recht - auf die politischen Änderungen in internationalen Gemeinschaft zurück, U.N. Doc. CCPR/C/SR. 1114, Rzf. 33 (1991).

[214] Als Ausnahme zu dieser Regel muß das Verhalten der DDR-Delegierten anzusehen sein, die fast keine der Fragen aus diesem Prüfungsabschnitt beantworteten.

[215] U.N. Doc. CCPR/C/SR. 564-567 und 570 (1984).

[216] U.N. Doc. CCPR/C/SR. 609-613 (1985).

[217] U.N. Doc. A/39/40, Rzf. 54 (1984); Nowak, 11 EuGRZ 421 (1984).

[218] Higgins, 89/1 BHR 60, 63 (1989).

lich zugänglich sind.[219] Diese Form des Dialogs ist als besonders wertvoll eingeschätzt worden, da auf diese Weise die Paktstaaten gezwungen seien, hieran teilzunehmen und Rechenschaft über ihre Menschenrechtsaktivitäten abzugeben.[220]

Wie bereits dargelegt, hat der MRA Richtlinien für Form und Inhalt der Folgeberichte erstellt.[221] Zweck dieser Richtlinien ist es zum einen, das Berichtsprüfungsverfahren effektiver zu gestalten. Zum anderen sollen sowohl dem Ausschuß als auch den Paktstaaten die Hauptfunktion der Prüfung von Folgeberichten verdeutlicht werden: den Austausch und die Diskussion fortzuführen, die auf vorangegangenen Sitzungen offen geblieben sind und das Folgeverhalten der Paktstaaten zu erfahren. Der Ausschuß hat darüber hinaus die Prüfung von Folgeberichten genutzt, um zu überprüfen, ob Staaten den Auffassungen des MRA im Individualbschwerdeverfahren nach dem Fakultativprotokoll zum IPBPR gefolgt sind. Absatz 7 der Richtlinien für Folgeberichte[222] sieht ausdrücklich vor, daß ein Bericht auch einen Abschnitt enthalten soll über die Folgeaktivitäten der Paktstaaten im Hinblick darauf, welche Abhilfen den Verfassern von Individualbeschwerden zur Verfügung gestellt worden sind.[223]

Im Jahre 1989 hat der Ausschuß beschlossen, daß die Prüfung der Drittberichte dem Prinzip der Berichtsprüfung der Zweitberichte folgen soll.[224] Hierbei hat der Ausschuß hervorgehoben, daß es sein Hauptanliegen sei, den Dialog zwischen MRA und Paktstaaten zu erhalten und auszubauen sowie die effektive Implementierung der Menschenrechte zu fördern.[225] Mittlerweile werden dem Ausschuß schon die Viertberichte vorgelegt, die von ihm ebenfalls nach der Methode der Zweit- und Drittberichte geprüft werden.[226]

b. Sonderberichte gemäß Art. 40 Abs. 1 (b)

Die Abgabe von Sonderberichten (*special reports*) erfolgt nach Maßgabe von Art. 40 Abs. 1 (b). Die Voraussetzungen zur Anforderung von Sonderberichten durch den MRA war Gegenstand einer ausführlichen Debatte.[227] Eine Einigung in

---

[219] Für eine Liste der häufigsten Fragen s. Tomuschat in U.N. Doc. CCPR/C/SR. 103, Rzf. 5 (1978). Als praktisches Beispiel für die gestellten Fragen diene der erste Folgebericht der U.d.S.S.R. in U.N. Doc. CCPR/C/SR. 549, Rzf. 1 (1984).

[220] Tomuschat, 35 VN 157, 158 (1987).

[221] Diese Richtlinien sind abgedruckt in U.N. Doc. CCPR/C/20/Rev. 2 (1995).

[222] U.N. Doc. CCPR/C/20/Rev. 2 (1995).

[223] Seit 1990 werden die Folgehandlungen der Paktstaaten von einem Ausschußmitglied als Sonderberichterstatter (*Special Rapporteur*) überwacht. 1993 hat sich der MRA darauf geeinigt, daß die Folgehandlungen der Staaten publik gemacht werden sollen. U.N. Doc. A/49/40, Rzff. 461 ff. (1994).

[224] U.N. Doc. A/44/40, S. 176 (1989).

[225] U.N. Doc. A/44/40, S. 176 (1989).

[226] Nowak, CCPR, Art. 40, Rzf. 36. Die Prüfungsverfahren der Erst- und periodischen Berichte sollen auch in Zukunft weiter einander angeglichen werden. U.N. Doc. A/51/40, Rzf. 28 (1996).

[227] Vgl. Empell, S. 54.

dieser Frage war in der Vergangenheit aufgrund der Ansicht, daß eine solche Anforderung konkludent die Nichteinhaltung des Paktes implizieren würde, nur schwer zu finden.[228] Anfängliche Versuche von Ausschußmitgliedern, Richtlinien für die Anforderung von Sonderberichten zu erstellen, scheiterten an der starken Opposition der Ausschußmitglieder aus den sozialistischen Staaten.

Aufgrund der weltpolitischen Änderungen Anfang der neunziger Jahre, insbesondere durch den Wegfall der Ost/West Konfrontation, ist die Frage der Sonderberichte erneut auf die Tagesordnung des MRA getreten.[229] Obwohl es bislang noch keine allgemeinen Regeln oder Richtlinien für die Anforderung von Sonderberichten gibt, besteht Einigkeit unter den Ausschußmitgliedern, solche Richtlinien aufzustellen.[230]

In den vergangenen Jahren ist die Anzahl Anforderung von Sonderberichten erheblich gestiegen.[231] So wurde 1991 der Irak nach der Kuwait-Krise aufgefordert, einen Sonderbericht vorzulegen.[232] Auch Jugoslawien wurde 1991 aufgrund des Blutvergießens auf seinem Territorium aufgefordert, seinen dritten periodischen Bericht frühzeitiger vorzulegen.[233] Ebenso wurde Peru 1992 angehalten, dem Ausschuß einen Sonderbericht vorzulegen.[234] Im Jahre 1993 wurden Sonderberichte von den Nachfolgestaaten des ehemaligen Jugoslawiens,[235] Angola[236] und Burundi[237] vorgelegt. Im Jahre 1994 wurden Sonderberichte von Haiti und Ruanda angefordert.[238] Nigeria wurde 1995 in einer "Sonderentscheidung" (*special decision*), die der Anforderung eines *special reports* vorausgeht, um die alsbaldige Vorlage des verspäteten Erstberichtes ersucht.[239] Der MRA hat hervorgehoben, daß die Paktstaaten in den meisten Fällen der Anfrage des Ausschusses gefolgt sind und auch an der Prüfung durch den Ausschuß teilgenommen haben.[240]

Unter dem Eindruck der erschreckenden Ereignisse im ehemaligen Jugoslawien hat sich der Ausschuß auch mit der Frage befaßt, wie in außergewöhnlichen Si-

---

[228] Tomuschat, Menschenrechte, Staatenberichte, Rzf. 6.

[229] U.N. Doc. CCPR/C/SR. 1024, Rzf. 47 (1990).

[230] Siehe z.B. die Diskussion innerhalb des Ausschusses in U.N. Doc. CCPR/C/SR. 1112 (1991).

[231] U.N. Doc. A/49/40, Rzf. 45 (1994).

[232] U.N. Doc. CCPR/C/64/Add. 6 (1991).

[233] Dieser Bericht wurde vorgelegt als U.N. Doc. CCPR/C/52/Add. 9 (1992).

[234] U.N. Doc. A/49/40, Rzf. 45 (1994); U.N. Doc. CCPR/C/SR. 1148 (1992).

[235] Die folgenden Berichte wurden vorgelegt: Kroatien, U.N. Doc. CCPR/C/87 (1992); Bundesrepublik Jugoslawien (Serbien und Montenegro), U.N. Doc. CCPR/C/88 (1992); Bosnien-Herzigowina, U.N. Doc. CCPR/C/89 (1992). Siehe auch U.N. Doc. A/49/40, Rzf. 45 (1994); McGoldrick, Human Rights Committee, S. liii.

[236] Bezüglich der Anfrage s. U.N. Doc. A/49/40, Rzf. 61 (1994). Bis zum 15. Mai 1997 wurde dieser Bericht noch nicht vorgelegt, obwohl er zum 1. Januar 1994 fällig war. U.N. Doc. CCPR/C/124, S. 5 (1997).

[237] Dieser Bericht wurde vorgelegt als U.N. Doc. CCPR/C/98 (1994).

[238] U.N. Doc. A/50/40, Rzf. 55 f. (1995). Der ruandische Bericht ist bis zum 15. Mai 1997 noch nicht vorgelegt worden,U.N. Doc. CCPR/C/124, S. 5 (1997).

[239] U.N. Doc. A/51/40, Rzf. 42 (1996).

[240] U.N. Doc. A/49/40, Rzf. 45 (1994).

tuationen (*exceptional situations*) zwischen seinen Sitzungsperioden zu verfahren sei.[241] Dabei hat der MRA entschieden, daß es dem Ausschußvorsitzenden nach Absprache mit den Ausschußmitgliedern zufallen soll, von einem Paktstaat einen Sonderbericht gemäß Art. 40 Abs. 1 (b) anzufordern.[242] Die neue Vorgehensweise wurde mittlerweile in Art. 66 Abs. 2 S. 2 VerfO niedergelegt.[243]

Dieser jüngste Ansatz hebt sich ab von der bisherigen Praxis und den früher im Ausschuß geäußerten Rechtsansichten.[244] So wurde z.B. von Graefrath in den Anfangsjahren des Ausschusses die Auffassung vertreten, daß die Anforderung von Sonderberichten eine Einmischung in die inneren Angelegenheiten eines Staates darstelle. Er sei daher als rechtsgrundlos und gegen das Recht auf Selbstbestimmung anzusehen.[245] Diese Auffassung hat in der Literatur Kritik erfahren. So argumentiert Empell, daß der Zweck des Berichtsverfahrens - die Überwachung der Implementierung der Paktvorschriften - die Anforderung von Sonderberichten in außergewöhnlichen Situationen notwendig mache.[246] Er führt weiter aus, daß die Wortwahl des Art. 40 Abs. 1 (b), "jeweils auf Aufforderung des Ausschusses," es im Ermessen des Ausschusses lasse, unter welchen Umständen er einen Bericht anfordere.[247] Einschränkend weist Empell jedoch daraufhin, daß die Kompetenz des MRA Sonderberichte anzufordern, eingeschränkt sei von Erwägungen des Rechtsmißbrauches. Danach dürfe der Ausschuß keinen Bericht unter lediglich politischen Aspekten anfordern.[248]

Obwohl die Frage der Zulässigkeit der Anforderung von Sonderberichten als geklärt und vom Ausschuß entschieden anzusehen ist, verdient Empells Hinweis auf die Gefahr des Mißbrauches durchaus Beachtung durch den MRA. Jedoch zeigt die bisherige Praxis des Ausschusses, daß die Anforderung der Sonderberichte bislang nicht aus politischen Motiven ausgeübt worden ist. Fast jede Region der Welt war bereits Gegenstand von Sonderberichtsanfragen des MRA.[249]

---

[241] U.N. Doc. A/49/40, Rzf. 46 (1994).
[242] U.N. Doc. A/49/40, Rzf. 46 (1994).
[243] U.N. Doc. CCPR/C/3/Rev. 4 (1997).
[244] Bzgl. der ersten Diskussionen innerhalb des Ausschusses vgl. Empell, S. 57-63.
[245] U.N. Doc. CCPR/C/SR. 349, Rzff. 10, 37 (1982).
[246] Empell, S. 59.
[247] Empell, S. 59.
[248] Empell, S. 60.
[249] Im Rahmen der Überprüfung der eigenen Tätigkeit im Staatenberichtsverfahren hat der Ausschuß jüngst entschieden, daß er Menschenrechtssituationen in Paktstaaten nicht zum Gegenstand seiner Erörterungen machen kann, wenn kein Bericht von dem betroffenen Paktstaat vorliegt. U.N. Doc. A/49/40, Rzf. 34 (1994). Eine entgegengesetzte Entscheidung wurde bereits vom Ausschuß unter der Antirassismuskonvention getroffen, als er die Situation im Tschad 1993 behandelte, Bayefsky, S. 229, 242. Ein Staatenvertreter des Tschads hatte auch an der Diskussion teilgenommen, ohne daß jedoch ein Bericht seiner Regierung vorher vorgelegt worden war. Aus dem Wortlaut des Art. 40 Abs. 4, der für das Staatenberichtsverfahren das Vorliegen eines solchen Berichtes voraussetzt, folgt, daß die Berichtsprüfung als Überwachung der Menschenrechtssituation in den Paktstaaten das Rückgrat des Berichtsprüfungsverfahrens ist. Ein Hauptziel des Verfahrens nach

6. Zweck und Rechtsnatur der Allgemeinen Bemerkungen

Ein weiteres Mittel der Umsetzung und Konkretisierung der im Pakt niedergelegten Menschenrechte sind die vom Ausschuß verabschiedeten Allgemeinen Bemerkungen gemäß Art. 40 Abs. 4 S. 2. Bei diesen handelt es sich um autoritative, aber nicht rechtsverbindliche Auslegungen der Paktbestimmungen durch den Ausschuß.[250] Der MRA gibt an, daß Zweck der Allgemeinen Bemerkungen sei, die vom Ausschuß gesammelten Erfahrungen den Paktstaaten zugänglich zu machen, um die effektivere Durchsetzung der im Pakt enthaltenen Rechte voranzutreiben und um die Aufmerksamkeit der Staaten auf die Ungenügendheit von manchen Berichten zu lenken. Ferner sollen durch die Allgemenen Bemerkungen Vorschläge zur Verbesserung im Berichtsverfahren unterbreitet werden, die Anforderungen des Paktes an die Staatenberichte geklärt werden sowie die Aktivitäten der Paktstaaten und internationaler Organisationen in der Förderung und dem Schutz von Menschenrechten unterstützt werden. Schließlich ist ihr Zweck die Kooperation zwischen den Staaten zur universellen Förderung und den Schutz der Menschenrechte zu stärken.[251]

Es besteht Konsens unter den Ausschußmitgliedern, daß keine einzelnen Staaten in den Allgemeinen Bemerkungen erwähnt werden sollen,[252] da diese nicht an individuelle Staaten, sondern die Gesamtheit der Paktstaaten gerichtet sind.[253] Bislang hat der MRA 25 Allgemeine Bemerkungen verfaßt (Allgemeine Bemer-

---

Art. 40 ist die Einrichtung eines andauernden Dialoges zwischen dem Ausschuß und den einzelnen Paktstaaten durch die regelmäßige Vorlage von Staatenberichten, die mündlichen Diskussionen sowie die abschließenden und Allgemeinen Bemerkungen des MRA. Diese Verfahren setzen ein Mindestmaß an Beteiligung der Paktstaaten voraus. Sollte ein Paktstaat weder einen Bericht vorlegen, noch an der späteren mündlichen Aussprache teilnehmen, verletzt er seine Verpflichtungen aus dem IPBPR. Gleichwohl stehen dem Ausschuß keinerlei Rechtsmittel zur Verfügung, dieses Verhalten zu sanktionieren. Da die Staatenberichte Voraussetzung und Ausgangspunkt der Arbeit des Ausschusses im Staatenberichtsverfahren sind, kann der Ausschuß die menschenrechtliche Lage eines Staates nicht behandeln, ohne daß ihm ein solcher Bericht vorliegt. Die Entscheidung des Ausschusses, die Menschenrechtslage eines Paktstaates im Rahmen vom Art. 40-Verfahren nur bei Vorlage eines Staatenberichtes zu prüfen, ist mithin nicht zu beanstanden.

[250] Empell, S. 141; Nowak, CCPR, Art. 40, Rzf. 55; Tomuschat, 1984/85 CanHRYB 31, 37. In diesem Sinne auch der Ausschußvorsitzende in U.N. Doc. CCPR/C/SR. 1406, Rzf. 3 (1995).

[251] U.N. Doc. A/49/40, Rzf. 50 (1994).

[252] Bartsch, 35 NJW 478, 481 (1982); ders., 42 NJW 3061, 3062 (1989); ders., 44 NJW 1390, 1391 (1991). Zur Frage, ob es dem Ausschuß gestattet ist, bestimmte Staaten in seinen Allgemeinen Berichten namentlich zu erwähnen oder diese nur an eine begrenzte Anzahl von Paktstaaten gerichtet sein können, s. Empell, S. 108 f.; McGoldrick, Human Rights Committee, S. 93; Nowak, CCPR, Art. 40, Rzf. 50.

[253] Nowak, CCPR, Art. 40, Rzf. 50.

kung 1 [13] bis 25 [57][254]), bei denen es sich um eine Kommentierung der Paktvorschriften aufgrund der Erfahrungen des Ausschusses handelt.[255] Die ersten drei Allgemeinen Bemerkungen handeln von formellen Aspekten des Staatenberichtsverfahrens nach dem Pakt. So werden die Verpflichtungen zum Bericht definiert,[256] Richtlinien zur Verfassung von Berichten bekanntgegeben[257] und Hinweise zur Umsetzung des Paktes in innerstaatliches Recht gegeben.[258] Die nachfolgenden Bemerkungen legen den Umfang einzelner Paktbestimmungen aus, wie die Gleicheit zwischen Mann und Frau,[259] die Voraussetzungen des öffentlichen Notstandes,[260] das Recht auf Leben,[261] das Folterverbot,[262] die Freiheit und Sicherheit der Person,[263] die Rechte von Gefangenen,[264] das Recht auf freie Meinungsäußerung,[265] das Verbot der Kriegspropaganda und des Hasses,[266] das Recht auf Selbstbestimmung der Völker,[267] die Gewährleistung prozessualer Rechte in Zivil- und Strafrechtsverfahren,[268] das Spannungsfeld zwischen dem Recht auf Leben und dem Besitz und Gebrauch von Nuklearwaffen,[269] den Rechtsstatus von Frem-

---

[254] Die Allgemeinen Bemerkungen sind durch laufende Numerierung gekennzeichnet. Bei der Nummer in Klammern handelt es sich um die Sitzungsperiode, in der die Bemerkung verabschiedet wurde.

[255] Nowak, CCPR, Art. 40, Rzf. 50. Die einzige Ausnahme hierzu ist die Allgemeine Bemerkung 14 [23] bezüglich Art. 6, die sich mit der Frage, ob die Produktion und der Gebrauch von Nuklearwaffen das Recht auf Leben verletzt, beschäftigt. Diese Bemerkung ist im Kontext der politischen Situation 1984 zu verstehen, insbesondere des NATO Doppelbeschlusses. Diese Allgemeine Bemerkung war auch innerhalb des Ausschusses sehr umstritten, vgl. die Nachweise bei Empell, S. 233.

[256] Allg. Bem. 1 [13], verabschiedet am 28.07.1981 in U.N. Doc. CCPR/C/21/Rev. 1 (1989).

[257] Ebenda, Allg. Bem. 2 [13], verabschiedet am 28.07.1981.

[258] Ebenda, Allg. Bem. 3 [13], verabschiedet am 28.07.1981.

[259] Ebenda, Allg. Bem. 4 [13], verabschiedet am 28.07.1981.

[260] Ebenda, Allg. Bem. 5 [13], verabschiedet am 28.07.1981.

[261] Ebenda, Allg. Bem. 6 [16], verabschiedet am 27.07.1982.

[262] Ebenda, Allg. Bem. 7 [16], verabschiedet am 27.07.1982 und novelliert durch Allg. Bem. 20 [44], verabschiedet am 03.04.1992 in U.N. Doc. CCPR/C/21/Rev. 1/Add. 3 (1992).

[263] Allg. Bem. 8 [16], verabschiedet am 27.07.1982 in U.N. Doc. CCPR/C/21/Rev. 1 (1989).

[264] Ebenda, Allg. Bem. 9 [16], verabschiedet am 27.07.1982 novelliert und ergänzt durch Allg. Bem. 21 [44], verabschiedet am 20.07.1992 in U.N. Doc. CCPR/C/21/Rev. 1/Add. 3 (1992).

[265] Allg. Bem. 10 [19], verabschiedet am 27.07.1983 in U.N. Doc. CCPR/C/21/Rev. 1 (1989).

[266] Ebenda, Allg. Bem. 11 [19], verabschiedet am 29.07.1983.

[267] Ebenda, Allg. Bem. 12 [21], verabschiedet am 12.04.1984.

[268] Ebenda, Allg. Bem. 13 [21], verabschiedet am 12.04.1984.

[269] Ebenda, Allg. Bem. 14 [23], verabschiedet am 02.11.1984.

den,[270] das Recht auf Privatsphäre,[271] die Rechte des Kindes,[272] das Diskriminierungsverbot,[273] den Schutz der Ehe und Familie,[274] die Gedanken- und Gewissensfreiheit,[275] den Schutz und die Rechte von Minderheiten,[276] Vorbehalte zum Pakt und seinen Fakultativprotokollen[277] sowie die Rechte des Staatsbürgers gemäß Art. 25.[278] Allgemeine Bemerkungen werden in einem mehrstufigen Verfahren erarbeitet und verabschiedet. Die Ausschußarbeitsgruppe zu Art. 40 erstellt den ersten Rohentwurf einer geplanten Allgemeinen Bemerkung. Nachdem die Meinungen und Vorschläge anderer Ausschußmitglieder berücksichtigt worden sind, versucht die Arbeitsgruppe einen Konsensentwurf zu erarbeiten, um diesen dem gesamten Ausschuß vorzulegen. Die Beratung über diesen Bemerkungsentwurf findet teilweise in öffentlichen Sitzungen statt. Zu diesem Zeitpunkt der Beratungen versuchen Mitglieder die Klärung einzelner Fragen zu erreichen bzw. unterbreiten neue Änderungsvorschläge. In der Regel wird über diesen Entwurf innerhalb der Arbeitsgruppe erneut beraten, unter dem Eindruck der Diskussion innerhalb des gesamten Ausschusses. Wird ein Entwurf auf diese Weise konsensfähig, so wird er schließlich vom gesamten MRA verabschiedet. Die Allgemeine Bemerkung wird sodann allen Paktstaaten übersandt und im Jahresbericht veröffentlicht.[279] Sie tritt damit in Kraft.

Bislang hatten die Allgemeinen Bemerkungen den stärksten Einfluß auf die Entwicklung und Auslegung des Paktes.[280] Sie sind in der Literatur als qualitativ

---

[270] Ebenda, Allg. Bem. 15 [27], verabschiedet am 22.07.1986.

[271] Ebenda, Allg. Bem. 16 [32], verabschiedet am 23.03.1988.

[272] Ebenda, Allg. Bem. 17 [35], verabschiedet am 05.04.1989.

[273] Allg. Bem. 18 [37], verabschiedet am 09.11.1989 in U.N. Doc. CCPR/C/21/Rev. 1/Add. 1 (1989).

[274] Allg. Bem. 19 [39], verabschiedet am 24.06.1990 in U.N. Doc. CCPR/C/21/Rev. 1/Add. 2 (1990).

[275] Allg. Bem. 22 [48], verabschiedet am 20.07.1993 in U.N. Doc. CCPR/C/21/Rev. 1/Add. 4 (1993).

[276] Allg. Bem. 23 [50], verabschiedet am 06.04.1994 in U.N. Doc. CCPR/C/21/Rev. 1/Add. 5 (1994).

[277] Allg. Bem. 24 [52], verabschiedet am 02.11.1994 in U.N. Doc. CCPR/C/21/Rev. 1/Add. 6 (1994). Diese Allgemeine Bemerkung wird Gegenstand einer näheren Untersuchung im 2. Kapitel A II 2 sein. - In der Vergangenheit hat eine immer stärkere Kooperation zwischen dem MRA und vergleichbaren Organen anderer U.N. Menschenrechtsverträge stattgefunden, s. hierzu 2. Kapitel C III, die dazu geführt hat, daß sowohl die Allgemeinen Bemerkungen des Ausschusses als auch die Allgemeinen Empfehlungen der anderen Vertragskörperschaften in einem gemeinsamen Dokument veröffentlicht werden: U.N. Doc. HRI/GEN/1 (1992).

[278] Allg. Bem. 25 [57], verabschiedet am 12.07.1996 in U.N. Doc. CCPR/C/21/Rev. 1/Add. 7 (1996). Gegenwärtig plant der MRA die Überarbeitung der Allg. Bem. 4 [13] sowie der Allgemeinen Bemerkungen zu Artikel 2 (Pflichten der Paktstaaten) und Artikel 12 (Recht auf Reisefreiheit). U.N. Doc. A/51/40, Rzf. 366 (1996).

[279] McGoldrick, Human Rights Committee, S. 93.

[280] Tomuschat, Menschenrechte, Staatenberichte, Rzf. 19.

hochstehend und wertvolle Auslegungshilfe für den Inhalt der aufgelisteten Rechte angesehen worden. Zudem gelten sie als Anleitung für die Paktstaaten, um die praktischen Schritte zu unternehmen, die die Sicherstellung dieser Rechte gewährleisten.[281] Dieses gilt, obgleich nicht alle diese Bemerkungen einen hilfreichen Beitrag in der Auslegung des Paktes geleistet haben.[282] Zwar hat der Ausschuß unterstrichen, daß die Allgemeinen Bemerkungen vor allem im Rahmen des Berichtsprüfungsverfahrens Anwendung finden sollten. Gleichwohl hat die Auslegung des Paktes durch die Allgemeinen Bemerkungen auch ihren Niederschlag im Individualbeschwerdeverfahren gefunden. Der MRA hat im Rahmen der Prüfung von Individualbeschwerden auf Allgemeine Bemerkungen verwiesen.[283] In den an die Paktstaaten gerichteten Richtlinien zu Form und Inhalt der Staatenberichte verlangt der Ausschuß ausdrücklich, daß die Staaten bei Abfassung ihrer Berichte die Allgemeinen Bemerkungen berücksichtigen.[284] Der Ausschuß beschloß kürzlich, verstärkt auf Informationen zur Berücksichtigung der Allgemeinen Bemerkungen zu drängen.[285] Ausschußmitglieder haben sich sowohl während der Prüfung verschiedener Staatenberichte auf die Allgemeinen Bemerkungen bezogen, als auch bei Vorschlägen zur Erneuerung bzw. Veränderung der verschiedenen Prüfungsverfahren.[286] Zwar haben einige Staaten in ihren Berichten bereits Bezug auf die Allgemeinen Bemerkungen genommen, doch ist die bisherige Anzahl der Bezugnahmen für den Ausschuß noch unbefriedigend.[287]

---

[281] McGoldrick, Human Rights Committee, S. 94.

[282] So war die Rzf. 6 der Allg. Bem. 14 [23] sehr umstritten. Er lautet: „The production, testing, possession, deployment and use of nuclear weapons should be prohibited and recognized as crimes against humanity."

[283] So bezog sich der MRA im Verfahren *Eric Hammel ./. Madagascar,* 155/1983, ausdrücklich auf die Allg. Bem. 15 [27], U.N. Doc. A/42/40, S. 130 (1987). Darüber hinaus hat der Ausschuß in mehreren Verfahren Bezug auf seine Allg. Bem. 6 [16] genommen. Diese umfassen die Verfahren *Leaford Smith ./. Jamaica*, 282/1988, U.N. Doc. A/48/40 Vol. II, S. 28, 36 (1993); *Victor Francis ./. Jamaica*, 320/1988, U.N. Doc. A/48/40 Vol. II, S. 62, 66 (1993); *Joseph Kindler ./. Kanada*, 470/1991, U.N. Doc. A/48/40 Vol. II, S. 138, 150 (1993). Auch die Beschwerdeführer haben sich in ihren Beschwerden auf Allgemeine Bemerkungen gestützt. So z.B. in *E.W. und andere ./. Niederlande*, 429/1990, U.N. Doc. A/48/40 Vol. II, S. 198, 203 (1993); *Läusman u.a. ./. Finnland*, 671/1995, U.N. Doc. CCPR/C/58/D/671/1995 (1996), wird abgedruckt in U.N. Doc. A/52/40 Vol. II (1997).

[284] Abschnitt 6 b der Richtlinien lautet: „[Information should concentrate especially on] Information taking into account general comments which the Committee may have made unter article 40, paragraph 4, of the Covenant", U.N. Doc. CCPR/C/20/Rev. 2 (1995).

[285] McGoldrick, Human Rights Committee, S. 94.

[286] Movchan in Rzf. 39 f. und Mavrommatis in Rzf. 34 in U.N. Doc. CCPR/C/SR. 595 (1985).

[287] U.N. Doc. A/42/40, Rzf. 391 (1985); Movchan in U.N. Doc. CCPR/C/SR. 744, Rzf. 30 (1987); s. auch McGoldrick, Human Rights Committee, S. 94.

Zudem haben von den Paktstaaten vor 1995, als die USA, Großbritannien und Frankreich ihre Stellungnahmen zur Allg. Bem. 24 [52] abgaben,[288] nur Kongo und Madagaskar von dem formalen Verfahren nach Art. 40 Abs. 5 Gebrauch gemacht und eine eigene Stellungnahme zu den Allgemeinen Bemerkungen 12 [21] bzw. 13 [21] abgegeben.[289] Um die formellen Anforderungen des in Art. 40 Abs. 5 niedergelegten Verfahrens zu klären, ist vorgeschlagen worden, den Paktstaaten eine Richtlinie zur formellen und inhaltlichen Abfassung solcher Stellungnahmen vorzugeben.[290] Dieser Vorschlag ist bis heute noch nicht umgesetzt worden. Sollte dieser Vorschlag jedoch wieder zur Beratung anstehen, gilt es einerseits, dem Ziel eines andauernden Dialoges zwischen den Paktstaaten und dem Ausschuß Rechnung zu tragen. Andererseits dürfen die Stellungnahmen jedoch auch nicht die Autorität der Allgemeinen Bemerkung unterminieren.[291]

Anmerkungen und Stellungnahmen inhaltlicher Art zu den Allgemeinen Bemerkungen werden gleichfalls vom Dritten Ausschuß der Generalversammlung (Soziale, Humanitäre und Kulturelle Fragen) bei der Vorlage des Jahresberichtes durch den MRA gemacht. Wie bereits erläutert, handelt es sich bei dem Menschenrechtsausschuß nicht um eine UN-Körperschaft, sondern um eine unabhängige vertragsbasierende Überwachungskörperschaft. Dies gilt, obgleich der MRA in Fragen der Finanzierung und Administration von den Vereinten Nationen abhängig ist.[292] Aus dieser Eigenständigkeit schloßen einige Ausschußmitglieder, daß sie nicht an die Meinung des Dritten Ausschusses gebunden seien.[293] Mitglieder des MRA haben indes auch erklärt, daß sie, unabhängig von ihrer Funktion als eigenständige Sachverständige, die Stellungnahmen der Delegationen im Dritten Ausschuß in ihrer Arbeit positiv berücksichtigen würden.[294] Der Dritte Ausschuß hat die Tätigkeit des MRA überwiegend positiv gewürdigt.[295] Kritisch hat er jedoch Stellung genommen zu der Allg. Bem. 14 [23] betreffend das Spannungsver-

---

[288] Observations by the Government of the United States, U.N. Doc. A/50/40, S. 131 ff. (1995), abgedruckt in 16 HRLJ 422 ff. (1995), Observation by the Government of the United Kingdom of Great Britain and Northern Ireland, U.N. Doc. A/50/40, S. 131 ff. (1995), abgedruckt in 16 HRLJ 424 ff. (1995) Observations by the Government of France, U.N. Doc. A/51/40, S. 117 ff. (1996), zu General Comment 24 [52].

[289] U.N. Doc. CCPR/C/40 (1985). Der Ausschuß gab in den diesen Fällen keine offizielle Antwort auf die Stellungnahmen deutete aber an, daß es für die Paktstaaten angebracht gewesen wäre, wenn sie dem Ausschuß zusätzliche Informationen zu den Allgemeinen Bemerkungen im Rahmen des Berichtsprüfungsverfahrens zur Verfügung gestellt hätten. McGoldrick, Human Rights Committee, S. 94.

[290] Graefrath in U.N. Doc. CCPR/C/SR. 633, Rzf. 14 (1985).

[291] McGoldrick, Human Rights Comittee, S. 94. Im Hinblick auf jüngere Diskussionen innerhalb des Ausschusses, U.N. Doc. CCPR/C/SR. 1258, Rzf. 15 ff. (1993).

[292] Aguilar Urbina in U.N. Doc. CCPR/C/SR. 1080, Rzf. 21 (1991); Ando in U.N. Doc. CCPR/C/SR. 1385, Rzf. 28 (1994).

[293] Vgl. die Diskussion in U.N. Doc. CCPR/C/SR. 338 (1982).

[294] U.N. Doc. A/41/40, Rzf. 22 (1986).

[295] McGoldrick, Human Rights Committee, S. 97.

hältnis vom Recht auf Leben und Nuklearwaffen.[296] Hierzu wurde im Dritten Ausschuß die Auffassung vertreten, der MRA habe sein Mandat im Berichtsprüfungsverfahren überschritten. Denn es falle nicht in seine Zuständigkeit, zu Fragen von Nuklearwaffen Stellung zu beziehen. Der umstrittenste Aspekt dieser Allgemeinen Bemerkung war Abschnitt 6.[297] Hiernach sollte u.a. die Produkton und der Besitz von Nuklearwaffen verboten werden und als Verbrechen gegen die Menschlichkeit angesehen werden. Dieser 6. Abschnitt wurde insbesondere von den westlichen Staaten im Dritten Ausschuß kritisiert.[298] Dort wurde argumentiert, daß der Ausschuß die ihm zugedachte Rolle der Vertragsüberwachung zur unmittelbaren Umsetzung der im Pakt garantierten Rechte verlassen hätte[299] und er seine Autorität nicht durch politische Entscheidungen auf dem Gebiet des "soft law" unterminieren solle.[300] Der Wortlaut der Allg. Bem. 14 [23][301] verdeutlicht, daß der MRA mehr die Erreichung eines wünschenswerten Zieles vorgibt, als eine unmittelbar wirkende rechtliche Verpflichtung aus Art. 6 ableitet.[302] Die Allg.

---

[296] Siehe U.N. Doc. A/C.3/39/SR. 46, 48, 49, 50, 51 (1984). Bartsch, 39 NJW 1379, 1381 f. (1986); Dimitrijevic, Human Rights Committee, S. 6; Graefrath, Menschenrechte, S. 172, 175; McGoldrick, Human Rights Committee, S. 334-336; Nowak, CCPR, Art. 6, Rzf. 10 f.; Nowak, 13 EuGRZ 605, 607 (1986).

[297] Abschnitt 6 der Allg. Bem. 14 [23], U.N. Doc. CCPR/C/21/Rev. 1 (1989).

[298] Im Individualbeschwerdeverfahren *Bordes u. Temeharo ./. Frankreich*, 645/1995, 18 HRLJ 36 ff. (1997) griff der MRA diese Allg. Bem. im Zusammenhang mit den französischen Atomtests wieder auf. Auch wenn er eine Rechtsverletzung der Beschwerdeführer verneinte, da es an ihrer Opfereigenschaft fehlte, unterstrich er seine Auffassung aus der Allg. Bem. 14 [23]: "that it is evident that the designing, testing, manufacture, posession and deployment of nuclear weapons are among the greatest threats to the right to life which confront mankind today." Zum völkerrechtlichen Individualrechtsschutz gegen Atomtests Marauhn/Oeller-Frahm, 24 EuGRZ 221, 223 ff. (1997).

[299] McGoldrick, Human Rights Committee, S. 336.

[300] Nowak, CCPR, Art. 6, Rzf. 11.

[301] Abschnitt 6 sieht vor, daß „the production, testing, posession, deployment and use of nuclear weapons *should* be prohibited and recognized as crimes against humanity.“ (Eigene Hervorhebung)

[302] McGoldrick, Human Rights Committee, S. 336. Jedoch ist die Allg. Bem. 14 [23] materiell fragwürdig, wenn man die aktuelle völkerrechtliche Rechtslage zur Definition des "Verbrechens gegen die Menschlichkeit" berücksichtigt, insbesondere unter Zugrundelegung des Katalogs solcher Verbrechen in Art. 5 des Statuts des „Internationalen Tribunals zur Verfolgung der verantwortlichen Personen für schwere Verletzungen des internationalen humanitären Völkerrechts auf dem Territorium des ehemaligen Jugoslawiens seit 1991.“ Art. 5 des Statuts benennt die folgenden Tathandlungen als Verbrechen gegen die Menschlichkeit, wenn sie bei internen oder internationalen kriegerischen Auseinandersetzungen begangen werden und gegen die Zivilbevölkerung gerichtet sind: Mord, Vernichtung, Versklavung, Vertreibung, Verhaftung, Folter, Vergewaltigung, Verfolgung aufgrund politischer, rassischer und religiöser Gründe und andere unmenschlicher Handlungen. Resolution des Sicherheitsrates 827, U.N. Doc. S/25626 (1993) abgedruckt in 32 I.L.M. 1203, 1204 (1993), dt. Übersetzung in Menschenrechte, Dokumente und Deklarationen, S. 192 ff. - Andererseits hat der IGH in seinem von der GV angeforderten

Bem. 14 [23] zeigt zudem die Bereitschaft, den Umfang von Art. 6 umfassend zu interpretieren.[303]

Zu Beginn der neunziger Jahre wurde vom Ausschuß erneut die Möglichkeit diskutiert, einzelne Staatenberichte mittels Allgemeiner Bemerkungen zu bewerten.[304] Die zu entscheidende Frage war, ob der MRA eigene Berichte oder Allgemeine Bemerkungen zu einzelnen Staatenberichten veröffentlichen sollte. Der Ausschuß entschied[305] sich letztlich dafür, eigene abschließende Bemerkungen zu den vorgelegten Staatenberichten durch den MRA als Ganzes zu publizieren. Diese abschließenden Bemerkungen sollen sowohl auf den jeweiligen Staatenbericht als auch auf die Diskussion mit der Regierungsdelegation vor dem Ausschuß eingehen.[306]

Als sich der Ausschuß seine vorläufige Verfahrensordnung gab,[307] bestimmte Art. 70 Abs. 3 VorVerfO, daß der Ausschuß die allgemeinen Bemerkungen verfassen sollte, die er für angebracht hält, wenn er feststellt, daß eine Vertragspartei die Vertragsverpflichtungen nicht ganz erfüllt habe. Vielfach ist vertreten worden, daß diese Vorschrift unvereinbar mit dem Wortlaut des Art. 40 Abs. 4 sei.[308] So argumentiert Empell, daß der IPBPR von *allgemeinen* Bemerkungen spricht und es daher dem Ausschuß verwehrt sei, einzelne Staaten in den Allgemeinen Bemerkungen zu erwähnen.[309] Zur Untermauerung seiner Ansicht verweist er auf die Entstehungsgeschichte des Paktes sowie auf den systematischen Kontext des IPBPR.

Aufgrund des Wegfalls der Ost-West-Spannungen sowie der Kritik in der Literatur wurde Art. 70 Abs. 3 VerfO kürzlich novelliert.[310] Diese Vorschrift ist nunmehr Grundlage für die Abfassung der abschließenden Bemerkungen des Ausschusses als Ganzes nach der Prüfung eines einzelnen Staatenberichtes. Es ist

---

Rechtsgutachten zur Rechtmäßigkeit der Androhung und des Einsatzes von Nuklearwaffen vom 8. Juli 1996, 17 HRLJ 253 ff. (1996), dt. Übersetzung auszugsweise in 24 EuGRZ 235 ff. (1997), festgestellt, daß die Drohung mit und der Einsatz von Nuklearwaffen generell gegen das Recht des bewaffneten Konflikts, insbesondere die Grundsätze des humanitären Völkerrechts, verstießen. Ob der Einsatz in Ausnahmefällen rechtmäßig sein könnte, hat der Gerichtshof ausdrücklich offen gelassen. Vgl. Bekker, 91 AJIL 126 ff. (1997); Marauhn, 44 VN 179 ff. (1996); Marauhn/Oellers-Fram, 24 EuGRZ 221 ff. (1997). Zur Rechtsnatur der Rechtsgutachten des IGH vgl. Ago, 85 AJIL 439 ff. (1991).

[303] Nowak, CCPR, Art. 6, Rzf. 11.

[304] Pocar in U.N. Doc. CCPR/C/SR. 1114, Rzf. 36 (1991).

[305] U.N. Doc. A/47/40, Rzf. 45 (1992).

[306] Zu den abschließenden Bemerkungen nach Prüfung eines Staatenberichtes vgl. auch 2. Kapitel C I 3.

[307] U.N. Doc. CCPR/C/3 (1980).

[308] Empell, S. 244; Mohr, Durchsetzung von Völkerrechtsnormen, S. 155; Nowak, CCPR, Art. 40, Rzf. 52.

[309] Empell, S. 244.

[310] Art. 70 Abs. 3 VerfO lautet nun wie folgt: „On the basis of its examination of the reports and information supplied by a State party, the Committee in accordance with article 40, paragraph 4, of the Covenant, make such comments as it may consider appropriate." U.N. Doc. CCPR/C/3/Rev. 4 (1997).

erneut daraufhinzuweisen, daß diese Bemerkungen nicht mit den Allgemeinen Bemerkungen zu verwechseln sind und bereits als Vorläufer der "eigenen Berichte" des Ausschusses im Sinne von Art. 40 Abs. 4 angesehen werden.[311]

III. Das Individualbeschwerdeverfahren nach dem Fakultativprotokoll

Das zweite wichtige Verfahren zur Wahrung der im Pakt niedergelegten Rechte ist das Individualbeschwerdeverfahren nach dem Fakultativprotokoll. Das FP trat wie der Pakt am 23. März 1976 in Kraft[312] und wurde bislang von 92 Paktstaaten ratifiziert.[313] Dieses Verfahren hat besondere Bedeutung für den einzelnen, da dieser damit eine Verletzung der im Pakt niedergelegten Rechte vor einem internationalen Gremium rügen kann.[314] Gleichwohl handelt es sich um ein durchsetzungsschwaches Verfahren, insbesondere dadurch, daß am Ende unverbindliche Auffassungen (*views*) des MRA und keine bindenden Entscheidungen wie z.B. Urteile stehen.[315] Dennoch handelt es sich bei den Auffassungen um urteilsähnli-

---

[311] Nowak, 14 HRLJ 9, 11 (1993). Zu den abschließenden Bemerkungen vgl. 2. Kapitel C I.

[312] U.N. Doc. A/50/40, Rzf. 1 (1995).

[313] U.N. Doc. A/52/40, Annex I, S. 105 ff. (1997).

[314] Dabei erfolgt die Geltendmachung einer solchen Verletzung nach Maßgabe des Art. 2 FP i.V.m. Art. 2 Abs. 1. Hierzu hat der MRA festgestellt, daß "...[t]he contention that the International Covenant and the Protocol apply only to States, as subjects of international law, and that, in consequence, these instruments are not directly applicable to individuals is devoid of legal foundation in cases where a State has recognized the competence of the Committee to receive and consider communications from individuals under the Optional Protocol." *Raúl Sedic Antonaccio ./. Uruguay*, 63/1979, U.N. Doc. CCPR/C/OP/1, S. 101, 104 (1985).

[315] Zur fehlenden Rechtsverbindlichkeit der am Ende des Individualbeschwerdeverfahrens stehenden Verlautbarungen des MRA: U.N. Doc. CCPR/C/OP/2, S. 1, Rzf. 8 (1990); Davidson, 4 CLR 337, 353 (1991); McGoldrick, Human Rights Committee, S. 151; Nowak, CCPR, Art. 5 First OP, Rzf. 33; de Zayas, Møller, Opsahl, 28 GYIL 9, 11 (1985). Trotz einer fehlenden unmittelbaren Bindung folgert Tomuschat, daß der betroffene Paktstaat in der rechtlichen Verpflichtung stehe, die Ansicht des Ausschusses zu erfüllen; Tomuschat, FS Bernhardt, 611, 624. Herndl spricht insofern von einer "Naturalobligation" der Paktstaaten, FS Zemanek, 203, 206. - Andere Stimmen in der Literatur argumentieren, daß sich eine Verpflichtung der zur Umsetzung der "views" aus Art. 2 Abs. 3 ergäbe, wonach in allen Fällen der Paktverletzungen der betroffenen Einzelperson ein wirksames Beschwerderecht ("effective remedy") einzuräumen sei, das durchsetzbar sei; Pocar, 1991 CanHRYB 119. Dieses Argument wird unterstrichen durch die freiwillige Unterwerfung unter das FP. Es ist anzunehmen, daß wenn ein Staat akzeptierte, daß ein Individuum ein Verfahren gegen ihn vor einer internationalen Instanz einbringen kann, er dessen Verfahrensentscheidung auch anerkenne; Herndl, FS Zemanek, 203, 210. Letztlich besteht mithin Einigkeit, daß die Paktstaaten zur Umsetzung der Auffassungen des Ausschusses verpflichtet sein. Lediglich die Begründungen variieren.

che Entscheidungen, in denen eine autoritative Rechtsfeststellung gesehen werden muß.[316]

1. Verfahrensweise bei Beschwerden

Die eingehenden Beschwerden (*communications*)[317] unterliegen einer Zulässigkeits- sowie einer Begründetheitsprüfung. Verfahrenstechnisch werden sie zunächst von einem Sonderberichterstatter (*Special Rapporteur*) aus dem Kreise der Ausschußmitglieder, der auch zwischen den Sitzungsperioden des MRA tätig ist, bearbeitet.[318] Dieser kann den Beschwerdeführer um weitere Informationen bitten. Nach Erhalt der Beschwerde soll er schnellstmöglich den jeweiligen Paktstaat zu einer Stellungnahme zur Zulässigkeit oder schon zur Begründetheit der Beschwerde gemäß Art 91 VerfO auffordern.[319] Zudem hat er in der Vergangenheit auch Maßnahmen des einstweiligen Rechtsschutzes (*interim measures*) von der jeweiligen Vertragspartei gemäß Art. 86 VerfO erbeten.[320] Schließlich gab es Fälle, in denen der Sonderberichterstatter die Beschwerde schon als unzulässig zurückgewiesen hat, ohne den betroffenen Paktstaat von dieser zu informieren.[321]

In der Regel wird jedoch die Beurteilung der Zulässigkeit einer Beschwerde von einer fünfköpfigen Arbeitsgruppe getroffen. Die Beurteilung einer Beschwerde als unzulässig ist vom gesamten Ausschuß zu treffen. Über eigene investigatorische Mittel, sei es über die Möglichkeit von Vor-Ort-Besuchen oder mündlicher Befragungen verfügt der Ausschuß nicht.[322]

Die materielle Prüfung einer Beschwerde wird auf die wichtigsten der geltend gemachten Artikel beschränkt. Auf die Prüfung der übrigen vorgebrachten Vorschriften verzichtet der Ausschuß und nimmt sich dadurch die Möglichkeit einer umfassenderen Auslegungspraxis.[323]

Nachdem die Zulässigkeit durch die Arbeitsgruppe geprüft wurde, wird dem Paktstaat Gelegenheit zur Stellungnahme bzgl. der Zulässigkeit der Beschwerde

---

[316] Herndl, FS Zemanek, 203, 209.

[317] Schon anhand der Terminierung der Eingaben als "Mitteilungen" wird die Schwäche des Individualbeschwerdeverfahrens deutlich. Tomuschat, FS Bernhardt, 615, 616.

[318] U.N. Doc. A/50/40, Rzf. 492 (1995).

[319] Der nunmehr neugefaßte Art. 91 VerfO, abgedruckt in U.N. Doc. CCPR/C/3/Rev. 4 (1997), ist am 1. März 1997 in Kraft getreten, vgl. U.N. Doc. CCPR/C/SR. 1557/Add.1, Rzf. 15 f. (1996).

[320] U.N. Doc. A/50/40, Rzf. 492 (1995). Vgl. ferner hierzu Tomuschat, FS Bernhardt, 611, 628 f.

[321] U.N. Doc. A/50/40, Rzf. 492 (1995).

[322] Das Fehlen der Möglichkeit einer mündlichen Verhandlung ist auch in jüngerer Zeit als Schwäche des Individualbeschwerdeverfahrens gewertet worden. Tomuschat, FS Bernhardt, 611, 633.

[323] So führte der MRA in *Maria Fanny Suárez de Guerrero ./. Kolumbien* aus, "[i]t is not necessary to consider further alleged violations, arising from the same facts, of other articles of the Covenant. Any such violations are subsumed under the even more serious violations of article 6." 45/1979, U.N. Doc. CCPR/C/OP/1, S. 112, 117 (1985).

gegeben. In der Vergangenheit hat sich diese Zulässigkeitsprüfung schon mehr und mehr zu einem meritorischen Verfahren entwickelt.[324] Im Rahmen dieses Prüfungsabschnittes steht es dem Auschuß gem Art. 86 VerfO zu, die oben erwähnten *interim measures* anzuordnen, um irreparablen Schaden für den Betroffenen abzuwenden.[325] Indes bestand in der Frage der Anwendung und der Kompetenz des Ausschusses, solche Maßnahmen des einstweiligen Rechtsschutzes von Paktstaaten zu verlangen, lange Zeit ein Dissens[326] unter den Ausschußmitgliedern. Diese Meinungsverschiedenheit ähnelte der zur Kompetenz des Ausschusses im Berichtsprüfungsverfahren nach Art. 40.[327] Aufgrund dieser Differenzen, die letztlich auf die grundsätzlich unterschiedlichen politisch-juristischen Konzeptionen der Menschenrechte und des Verfahrens nach dem Pakt zurückzuführen waren, hat der Ausschuß zu Beginn seiner Tätigkeit trotz einiger Anwendungfälle nur wenig vom Verfahren nach Art. 86 VerfO Gebrauch gemacht.[328] Mittlerweile gehören hingegen diese Maßnahmen des einstweiligen Rechtsschutzes zum regulären Handlungsinstrumentarium des Ausschusses, der diese wiederum an den Sonderberichterstatter für neue Mitteilungen übertragen hat.[329]

Nachdem eine Eingabe vom Ausschuß als zulässig befunden worden ist, berät dieser in geschlossener Sitzung über die Begründetheit der Beschwerde, Art. 5 Abs. 3 FP. Zwischen diesen beiden Prüfungsphasen besteht keine Möglichkeit einer Vermittlung oder der Bereitstellung guter Dienste.[330] Gemäß Art. 4 Abs. 2 FP hat sich der betroffene Staat anschließend schriftlich zu dem Sachvortrag des Beschwerdeführers zu äußern. Die Einlassung des Paktstaates wird wiederum an den Beschwerdeführer übermittelt, dem seinerseits Gelegenheit zur Stellungnahme im Rahmen eines vom Ausschuß zu bestimmenden Zeitraumes eingeräumt wird, Art. 93 Abs. 3 VerfO.[331] Hieran schließt sich die materiell-rechtliche Würdigung des Sachverhaltes, die anhand aller schriftlichen Unterlagen vorzunehmen ist, Art. 5 Abs. 1 FP. Der Entwurf einer abschließenden Beurteilung kann einer Arbeitsgruppe bzw. einem Sonderberichterstatter übertragen werden, Art. 94 Abs. 1 VerfO. Dieser Entwurf dient sodann als Grundlage der endgültigen Entscheidung des

---

[324] Hierzu kritisch: Nowak, 13 EuGRZ 605, 613 (1986).

[325] Tomuschat, FS Bernhardt, 611, 624 ff.

[326] So vertrat Graefrath die Auffassung, daß "... [t]here were [...] no provisions which gave the Committee the competence to request measures of a State. Under Art. 5 of the Optional Protocol, the Committee was merely to consider communications and forward its views to the State concerned." U.N. Doc. CCPR/C/SR. 13, Rzf. 30 (1977). Dieser Auffassung widersprach Opsahl mit dem Hinweis auf Art. 2 Abs. 2, U.N. Doc. CCPR/C/SR. 13, Rzf. 59 (1977).

[327] Vgl. hierzu auch die Ausführungen im 1. Kapitel B II 2 sowie im 2. Kapitel C I 2.

[328] Tomuschat, FS Bernhardt, 611, 625 f. Der Durchbruch der Anwendung des Art. 86 VerfO kam mit der steigenden Anzahl von Todeskandidatenfällen (*death row cases*) um 1986, insbesondere aus Jamaika.

[329] U.N. Doc. A/46/40, Annnex X (1991).

[330] McGoldrick, Human Rights Committee, S. 141.

[331] Hierbei handelt es sich in der Regel um einen Zeitrahmen von sechs Wochen; U.N. Doc. A/36/40, Rzf. 397 (1981).

Ausschusses. Mittlerweile ist es zudem möglich, die Prüfung der Zulässigkeit und der Begründetheit einer Beschwerde zusammenzufaßen. Dies setzt indes voraus, daß beide Parteien dieser komprimierten Vorgehensweise zustimmen.[332]

Die abschließenden *views* werden Beschwerdeführer und betroffenem Paktstaat übermittelt, bevor sie im Jahresbericht im vollen Wortlaut veröffentlicht werden. Der Form nach handelt es sich bei ihnen um Sachentscheidungen, die eine Verletzung des Paktes durch den Staat entweder bejahen oder verneinen und somit einen urteilsähnlichen Charakter besitzen. Hierbei steht es Ausschußmitgliedern frei, der Entscheidung ein eigenes Sondervotum beizufügen. Bei der Beratung und Beschlußfassung von Individualbeschwerden hat es sich eingebürgert, daß Ausschußmitglieder, die aus einem verfahrensbeteiligten Paktstaat stammen, sich an dem Verfahren nicht beteiligen und damit einer potentiellen Befangenheit entgegenwirken.[333]

Aufgrund der steigenden Zahl der Ratifikationsstaaten des FP und der damit einhergehenden Erhöhung der Beschwerden mußte sich der MRA vermehrt mit der effektiven Umsetzung und Überwachung seiner Auffassungen beschäftigen. Seit der Sommersitzung 1990 beruft der Ausschuß einen Sonderberichterstatter zur Überwachung der Implementierung der MRA-Auffassungen durch den jeweiligen Paktstaat *(Special Rapporteur for the Follow-Up of Views)*.[334] Bereits in den Anfangsjahren des Ausschusses war die Frage des *Follow-Up* Gegenstand einer Debatte innerhalb der Ausschußmitglieder.[335] Aufgrund der Auffassung der Ausschußmitglieder aus den sozialistischen Staaten, die den MRA unter Hinweis auf Art. 2 Abs. 7 UNC für unzuständig hielten, sich mit solchen Fragen auseinanderzusetzen, kam es in dieser Angelegenheit zu keinem Beschluß.[336]

Der Aufgabenbereich des Sonderberichterstatters ist nunmehr in dem novellierten Art. 95 VerfO generalklauselartig definiert. Danach soll er die Umsetzung der Auffassungen des Ausschusses durch den Paktstaat ermitteln.[337] Bislang wurde in all den Fällen, in denen der MRA eine Verletzung des Paktes durch den Staat

---

[332] U.N. Doc. A/50/40, Rzf. 494 (1995). So z.B. im Fall *Francis ./. Jamaica*, 606/1994, U.N. Doc. A/50/40 Vol. II (1995).

[333] Art. 85 VerfO. Ebenfalls für befangen erklärte sich das US-amerikanische Ausschußmitglied Buergenthal, Überlebender des Holocaustes, im Verfahren *Faurisson ./. Frankreich*, 550/1993, 18 HRLJ 40, 49 (1997), unter Verweis auf seine Biographie. In dem Verfahren rügte der Beschwerdeführer die Verletzung der Meinungsfreiheit dadurch, daß er wegen der Leugnung der Massenvergasung durch die Nazis verurteilt worden sei. Zur Vitae Buergenthals s. Pasqualucci, 18 HRQ 877 ff. (1996).

[334] U.N. Doc. A/45/40, Annex XI (1990).

[335] U.N. Doc. A/38/40, Rzf. 391 ff. (1983).

[336] Vgl. hierzu auch Herndl, FS Zemanek, 203, 216 f.; de Zayas, 1995 ASIL/NVIR Proceedings, 46, 47 f.

[337] Diese Kompetenzen umfassen u.a.: "[...] 2. The Special Rapporteur may make such contacts and take such action as appropriate for the due performance of the follow-up mandate. The Special Rapporteur shall make such recommendations for further action by the Committee as may be necessary. 3. The Special Rapporteur shall regularly report to the Committee on follow-up activities. [...]" U.N. Doc. CCPR/C/3/Rev. 4 (1997).

feststellte, diesem aufgetragen, gemäß Art. 2 Abs. 3 (a) ein wirksames Mittel der Abhilfe bereit zu stellen, sowie den Ausschuß binnen 90 Tage über die ergriffenen Maßnahmen zu informieren.[338] Dabei kann eine solche vom Paktstaat abverlangte Maßnahme u.a. den Widerruf von Amnestiegesetzen umfassen, um eine offizielle Untersuchung durchführen zu können. Ferner kann es sich um die Identifizierung von Personen handeln, die für massive Verletzung von Menschenrechten verantwortlich waren. Es kann sich schließlich um die Möglichkeit handeln, dem Verletzten zivilrechtliche Wiedergutmachung zu erlangen und ihm angemessene Entschädigung zukommen zu lassen.[339] Es hat sich gezeigt, daß in wenig mehr als der Hälfte der Fälle, die betroffenen Staaten dem MRA Bericht über diese Folgeaktivitäten erstattet haben.[340]

2. Zulässigkeitsvoraussetzungen im einzelnen

Die einzelnen Zulässigkeitsvoraussetzungen einer Beschwerde ergeben sich aus Art. 90 der VerfO, wobei es sich um eine Zusammenfassung der Art. 1-5 Abs. 2 FP handelt.[341] Danach muß die Mitteilung von einer natürlichen Person[342] stam-

---

[338] Nowak, 16 HRLJ 377, 383 (1995).

[339] Vgl. hierzu als Beispiel den Fall *Hugo Rodriguez ./. Uruguay*, 322/1988, U.N. Doc. A/49/40 Vol. II, S. 5 (1994).

[340] Vgl. hierzu U.N. Doc. A/50/40, Rzf. 546 (1995). In anderen Fällen wurde der Ausschuß auch durch den Betroffenen informiert; ebenda. In einem der jüngsten Jahresberichte führt der Ausschuß namentlich die Paktstaaten auf, von denen es diese sogenannten *Follow-Up*-Informationen erbeten hat. U.N. Doc. A/51/40, S. 79 ff. (1996). Danach hatten elf Staaten es versäumt, den Ausschuß über den Fortgang der Beschwerden zu unterrichten.

[341] Art. 90 VerfO lautet: "[...] (a) That the communication is not anonymous and that it emanates from an indidual, or individuals, subject to the jurisdiction of a State party to the Protocol; (b) That the individual claims, in a manner sufficiently substantiated, to be a victim of a violation by that State party of any of the rights set forth in the Covenant. Normally, the communication should be submitted by the individual himself or by his representative; a communication submitted on behalf of an alleged victim may, however, be accepted when it appears that he is unable to submit the communication himself; (c) That the communication is not an abuse of the right to submit a communication under the Protocol; (d) That the communication is not incompatible with the provisions of the Covenant; (e) That the same matter is not being examined under another procedure of international investigation or settlement; (f) That the indivdual has exhausted all available domestic remedies." U.N. Doc. CCPR/C/3/Rev. 4 (1997).

[342] Mitteilungen von Vereinigungen sind hingegen unzulässig; *J.R.T. und die Western Guard Party ./. Kanada*, 104/1981, 10 EuGRZ 409 (1983). Bei dem in Art. 1 niedergelegten Selbstbestimmungsrecht der Völker handelt es sich um ein kollektives Recht, das ein Individuum für ein Volk nicht geltend machen kann; *Kitok ./. Schweden*, 197/1985, 16 EuGRZ 434 (1989). Zudem kann dieses Recht nicht im Rahmen des Individualbeschwerdeverfahrens geltend gemacht werden, da sich dieses nur auf Eingaben von Individuen und nicht von Völkern bezieht. *Ominayak und Lubicon Lake Stämme ./. Kanada*, 167/1984, 11 HRLJ 311 (1990) sowie *A.B. ./. Italien*, 413/1990, 18 EuGRZ 158 f.

men, die sich in der Herrschaftsgewalt eines Ratifikationsstaates des FP befindet. Um Popularklagen zu vermeiden, ist nur im Ausnahmefall eine Beschwerde für einen anderen zulässig. Eine solche Ausnahme liegt insbesondere dann vor, wenn das Opfer der behaupteten Rechtsverletzung gehindert ist, selbst eine solche Eingabe zu machen. Hierzu hat der Ausschuß festgestellt, daß es ausreicht, wenn zwischen Beschwerdeführer und dem potentiellen Opfer eine verwandtschaftliche Beziehung besteht.[343]

Ferner darf die Beschwerde keinen Mißbrauch des Beschwerderechts darstellen. Dieses Zulässigkeitsmerkmal ist in der bisherigen Spruchpraxis höchst selten angewandt worden[344] und der Ausschuß tendiert grundsätzlich dazu, mißbräuchliche Beschwerden eher als unvereinbar *ratione materiae* oder als nicht ausreichend begründet gemäß Art. 2 FP zurückzuweisen.[345]

Zudem darf die Mitteilung nicht unvereinbar mit den Paktbestimmungen sein. Eine solche Unvereinbarkeit kann *ratione temporis*,[346] *ratione personae*,[347] *ratione loci*[348] und *ratione materiae*[349] bestehen.

Als weitere Zulässigkeitvoraussetzung darf kein anderes internationales Organ in einem vergleichbaren Überwachungsverfahren mit demselben Fall befaßt sein. Voraussetzung für die Vergleichbarkeit mit einem anderen internationalen Verfahren ist, daß dieses auf die Untersuchung, Beilegung und/oder Entscheidung konkreter Einzelfälle abzielt.[350] Hiervon erfaßt sind in erster Linie die Individualbe-

---

(1991). Hierzu kritisch: Ermacora, 18 EuGRZ 159 f. (1991). Zur Opfereigenschaft vgl. Davidson, 4 CLR 337, 345 (1991).

343 *Bazzano u.a. ./. Uruguay*, 5/1977, U.N. Doc. CCPR/OP/1, S. 40, 41 (1985).

344 So z.B. in dem Fall, als der Beschwerdeführer mit seiner Mitteilung eine bereits zurückgewiesene Beschwerde erneut einbrachte, diese nicht näher begründete und selbst zu erkennen gab, den innerstaatlichen Rechtsweg noch nicht ausgeschöpft zu haben. *K.L. ./. Dänemark*, 72/1980, U.N. Doc. CCPR/OP/1, S. 26 f. (1985).

345 Nowak, CCPR, Art. 3 First OP, Rzf. 15.

346 Hiervon betroffen sind vor allem die Mitteilungen, die sich auf Sachverhalte vor Inkrafttreten des IPBPR und des FP in dem jeweiligen Paktstaat beziehen. McGoldrick, Human Rights Committee, S. 160 ff.; Nowak, CCPR, Art. 3 First OP, Rzf. 16 ff.

347 Dieses betrifft die Fälle der Aktiv- bzw. Passivlegitimation, in denen z.B. keine Individuen eine Rechtsverletzung geltend machen, bzw. Rechtsverletzungen eines Staates geltend gemacht werden, der das FP gar nicht ratifiziert hat. McGoldrick, Human Rights Committee, S. 168 ff.; Nowak, CCPR, Art. 3 First OP, Rzf. 20.

348 Hierbei handelt es sich um die Frage, ob das Verhalten der Paktstaaten auch außerhalb ihrer Staatsgrenzen trotz des Wortlautes in Art. 2, die Paktrechte "allen in seinem Gebiet befindlichen und seiner Herrschaftsgewalt unterstehenden Personen" zu gewährleisten, auch Gegenstand einer Individualbeschwerde sein kann. McGoldrick, Human Rights Committee, S. 177 ff.; Nowak, CCPR, Art. 3 First OP, Rzf. 21 ff.

349 Anhand dieses Kriteriums ist festzustellen, ob der Beschwerdeführer ein im Katalog des Paktes enthaltenes Recht geltend macht. McGoldrick, Human Rights Committee, S. 162 ff.; Nowak, CCPR, Art. 5 First OP, Rzf. 29 ff.

350 Nowak, CCPR, Art. 5 First OP, Rzf. 9. Insofern fehlt es bei einer Petition aufgrund der ECOSOC Resolution 1503 (XLVIII) nach Ansicht des MRA an einer Vergleichbarkeit,

schwerdeverfahren aufgrund der EMRK, der AMRK, der Antirassismuskonvention und der Antifolterkonvention.[351] "Dieselbe Sache" liegt vor, wenn derselbe Anspruch bezüglich derselben Einzelperson betroffen ist, soweit er von dieser selbst oder jemand anderem anhängig gemacht worden ist, der vor dem anderen internationalen Gemium für den Betroffenen handlungsbefugt ist.[352] Eine bereits ergangene Entscheidung in einem anderen internationalen Verfahren steht der Zulässigkeit der Beschwerde vor dem Ausschuß jedoch nicht entgegen.[353] Insbesondere das Verhältnis zu anderen regionalen und internationalen Individualverfahren sowie überschneidende und u.U. gegenteilige Entscheidungen der Menschenrechtsgremien bedürfen einer näheren Betrachtung im Hinblick auf den Beitrag des MRA zum universellen Schutz der Menschenrechte.[354]

Weitere Voraussetzung einer zulässigen Beschwerde ist die Erschöpfung des innerstaatlichen Rechtsweges, wobei es sich um ein aufschiebendes Zulässigkeitshindernis handelt.[355] Ist ein innerstaatliches Verfahren noch anhängig, kann die Beschwerde vorbehaltlich der in Art. 92 Abs. 2 VerfO enthaltenen Regelung zur späteren Wiederaufnahme als unzulässig zurückgewiesen werden. Zudem kann der Ausschuß das Zulässigkeitsverfahren zunächst aussetzen und nach Erschöpfung des innerstaatlichen Rechtsweges wieder aufnehmen.

---

da es sich dieses auf einen "consistent pattern of gross and reliably attested violations of human rights" bezieht und nicht auf einen Einzelfall. *A. u.a. ./. S.*, 1/1976, U.N. Doc. CCPR/OP/1, S. 17 (1985). Ebensowenig handelt es sich bei dem Berichtsprüfungsverfahren im Rahmen des IPWSKR um ein anderes Verfahren, *Broeks ./. Niederlande*, 172/1984, U.N. Doc. CCPR/OP/2, S. 196, 198 (1990). Ein auch bei der EKMR registriertes Verfahren ist jedoch unzulässig, *D.F. u.a. ./. Schweden*, 183/1984, 12 EuGRZ 533 (1985).

[351] Nowak, CCPR, Art. 5 First OP, Rzf. 13.

[352] *Fanali ./. Italien*, 75/1980, 10 EuGRZ 407, 408 (1983).

[353] So lehnte der MRA im Fall *A.M. ./. Dänemark*, 121/1982, nicht nur deshalb eine Behandlung ab, da er schon von der EKMR als unzulässig und unbegründet zurückgewiesen worden war, sondern weil Dänemark einen Vorbehalt zu Art. 5 Abs. 2 (a) FP abgegeben hatte, daß wenn ein Fall schon von einem internationalen Gremium geprüft worden war, der Ausschuß sich dieser Sache nicht mehr annehmen könne; U.N. Doc. CCPR/C/OP/1, S. 32, 33 (1985). Hingegen bestand der Ausschuß darauf, Fälle von Paktstaaten zu behandeln, die keinen solchen Vorbehalt abgegeben haben. Da sich z.B. die Niederlande vorbehaltslos sowohl dem Pakt als auch der EMRK unterworfen hat, kam es wiederholt zu sukzessiven Verfahren vor der EKMR, *H.v.d.P. ./. Niederlande*, 11056/84, 9 HRLJ 265 f. (1988), und dem MRA 217/1986, 9 HRLJ 254 f. (1988). Im Fall *Hendriks ./. Niederlande*, 201/1985, U.N. Doc. A/43/40, S. 230 ff. (1988) verneinte der MRA die Verletzung von Art. 23 nachdem sich zuvor bereits die europäischen Organe mit der Angelegenheit befaßt hatten, vgl. Zulässigkeitsentscheidung der EKMR, 8 EuGRZ 486 ff. (1980). In dem jüngst abgeschlossenen Verfahren *Coriel und Aurik ./. Niederlande*, 453/1991, 15 HRLJ 422 ff. (1994), das bereits von der EKMR, 15 HRLJ 448 f. (1994), geprüft und als unzulässig abgewiesen worden war, kam der MRA zur Annahme einer Rechtsverletzung.

[354] Vgl. hierzu unten 2. Kapitel B.

[355] Nowak, CCPR, Art. 5 First OP, Rzf. 21.

IV. Das Staatenbeschwerdeverfahren gemäß Art. 41

Das dritte und bislang ungenutzte Verfahren, dessen Durchführung dem MRA zugewiesen ist, ist das Staatenbeschwerdeverfahren gemäß Art. 41.[356] Zur Anwendung dieses Verfahrens müssen die betroffenen Paktstaaten eine Unterwerfungserklärung gemäß Art. 41 Abs. 1 S. 1 abgegeben haben.[357] Hierbei handelt es sich weder um ein Verfahren der gerichtlichen Entscheidung oder Quasi-Entscheidung, vielmehr stellt es nur ein qualifiziertes Vergleichs- bzw. Vermittlungsverfahren dar.[358] Insofern ist das Verfahren nach Art. 41 auch nicht mit dem ehemaligen Staatenbeschwerdeverfahren im Rahmen der EMRK zu vergleichen, bei dem letztlich der EGMR durch Urteil entscheidet. Wird dieser nicht angerufen, so entscheidet das Ministerkomitee des Europarates, Art. 32 EMRK.[359]

Aufgrund einer fehlenden Spruchpraxis hat sich der Ausschuß im Rahmen dieses Verfahrens weder mit verfahrensrechtlichen Fragen auseinandersetzen müssen, noch eine materielle Prüfung der im Pakt enthaltenen Rechte durchführen müssen. Daher entfällt die Betrachtung eines möglichen Beitrages des Ausschusses durch das Staatenbeschwerdeverfahren zum universellen Schutz der Menschenrechte.

V. Jahresberichte des Ausschusses

Gemäß Art. 45 legt der MRA der Generalversammlung jedes Jahr einen Tätigkeitsbericht durch den Wirtschafts- und Sozialrat vor. Dieser Jahresbericht wird sowohl dem Dritten Ausschuß der Generalversammlung (Soziale, Humanitäre und Kulturelle Fragen) als auch der Menschenrechtskommission als das dem WSR untergeordneten Organ zur Kenntnisnahme zugeleitet. Dieser Jahresbericht an die Generalversammlung war ebenfalls Gegenstand von Änderungen im Zuge jüngerer Entwicklungen.[360] Diese Novellierungen umfaßten die Veröffentlichung der abschließenden Bemerkungen des Ausschusses als Ganzes nach der Prüfung der Staatenberichte, sowie die besonderen Entscheidungen des Ausschusses hinsicht-

---

[356] Für einen Überblick über die Abschnitte des Staatenbeschwerdeverfahrens: Buergenthal, International Human Rights, S. 46 ff.; Nowak, Art. 41, Rzf. 18 ff.; Opsahl, Human Rights Committee, 419 f.

[357] Derzeit haben 45 der 137 Paktstaaten eine solche Erklärung abgegeben, U.N. Doc. A/51/40, 98 f. (1996).

[358] Buergenthal, International Human Rights, S. 46.

[359] Seit dem Inkrafttreten des 11. Protokolls zur EMRK, abgedruckt in 15 HRLJ 86 ff. (1994), wird die Zulässigkeit und Begründetheit einer Beschwerde durch eine Kammer des ständigen EGMR geprüft. Bernhardt, 89 AJIL 145 ff. (1995); Drzemczewski/Meyer-Ladewig, 15 HRLJ 81 ff. (1994); Meyer-Ladewig, 48 NJW 2813 ff. (1995).

[360] U.N. Doc. A/49/40, Rzf. 54 ff. (1994). Hiervon zu unterscheiden sind die "Official Records of the Human Rights Committee", bei denen es sich um eine Zusammenfassung sämtlicher Sitzungsprotokolle, Berichte und Verlautbarungen des MRA in Form eines Jahrbuches handelt. Bislang sind 12 Jahrgänge dieses zweibändigen Jahrbuches bis zum Stand von 1992/1993 erschienen.

lich der Menschenrechtssituation in einzelnen Ländern.[361] Darüber hinaus beschloß der Ausschuß, die bislang abgedruckte Zusammenfassung der Diskussion mit den Regierungsdelegationen der Paktstaaten nicht mehr in den Jahresberichten zu veröffentlichen.[362]

Im Zusammenhang mit der Veröffentlichung der abschließenden Bemerkungen entstand ein Disput darüber, ob der Ausschuß verpflichtet sei, Stellungnahmen der Vertragsstaaten zu den abschließenden Berichten gemäß Art. 40 Abs. 5 in den Jahresberichten zu veröffentlichen.[363] Diese Frage ergab sich nach der Prüfung des dritten periodischen Berichtes Senegals[364] und der Vorlage einer Replik nach der Verabschiedung der abschließenden Bemerkungen. Hierbei vertraten verschiedene Ausschußmitglieder die Auffassung, daß die jeweiligen Paktstaaten nicht das letzte Wort bei einer Berichtsprüfung haben sollten.[365] Daraufhin entschloß sich der Ausschuß, im Jahresbericht einen Hinweis auf die vorgelegte Antwort Senegals einzubringen, vom Abdruck des Wortlautes wurde jedoch Abstand genommen.[366] Der Ausschuß beschloß darüber hinaus, die Dokumentenkennzeichnung der Replik im Jahresbericht bekanntzugeben.[367]

---

[361] U.N. Doc. A/49/40, Rzf. 54 (1994).

[362] U.N. Doc. CCPR/C/SR. 1314 (1994).

[363] U.N. Doc. CCPR/C/SR. 1258, Rzff. 15-32 (1993).

[364] U.N. Doc. CCPR/C/SR. 1258, Rzf. 15 (1993).

[365] Higgins in Rzf. 16, Chanet in Rzf. 21, Aguilar Urbina in Rzf. 26 in U.N. Doc. CCPR/C/SR. 1258 (1993).

[366] U.N. Doc. CCPR/C/SR. 1258, Rzf. 30 ff. (1993); zum Fall der senegalesischen Replik s. U.N. Doc. A/48/40, Rzf. 114 (1993) die Replik findet sich abgedruckt in U.N. Doc. CCPR/C/90 (1992). Nach diesem Muster wurde auch in späteren Fällen verfahren. - Ebenso wurde mit der Replik Sri Lankas auf die abschließenden Bemerkungen, U.N. Doc. CCPR/C/79/Add. 56 (1995), des Ausschusses zum dritten periodischen Bericht verfahren. Neben einem Hinweis im Jahresbericht, U.N. Doc. A/51/40, Rzf. 41 (1996), wurde diese Erwiderung als U.N. Doc. CCPR/C/116 (1996) veröffentlicht. Weitere Hinweise auf Stellungnahmen der Paktstaaten Kolumbien und Georgien zu den abschließenden Bemerkungen des MRA zu ihren Folgeberichten finden sich im Jahresbericht A/52/40, Rzf. 49 f. (1997).

[367] Eine Rechtspflicht des MRA zur Veröffentlichung der Stellungnahmen der Paktstaaten im Jahresbericht in voller Länge besteht nicht. Die Bezugnahme auf solche Stellungnahmen innerhalb des Jahresberichtes erfüllt den gleichen Zweck, wie ein Abdruck mit vollem Wortlaut. Durch die Bekanntgabe der betreffenden Dokumentenkennzeichnung hat jeder Interessierte die Möglichkeit, Kenntnis von der fraglichen Stellungnahme zu erlangen. Darüber hinaus erfordert das effektive Funktionieren des Überwachungsmechanismus, daß die Ergebnisse des Menschenrechtsausschusses nicht durch Beschuldigungen oder Leugnen, die im Jahresbericht abgedruckt wären, verwässert werden. Sollte dem MRA tatsächlich einmal bei faktischen Fragen ein Irrtum unterlaufen, so bleibt den Paktstaaten immer noch die Möglichkeit, bei der Vorlage des nächsten periodischen Berichtes diesbezüglich Korrekturen anzubringen.

VI. Zusammenfassung

Die dem Ausschuß übertragenen Verfahren werden von diesem zunehmend extensiv genutzt. Auf diese Weise schaffen diese Mechanismen eine Effektivierung des Staatenberichts- sowie des Individualbeschwerdeverfahrens. Mittels dieser Innovationen sollen die vom MRA getroffenen Feststellungen zur innerstaatlichen Gewährleistung der Paktverpflichtungen, sei es allgemein oder im Einzelfall, von Paktstaaten umgesetzt werden.

Das Staatenberichtsverfahren, das ein Pendant auf regionaler Ebene nicht besitzt, ist aufgrund seines obligatorischen Charakters zum Herzstück der Paktarbeit des Ausschusses avanciert. Es erlaubt dem Ausschuß, unabhängig von Einzelfällen, eine umfassende Bewertung der Umsetzung der Bestimmungen des IPBPR durch einen jeden Paktstaat vorzunehmen. Durch die Anforderung von Sonderberichten kann der Ausschuß zudem auf aktuelle Hindernisse bei der Umsetzung der Paktrechte reagieren. Durch die Abfassung der Allgemeinen Bemerkungen ist es ihm schließlich möglich, einzelne Paktbestimmungen für alle Staaten auszulegen und auf diese Weise zur Hervorbringung eines einheitlichen Paktstandards und einem darüber hinausgehenden universellen Menschenrechtsstandard beizutragen. Das Individualbeschwerdeverfahren, das eine Einzelfallprüfung ermöglicht, wird von dem MRA als zweite Stütze für seine Arbeit genutzt.

Jedoch sind die dem MRA übertragenen Verfahren nicht mit Sanktionsmöglichkeiten ausgestattet und finden sich in der Umsetzung mit vielen praktischen Hindernissen konfrontiert. Hierunter fallen insbesondere die häufig verspätete Vorlage von Berichten sowie die unterschiedliche Qualität dieser Berichte, die bis zu deren Unbrauchbarkeit reicht. Im Rahmen des Individualbeschwerdeverfahrens ist eine Umsetzung der vom Ausschuß abgefaßten Entscheidungen vor allem aufgrund eines fehlenden Verfahrens zur Durchsetzung nicht gewährleistet. Andererseits hat der Ausschuß mittels dieses Verfahrens eine beachtliche Einzelfallrechtsprechung hervorgebracht. Die Art der Umsetzung und Ausführung der ihm zugewiesenen Verfahren durch den MRA zeigt, daß dieser insbesondere in der jüngsten Vergangenheit um eine umfassende Implementierung des Paktes bemüht ist.

2. Kapitel: Universeller Schutz der Menschenrechte in der Arbeit des Ausschusses

A. Paktinterne Herausforderungen für einen universellen Menschenrechtsstandard

Im Rahmen seiner ihm zugewiesenen Prüfungsverfahren ist der MRA bei der Anwendung und Auslegung des Paktes mit den unterschiedlichsten Eigenheiten und Rechtskulturen seiner Paktstaaten konfrontiert. Solche stellen den universellen Charakter der im Pakt niedergelegten Menschenrechte in der Arbeit des Ausschusses in vielfacher Weise in Frage. Die Beeinträchtigung für einen solchen Standard beruhen darauf, daß einige Paktstaaten zum einen eine Sonderbehandlung im Hinblick auf ihre Eigenheiten vom MRA fordern und diese durch Vorbehalte zum Pakt absichern wollen. Zum anderen ist zweifelhaft, ob einem universell-einheitlichen Standard der Umsetzung der Paktrechte ein weiter Beurteilungsspielraum (*margin of discretion*) der Paktstaaten bei der Umsetzung der Verpflichtungen aus dem IPBPR zusteht. Schließlich könnten religiöse und kulturelle Vorstellungen sowie wirtschaftliche Bedingungen eines Paktstates vom MRA als paktimmanente Schranken bei der Umsetzung der Paktverpflichtungen anerkannt werden und damit einen uneinheitlichen Menschenrechtsstandard zur Folge haben.[368] Somit bedarf es der Betrachtung, ob der Menschenrechtsausschuß in seiner Arbeit daraufhinwirkt, einen universell-einheitlichen Menschenrechtsstandard unter Ausschluß der vorbezeichneten Einschränkungsmöglichkeiten hervorzubringen und zu wahren.

---

[368] Hiervon zu unterscheiden ist wiederum die Frage, ob der MRA die Berufung auf innerstaatliches Recht als Rechtfertgung für eine nur begrenzte Umsetzung der Paktverpflichtungen anerkennt. Einer solchen Auffassung, die vertragsrechtlich und gewohnheitsrechtlich schon im Hinblick auf Art 27 S. 1 WVK bedenklich ist, hat sich der MRA jedoch ausdrücklich entgegengestellt. So sah sich im Fall Perus der Ausschuß mit dem Umstand konfrontiert, daß sich dieser Paktstaat eine neue Verfassung gegeben hatte, die nach seiner Auffassung unvereinbar mit dem Pakt war. Zu diesem Spannungsverhältnis führte er aus: "The Constitution is part of the legal order of the State and as such may not be invoked as grounds for exemption from compliance with an international obligation freely entered into by the State." U.N. Doc. CCPR/C/79/Add. 72, Rzf. 8 (1996).

I. Beeinträchtigung durch Vorbehalte

1. Gefahr für universellen Menschenrechtsstandard durch Vorbehalte

Eine der größten Herausforderungen an die universelle Geltung der im Pakt niedergelegten Rechte sind Vertragsvorbehalte zum IPBPR und dem FP. Hierbei handelt es sich um einseitige Erklärungen eines Vertragsstaates, mittels derer er die zu übernehmenden vertraglichen Pflichten einschränkt.[369] Hiervon zu unterscheiden sind auslegende Erklärungen. Vorbehalte zielen darauf ab, die Bedingungen eines völkerrechtlichen Vertrages zwischen der vorbehaltenden Prtei sowie den parteien, die diesen Vorbehalt akzeptieren, nach der inhaltlichen Maßgabe dieses Vorbehalts zu ändern.[370] Demgegenüber ist eine auslegende Erklärung eine inhaltliche Klarstellung, mit der ein Staat den Vertrag oder einen Teil hiervon interpretiert und somit sein Verständnis der Vertragsverpflichtungen deutlich macht.[371]

Vorbehalte geben Paktstaaten mithin die Möglichkeit, sich der Anwendung einzelner Paktbestimmungen teilweise oder ganz zu entziehen und verhindern somit die uneingeschränkte universelle Geltung der Paktvorschriften.

Dabei unterscheiden sich die Vorbehalte in ihrer Zielrichtung von einander: Die Paktstaaten können Einschränkungen *ratione materiae*, *ratione temporis* und *ratione loci* erstreben.[372] Rund fünfzig Paktstaaten haben zum IPBPR Vorbehalte von unterschiedlicher Tragweite und unterschiedlicher Zielrichtung mit der Folge abgegeben, daß durch diese Möglichkeit des Ausschlusses bestimmte vertragliche Verpflichtungen nicht einheitlich ausgestaltet sind und der Pakt somit in seinen Ratifikationsstaaten nicht im gleichem Umfang gilt:[373] So stellte z.B. Ägypten seine Vertragsverpflichtungen unter einen inhaltlichen Vorbehalt, indem es die

---

[369] Im folgenden wird der Begriff des „Vorbehalts" im Sinne von Art. 2 Abs. 1 (d) WVK gebraucht. Danach „bedeutet 'Vorbehalt' eine wie auch immer formulierte oder bezeichnete, von einem Staat bei der Unterzeichnung, Ratifikation, Annahme oder Genehmigung eines Vertrages oder bei dem Beitritt zu einem Vertrag abgegebene einseitige Erklärung, durch die der Staat bezweckt, die Rechtswirkung einzelner Vertragsbestimmungen in der Anwendung auf diesen Staat auszuschließen oder zu ändern." Vgl. hierzu auch Kühner, Vorbehalte, S. 31.

[370] Buergenthal, International Human Rights, S. 291.

[371] Kühner, Vorbehalte, S. 31; McRae, 49 BYBIL 155 (1978); Piper, 71 ILR 295, 299 (1985); Verdross/Simma, § 736. Eine auslegende Erklrung, im Gegensatz zum Vorbehalt modifiziert also nicht die völkerrechtlichen Verpflichtungen eines Staates.

[372] Giegerich, 55 ZaöRV 713, 719 (1995). - Das Thema der Vorbehalte zu internationalen multilateralen Vertägen ist in der jüngsten Vergangenheit u.a. von der Völkerrechtskommission (VRK) aufgegriffen worden. Vgl. hierzu den Bericht des Sonderberichterstatters Pellet in U.N. Doc. A/CN.4/470 (1995) sowie in U.N. Doc. A/CN.4/477 sowie in U.N. Doc. A/CN.4/47/Add. 1 (1996).

[373] Zur Übersicht der zum Pakt abgegebenen Vorbehalte und Erklärungen vgl. die Aufstellung in U.N. Doc. CCPR/C/2/Rev. 4 (1994).

Paktverpflichtungen nur insoweit übernahm, als daß diese nicht mit der islamischen Scharia in Widerspruch stehen.[374] Gambia hat sich aus finanziellen Gründen das Recht vorbehalten, nur denjenigen Angeklagten kostenlosen Rechtsbeistand zu gewähren, denen ein Schwerverbrechen zur Last gelegt wird.[375] Irland übernimmt die Verpflichtungen aus Art. 23 Abs. 4, dem Schutz der Familie, nur insoweit, als daß daraus kein Recht auf Scheidung abgeleitet wird.[376] Italien und Österreich behielten sich bei Ratifikation des IPBPR das Recht vor, das Recht auf Einreisefreiheit gemäß Art. 12 Abs. 4 im Hinblick auf die Mitglieder der ehemaligen Monarchenfamilien einzuschränken.[377] Die Republik Korea stellte ihre Ratifikation unter den Vorbehalt, daß sie die Verpflichtungen aus Art. 14 Abs. 5[378] und Art. 22[379] nur insoweit übernehme, als daß diese Verpflichtungen mit innerstaatlichem Recht übereinstimmen.[380] Die Vereinigten Staaten haben sich das Recht vorbehalten, entgegen dem Wortlaut von Art. 6 Abs. 5 die Todesstrafe auch in den Fällen zu vollstrecken, in denen die Täter bei Tatbegehung jünger als 18 Jahre waren.[381] Zudem unterwarfen sich die Vereinigten Staaten nur insoweit Art. 7, als daß "cruel, inhuman or degrading treatment or punishment" identisch mit dem Begriff des "cruel and unusual treatment or punishment" im Sinne des Fünften, Achten und/oder Vierzehnten Zusatzartikels der US-Verfassung sei.[382] Die Manigfaltigkeit der Vorbehalte verdeutlicht, daß diese neben der Regelung von streng begrenzten individuellen Fällen, wie im Falle Österreichs und Italien, auch allgemeiner Natur sein können, wie das ägyptische oder koreanische Beispiel zeigt. Sie finden ihre jeweilige Begründung in historischen, religiösen und wirtschaftlichen Erwägungen und spiegeln damit das Spektrum der unterschiedlichen Sozialstrukturen und Rechtskulturen der Paktstaaten wieder, mit denen der Ausschuß in seiner Arbeit konfrontiert ist.[383]

Ferner bestand Unklarheit über die Rechtsfolgen von einigen Vorbehalten. Dies sei am Beispiel des koreanischen Vorbehalts zu Art. 22 illustriert: Während

---

[374] U.N. Doc. CCPR/C/2/Rev. 4, S. 18 (1994). Inwieweit trotz dieses Vorbehalts dennoch Möglichkeiten für ägyptische Gerichte bestehen, einen Auslegungsspielraum islamischer Rechtssätze in zeitgemäßem Lichte auszufüllen, zeigt die von Bälz, 57 ZaöRV 229 ff. (1997) besprochene Entscheidung des ägyptischen Verfassungsgerichtshofes zum Verschleierungsverbot in staatlichen Schulen in Ägypten.

[375] U.N. Doc. CCPR/C/2/Rev. 4, S. 20 (1994).

[376] U.N. Doc. CCPR/C/2/Rev. 4, S. 25 (1994).

[377] U.N. Doc. CCPR/C/2/Rev. 4, S. 13 bzw. S. 27 (1994).

[378] Diese Vorschrift betrifft das Recht auf eine strafrechtliche Revisionsinstanz.

[379] Diese Vorschrift betrifft das Recht zur Gründung von Gewerkschaften.

[380] U.N. Doc. CCPR/C/2/Rev. 4, S. 33 (1994).

[381] U.N. Doc. CCPR/C/2/Rev. 4, S. 40 (1994).

[382] U.N. Doc. CCPR/C/2/Rev. 4, S. 40 (1994). Zum Verhältnis von internationalen Menschenrechtsvorschriften zum US-amerikanischen Strafrecht vgl. Auman, 20 NCCLJ 1 ff. (1992).

[383] In der Abschlußerklärung der Wiener Menschenrechtskonferenz 1993 wurde an die Staatengemeinschaft appelliert, Vorbehalte soweit wie möglich einzudämmen, Vienna Declaration and Programme of Action, 14 HRLJ 352, 357 (1993), Rzf. 5.

die Tschechoslowakei den Vorbehalt als mit dem Pakt unvereinbar bewertete,[384] vertrat Deutschland die Auffassung, es handele sich hierbei lediglich um eine auslegende Erklärung, die die Verpflichtungen aus Art. 22 weder ausschließe noch modifiziere.[385] Großbritannien hingegen ließ offen, ob der koreanischen Erklärung die Rechtsnatur eines Vorbehaltes zukomme. Die Bestimmung, ob der Erklärung ein Vorbehaltscharakter zukomme, hielt es für nicht durchführbar[386] und folgerte, so lange keine koreanische Präzisierung erfolge, sei eine abschließende Bewertung des Rechtscharakters nicht möglich. Diese drei unterschiedlichen Reaktionen verdeutlichen das Dilemma des MRA bei der Bestimmung der Verpflichtung Koreas aus Art. 22.

Es besteht folglich ein Bedürfnis sowohl im Hinblick auf eine notwendige Rechtsklarheit als auch auf die Einheitlichkeit der eigenen Arbeit des Ausschusses, sowie im Interesse der zu schützenden Individuen, eine möglichst umfassende Geltung des Paktes zu erreichen und somit die Zahl und Reichweite der Vorbehalte einzugrenzen. Je geringer die Anzahl der Vorbehalte bzw. der Umfang ihrer materiellen Einschränkungen, desto einfacher ist es für den MRA, auf die universelle Geltung der im IPBPR enthaltenen Rechte hinzuwirken und damit einen universellen Menschenrechtsstandard zu gewährleisten. Eine Vorschrift zur Handhabung von Vorbehalten durch den Ausschuß bzw. materielle Zulässigkeitsbestimmungen über Inhalt und Umfang von Vorbehalten enthält der Pakt nicht. Jedoch hat sich der Ausschuß nunmehr des Problemkreises der Vorbehalte angenommen und 1994 die "Allgemeine Bemerkung 24 zu Vorbehalten zum Pakt und dem Fakultativprotokoll"[387] verabschiedet. Diese Allg. Bem. 24 behandelt vor allem drei Problemkreise: die Frage der Zulässigkeit von Vertragsvorbehalten zum IPBPR, die Rolle des MRA in der Beurteilung der materiellen Zulässigkeit von Vorbehalten und die Rechtsfolge unzulässiger Vorbehalte.[388]

Erstens definiert sie diejenigen Vorbehalte, die unvereinbar mit Ziel und Zweck des Paktes und damit unzulässig seien.[389] Mit seiner Feststellung, daß die Vorbehalte zum Pakt und FP mit Ziel und Zweck des Paktes vereinbar sein müssen,

---

[384] U.N. Doc. CCPR/C/2/Rev. 4, S. 48 (1994).

[385] U.N. Doc. CCPR/C/2/Rev. 4, S. 50 (1994).

[386] [Die Regierung Großbritanniens ist] "... not however able to take a position on these purported reservations in the absence of a sufficient indication of their intended effect, in accordance with the terms of the Vienna Convention on the Law of Treaties and the practice of the Parties to the Covenant." U.N. Doc. CCPR/C/2/Rev. 4, S. 58 (1994).

[387] General Comment No. 24 [52] on issues relating to reservations made upon ratification or accession to the Covenant or the Optional Protocols thereto, or in relation to declarations under article 41 of the Covenant, U.N. Doc. CCPR/C/21/Rev. 1/Add. 6 (1994), abgedruckt in 15 HRLJ 464 ff. (1994), [hiernach: Allg. Bem. 24].

[388] Der MRA unterteilt die zum Pakt eingelegten Vorbehalte in drei Kategorien: Erstens, Vorbehalte, die die Pflicht zur Umsetzung einzelner Rechte einschränken, zweitens, Vorbehalte, die darauf gerichtet sind, die Vorrangstellung innerstaatlichen Rechts zu erhalten und drittens Vorbehalte, die die Zuständigkeit des Ausschusses betreffen. U.N. Doc. CCPR/C/21/Rev. 1/Add. 6, Rzf. 1 (1994).

[389] U.N. Doc. CCPR/C/21/Rev. 1/Add. 6, Rzf. 8 (1994).

folgt der Ausschuß einer anerkannten Regel des Völkergewohnheitsrechts. Diese "Vereinbarkeits-Regel" wurde zum ersten Mal durch den IGH in seinem Rechtsgutachten zur Vereinbarkeit von Vorbehalten zur Völkermordkonvention artikuliert[390] und fand später Niederschlag in Art. 19 (c) WVK. In seinem Rechtsgutachten hatte der IGH festgestellt, daß es bei Vorbehalten zu multilateralen Verträgen zunehmend auf die universelle Teilnahme an diesen Verträgen ankomme. Demgegenüber sei das vormals bestehende Prinzip der Integrität, d.h. der möglichst unveränderten Übernahme der Vertragsverpflichtungen, zurückgetreten. Vor dem Gutachten des IGH war es Praxis, daß ein Vorbehalt eines Vertragsstaates von den anderen Vertragsparteien ausdrücklich angenommen werden mußte. Folge der nunmehr geltenden "Vereinbarkeits-Regel" ist, daß nicht mehr jeder Vorbehalt explizit von allen anderen Vertragsparteien zugelassen oder genehmigt werden muß. Vielmehr genügt ein Schweigen als Zustimmung zu dessen Wirksamkeit, so auch Art. 20 Abs. 5 WVK. Darüber hinaus hatte der IGH ein neues Kriterium eingeführt, um zukünftigen Vorbehalten eine Richtlinie und Begrenzung vorzugeben. Bei diesem Kriterium handelt es sich um das Merkmal, ob ein Vorbehalt mit Ziel und Zweck des Vertrages vereinbar ist.[391] Mittlerweile ist die "Vereinbarkeits-Regel" universell akzeptiert, wie sich an ihrer Berücksichtigung in Art. 19 (c) WVK ersehen läßt. Art. 19 (c) WVK selbst benennt keine Instanz zur Durchführung des Vereinbarkeits-Tests und gibt die Rechtsfolgen für unvereinbare Vorbehalte ebensowenig vor.

Zweitens bestimmt die Allg. Bem. 24, daß es dem Ausschuß obliege, festzustellen, ob ein Vorbehalt vereinbar mit Ziel und Zweck des Paktes sei.[392] Der Menschenrechtsausschuß, unter Bezugnahme auf diese Vereinbarkeits-Prüfung in Art. 19 (c) WVK, legt diese Vorschrift dahingehend aus, daß er sich selbst ermächtigt sieht, zu bestimmen, ob ein Vertragsvorbehalt mit Ziel und Zweck des IPBPR vereinbar sei. Zudem stellte der Ausschuß drittens fest, daß ein mit dem Pakt unvereinbarer Vorbehalt in der Regel abtrennbar sei, so daß die Unterwerfung ohne diesen Vorbehalt bestehe.[393]

Diese Allg. Bem. 24 war bereits Gegenstand einiger Stellungnahmen von Paktstaaten gemäß Art. 40 Abs. 5, die sich kritisch mit den Aussagen des Ausschusses auseinandergesetzt haben und u.a. die sachliche Zuständigkeit des Ausschusses zur materiellen Überprüfung von Vorbehalten bestritten haben.[394]

---

[390] ICJ Reports 1951, S. 15.

[391] ICJ Reports 1951, S. 15, 24.

[392] U.N. Doc. CCPR/C/21/Rev. 1/Add. 6, Rzf. 20 (1994). Bei der Prüfung des Erstberichtes der Vereinigten Staaten hat der damalige Ausschutzvorsitzende Aguilar quasi als Erwiderung im Namen des Ausschusses zur Stellungnahme der USA zur Allg. Bem. 2, abgedruckt in 16 HRLJ 422 ff. (1995), einzelne Abschnitte der Allg. Bem. 24 präzisiert, U.N. Doc. CCPR/C/SR. 1406, Rzf. 2 ff. (1995).

[393] U.N. Doc. CCPR/C/21/Rev. 1/Add. 6, Rzf. 18 (1994).

[394] Observations by the Government of the United States, U.N. Doc. A/50/40, Annex VI, S. 131 ff. (1995) abgedruckt in 16 HRLJ 422 ff. (1995); Observations by the Government by the United Kingdom U.N. Doc. A/50/40, Annex VI, S. 135 ff. (1995) abgedruckt in

Im folgenden wird zunächst der Umgang des Ausschusses mit zum IPBPR eingelegten Vorbehalten dargestellt. Dabei ist zu untersuchen, welchen Handlungsspielraum der MRA in seinem Mandat unter dem Pakt zur Behandlung von Vorbehalten besitzt, um die universelle Geltung der Vorschriften des IPBPR zu gewährleisten. Zu unterscheiden ist dabei zwischen dem Zeitraum vor Abfassung der Allg. Bem. 24 und dem danach. Hieran schließt sich eine Würdigung der von dem Ausschuß aufgestellten materiellen Zulässigkeitsvoraussetzungen eines Vorbehaltes zum Pakt und dem FP für einen universellen Menschenrechtsschutz. Ein Augenmerk wird dabei auch auf die Frage der Rechtsfolge eines unzulässigen Vorbehaltes zu richten sein. Schließlich ist zu erörtern, inwieweit die vom Ausschuß in der Allg. Bem. 24 statuierten Ergebnisse noch der Dispositionsbefugnis der Paktstaaten unterliegen. D.h., es bedarf der Klärung, ob diese sich durch eigene Reaktionsmöglichkeiten der Bindung der Bestimmungen der Allg. Bem. 24 entziehen können, mit der Folge, daß die Aufstellung der Allg. Bem. 24 unter Umständen nur ein Pyrrhussieg für den universellen Schutz der Paktrechte durch den Ausschuß war und ein universelles Regime zur Handhabung von Vorbehalten zum Pakt durch den Ausschuß nicht besteht.

2. Umgang mit Vorbehalten vor Abfassung der Allgemeinen Bemerkung 24

Vor der Abfassung der Allg. Bem. 24 hatten die Ausschußmitglieder zur Frage der Zulässigkeit von Vorbehalten zum Pakt keine ausdrückliche Entscheidung getroffen. Im Fall von Vorbehalten oder Erklärungen, die im Zuge der Ratifikation oder des Beitritts gemacht worden waren, hatte es sich bei den Ausschußmitgliedern lediglich eingebürgert, während der Berichtsprüfung nach dem genauen Umfang der Vorbehalte sowie dem Grund für die Abgabe zu fragen und ob der Staat in Erwägung ziehe, diese Vorbehalte zurückzuziehen.[395]

Bei der Prüfung der Staatenberichte kam es u.a. vor, daß Vorbehalte von einzelnen Ausschußmitgliedern als unzulässig bezeichnet wurden.[396] Bei der Prüfung von Individualbeschwerden hat der MRA Vorbehalte ausgelegt, aber nicht deren Zulässigkeit geprüft. So hat der MRA z.B. im Fall *Fanali ./. Italien* keinen Zwei-

---

16 HRLJ 424 ff. (1995); Observations by the Government of France, U.N. Doc. A/51/40, Annex VI, S. 117 ff. (1996).

[395] McGoldrick, Human Rights Committee, S. 270. - So erklärte Mavrommatis als Ausschußvorsitzender anläßlich der Prüfung des Erstberichtes von Finnland, daß die Frage der Zulässigkeitsbeurteilung von Vorbehalten mit größter Sorgfalt geprüft werden müsse; U.N. Doc. CCPR/C/SR. 30, Rzf. 43 (1977).

[396] Vgl. hierzu Shelton, 1983 CanHRYB 205, 230 mit einer Darstellung der Berichtsprüfungen, bei denen Fragen zu Vorbehalten gestellt wurden bzw. solche für unzulässig erklärt wurden. So z.B. Movchan bzgl. eines australischen Vorbehaltes. "... and Australia's reservation regarding Art. 2 of the Covenant - an article which embodied the very essence of the Covenant - was thus inadmissible. [...] Australia could not, therefore, invoke the provisions of the internal law of ist Northern Territory as a reason for non-fulfillment of Art. 2 of the Covenant." Zitiert nach Shelton, 1983 CanHRYB 205, 230.

fel an der Gültigkeit des italienischen Vorbehaltes gelassen.[397] Er führte jedoch aus:

> "On the other hand, [the reservations] applicability to the present case depends on the wording of the reservation in its context, where regard must be made to its object and purpose. Since the two parties read it differently, it is for the Committee to decide the dispute."[398]

Im Prinzip haben die Ausschußmitglieder bei der Frage, ob die Prüfung von Vorbehalten in den Kompetenzbereich des Ausschusses falle, zwei verschiedene Ansichten vertreten. Der einen Ansicht zufolge, sei es allein Aufgabe der Paktstaaten, über die Zulässigkeit von Vorbehalten zu befinden.[399]

Anderer Auffassung waren die Mitglieder Dimitrijevic, Higgins, Mavrommatis, Pocar und Wennergren, die die Ansicht vertraten, daß der Ausschuß zumindest das Recht habe, die rechtlichen Folgen von Vertragsvorbehalten zu beurteilen.[400] Diese Frage trat auf, als es zu klären galt, ob die französische „Erklärung" zu Art. 27 als ein die Vertragsverpflichtung modifizierender Vorbehalt anzusehen sei, der die Anwendung des Art. 27 für Frankreich ausschließe oder lediglich als unverbindliche auslegende Erklärung. Die fünf Ausschußmitglieder vertraten die Ansicht, daß es für den Ausschuß notwendig sei, festzustellen, ob die Erklärung eines Paktstaates, unabhängig von seiner Bezeichnung, ein Vorbehalt zur Jurisdiktion des Ausschusses sei, oder ob es sich um eine auslegende Erklärung eines Staates ohne Rechtswirkung handele.[401] Diese Ansicht fand auch Zustimmung in der völkerrechtlichen Literatur.[402] Eine implizite Zulässigkeitsprüfung des fraglichen Vorbehalts fiel aber auch nach dieser Ansicht dem Ausschuß nicht zu.

Andere Stimmen im Schrifttum waren ebenso zurückhaltend bei der Festlegung, ob der Ausschuß die Kompetenz besitze, über die Zulässigkeit von Vorbehalten zu befinden. So befand Imbert in den Anfangsjahren des Ausschusses, daß es ausschließlich den Paktstaaten obliege, die Zulässigkeit von Vorbehalten zu bestimmen. Die Ausschußmitglieder seien hierzu ungeeignet. Denn die Mitglieder im Ausschuß sowie die Bedingungen, unter denen der Ausschuß arbeite, ließen es als zweifelhaft erscheinen, ob der Ausschuß über die Zulässigkeit befinden

---

[397] 75/1980, U.N. Doc. CCPR/C/OP/2, S. 99, 101 (1990), dt. Übersetzung in 10 EuGRZ 407, 408 (1983)

[398] 75/1980, U.N. Doc. CCPR/C/OP/2, 99, 101 (1990). - Hingegen verzichtete der Ausschuß im Fall *R.T. ./. Frankreich,* 262/1987, U.N. Doc. A/44/40, 277, 278 (1989), ausdrücklich auf die Berücksichtigung der französischen "Erklärung" zu Art. 27.

[399] Abweichende Meinung von Ndiaye in *C.L.D. ./. Frankreich*, 228/1987, U.N. Doc. A/43/40, S. 252, 256 (1988). Graefrath, Menschenrechte, S. 74.

[400] *C.L.D. ./. Frankreich*, 228/1987; abweichende Meinung von Dimitrijevic, Higgins, Mavrommatis, Pocar und Wennergren in U.N. Doc. A/43/40, S. 252, 255 (1988).

[401] *C.L.D. ./. Frankreich*, 228/1987; abweichende Meinung von Dimitrijevic, Higgins, Mavrommatis, Pocar und Wennergren U.N. Doc. A/43/40, S. 252, 255 (1988).

[402] Nowak, CCPR, Einleitung, Rzf. 24.

könne. Zudem sei fraglich sei, ob dies überhaupt wünschenswert sei.[403] Bei dieser Schlußfolgerung ist bemerkenswert, daß Imbert seine Folgerung auf die Prämisse stellte, daß Menschenrechtsverträge, insbesondere solche mit einem Überwachungsorgan, eine dynamische Kraft besäßen.[404] Aufgrund dessen hätte er folgern müssen, daß sich der MRA eine solche Zuständigkeit zur Beurteilung der Zulässigkeit von Vorbehalten "erarbeiten", d.h. durch die dynamische Kraft des Paktes erhalten kann. Denn neben der Kompetenz des Ausschusses die materiellen Paktbestimmungen zu bestimmen, kommt die Kompetenz zur konkretisierung der prozeduralen Pflichten der Vertragsparteien in Betracht. Die dynamische Entwicklung[405] der materiellen Paktrechte läßt es gleichfalls zu, eine erwachsende Kompetenz anzunehmen, über die Zulässigkeit von Vorbehalten zu befinden. An dieser Schlußfolgerung hat es jedoch sowohl Imbert als auch der Ausschuß bis zur Abfassung der Allg. Bem. 24 fehlen lassen.

3. Bestimmungen der Allgemeinen Bemerkung 24

Mit der Allg. Bem. 24 hat sich der Ausschuß nunmehr umfassend der Vorbehalte zum Pakt angenommen und dabei drei für die weitere Betrachtung wesentliche Feststellungen getroffen. Erstens stellt er eine materielle Zulässigkeitsvoraussetzung für Vorbehalte auf: die Vorbehalte müßten mit Ziel und Zweck des Paktes vereinbar sein.[406] An einer solchen Vereinbarkeit fehle es, wenn von Paktstaaten zu einzelnen, von ihm näher bestimmten Paktbestimmungen Vorbehalte angebracht werden. Zu den Paktvorschriften, zu denen nach Auffassung des MRA ein Vorbehalt unzulässig wäre, gehören u.a. das Verbot der Sklaverei, der Folter, die Glaubens- und Religionsfreiheit, die Unschuldsvermutung, das Verbot der Todesstrafe für Schwangere und Kinder, das Verbot des Rassenhasses sowie der Schutz

---

[403] Imbert, 6 HRR 28, 43 (1981). Shelton läßt diese Frage offen und befand, daß „[t]he scope of the Committee's competence in the end may depend upon whether it is deemed to substitute for the states parties in the matter of reservations, or whether it is restricted to the functions expressly mentioned in the Covenant." Shelton, 1983 CanHRYB 205, 231. Bauer lehnt eine solche Kompetenz im Rahmen des Staatenberichtsverfahren ab, S. 165, hält sie aber im Individualbeschwerdeverfahren für möglich, S. 167.

[404] Imbert, 6 HRR 28, 30 (1981). Vergleichbares hat der EGMR hinsichtlich der EMRK festgestellt, als er postulierte, daß die EMRK ein lebendes Instrument sei, das im Lichte der gegenwärtigen Lebensbedingungen ausgelegt werden müsse. *Tyrer ./. Großbritannien*, Urt. v. 25.4.1978, Serie A Nr. 26, S. 15 ff. - Einige Ausschußmitglieder gehen beim IPBPR von einer vergleichbaren dynamischen Entwicklung aus. Tomuschat, U.N. Doc. CCPR/C/SR. 52, Rzf. 38 (1978); Lallah, U.N. Doc. CCPR/C/SR. 1228, Rzf. 39 (1993). Verdrosss/Simma weisen darauf hin, daß es Menschenrechtsverträgen eigen sei, ihre Vorschriften in dynamisch-evolutiver Weise auszulegen, § 782.

[405] Im Schrifttum ist dies „die dynamische Kraft in Menschenrechtsverträgen" genannt worden. Coccia, 15 CWILJ 1, 30 (1985); Imbert, 6 HRR 28, 30 (1981). Cook hat dieses Phänomen „dynamisches Prinzip" genannt, 30 VJIL 643, 661 (1990).

[406] U.N. Doc. CCPR/C/21/Rev. 1/Add. 6, Rzf. 8 ff. (1994).

der Minderheiten.[407] Zweitens führte der MRA aus, sei er zur Bestimmung der Zulässigkeit von Vorbehalten und damit zur Überprüfung der Vereinbarkeit mit Ziel und Zweck des Paktes berufen.[408] Drittens folgerte der Ausschuß schließlich, daß mit dem Pakt unvereinbare Vorbehalte keine Bindungswirkung entfalten würden.[409]

Aufgrund des im Kreise der Paktstaaten aufgetretenen Widerspruchs zum Inhalt der Allg. Bem. 24 zu insbesondere diesen drei Themenkreisen,[410] bedarf es erstens der Klärung, ob der Ausschuß zur Prüfung der Vereinbarkeit von Vorbehalten zum Pakt und FP mandatiert ist und zweitens, nach welchen Kriterien die Zulässigkeit eines Vorbehaltes zu bestimmen ist. Schließlich ist zu untersuchen, ob die vom MRA beschriebene Unwirksamkeit unvereinbarer Vorbehalte in der Tat Rechtsfolge solcher Vorbehalte ist. Die Bedeutung der Allg. Bem. 24 wäre geschmälert und damit auch die mögliche Begrenzung von Vorbehalten zum Pakt, wenn der Ausschuß seine Kompetenzen überschritten hätte bzw. Zulässigkeitskriterien oder Rechtsfolgen aufgestellt hätte, die von den Paktstaaten nicht beachtet werden müßten.[411] Ein Autoritätsverlust des Ausschusses und damit eine verminderte universelle Durchsetzung der Paktrechte wäre durch eine kompetenzwdrige Handhabung von Vorbehalten die Folge.

a. Kompetenz des MRA zu Vorbehalten

Bereits die Auseinandersetzung des Ausschusses mit Vorbehalten in einer Allgemeinen Bemerkung ist kompetenzrechtlich fragwürdig. Art. 40 Abs. 4 bestimmt lediglich, daß der Ausschuß den Paktstaaten solche allgemeinen Bemer-

---

[407] U.N. Doc. CCPR/C/21/Rev. 1/Add. 6, Rzf. 8 (1994).

[408] Allg. Bem. 24, U.N. Doc. CCPR/C/21/Rev. 1/Add. 6, Rzf. 18 (1994).

[409] Allg. Bem. 24, U.N. Doc. CCPR/C/21/Rev. 1/Add. 6, Rzf. 18 (1994).

[410] Observations by the Government of the United States, U.N. Doc. A/50/40, Annex VI, S. 131, 133 f. (1995); Observations by the Government by the United Kingdom U.N. Doc. A/50/40, Annex VI, S. 135, 136 f. (1995), 16 HRLJ 422 ff. (1995); Observations by the Government of France, U.N. Doc. A/51/40, Annex VI, S. 117, 119 (1996).

[411] Die Klärung dieser Fragen gewinnt an praktischer Bedeutung im Hinblick auf die Vorbehalte die die USA bei der Ratifikation des Paktes abgegeben haben. „Reservations, Understandings, und Declarations" der USA zum Pakt in U.N. Doc. CCPR/C/2/Rev. 4, S. 40 (1994). Zu den Erklärungen und ihrer rechtlichen Zulässigkeit: Stewart, 42 DPLR 1183 ff. (1993); Bassiouni, 42 DPLR 1169 ff. (1993); Baxi, 36 IJIL 34 ff. (1996); Nanda, 42 DPLR 1233 ff. (1993); Newmann, 42 DPLR 1241 ff. (1993); Quigley, 6 HHRJ 59 ff. (1993); Sherman, 29 TILJ 69 ff. (1994). - Unter praktischen Gesichtspunkten ist es bedauernswert, daß der Ausschuß die Allg. Bem. 24 kurz vor der Prüfung des Erstberichtes der USA verabschiedet hat. Die ablehnende Handhabung der Allgemeinen Bemerkung durch die USA ist schon Beispiel für Großbritannien und Frankreich gewesen. Wie Buergenthal bereits 1977 festgestellt hat, wäre es weiser gewesen, erst eine solide Rechtspraxis zu entwickeln, bevor man sich einen der „Großen" vorknöpft. Buergenthal, 12 TJIL 187, 220 (1977).

kungen übersendet, "die ihm geeignet erscheinen". Somit überläßt es der Wortlaut des Paktes dem Ausschuß, nach welchen Kriterien er solche allgemeinen Bemerkungen verfaßt.

Im Jahre 1980 verabschiedete der Ausschuß die "Erklärung über die Pflichten des Menschenrechtsausschusses nach Artikel 40 des Paktes",[412] in der er auch den Rahmen absteckte, innerhalb dessen Allgemeine Bemerkungen zu verabschieden seien. Diese Erklärung zielt primär auf den Pakt als Medium der Kooperation zwischen den Paktstaaten in der Anwendung und Entwicklung des Paktes ab.[413] Diese Erklärung, die vielfach als Kompromiß zwischen den Ausschußmitgliedern aus den sozialistischen Staaten und den westlichen Ländern angesehen worden ist,[414] umschreibt die Zielrichtung der Allgemeinen Bemerkungen generalklauselartig. Sie erwähnt die Möglichkeit der Auseinandersetzung mit Vorbehalten nicht explizit, bestimmt jedoch, daß sich die Allgemeinen Bemerkungen u.a. mit der Umsetzung der Verpflichtung, die Paktrechte zu gewährleisten, auseinandersetzen können.[415]

In einer etwas jüngeren Beschreibung seiner Aufgaben im Hinblick auf die Abfassung von Allgemeinen Bemerkungen hat der Ausschuß hervorgehoben, daß Allgemeine Bemerkungen dazu bestimmt seien, eine effektive Umsetzung des Paktes zu fördern und die Anforderungen des IPBPR klarzustellen.[416] Bei Zugrundelegung dieser Definition fielen Vorbehalte durchaus in den Regelungsbereich der Allgemeinen Bemerkungen. Denn im Rahmen einer Präzisierung der Paktanforderungen an einzelne Paktstaaten bedürfte es stets der Klärung, ob etwaige von diesen eingelegte "Vorbehalte", Paktbestimmungen modifizieren bzw. ausschließen oder vielmehr als rechtsfolgenlose, auslegende Erklärungen aufzufassen seien. Die Stellungnahmen des Ausschusses von 1981 und 1994 zugrundegelegt, bestehen somit keine Bedenken, daß sich der MRA mit Vorbehalten zum Pakt in einer Allgemeinen Bemerkung beschäftigt. Hieraus folgt indes noch keine

---

[412] "Statement on the duties of the Human Rights Committee under Article 40 of the Covenant", U.N. Doc. CCPR/C/18 (1980).

[413] "[...] b. In formulating general comments the Committee will be guided by the following principles: They should be addressed to the States parties in conformity with article 40, paragraph 4 of the Covenant; They should promote cooperation between States parties in the implementation of the Covenant; They should summarize experience the Committee has gained in considering States reports; They should draw the attention of States parties to matters relating to the improvement of the reporting procedure and the implementation of the Covenant; and They should stimulate activities of States parties and international organizations in the promotion and protection of human rights.
c. The general comments could be related, *inter alia*, to the following subjects: The implementation of the obligation to submit reports under article 40 of the Covenant; The implementation of the obligation to guarantee the rights set forth in the Covenant; Questions related to the application and the content of individual articles of the Covenant; Suggestions concerning co-operation between States parties in applying and developing the provisions of the Covenant."

[414] Opsahl, FS-Partsch, 273, 281.

[415] U.N. Doc. CCPR/C/18, c (1980).

[416] U.N. Doc. A/49/40, Rzf. 50 (1994).

Kompetenzzuweisung zur Regelung des Umfangs und des Inhalts von Vorbehalten.

aa. Beurteilungskompetenz des MRA nach systematischer Auslegung, Art. 31 WVK

Vertretbar erscheint, nach einer systematischen Auslegung des Paktes i.S.v. Art. 31 WVK die Beurteilungskompetenz des MRA zur Aufstellung von Zulässigkeitsbedingungen für Vorbehalte zum IPBPR zu bejahen. Als Mittel der Auslegung müssen dabei jedoch Art. 31 Abs. 2 sowie Abs. 3 (a) WVK außer Betracht bleiben. Denn zur Anwendung dieser Vorschriften fehlt es an ihrer Voraussetzung: Die Paktstaaten haben in Bezug auf die Kompetenz des Ausschusses keine weitere Übereinkunft getroffen, die als Mittel der Auslegung herangezogen werden könnte.

(1.) Übereinstimmende Übung, Art. 31 Abs. 3 (b) WVK

Problematisch ist jedoch bereits, ob eine etwaige übereinstimmende Übung i.S.v. Art. 31 Abs. 3 (b) WVK als Auslegungsmittel zur Bestimmung der Kompetenz des MRA herangezogen werden kann. Dieses setzt voraus, daß eine Übung hinsichtlich der Frage der Kompetenz des Ausschusses überhaupt vorliegt. Eine Übung zur Anerkennung der Kompetenz des Ausschusses, basierend auf einer übereinstimmenden Rechtsüberzeugung der Paktstaaten in dieser Frage liegt indes nicht vor. Insbesondere die Reaktionen der Paktstaaten Frankreich, Großbritannien und der USA in Form der Stellungnahmen gemäß Art. 40 Abs. 5[417] zeigen, daß es an einem Konsens innerhalb der Paktstaaten zur Kompetenz des MRA bei der Beurteilung der Zulässigkeit von Vorbehalten fehlt. Insofern mag auch dahinstehen, ob allein die durch den Ausschuß praktizierte und von den Paktstaaten - u.U. stillschweigend - akzeptierte Übung ein Auslegungsmittel darstellen kann.[418] Hierfür fehlt es an der Übereinstimmung der Paktstaaten. Eine auf einer Rechtsüberzeugung basierende Übung gemäß Art. 31 Abs. 3 (b) WVK kann mithin nicht als Auslegungsmittel herangezogen werden.

(2.) Einschlägiger Völkerrechtssatz, Art. 31 Abs. 3 (c) WVK

Jedoch kommt als Mittel der Auslegung zur Bestimmung der Kompetenzen des Ausschusses ein zwischen den Paktstaaten einschlägiger Völkerrechtssatz gemäß

---

[417] Observations by the Government of the United States, U.N. Doc. A/50/40, Annex VI, S. 131, 134 (1995); Observations by the Government by the United Kingdom U.N. Doc. A/50/40, Annex VI, S. 135, 137 (1995); Observations by the Government of France, U.N. Doc. A/51/40, Annex VI, S. 117 (1996).

[418] Zur Frage, ob die Einführung der abschließenden Bemerkungen (*concluding observations*) durch den Ausschuß am Ende des Berichtsprüfungsverfahrens die Kompetenz des MRA erweitert haben, vgl. die Ausführungen im 2. Kapitel C I 4.

Art. 31 Abs. 3 (c) WVK in Betracht. Als einschlägiger Völkerrechtssatz ist Art. 20 Abs. 3 WVK - in analoger Anwendung - heranzuziehen.

Die WVK behandelt die Frage der Mitwirkung eines durch Vertrag gegründeten Rechtskörpers zur Akzeptanz von Vorbehalten zu diesem Vertrag in Art. 20 Abs. 3 WVK, der wie folgt lautet:

> „Bildet ein Vertrag die Gründungsurkunde einer internationalen Organisation und sieht er nichts anderes vor, so bedarf ein Vorbehalt der Annahme durch das zuständige Organ der Organisation."

Zwar ist diese Vorschrift nicht unmittelbar auf den Ausschuß anwendbar, da es sich bei dem MRA nicht um eine internationale Organisation im Sinne der WVK handelt.[419] Vielmehr ist der Ausschuß ein unabhängiges Vertragsorgan.[420] Gleichwohl kommt eine analoge Anwendung des Art. 20 Abs. 3 WVK in Betracht, da es Zweck dieser Ausnahmeregelung ist, die „Integrität des Instruments"[421] zu erhalten. Dieser Rechtsgedanke des Integritätsschutzes der Gründungsurkunde einer internationalen Organisation ist durchaus übertragbar auf einen menschenrechtlichen Vertrag, der mit einem unabhänigen Überwachungsorgan ausgestattet ist. Denn auch hier ist ein Mitspracherecht des MRA dazu gedacht, die universelle Geschlossenheit des Paktes zu erhalten und unzulässige Vorbehalte zweifelsfei zu ermitteln.[422]

Für eine analoge Übertragung dieser Vorschrift auf den Ausschuß spricht zudem, daß Gründungsverträge internationaler Organisationen neben der Schaffung eines Geflechtes multilateraler Verpflichtungen auch die Ausstattung der errichteten Organisation mit eigenen Rechten und Pflichten zur Folge haben. Über diese Rechte und Pflichten sollen die Vertragsstaaten durch Vorbehalte nicht ohne Mitsprache der betroffenen Organisation verfügen können.[423] Dieser Grund für das Mitspracherecht der internationalen Organisationen ist auch auf den Pakt übertragbar. Denn durch den IPBPR haben die Paktstaaten nicht nur multilaterale Verpflichtungen gegenüber anderen Paktstaaten übernommen, sondern es sind den einzelnen Menschen selbst Rechte auf völkerrechtliche Ebene eingeräumt worden.

---

[419] Gemäß Art. 2 Abs. 1 (i) WVK „bedeutet 'internationale Organisation' eine zwischenstaatliche Organisation." Solche werden durch Vertrag eingerichtet und richten sich nach Völkerrecht. Das Bestehen einer internationalen Organisation setzt mindestens die Einrichtung eines unabhängigen Organs voraus, das die Fähigkeit besitzt, Rechte zu tragen und zu erwerben. Buergenthal/Maier, S. 36 f.; Seidl-Hohenveldern, Rzf. 801; Verdross/Simma, § 415. Da der MRA keine Rechtspersönlichkeit in diesem Sinne besitzt, ihm fehlt die Handlungsfähigkeit nach außen gegenüber Nichtpaktstaaten, und er zudem keine bindenden Entscheidungen fällen kann, handelt es sich beim MRA nicht um eine internationale Organisation.

[420] McGoldrick, Human Rights Committee; S. 52; Nowak, CCPR, Art. 28, Rzf. 1; Ramcharan, 6 DLJ 7, 8, 27, 38 (1980).

[421] S. auch die Anmerkungen der ILC zum Entwurf der Vertragsrechtskonvention in 61 AJIL 248, 327 (1967); Mendelson, 45 BYBIL 137, 145 (1971).

[422] So auch Giegerich auf den MRA bezogen, 55 ZaöRV 713, 728 (1995).

[423] Mendelson, 45 BYBIL 137, 153 f. (1971).

Gleichwohl muß jedoch die analoge Übertragung der in Art. 20 Abs. 3 WVK Regelung zur Prüfung von Vorbehalten auf den Pakt scheitern. Denn es handelt sich hierbei um eine Ausnahmeregelung für internationale Organisationen, die nicht übertragbar ist auf Vertragsorgane wie den MRA.[424] Es mangelt bereits an der Analogiefähigkeit dieser Regel.[425]

bb. Beurteilungskompetenz gemäß historischer Auslegung, Art. 32 WVK

Für die Kompetenz des Ausschusses zur Aufstellung von Zulässigkeitsbedingungen für Vorbehalte kommt auch eine historische Auslegung des Pakttextes gemäß Art. 32 WVK nicht in Betracht.

Die Entstehungsgeschichte des Paktes zeigt, daß die Zulässigkeit von Vorbehalten und ihre rechtlichen Folgen ein umstrittener Gegenstand innerhalb der den Pakt entwerfenden Menschenrechtskommission gewesen ist.[426] Ein Disput drehte sich jeweils um die Frage, ob es überhaupt erlaubt sein sollte, Vorbehalte zum IPBPR anzubringen und bejahendenfalls, ob diese nur in limitiertem Umfang zulässig sein sollten. Andere Themen umfaßten die Frage, ob Vorbehalte nur zum 3. Teil des Paktes, also den Artikeln 6 bis 27, zugelassen werden sollten. Zudem war streitig, ob Vorbehalte der Annahme durch eine Zwei-Drittel-Mehrheit durch die Paktstaaten bedürfen. Gleichfalls gingen die Meinungen darüber auseinander, ob Vorbehalte zulässig sein sollten zum 1. und 2. Teil des Paktes im Zusammenhang mit den Durchführungs- und Schlußbestimmungen, und ob Vorbehalte beschränkt sein sollten auf solche, die mit Ziel und Zweck des Paktes vereinbar sind. Ein Vorschlag, der von Ägypten, China (Taiwan), dem Libanon und den Philippinen eingebracht worden war, sah vor, daß nur Vorbehalte, die mit Ziel und Zweck des Vertrages vereinbar sind, als zulässig erachtet werden sollten. Zudem sollten Streitfragen, die die Vereinbarkeit eines Vorbehaltes beträfen, entweder von dem vorbehaltenden oder dem widersprechenden Staat dem IGH zur Entscheidung vorgelegt werden können.[427]

Zwar fand keiner dieser Vorschläge seinen Niederschlag in den Wortlaut des Paktes. Jedoch wurde aus dem Nichtbestehen einer Vorschrift zu Vorbehalten innerhalb des Paktes geschlossen, daß Vorbehalte zum Pakt nicht grundsätzlich

---

424 Zur Zulässigkeit des Rechtsinstituts der Analogie im Völkerrecht vgl. Bleckmann, 17 ArchVR 161 ff. (1977/78). Zur Dogmatik der Analogie vgl. Larenz methodenlehre, S. 381 ff.

425 Zum Verbot der analogen Anwendung von Ausnahmebestimmungen auch im Völkerrecht, Bleckmann, 17 ArchVR 161, 179 (1977/78).

426 Higgins, 48 BYBIL 281, 317 f. (1976/77); Nowak, CCPR, Einleitung, Rzf. 22; Schwelb, International Covenants, S. 103, 113.

427 U.N. Doc. E/CN.4/L.345 (1954).

unzulässig seien, sondern sich die Frage der Zulässigkeit nach allgemeinen Regeln des Völkerrechts richte.[428]

Die Entstehungsgeschichte des Paktes unterstützt somit zwar die Auffassung, daß der Ausschuß nicht grundsätzlich von der Beurteilung der Zulässigkeit von Vorbehalten ausgeschlossen ist. Gleichwohl ist jedoch keine eindeutige Intention der Verfasser zu erkennen, den MRA mit einer möglichen Zulässigkeitsprüfung zu betrauen.

cc. Beurteilungskompetenz gemäß Ziel und Zweck des IPBPR, Art. 31 Abs. 1 WVK

Die Kompetenz des Ausschusses, die Zulässigkeit von Vorbehalten zu bestimmen, findet ihre Rechtsgrundlage nur durch eine Auslegung des IPBPR nach Ziel und Zweck im Sinne von Art. 31 Abs. 1 WVK. Ziel und Zweck der Bestimmungen des Paktes, der Schutz der Menschenrechte in den Paktstaaten, erfordern es, dem Ausschuß eine solche Beurteilungskompetenz zukommen zu lassen.

Zur Rechtfertigung der Kompetenz des Ausschusses kommt erstens in Betracht, daß es sich bei der Beurteilung von Vorbehalten durch die Vertragskörperschaft um ein einem menschenrechtlichen Vertrag immanentes Wesensmerkmal handelt, das einer ausdrücklichen Kodifikation nicht mehr bedarf. Insofern ist eine vergleichende Betrachtung mit anderen menschenrechtlichen Körperschaften notwendig. Zweitens könnte sich die Beurteilungskompetenz des MRA aus seiner Auslegungskompetenz und drittens aus einer Annexkompetenz ergeben.

(1.) Beurteilungskompetenz als immanentes Wesensmerkmal eines Menschenrechtsvertrages

Ein Vergleich mit anderen regionalen und universellen Menschenrechtsinstrumentarien gibt Aufschluß darüber, ob es einen allgemeinen Konsens in der Frage der Beurteilungskompetenz von Vorbehalten durch die jeweilige Vertragskörperschaft gibt. Eine solche übereinstimmende Rechtsauffassung und Praxis vorausgesetzt, liegt die Schlußfolgerung nahe, daß von einer, allen Menschenrechtskörperschaften systemimmanenten, Kompetenz zur Zulässigkeitsprüfung von Vorbehalten auszugehen ist.[429]

---

[428] Higgins, 48 BYBIL 281, 318 (1976/77); McGoldrick, Human Rights Committee, S. 16; Nowak, CCPR, Introduction, Rzf. 22; Schwelb, International Covenants, S. 103, 114.

[429] Der Ausschußvorsitzende erklärte kurz vor der Prüfung des Erstberichtes der USA im Namen des MRA, daß die in der Allg. Bem. 24 niedergelegten Folgerungen dem Grunde nach denen der Institutionen des inter-amerikanischen und des europäischen Menschenrechtssystems und "contemporary international human rights law" entsprächen. U.N. Doc. CCPR/C/SR. 1406, Rzf. 3 (1995).

Hierzu bedarf es zunächst einer Untersuchung der Auffassung und Praxis der am weitesten entwickelten regionalen Menschenrechtsgremien, d.h. der Europäischen und der Interamerikanischen Mechanismen. Aus deren Handhabung von Vorbehalten könnten Prinzipien ableitbar sein, die auch auf den IPBPR und den Ausschuß anwendbar sind. Sowohl die EMRK als auch die IAMRK beinhalten eine Vorschrift zu Vorbehalten.[430] Diese ermächtigen die jeweiligen Konventionsorgane jedoch nicht explizit zu einer Zulässigkeitsprüfung von Vorbehalten zu den Konventionen. Während Art. 64 EMRK Vorbehalte allgemeiner Art verbietet und eine Inhaltsangabe des betreffenden innerstaatlichen Gesetzes verlangt, verweist Art. 75 IAMRK in Fragen der Vorbehalte auf die Vorschriften der WVK.

(a.) Handhabung von Vorbehalten durch Organe der EMRK

Die Organe des Europäischen Menschenrechtssystems, die EKMR sowie der EGMR haben in ihrer Rechtsprechung ihre Kompetenz zur Überprüfung von Vorbehalten postuliert.[431] In seinem *Belilos-Urteil* entschied der EGMR, daß es dem Gerichtshof obliege, die Rechtsnatur einer einseitigen Erklärung einer Vertragspartei als Vorbehalt oder als auslegende Erklärung zu bestimmen. Zudem habe er zu prüfen, ob ein Vorbehalt mit der EMRK vereinbar sei.[432] In seiner Begründung

---

[430] Art. 64 EMRK lautet: „(1) Jeder Staat kann bei Unterzeichnung dieser Konvention oder bei Hinterlegung seiner Ratifikationsurkunde bezüglich bestimmter Vorschriften der Konvention einen Vorbehalt machen, soweit ein zu dieser Zeit in seinem Gebiet geltendes Gesetz nicht mit der betreffenden Vorschrift übereinstimmt. Vorbehalte allgemeiner Art sind nach diesem Artikel nicht zulässig.

(2) Jeder nach diesem Artikel gemachte Vorbehalt muß mit einer kurzen Inhaltsangabe des betreffenden Gesetzes verbunden sein."

Art. 75 IAMRK lautet: „Vorbehalte zu dieser Konvention können nur nach Maßgabe der am 23. Mai 1969 unterzeichneten Wiener Vertragsrechtskonvention angemeldet werden."

[431] In diesem Sinne die Entscheidung der EKMR in *Temeltasch ./. Schweiz*, Beschwerde Nr. 9116/80, 10 EuGRZ 150 (1983); hierzu Imbert, 33 ICLQ 558 ff. (1984); Wagner/Wildhaber, 10 EuGRZ 145 ff. (1983). Siehe die grundlegende Entscheidung des EGMR in *Belilos ./. Schweiz*, Urt. v. 29.4.1988, Serie A Nr. 132, 16 EuGRZ 21 ff. (1989), als auch die Entscheidung *Loizidou ./. Türkei*, Entscheidung v. 23.3.1995, Serie A Nr. 310, 16 HRLJ 15 ff. (1995). - Die *Belilos*-Entscheidung des EGMR war bereits Gegenstand einer ausführlichen Debatte in der Literatur. Vgl. Baratta, 75 RDI 289 ff. (1992); Bourguignon, 29 VJIL 347 ff. (1989); Cameron/Horn, 33 GYIL 69 ff. (1990); Cohen-Jonathan, 43 RGDIP 273 ff. (1989); MacDonald, 21 RBDI 429 ff. (1990); Marks, 39 ICLQ 301 ff. (1990); Oeter, 48 ZaöRV 514 ff. (1988); Wildhaber, FG Batliner, 325 ff. - Zur *Loizidou*-Entscheidung Kokott/Rudolf, 90 AJIL 99 ff. (1996); Ress, 56 ZaöRV 427 ff. (1996).

[432] *Belilos ./. Schweiz*, 16 EuGRZ 21, 28 (1989).

hat der EGMR gleichwohl seine Prüfungskompetenz nur lapidar festgestellt und verwies dabei auf die Art. 45, 49, 19 EMRK.[433]

In seinem *Belilos*-Urteil maß er den von der Schweiz abgegebenen Vorbehalt zu Art. 6 Abs. 1 EMRK, dem Recht auf gerichtliches Gehör, an Art. 64 EMRK und stellte fest, daß der Vorbehalt sowohl allgemeiner Natur sei und damit gegen den 1. Absatz der Vorschrift verstoße, als auch ohne Inhaltsangabe des betreffenden Gesetzes abgegeben worden sei und damit auch gegen den 2. Absatz der Vorschrift verstoße, bei der es sich um eine materielle Zulässigkeitsvoraussetzung handele.[434] In seinem *Loizidou*-Urteil bestätigte der EGMR seine Rechtsprechung aus *Belilos* dahingehend, daß er unterstrich, daß er die Kompetenz besäße, über Zulässigkeit und Umfang eines Vorbehaltes bzw. der Unterwerfungsklausel unter die Jurisdiktion der Konventionsorgane zu befinden.[435] Demnach hat sich der EGMR im Rahmen seiner Gerichtspraxis die Aufgabe der Zulässigkeitsbewertung von Vorbehalten zuerkannt zumindest nach Maßgabe der Bestimmungen des Art. 64 EMRK.

(b.) Handhabung von Vorbehalten durch Organe der IAMRK

Der Interamerikanische Gerichtshof für Menschenrechte (IAGMR) hat sich mit der Frage von Vorbehalten zur IAMRK in zwei Rechtsgutachten (*advisory opini-*

---

[433] *Belilos ./. Schweiz*, 16 EuGRZ 21, 28 (1989). - Die erwähnten Vorschriften lauten im einzelnen:

Art. 45 EMRK: "Die Zuständigkeit des Gerichthofs umfaßt alle die Auslegung und Anwendung dieser Konvention betreffenden Fälle, die ihm nach Artikel 48 vorgelegt werden."

Art. 49 EMRK: "Wird die Zuständigkeit des Gerichthofs bestritten, so entscheidet dieser selbst."

Art. 19 EMRK: "Um die Einhaltung der Verpflichtungen, welche die Hohen Vertragschließenden Teile in dieser Konvention übernommen haben, sicherzustellen, werden errichtet: [a) ...] b) ein Europäischer Gerichtshof für Menschenrechte [...]."

[434] In *Temeltasch ./. Schweiz*, 10 EuGRZ 150 Rzf. 91 (1983) hingegen hatte die EKMR noch festgestellt, daß die Unterlassung, das betreffende innerstaatliche Recht anzuführen, unerheblich sei. - In *Belilos* überprüfte der EGMR jedoch die Zulässigkeit des Vorbehalts nicht daran, ob der Vorbehalt mit Sinn und Zweck der EMRK unvereinbar sei. Einige Stimmen in der Literatur bejahen die Zulässigkeit einer "Ziel-und-Zweck"-Prüfung durch den EGMR: Bourguignon, 29 VJIL 347, 385 (1989); Cameron/Horn, 33 GYIL 69, 109 (1990); Edwards, 10 MJIL 362, 373 (1989). - Richter MacDonald weist darauf hin, daß in *Belilos* die Erklärung der Schweiz allein an Art. 64 EMRK gemessen worden sei. Dennoch entstehe der Eindruck, der EGMR habe den Vorbehalt indirekt einer Vereinbarkeitsprüfung mit "Ziel und Zweck" des Vertrages unterzogen. MacDonald, 21 RBDI 429, 442, 445 (1989). Somit ist nicht auszuschließen, daß in Zukunft ein Vorbehalt auch an seiner Vereinbarkeit mit Ziel und Zweck der EMRK gemessen wird.

[435] *Loizidou ./. Türkei*, 16 HRLJ 15, 25, Rzf. 89 (1995).

on) beschäftigt.[436] In dem ersten Rechtsgutachten unterstrich der IAGMR die besondere Rechtsnatur des Konventionssystems und folgerte, "that the Court has competence to render an authoritative interpretation of all provisions of the Convention, including those relating to its entry into force, and that the Court is the most appropriate body to do so."[437] Aus der Verweisung von Art. 75 IAMRK auf die Bestimmungen der WVK folgerte der Gerichtshof zwar, daß Vorbehalte, die mit Ziel und Zweck der Konvention vereinbar seien, ohne Zustimmung der übrigen Vertragsparteien in Kraft träten.[438] Von wem diese "Ziel-und-Zweck"-Prüfung durchzuführen sei, ließ der Gerichtshof in diesem Gutachten jedoch noch unerwähnt. Eine implizite Kompetenzzuweisung an den IAGMR selbst erfolgte in dem folgenden Rechtsgutachten OC-3/83.[439] In diesem prüfte der Gerichtshof, ob ein Vorbehalt Guatemalas zu Art. 4 Abs. 4 IAMRK, dem Verbot der Todesstrafe, mit Ziel und Zweck der Konvention vereinbar sei.[440] Dazu folgert er, daß Vorbehalte in einer Weise ausgelegt werden müssen, die am besten mit Ziel und Zweck übereinstimmten.[441] Hierauf folgte sodann eine Auslegung des Vorbehaltes durch den IAGMR, die letzlich nur die Reichweite des guatemaltekischen Vorbehaltes einschränkend bestimmte.[442] Zur Möglichkeit einer Unzulässigkeitserklärung eines Vorbehalts durch den Gerichtshof hat er indes nicht Stellung genommen.

(c.) Folgerung für das IPBPR-Regime

Im Schrifttum wurden die Ausführungen des IAGMR zur Begründung einer Beurteilungskompetenz des Ausschusses herangezogen.[443] Zweifelhaft ist jedoch, ob sich allein aus der Rechtsprechung der beiden regionalen Menschenrechtsgerichtshöfe ein gewohnheitsgleicher Grundsatz herleiten läßt, daß Überwachungsorgane eines menschenrechtlichen Vertrages die Kompetenz besitzen, die Zulässigkeit von Vorbehalten zum Vertrag zu beurteilen. Die regionalen Gerichtshöfe führen ihre Folgerungen auf ihre im jeweiligen Vertrag vorgesehene Kompetenz zurück, die verschiedenen Vertragsbestimmungen zu Vorbehalten auszulegen. Ein solcher Anknüpfungspunkt besteht beim IPBPR nicht. Aufgrund des Fehlens

---

[436] Advisory Opinion OC-2/82 vom 24. September 1982, Inter.-Am. Ct.H.R., Serie A: Judgment and Opinon, No. 2 (1982). Deutsche Übersetzung in: 11 EuGRZ 202 ff. (1984). Advisory Opinion OC-3/83 vom 8. September 1983, Inter.-Am. Ct.H.R., Serie A: Judgment and Opinon, No. 3 (1983). Deutsche Übersetzung in: 11 EuGRZ 207 ff. (1984). Zu Rechtsnatur und Ausgestaltung der Rechtsgutachten des IAGMR: Buergenthal, FS Sohn, S. 127 ff.; ders., 79 AJIL 1 ff. (1985).

[437] Advisory Opinion OC-2/82, Rzf. 13, 11 EuGRZ 202, 203 (1984).

[438] Advisory Opinion OC-2/82, Rzf. 37, 11 EuGRZ 202, 206 (1984).

[439] Advisory Opinion OC-3/83 vom 8. September 1983, Inter.-Am. Ct.H.R., Serie A: Judgment and Opinon, No. 3 (1983). Deutsche Übersetzung in: 11 EuGRZ 207 ff. (1984).

[440] Advisory Opinion OC-3/83, Rzf. 65 ff., 11 EuGRZ 207, 214 f. (1984).

[441] Advisory Opinion OC-3/83, Rzf. 65, 11 EuGRZ 207, 214 (1984).

[442] Advisory Opinion OC-3/83, Rzf. 74, 11 EuGRZ 207, 216 (1984).

[443] So z.B. Shelton, 1 CHRY 205, 233 (1983).

einer Paktvorschrift zu Vorbehalten zum IPBPR und zur Auslegungskompetenz des MRA, sind die von den Gerichtshöfen entwickelten Kompetenzbegründungen auf den Ausschuß nicht ohne weiteres übertragbar.

Gleichwohl ist eine solche systemimmanente Kompetenz zu bejahen, wenn die Zulässigkeitsbeurteilung von Vorbehalten durch andere universelle menschenrechtliche Vertragsorganen vorgenommen wird. Bei diesen Körperschaften handelt es sich - dem MRA vergleichbar - um vertraglich eingerichtete Überwachungsorgane ohne Gerichtscharakter. Dieses sind unter anderem der Ausschuß nach der Antrirassismus- bzw. Antifolterkonvention, der Ausschuß nach der Frauen- bzw. Kinderschutzkonvention sowie der Ausschuß nach dem IPWSR.

Zwar greifen andere universelle Menschenrechtsverträge die Frage von Vorbehalten im Sinne der Vereinbarkeitsprüfung vom Art. 19 (c) WVK auf.[444] Danach sind solche Vorbehalte unzulässig, die gegen Ziele und Zweck des Vertrages verstoßen. Jedoch enthält keiner dieser Verträge eine Bestimmung, wonach die zur Durchführung und Überwachung eingesetzten Vertragsorgane das Recht erhalten, die Vorbehalte einer Zulässigkeitsprüfung zu unterziehen und ggf. einen Vorbehalt als mit dem jeweiligen Vertragswerk unvereinbar zu erklären.[445] Darüber hinaus haben die Vertragsstaaten die jeweiligen Vertragskörperschaften auch nicht ermutigt, eine größere Rolle in der Überwachung und Verhütung der Gefahr für die Integrität des jeweiligen Vertrages durch die Vorbehalte zu spielen.[446] Andere Vertragskörperschaften internationaler Menschenrechtsverträge waren zudem in der Beurteilung der Zulässigkeit von Vorbehalten sehr zurückhaltend.[447] Obwohl einige Menschenrechtsverträge[448] die Möglichkeit vorsehen, daß Meinungsverschiedenheiten zwischen zwei oder mehreren Vertragsparteien zur Schlichtung oder Entscheidung dem IGH vorgelegt werden können, setzt dieses Verfahren stets das ausdrückliche Einverständnis beider Parteien voraus.[449] Diese Verträge räumen ihren jeweiligen Kontrollgremien gleichfalls nicht die Kompetenz ein, Vorbehalte auszulegen oder gar für unzulässig zu erklären. Aufgrund eines Vergleiches sowohl mit regionalen Menschenrechtsgremien als auch mit universellen

---

[444] So z.B. Art. 20 Abs. 2 KARD, Art. 28 Abs. 2 KADF, Art. 51 Abs. 2 KRK.

[445] Bayefsky, 229, 244.

[446] Bayefsky, 229, 245.

[447] Schabas, 32 CanYBIL 39, 48, 68 f. (1994). Der Ausschuß nach der Antirassismuskonvention hat eine solche Zuständigkeit für sich sogar explizit abgelehnt. U.N. Doc. A/33/18, Rzf. 374 (1978).

[448] So z.B. Art. 22 KARD; Art. 30 KAF.

[449] Einmalig im Rahmen der Menschenrechtsverträge ist Art. 20 Abs. 2 S. 2 der Antirassismuskonvention. Dieser sieht vor, daß, wenn eine 2/3 Mehrheit der Vertragsstaaten binnen 90 Tagen gegen einen Vorbehalt Einspruch einlegt, dieser als unzulässig anzusehen ist. Da es sich hierbei um eine Ausnahmeregelung handelt, ist diese grundsätzlich nicht analog auf den IPBPR übertragbar. Zudem gewährleistet auch dieser Ansatz nicht, daß lediglich juristische und nicht auch politische Erwägungen Grundlage für seine Anwendung sind. Darüber hinaus würde die Zurückhaltung der Vertragsstaaten bei Einsprüchen zu Vorbehalten diesen Ansatz unpraktikabel machen, wie dies sich bereits bei der Antirassismuskonvention bestätigt hat. Giegerich, 55 ZaöRV 713, 734 (1995).

menschenrechtlichen Vertragskörperschaften ist eine menschenrechtsvertragsimmanente Beurteilungskompetenz von Vorbehalten des Ausschusses somit nicht zweifelsfrei herzuleiten.

(2.) Beurteilungskompetenz aufgrund Auslegungskompetenz

Als Anknüpfungspunkt zur Bejahung einer Beurteilungskompetenz des Ausschusses kommt ferner seine Auslegungskompetenz in Betracht. Denn im Rahmen der Auslegung des IPBPR nach seinem Ziel und Zweck gemäß Art. 31 Abs. 1 WVK kann die Auslegungskompetenz des MRA gleichfalls die Kompetenz zur Beurteilung der Zulässigkeit von Vorbehalten zum Pakt umfassen.[450]

So weist die Allg. Bem. 24 darauf hin, daß es für den Ausschuß notwendig sei, zu bestimmen, in welchem Umfang ein Vertragsstaat an den Pakt gebunden ist und es somit notwendig sei, festzustellen, ob eine einseitige Erklärung als auslegende Erklärung oder als Vorbehalt einzustufen sei.[451] Diese Schlußfolgerung des Ausschusses läßt sich mit dem Argument bestärken, daß eine solche Kompetenz dem MRA schon aus pragmatischen Gründen zukommen muß. Es sind Fälle denkbar, in denen eine von einem Paktstaat abgegebene "auslegende Erklärung" tatsächlich eine Modifikation der Vertragsverpflichtungen darstellt und somit den Rechtscharakter eines Vorbehaltes hat.[452] Würde dem MRA eine solche Feststellungskompetenz nicht zufallen, so wäre sowohl im Fall einer Beschwerde im Individualbeschwerdeverfahren als auch bei der Staatenberichtsprüfung im Berichtsprüfungsverfahren unklar, in welchem Umfang die Paktstaaten an Vorschriften des IPBPR gebunden wären, zu denen sie eine "auslegende Erklärung" bzw. einen Vorbehalt abgegeben haben.

Darüber hinaus ist zu bedenken, daß der Ausschuß die geeignetste und berufenste Körperschaft zur Auslegung der Paktvorschriften ist.[453] Denn der MRA findet seine Rechtsgrundlage im Pakt und hat dessen Vorschriften in der täglichen Arbeit anzuwenden. Damit unterscheidet er sich z.B. von den Paktstaaten, die von der Auslegung und Anwendung des Paktes nur punktuell betroffen sind, nämlich primär dann, wenn es um den Umfang der eigenen aus dem Pakt erwachsenden

---

[450] Der Ableitung einer Beurteilungskompetenz aus der Auslegungskompetenz des Ausschusses steht nicht entgegen, daß beide Kompetenzarten unterschiedliche Inhalte umfassen. Während die Auslegungskompetenz dem Ausschuß einen Bewertungsspielraum bei der Würdigung eines Sachverhalts einräumt, gibt die Beurteilungskompetenz dem Ausschuß ein Rechtsfolgeermessen. Die dogmatische Differenzierung eines Gestaltungsspielraums in diese unterschiedlichen Kategorien ist der Völkerrechtslehre unbekannt. Herdegen, FS Bernhardt, S. 103, 108.

[451] Allg. Bem. 24, U.N. Doc. CCPR/C/21/Rev. 1/Add. 6, Rzf. 1 (1994).

[452] So wies der EGMR in *Belilos ./. Schweiz* darauf hin, daß sich die Rechtsnatur einer Erklärung nicht nur aus dem Wortlaut, sondern aus dem materiellen Inhalt bestimme. 16 EuGRZ 21, 28 (1989).

[453] Nowak, CCPR, Art. 40, Rzf. 55.

Verpflichtungen geht.[454] In seiner Allg. Bem. 24 folgert der MRA somit zu Recht, daß ihm die Pflicht zur Auslegung der Paktvorschriften zufällt.[455] Ob hieraus jedoch auch die Kompetenz erwächst, über die Vereinbarkeit eines Vorbehaltes mit Ziel und Zweck des Paktes zu befinden, ist zweifelhaft.[456] Diese Kompetenz wird zwar von dem MRA in seiner Allgemeinen Bemerkung 24 postuliert.[457] Dem steht jedoch entgegen, daß ein Unterschied darin besteht, ob ein Vorbehalt als Vertragsbestandteil angewandt und ausgelegt wird oder ob erst über seine Gültigkeit und Zulässigkeit befunden wird.[458] Bei der Auslegung einer einseitigen staatlichen Erklärung, eingeschlossen die Feststellung, daß es sich entweder um einen Vorbehalt bzw. eine auslegende Erklärung handelt, wird grundsätzlich von deren Bestandskraft also Zulässigkeit ausgegangen. Dies bedeutet, die Auslegung setzt begriffsnotwendig einen Auslegungsgegenstand voraus. Im Rahmen der Auslegung wird mithin das "wie" der Anwendung einer einseitigen Erklärung ermittelt. Innerhalb einer - vorgelagerten - Zulässigkeitsprüfung ist indes zu klären, "ob" die einseitige Erklärung anzuwenden ist. Für die Bejahung der Zuständigkeit zu einer weiterreichenden "Ob"-Prüfung bedarf es auch einer weiterreichenden Rechtsgrundlage. Eine solche Beurteilungskompetenz folgt mithin nicht automatisch aus der Auslegungskompetenz.

(3.) Beurteilungskompetenz durch Annexkompetenz

Die Kompetenz des MRA zur Beurteilung von Vorbehalten ist schließlich im Rahmen der Auslegung des IPBPR nach seinem Ziel und Zweck gemäß Art. 31 Abs. 1 WVK aus einer Annexkompetenz (*implied powers*) des MRA herzuleiten. Die Figur der *implied powers* wurde bereits vom IGH anerkannt, wonach davon auszugehen sei, daß jedes internationale Organ solche Kompetenzen besitze.[459] Im Schrifttum wurde eine solche Annexkompetenz des Ausschusses bereits bejaht.[460]

---

[454] Eine Stellungnahme der Paktstaaten zu den Verpflichtungen anderer Staaten ist jedoch auch denkbar. Diese liegen z.B. in den Fällen der Einsprüche gegen Vorbehalte anderer Paktstaaten vor. Bislang haben 15 Paktstaaten von dieser Möglichkeit Gebrauch gemacht. U.N. Doc. CCPR/C/2/Rev. 4, S. 47 ff. (1994).

[455] Allg. Bem. 24, U.N. Doc. CCPR/C/21/Rev. 1/Add. 6, Rzf. 11 (1994).

[456] So hat der Ausschuß die Vorbehalte der Vereinigten Staaten zu Art. 6 Abs. 5 und Art. 7 als mit Ziel und Zweck des Paktes unvereinbar erklärt. U.N. Doc. CCPR/C/79/Add. 50, Rzf. 14 (1995).

[457] Allg. Bem. 24, U.N. Doc. CCPR/C/21/Rev. 1/Add. 6, Rzf. 18 (1994).

[458] Imbert, 33 ICLQ 558, 583 (1984).

[459] Rechtsgutachten zu Schäden, die im Rahmen der Tätigkeit für die Vereinten Nationen entstanden, ICJ Reports 1949, 174 ff. Unter Verweis auf diese Rechtsprechung bejahte de Zayas schon Kompetenzen des MRA im Rahmen des Individualbeschwerdeverfahrens, 1995 ASIL/NVIR Proceedings, 46, 48.

[460] Giegerich, 55 ZaöRV 713, 768 (1995); Nowak, 16 HRLJ 377, 381 (1995). Das Bestehen einer solchen Kompetenz bestreitet die französische Regierung pauschal in ihrer Stellungnahme zur Allg. Bem. 24, U.N. Doc. A/51/40, S. 117, 119 (1996), ebenso die

Voraussetzung für die Annahme einer Annexkompetenz des Menschenrechtsausschusses ist, daß die Prüfung der Vereinbarkeit von Vorbehalten mit dem Pakt nicht ausdrücklich jemand anderem zugewiesen ist.

Das Vorliegen einer ausdrücklichen anderweitigen Kompetenzzuweisung an die Vertragsstaaten ist jedoch zweifelhaft. Zwar kommt eine Herleitung aus den Bestimmungen der WVK in Betracht. Denn gemäß des - gewohnheitsrechlich verankerten - Art. 19 (c) WVK können Staaten keine Vorbehalte anbringen, die mit Ziel und Zweck des Vertrages unvereinbar sind.[461] Jedoch enthält diese Vorschrift keinen Hinweis auf eine Institution oder ein Verfahren, wonach eine solche Ziel-und-Zweck-Prüfung durchzuführen ist. Ebenso unerwähnt bleiben die Rechtsfolgen, die ein unzulässiger Vorbehalt nach sich zieht. Art. 20 Abs. 4 WVK schreibt zum anderen vor, daß ein vorbehaltender Staat Vertragspartei zu allen den Vorbehalt annehmenden Staaten bzw. nicht gänzlich widersprechenden[462] Staaten wird. In Art. 20 Abs. 4 WVK wird kein Bezug genommen auf die Ziel-und-Zweck-Prüfung. Somit sind Staaten gemäß Art. 19 (c) WVK gehalten, keine unvereinbaren Vorbehalte abzugeben, die Rechtsfolge des Vorbehaltes jedoch bestimmt sich letztlich nach der Reaktion der anderen Vertragsparteien.[463] Hieraus könnte zwar die Schlußfolgerung gezogen werden, daß es ausschließlich den übrigen Vertragsstaaten obliegt, die Zulässigkeit eines Vorbehalts zu bestimmen und nicht dem möglicherweise im Vertragsrahmen eingerichteten Überwachungsorgan.[464]

Demgegenüber steht jedoch, daß allen Paktstaaten das Konzept eines unzulässigen, da gegen Ziel und Zweck verstoßenden, Vorbehalts im Sinne der WVK bei

---

Stellungnahme der USA, 16 HRLJ 422 (1995). Eine Kompetenz für zweifelhaft hält die britische Regierung in ihrer Stellungnahme, 16 HRLJ 424, 425 (1995).

[461] Dieser Zulässigkeitsprüfung will auch der MRA die Vorbehalte unterziehen. Allg. Bem. 24, U.N. Doc. CCPR/C/21/Rev. 1/Add. 6, Rzf. 6 (1994). Zur Anwendung dieser "Ziel-und-Zweck"-Prüfung von Vorbehalten zu Menschenrechtsverträgen hat sich die Wiener Weltmenschenrechtskonferenz 1993 ausgesprochen, abgedruckt in 14 HRLJ 352, 357 (1993).

[462] Ein "nicht-gänzlich widersprechender" Staat ist ein Staat, der einem Vorbehalt widerspricht, aber keine Bedenken dagegen hat, daß der vorbehaltende Staat Vertragspartei wird. Vgl. die Erklärung zahlreicher europäischer Staaten zu den Vorbehalten der USA, wie z.B. die deutsche Reaktion in U.N. Doc. CCPR/C/2/Rev. 4, S. 51 f. (1994).

[463] Bislang wurden drei verschiedene Vorschläge gemacht, um diese Unklarheit zur Vereinbarkeit der beiden Vorschriften zu überwinden. Vgl. hierzu Bowett, 48 BYBIL 67, 89 (1976/77/; Clark, 85 AJIL 281, 306 (1988); Coccia, 15 CWILJ 1, 26 (1985); Gornig/Ney, 43 JZ 1048, 1051 (1988); Hylton, 27, VJTL 419, 430 (1994); Imbert, Réserves, S. 137 ff; Redgwell, 64 BYBIL 245, 264 (1993); Ruda, 146 RdC 95, 190 (1975 III); Sherman, 29 TILJ 69, 78 (1994); Tomuschat, 27 ZaöRV 463, 478 (1967).

[464] Hylton weist nicht nur auf den unzureichenden Rahmen der Vorbehaltsbeurteilung hin, sondern fordert auch die Einrichtung eines zuständigen internationalen Entscheidungsträgers ein, der zu bestimmen habe, ob ein Vorbehalt mit Ziel und Zweck des jeweiligen Vertrages vereinbar sei. Aber auch er stellt sein Argument auf die Grundlage, daß die Staaten für die Durchführung eines Vereinbarkeitstestes zuständig seien. Hylton, 27 VJTL 419, 444 (1994).

Ratifikation des IPBPR bekannt war. Daraus läßt sich folgern, daß sich diese Staaten bewußt in die Gefahr begeben haben, ein solcher von ihnen eingelegter Vorbehalt könnte - zunächst zumindest von den übrigen Paktstaaten - als unvereinbar mit dem Pakt befunden werden.[465] Eine unmittelbare Kompetenzzuweisung an den Ausschuß folgt aus diesem Gedanken zwar noch nicht.[466] Zudem ist zweifelhaft, ob die Paktstaaten erwarten durften, daß sich erst nach einem längeren Zeitablauf des Inkrafttretens des Paktes, die Jahresfrist für Einsprüche zu eingelegten Vorbehalten gemäß Art. 20 Abs. 5 war vielfach abgelaufen, der MRA zur Überprüfung der Zulässigkeit von Vorbehalten berufen fühlt.

Widerspruch zu dem vom MRA vertretenen Ansatz kommt unter systematischen Aspekten zudem aus Prinzipien des Völkervertragsrechts.[467] Multilaterale Verträge beruhen gänzlich auf der Zustimmung der Parteien.[468] Somit war vor Inkrafttreten der WVK, die im Hinblick auf die Vorbehaltsregeln auf dem Gutachten des IGH zur Völkermordkonvention[469] beruht, Einstimmigkeit bei der Annahme von Vorbehalten die Regel.[470] Unter Berücksichtigung der grundsätzlichen Position, daß der Konsens der Parteien essentielle Voraussetzung für Verträge sei, ist argumentiert worden, daß ein aktivistisches Kontrollorgan diese Konzeption auflösen und letztlich das Ansehen und die Autorität des Organs, aber auch des Menschenrechtsvertrages selbst in Mitleidenschaft ziehen könne.[471] Die Rechts-

---

[465] Giegerich, 55 ZaöRV 713, 769 (1995). Diesen Gedanken für die EMRK bejahend: Cameron/Horn, 33 GYIL 69, 91 (1990).

[466] Ein solcher Ansatz, der zwischen Annahme eines Vorbehalts durch die übrigen Vertragsparteien einerseits und Zulässigkeitsprüfung durch EMRK-Organ andererseits unterscheidet, wurde schon Anfang der 80er Jahre als nur theoretisch und gefährlich verworfen, da er der Intention der Väter der EMRK widerspräche. Imbert, 33 ICLQ 358, 587 (1984). Diesem Argumentationsansatz, der sich auf die ursprüngliche Intention der Väter der EMRK beschränkt, ist jedoch die gefestigte - aber nicht unumstrittene - Rechtsprechung des EGMR entgegenzuhalten, wonach die EMRK ein lebendiges Instrument ist, das im Lichte der gegenwärtigen Lebensumstände ausgelegt werden muß. *Tyrer ./. Vereinigtes Königreich*, Urt. v. 25.4.1979, Serie A Nr. 26, Rzf. 15 f. *Loizidou ./. Türkei*, 16 HRLJ 15, 23 (1995). Ein solch lebendiges Instrument schließt auch die wachsende, d.h. sich innovativ entwickelnde Kompetenz der Konventionsorgane mit ein. - Einen solchen evolutiven Charakter haben auch schon einige Ausschußmitglieder für den MRA angenommen: Tomuschat, U.N. Doc. CCPR/C/SR. 52, Rzf. 38 (1978); Lallah, U.N. Doc. CCPR/C/SR. 1228, Rzf. 39 (1993).

[467] Diese Auffassung wurde z.B. von den Vereinigten Staaten und Großbritannien in ihren Stellungnahmen zur Allg. Bem. 24 vertreten: 16 HRLJ 422 bzw. 424 (1995). Zum Hintergrund der Rechtsauffassung der Vereinigten Staaten vgl. 89 AJIL 589 ff. (1995). - Redgwell, 46 ICLQ 390, 409 (1997), vertritt aufgrund der angeblich unklaren Rechtslage zur Kompetenz die Auffassung, daß eine Ergänzung des Paktes gemäß Art. 51 erforderlich sei bzw. ein eigenständiges Abkommen zwischen den Paktstaaten abzuschließen sei.

[468] Bourguignon, 29 VJIL 347, 350 (1989).

[469] ICJ Reports 1951, S. 15.

[470] Imbert, 6 HRR 28, 34 (1981).

[471] Imbert, 33 ICLQ 558, 589 (1984).

folge nach dieser Kritik wäre, es aus Gründen der Respektabilität und des Ansehens des IPBPR allein den Vertragsparteien zu überlassen, anhand ihrer Reaktion über das Schicksal des jeweiligen Vorbehaltes gemäß Art. 20 Abs. 5 WVK zu befinden. Dieses Argument, daß das Schweigen und somit die konkludente Akzeptanz der anderen Paktstaaten die Zulässigkeit eines Vorbehaltes bestimmen sollte, wurde jedoch vom Ausschuß in der Allg. Bem. 24 zutreffend als unpraktikabel verworfen.[472]

Für eine Annexkompetenz des Menschenrechtsausschusses zur Beurteilung der Zulässigkeit von Vorbehalten spricht, daß die Bestimmungen der WVK bezüglich der Rolle der Einsprüche der anderen Paktstaaten inadäquat für den IPBPR sind.[473] Es ist zweifelhaft, ob Vertragsstaaten bei Menschenrechtsverträgen Vorbehalte anderer Staaten einer Ziel-und-Zweck-Prüfung unterziehen. Begründungen für eine solche Zurückhaltung sind vielfältig.[474] Dies kann zum einen an fehlenden Ressourcen liegen. Zum anderen kann es an genügendem Eigeninteresse fehlen. Neben verwaltungstechnischen Schwierigkeiten können zudem diplomatische und politische Erwägungen eine Rolle spielen.[475] Bei menschenrechtlichen Verträgen handelt es sich nicht um ein Netz eines interstaatlichen Austausches gegenseitiger Verpflichtungen, sondern die Verträge betreffen die Ausstattung von Individuen mit Rechten.[476] Da Vertragsgegenstand nicht unmittelbar eigene Interessen der Vertragsstaaten sind, ist fraglich, ob diese zur Durchführung einer Zulässigkeitskontrolle die gleiche Bereitschaft zeigen wie bei reziproken Verträgen.[477] Dies hat den MRA zu der zutreffenden Schlußfolgerung veranlaßt, daß das Prinzip der Reziprozität auf menschenrechtliche Verträge nicht anzuwenden sei.[478]

Die Schwäche des durch die Wiener Vertragsrechtskonvention niedergelegten Systems hinsichtlich der Vorbehalte zu Menschenrechtsverträgen ist auch im Schrifttum aufgegriffen worden.[479] Im Hinblick auf die geringe Anzahl der Ein-

---

[472] Allg. Bem. 24, U.N. Doc. CCPR/C/21/Rev. 1/Add. 6, Rzf. 18 (1994). Insoweit folgt die Allg. Bem. der Entscheidung des EGMR in *Belilos ./. Schweiz,* 16 EuGRZ 21, 28 (1989). - Gegen ein unterschiedliches Regime - und damit der Aufgabe des Konsensprinzips - bei der Annahme von Vorbehalten bei menschenrechtlichen Verträgen wandte sich Großbritannien in seiner Stellungnahme zur Allg. Bem. 24, 16 HRLJ 424 (1995).

[473] Allg. Bem. 24, U.N. Doc. CCPR/C/21/Rev. 1/Add. 6, Rzf. 17 (1994).

[474] Zu oft können vor allem politische Erwägungen darüber entscheiden, ob ein Staat einen Einspruch einlegt oder nicht. Schabas, 32 CanYBIL 39, 68 (1994).

[475] Vgl. hierzu näher Bauer, S. 144 f.; Clark, 85 AJIL 281, 312, 315 (1991).

[476] Allg. Bem. 24, U.N. Doc. CCPR/C/21/Rev. 1/Add. 6, Rzf. 17 (1994).

[477] Allg. Bem. 24, U.N. Doc. CCPR/C/21/Rev. 1/Add. 6, Rzf. 17 (1994).

[478] Diese Ansicht wurde bereits sowohl vom IAGMR, Advisory Opinion OC-2/82 vom 24. September 1982, 11 EuGRZ 202, 205 (1984), als auch von der EKMR, *Österreich ./. Italien*, Beschwerde Nr. 788/60, 4 EYBHR 116, 138 und 140 (1961) bezüglich der regionalen Menschenrechtsverträge verteten.

[479] Bourguignon, 29 VJIL 347, 368 (1989); Imbert, 6 HRR 28, 35 (1981). Sherman hat vorgeschlagen, daß im Lichte der fehlenden Einsprüche anderer Paktstaaten sämtliche Staaten verpflichtet werden sollten, jeden Vorbehalt ausdrücklich schriftlich annehmen zu müssen. Sherman, 29 TILJ 69, 82 (1994).

sprüche die gegen Vorbehalte zum Pakt erhoben wurden, erscheint die Schlußfolgerung des MRA folgerichtig.[480]

Der MRA führt weiter zutreffend aus, daß die Vereinbarkeit eines Vorbehaltes mit Ziel und Zweck des Paktes objektiv, durch Verweisung auf Rechtsprinzipien, festgestellt werden müsse.[481] Diese Aufgabe könne nur von einer unabhängigen Körperschaft übernommen werden. Dazu sei niemand besser geeignet als der MRA selber.[482]

Der Menschenrechtsausschuß untermauert mit einem wichtigen Argument seine Schlußfolgerung. Er weist darauf hin, daß sich Menschenrechtsverträge von klassischen völkerrechtlichen Verträgen erheblich unterscheiden: Die durch einen menschenrechtlichen Vertrag Begünstigten sind nicht die vertragsschließenden Parteien, sondern die Individuen, die sich im Territorium der Vertragsstaaten aufhalten bzw. seiner Hoheitsgewalt unterworfen sind.[483] Die Unanwendbarkeit des traditionellen Konzepts der Reziprozität auf menschenrechtliche Verträge[484] führt bereits zu praktischen Problemen. Denn, wie bereits erörtert, erfolgen bei menschenrechtlichen Verträgen, so auch beim Pakt, aufgrund der nichtreziproken Beziehung der Paktstaaten Einsprüche gegen Vorbehalte seltener als bei reziproken Vertragsverpflichtungen. Eine Ziel-und-Zweck-Kontrolle der Vorbehalte zum Pakt erfolgt auf der Basis der WVK-Bestimmungen durch die Paktstaaten nicht. Die Prüfung der Zulässigkeit der Vorbehalte kann indes wirksam nur vom Ausschuß wahrgenommen werden.[485] Denn der Ausschuß ist als unabhäniges Ver-

---

[480] Bis zum 1. November 1994 wurden 150 Vorbehalte zum Pakt abgegeben, zu denen 29 Einsprüche vom MRA registriert worden sind. Elf dieser Einsprüche sind zum Vorbehalt der Vereinigten Staaten bezüglich der Todesstrafe für Minderjährige eingelegt worden. In diesem Zusammenhang ist erwähnenswert, daß die 29 Einsprüche von 15 Staaten eingelegt wurden, von denen die große Mehrheit west- und zentraleuropäische Staaten waren. Vgl. U.N. Doc. CCPR/C/2/Rev. 4, S. 47 ff. (1994).

[481] Allg. Bem. 24, U.N. Doc. CCPR/C/21/Rev. 1/Add. 6, Rzf. 18 (1994).

[482] Siehe auch Bayefsky, S. 229, 245.

[483] Buergenthal, 79 AJIL 1, 21 (1985); Sohn, 32 AULR 1, 22 (1982).

[484] Das Dilemma des nichtreziproken Charakters eines Menschnrechtsvertrages läßt sich am besten an folgendem Beispiel von Buergenthal, 79 AJIL 1, 21 f. (1985), illustrieren: Was wäre die Konsequenz, wenn man menschenrechtliche Verträge reziprok anwenden würde im Fall, daß Staat X einen Vorbehalt zum Recht auf gerichtliches Gehör einlegt? Bedeutet dies, daß ein Staatsangehöriger vom Staate X, dem das Recht auf gerichtliches Gehör von Staat Y verweigert worden ist, sich auf die fragliche Vertragsvorschrift nicht berufen kann, da Y den Vorbehalt von X angenommen hat und somit den Vertrag auch für seine Staatsangehörige in diesem Sinne geändert hat? - Diese Erwägung verdeutlicht, daß das Konzept der Reziprozität davon ausgeht, daß sich die Rechtssubjektivität des Individuums letztlich aus der Rechtsstellung des Herkunftstaates herleitet. Ebenso offensichtlich ist, daß dieses Konzept mit internationalem Menschenrechtsschutz und Menschenrechtsverträgen kollidiert, deren Zweck es ist, das Individuum vor dem eigenen Staat zu schützen. Bei reziproker Anwendung von Menschenrechtsverpflichtungen wäre ein verminderter Rechtsschutz die Folge.

[485] So bejahend Giegerich, 55 ZaöRV 713, 767 (1995); Schabas, 21 BJIL 277, 314, 316 (1995).

tragsorgan zur Auslegung des Paktes und zur Überwachung seiner effektiven Anwendung berufen.[486] Um seinen Aufgaben möglichst effektiv nachkommen zu können, muß dem Ausschuß gleichfalls das Mandat zukommen, die Vereinbarkeit von Vorbehalten mit dem Pakt zu bestimmen. Ohne eine solche Kompetenz wäre es dem Ausschuß nicht möglich, seine Aufgaben zu erfüllen, wenn ein Paktstaat zum Beispiel einen Vorbehalt gegen den Umfang der Tätigkeit des Ausschusses eingelegt hätte. Gleiches gilt für den materiellen Schutz. Zur Wahrung des Kernbestandes der substantiellen Rechte des IPBPR bedarf es des Mandates des MRA, die Paktstaaten auf die etwaige Unvereinbarkeit ihrer Vorbehalte hinzuweisen. Aufgrund der Unzulänglichkeit des Schutzes der Individualinteressen durch Einsprüche der Paktstaaten zu Vorbehalten und im Hinblick auf die Position des Ausschusses als dem verantwortlichen Interpreten des Paktes, ist der Ausschuß am geeignetsten, die Vereinbarkeit von Vorbehalten am Pakt zu messen. Zur Erfüllung der ihm durch den Pakt zugewiesenen Aufgaben muß dem MRA eine Prüfungskompetenz zur Zulässigkeit von Vorbehalten zukommen.

Eine solche Prüfungsfunktion kann auch nicht wirksam von einem anderweitigen Dritten, wie z.B. dem Depositar wahrgenommen werden. Denn die Aufgaben des Depositar sind auf solche verwaltenden Charakters beschränkt. Er nimmt die Vertragsunterzeichnungen entgegen sowie alle sich auf den Vertrag beziehenden Urkunden, Notifikationen und Mitteilungen. Ferner unterrichtet er die Vertragsparteien sowie die Staaten, die berechtigt sind, Vertragsparteien zu werden, von Handlungen, Notifikationen und Mitteilungen, die sich auf den Vertrag beziehen.[487] Zwar haben einige Stimmen in der Literatur erwogen, den Depositar in eine Inhaltskontrolle von Vorbehalten miteinzubeziehen.[488] Der Depositar des IPBPR, gemäß Art. 49 Abs. 1 ist dies der Generalsekretär der Vereinten Nationen, hat z.B. anläßlich der Hinterlegung der Beitrittsurkunde Indiens zum Pakt vom 10. April 1979 um eine Klarstellung bezüglich der mit dieser verbundenen Erklärungen (*declarations*) gebeten.[489] Für eine weitergehende Inhalts- oder Zulässigkeitskontrolle der Vorbehalte zum Pakt durch den Generalsekretär fehlt es diesem jedoch an der notwendigen Expertise. Demgegenüber ist der Ausschuß durch seine beständige Arbeit, die die Auslegung und Anwendung des Paktes umfaßt, erheblich vertrauter mit dem Inhalt der Bestimmungen des IPBPR als der Generalsekretär, dessen Mitwirkungsrolle auf formale Befugnisse beschränkt ist. Aufgrund der ihm übertragenen inhaltlichen Aufgaben ist ausschließlich der MRA in der Lage, die - mit einer inhaltlichen Kontrolle verbundene - Ziel-und-Zweck-Prüfung durchzuführen.

---

[486] Giegerich, 55 ZaöRV 713, 767 (1995); Nowak, 16 HRLJ 377, 380 f. (1995).

[487] Vgl. Art. 77 Abs. 1 (c) und (e) WVK.

[488] Brändle, S. 49; Cohan-Jonathan, S. 92; Edwards, 10 MJIL 362, 385 (1989); Imbert, Kolloquium, 127, 128; Kühner, 42 ZaöRV 58, 90 (1982); Marks, 39 ICLQ 300, 324 (1990); Suy, FS Mosler, 935, 947.

[489] Imbert, 6 HRR 28, 60 (1981).

dd. Zusammenfassung

Das Mandat des MRA zur Beurteilung von Vorbehalten ergibt sich mithin aus der Auslegung des IPBPR nach seinem Ziel und Zweck gemäß Art. 31 Abs. 1 WVK aus einer Annexkompetenz (*implied powers*) des Ausschusses. Diese Beurteilungskompetenz hat für die Handhabung der Vorbehalte zum Pakt zur Folge, daß diese einheitlich vom Ausschuß beurteilt werden können. Hinweise auf Schwachpunkte einer universelleren Umsetzung des Paktes sind auf diese Weise durch den Ausschuß möglich. Die im Pakt enthaltenen Rechte sind damit weniger anfällig für eine Relativierung der Paktstaaten durch Vorbehalte.

b. Materielle Zulässigkeiten für Vorbehalte in der Allgemeinen Bemerkung 24

In seiner Allg. Bem. 24 statuiert der Ausschuß die materiellen Zulässigkeit von Vorbehalten zum Pakt anhand dessen Ziel und Zweck. In Absatz 7 der Allg. Bem. 24 heißt es:

> "The object and purpose of the Covenant is to create legally binding standards for human rights by defining certain civil and political rights and placing them in a framework of obligations which are legally binding for those States which ratify; and to provide an efficacious supervisory machinery for the obligations undertaken." [490]

In Absatz 8 sind sodann all die Paktvorschriften aufgeführt, zu denen nach Ansicht des Ausschusses Vorbehalte gegen Ziel und Zweck des Paktes verstoßen würden.[491] Laut Allg. Bem. 24 müssen diese Rechte entweder als *jus cogens* oder als sonstiges Völkergewohnheitsrecht angesehen werden.[492] Zudem verstoßen

---

[490] Allg. Bem. 24, U.N. Doc. CCPR/C/21/Rev. 1/Add. 6 (1994).

[491] Absatz 8 von Allg. Bem. 24 lautet: "Accordingly, a State may not reserve the right to engage in slavery, to torture, to subject persons to cruel, inhuman or degrading treatment or punishment, to arbitrarily deny freedom of thought, conscience and religion, to presume a person guilty unless he proves his innocence, to execute pregnant women or children, to permit the advocacy of national, racial or religious hatred, to deny to persons of marriageable age the right to marry, or to deny to minorities the right to enjoy their own culture, profess their own religion, or use their own language." Allg. Bem. 24, U.N. Doc. CCPR/C/21/Rev. 1/Add. 6 (1994).

[492] Allg. Bem. 24, U.N. Doc. CCPR/C/21/Rev. 1/Add. 6, Rzf. 8 (1994). Darüber hinaus ist bemerkenswert, daß sich der Ausschuß weigerte, Rechte, die auch im Außnahmezustand nicht aufgehoben werden dürfen (*non-derogable rights*), nicht komplett mit in den Katalog der unabdingbaren Rechte mitaufzunehmen. Allg. Bem. 24, Rzf. 10. Diese Auffassung wurde insbesondere vom IAGMR vertreten, der bezüglich der Amerikanischen Konvention für Menschenrechte feststellte, "daß ein Vorbehalt der dazu konzipiert sei, daß ein Staat eines der grundlegenden unabdingbaren Rechte suspendieren will, als mit dem Ziel und Zweck der Konvention unvereinbar anzusehen sind und demnach unzuläs-

nach Auffassung des Ausschusses folgende Vorbehalte gegen Ziel und Zweck des Paktes: Vorbehalte zu den Bestimmungen von Art. 1 und 2, solche die die Tätigkeit des Ausschusses beschränken,[493] sowie Vorbehalte, die die Umsetzung der Paktbestimmungen unter eine Vereinbarkeitsklausel mit der nationalen Rechtsordnung setzen.[494]

In der weiteren Betrachtung können die Feststellungen des Ausschusses, Vorbehalte gegen die "supportive guarantees", d.h. die prozeduralen Elemente der Durchführung des Berichtsprüfungs- und Individualbeschwerdeverfahrens sowie die Vereinbarkeitsklausel mit innerstaatlichem Recht seien unvereinbar mit dem Pakt, unberücksichtigt bleiben. Die Feststellung des Ausschusses, daß Vorbehalte zu den institutionellen Garantien mit dem Pakt unvereinbar seien, ist durch die kritischen Stellungnahmen der Paktstaaten nicht in Frage gestellt worden, so daß insoweit von einer einheitlichen Rechtsauffassung von Paktstaaten und MRA ausgegangen werden kann. Die Unvereinbarkeit eines Vorbehaltes, der die Unterwerfung unter den Pakt nur auf die bestehenden Rechtsgarantien der innerstaatlichen Rechtsordnung beschränkt, ist ebenfalls nicht Gegenstand der Meinungsunterschiede von Menschenrechtsausschuß und Paktstaaten gewesen.[495] Demzufolge ist davon auszugehen, daß diese Feststellungen als verbindlicher Paktstandard anzusehen sind. Darüber hinaus ist diese einheitliche Rechtsauffassung nebst übereinstimmender Übung Indikator für die Entstehung eines entsprechenden gewohnheitsrechtlichen Rechtssatzes.

aa. Kongruenz von Gewohnheitsrecht mit Ziel und Zweck des Paktes

Einer kritischen Überprüfung bedarf indes die vom MRA aufgestellte Auffassung, wonach Vorbehalte, die gegen Völkergewohnheitsrecht verstoßen, als mit dem Ziel und Zweck des Paktes unvereinbar anzusehen seien.[496] Hierbei handelt es sich um eine der Kernbestimmungen der Allg. Bem. 24, die innerhalb der Pakt-

---

sig sind." Advisory Opinion No. OC-3/83 vom 8. September 1983, Rzf. 61, 11 EuGRZ 207, 214 (1984). Im Schrifttum fand diese Ansicht weitere Unterstützung, Imbert, 6 HRR 28, 31 (1983); Sherman, 29 TILJ 69, 79 f. (1994); Vierdag, 25 NYBIL 119, 132 (1994). Kritisch: Giegerich, 55 ZaöRV 713, 772 f. (1995).

493 Allg. Bem. 24, U.N. Doc. CCPR/C/21/Rev. 1/Add. 6, Rzf. 11, 14 (1994).

494 Allg. Bem. 24, U.N. Doc. CCPR/C/21/Rev. 1/Add. 6, Rzf. 12 (1994).

495 Die USA haben zwar in ihrer Stellungnahme daraufhingewiesen, daß Vorbehalte zu einzelnen innerstaatlichen Rechtsvorschriften nicht unvereinbar mit dem Pakt seien. Sie führten gleichzeitig jedoch aus, daß ein "Totalvorbehalt", wonach Verpflichtungen aus dem Pakt nur insoweit übernommen würden, soweit sie nicht im Widerspruch mit der innerstaatlichen Rechtsordnung stünden, mit Ziel und Zweck des IPBPR unvereinbar sei. Observations by the Government of the United States, 16 HRLJ 422, 423 (1995).

496 Nach der Auffassung von Catlin, 69 NDLR 771, 803 (1994), sind Vorbehalte unzulässig, sofern sie gegen Ziel und Zweck des Vertrages **oder** gegen Gewohnheitsrecht verstoßen.

staaten Gegenstand der Kritik geworden ist.[497] Wäre die Auffassung des MRA zutreffend und würde sie von den Paktstaaten beachtet, könnte dies ein Beitrag zur Verflechtung von gewohnheitsrechtlichen und vertragsrechtlichen Menschenrechtsnormen sein, die den universalen Charakter der Menschenrechte fördern würde. Zudem wäre die Kritik aus den Stellungnahmen der Paktstaaten ohne Bedeutung, wenn es sich bei der vom Ausschuß apostrophierten Konnexität von gewohnheitsrechtlich manifestierten Menschenrechten und der Unvereinbarkeit von Vorbehalten um eine zutreffende Annahme handelte.

Bei der Klärung, ob die vom Ausschuß aufgestellten Kriterien für die Zulässigkeit von Vorbehalten zum Pakt zutreffen, kann offen bleiben, ob es sich bei den vom Ausschuß benannten Normen tatsächlich um Völkergewohnheitsrecht oder *jus cogens* handelt.[498]

bb. Fehlende gewohnheitsrechtliche Bindung des persistent objector

Bedenklich erscheint die Ansicht, daß Vorbehalte zu Paktrechten die zugleich gewohnheitsrechtlichen Charakter besitzen, unzulässig seien.[499] Es ist nicht ausgeschlossen, daß ein Staat, der sich bislang beharrlich geweigert hat, eine Norm des Völkergewohnheitsrechtes anzuerkennen (*persistent objector*) auch bei Vertragsabschluß die Gelegenheit erhält, einen inhaltlich gleichen Vorbehalt abzugeben.[500] Ein völkerrechtlicher Vertrag, der auf dem Konsens der Vertragsparteien beruht, kann einen *persistent objector* nicht ohne dessen Zustimmung weitergehend binden als er bereits durch universell akzeptierte Regeln des Völkergewohnheitsrechtes gebunden ist. Damit ist ein entsprechender Vorbehalt nicht von vornherein als unzulässig zu bewerten.[501] Hierfür spricht, daß Vertragsrecht zum einen und Völkergewohnheitsrecht zum anderen zwei unterschiedliche Zweige des Völ-

---

[497] Vgl. hierzu auch die dieser Schlußfolgerung widersprechende Stellungnahme der Vereinigten Staaten zur Allg. Bem. 24, abgedruckt in 16 HRLJ 422, 423 (1995); Großbritanniens zur Allg. Bem. 24, abgedruckt in 16 HRLJ 424, 425 (1995); Frankreichs zur Allg. Bem. 24., U.N. Doc. A/51/40, Annex VI, S. 117 (1996).

[498] Zur Frage, ob bestimmte menschenrechtliche Vorschriften als Gewohnheitsrecht oder *jus cogens* anzusehen sind, vgl. die Ausführungen im 1. Kapitel A III. Siehe auch Coccia, 15 CWILJ 1, 18 (1985); Imbert 6 HRR 28 (1981). Die Diskussion, ob und gegebenfalls welche Menschenrechte unter Völkergewohnheitsrecht oder *jus cogens* fallen, wurde, wie oben dargelegt, vor allem hinsichtlich des Rechtscharakters der AEMR diskutiert; vgl. Charney, 87 AJIL 529, 549 (1993); Henkin, 216 RdC 9, 223-226 (1989 IV); Meron, Customary Law, S. 95 ff.

[499] Siehe etwa Coccia, 15 CWILJ 1, 31 (1985); Nowak, 16 HRLJ 377, 381 (1995); a.A. Giegerich, 55 ZaöRV 713, 772 (1995); Schabas, 32 CanYBIL 39, 54 ff. (1994).

[500] Zum Begriff des *persistent objector* und seiner Anwendbarkeit vgl. auch die Ausführungen im 1. Kapitel A III 1.

[501] Diese Frage wäre anders zu entscheiden, handelte es sich um eine *jus cogens* Vorschrift, denn dann wäre ein solcher Vertrag gemäß Art. 53 WVK nichtig.

kerrechts sind, die unabhängig von einander bestehen.[502] Falls sich ein Staat einem der beiden Normbereiche des Völkerrechts nicht in vollem Umfang unterwerfen möchte, steht ihm im Völkervertragsrecht ein solcher Weg über einen Vorbehalt offen, während er sich auf dem Gebiet des Völkergewohnheitsrechtes durch beharrlichen Protest als *persistent objector* der Entstehung und der Anwendung einer solchen Regel entziehen kann. Demnach haben diese beiden Felder des Völkerrechts eigene Regeln in der Frage der Zustimmung und Bindung. Die Gültigkeit eines Vorbehaltes ist an einer Ziel-und-Zweck Prüfung zu messen, während sich die Möglichkeit des Ausscherens im Bereich des Völkergewohnheitsrechtes nach der *persistent-objector*-Regel gestaltet. Somit gilt, daß ein Vorbehalt eines *persistent objectors* zu einer Norm des Völkergewohnheitsrechtes nicht alleine deswegen unzulässig ist, weil es sich um eine Regel des Völkergewohnheitsrechts handelt.

cc. Modifikationsfähigkeit des Gewohnheitsrechtes

Zweifel an der Folgerung des Ausschusses ergeben sich auch aus anderen Erwägungen. Es ist zu bedenken, daß Staaten durch eine neue vertragliche Vereinbarung grundsätzlich Normen des Völkergewohnheitsrechtes modifizieren können, mit Ausnahme derjenigen, die Vorschriften des *jus cogens* darstellen.[503] Somit ist es Staaten grundsätzlich möglich, durch einen angenommenen Vorbehalt auf bi- oder multilateraler Ebene völkergewohnheitsrechtliche Normen, die nicht peremptorischen Charakters sind, dem Vertragsregime zu entziehen bzw. unter den Vertragsparteien abweichend auszugestalten.

Darüber hinaus ergeben sich bei der Schlußfolgerung, daß Vorbehalte zu Regeln des Völkergewohnheitsrechtes mit Ziel und Zweck des Vertrages unvereinbar und damit unzulässig seien, weitere Bedenken. Jede Vorschrift des Völkergewohnheitsrechtes, bei der es sich nicht um eine peremptorische Norm handelt, kann geändert und weiterentwickelt werden. Dies kann entweder geschehen durch eine Änderung der auf einer Rechtsauffassung beruhenden Staatenpraxis oder durch einen völkerrechtlichen Vertrag.[504] Aber auch solche Veränderungen und Entwicklungen müssen nicht bezüglich jedes Staates stattfinden. Es ist durchaus möglich, daß sich zunächst nur eine kleine Anzahl von Staaten, entweder auf bi- oder mulitilateraler Ebene, auf eine neue, untereinander anzuwendende Regel einigt. Ziel und Zweck eines Vertrages kann somit bewußt Völkergewohnheitsrecht entgegenstehen, insbesondere wenn der Vertrag eine Änderung bzw. Weiterentwicklung einer gewohnheitsrechtlichen Norm zum Gegenstand hat. Ziel und

---

[502] Obwohl Völkergewohnheitsrecht in manchen Fällen die Grundsätze der völkerrechtlichen Vertragsanwendung bestimmen können, z.B. in Fällen, in denen ein Staat nicht die WVK ratifiziert hat, woraufhin diese als Völkergewohnheitsrecht anwendbar wäre, sind Völkervertragsrecht und Völkergewohnheitsrecht dennoch zwei unterschiedliche Quellen des Völkerrechts. Verdross/Simma, §§ 516 f.

[503] Coccia, 15 CWILJ 1, 31 (1985); Seidl-Hohenveldern, Rzf. 524 f.

[504] Seidl-Hohenveldern, Rzf. 485, 497.

Zweck eines Vertrages sind zudem nicht statisch nach Völkergewohnheitsrecht zu bestimmen, sondern sind dem jeweiligen Vertrag individuell zu entnehmen.[505] Folge eines Gewohnheitsrecht modifizierenden Vertrages ist, daß die neue vertragliche Regelung zwischen dieser Staatengruppe in Kraft tritt, während im Verhältnis zu anderen Staaten die ursprüngliche völkergewohnheitsrechtliche Norm weiterhin Anwendung findet. Daraus folgt, daß eine einheitliche Geltung von Vertrags- und Gewohnheitsrecht nicht zwingend ist. Mithin fehlt es an einer automatischen Konnexität von Ziel und Zweck eines Vertrages und Völkergewohnheitsrecht. Somit kann sich die vertragliche Verpflichtung eines Staates von der gewohnheitsrechtlichen Verpflichtung unterscheiden.

dd. Sonderregime für Menschenrechtsverträge?

Diese Erwägungen sind gleichfalls anwendbar für menschenrechtliche Verträge. Ein Sonderregime besteht insoweit nicht. Übernimmt ein Staat neue menschenrechtliche Verpflichtungen, die bereits Völkergewohnheitsrecht darstellen, so ist der wirkliche Zweck der Ratifikation aufgehoben: die Gewährleistung eines menschenrechtlichen Schutzes in einem größeren bzw. gesicherteren Maße. Da die Begünstigten eines Menschenrechtsvertrages die Individuen sind,[506] die selbst nicht am Prozeß des Vertragsabschlusses und der Annahme bzw. Ablehnung von Vertragsvorbehalten partizipieren können, könnte zwar ein anderer Standard hinsichtlich dieser Vorbehalte anzulegen sein.[507] Obwohl diese Überlegung berechtigte Erwägungen in sich birgt, übersieht sie jedoch zwei Umstände. Zum einen hindert das gegenwärtige Prinzip der Annahme und Ablehnung von Vorbehalten Staaten nicht daran, Vorbehalte zu Vorschriften abzugeben, die als Regeln des Völkergewohnheitsrechtes angesehen werden. Obwohl ein Staat die Möglichkeit besitzt, sich die Anwendung bestimmter vertraglicher Verpflichtungen vorzubehalten, kann er immer noch an eine gleichlautende gewohnheitsrechtliche Verpflichtung gebunden sein, solange er kein *persistent objector* ist. Somit bleibt die völkerrechtliche Verpflichtung des Staates die gleiche. Als weiterer Umstand ist zu beachten: Das eingerichtete Vertragsorgan, dessen Aufgabe es ist, den ihm zugrundeliegenden Vertrag auszulegen, ist in seinem Tätigkeitsfeld beschränkt. Es kann nicht über die Gewährleistung bzw. Verletzung gewohnheitsrechtlicher Regeln durch einen Vertragsstaat befinden. Das Mandat dieser Körperschaft ist lediglich beschränkt auf die Auslegung und Anwendung des sie tragenden Vertrages.

Somit ist die Feststellung des Ausschusses in Absatz 8 der Allg. Bem. 24, daß Vorbehalte zu Rechten, die gleichzeitig Völkergewohnheitsrecht darstellen, un-

---

[505] So auch die Stellungnahme der Regierung der Vereinigten Staaten zur Allg. Bem. 24, 16 HRLJ 422 (1995).

[506] Zur Frage der Unanwendbarkeit des Prinzips der Reziprozität bei Menschenrechtsverträgen vgl. obige Ausführungen im 2. Kapitel A II 3 a cc (3).

[507] Die Regierung Großbritanniens lehnt in ihrer Stellungnahme zur Allg. Bem. 24 eine Sonderbehandlung menschenrechtlicher Verträge ab. 16 HRLJ 424, 425 (1995).

zulässig seien, materiellrechtlich bedenklich und sollte abgeändert werden.[508] Gleichzeitig folgt hieraus auch, daß dem Ausschuß über eine Vereinbarkeitsprüfung der Vorbehalte mit Ziel und Zweck des Paktes keine Verflechtung gewohnheitsrechtlicher und vertragsrechtlicher Menschenrechte gestattet ist. Trotz seiner Ausrichtung auf eine universelle Geltung der Menschenrechte ist die Feststellung des Ausschusses über die Nichtvereinbarkeit von Vorbehalten zum Pakt, die gewohnheitsrechtlichen Normen widersprechen, kein rechtskonformer Beitrag zum universellen Schutz der Menschenrechte.

c. Rechtsfolgen eines unzulässigen Vorbehaltes

Als Beitrag zu einem universellen Menschenrechtsstandard aus der Allg. Bem. 24 kommt jedoch die vom Ausschuß aufgezeigte Rechtsfolge eines unzulässigen Vorbehalts in Betracht. Er führt hierzu aus:

> "The normal consequence of an unacceptable reservation is not that the Covenant will not be in effect at all for a reserving party. Rather, such a reservation will generally be severable, in the sense that the Convenant will be operative for the reserving party without benefit of the reservation."[509]

Mit der Auffassung, unvereinbare Vorbehalte seien im Regelfall abtrennbar von der übrigen Unterwerfung, so daß der Paktstaat grundsätzlich in vollem Umfang, d.h. ohne die unvereinbaren Vorbehalte, an den IPBPR gebunden sei, könnte der Ausschuß einen substantiellen Beitrag zur universellen Geltung der Paktrechte geleistet haben. Durch die dann umfassende Geltung des Paktes wäre ein einheitlicher Standard innerhalb des Paktregimes gewährleistet.

Bevor von einer solchen umfassenden Geltung ohne die Wirkung unvereinbarer Vorbehalte auszugehen ist, bedarf es der Betrachtung, ob die Folgerung des Ausschusses materiellrechtlich korrekt ist. Dementsprechend sind zunächst die Rechtsfolgen eines unvereinbaren Vorbehalts bzw. eines unvereinbaren Teils eines Vorbehalts aus Völkervertragsrecht bzw. Gewohnheitsrecht zu bestimmen. Hierzu ist wiederum zunächst die WVK heranzuziehen.

aa. Rechtsfolge nach Bestimmungen der WVK

Aus der WVK ist die Rechtsfolge eines unvereinbaren Vorbehaltes im Sinne von Art. 19 (c) WVK nicht zu entnehmen. Geregelt ist nur der Fall der Rechtsfolge, daß gegen einen Vorbehalt ein Einspruch von einem anderen Vertragsstaat eingelegt wird. Gemäß Art. 20 Abs. 4 (b) WVK tritt ein Vertrag mit einem Vorbehalt, gegen den von einer anderen Vertragspartei Einspruch erhoben worden ist

---

[508] In diesem Sinne auch die Stellungnahme der Vereinigten Staaten zur Allg. Bem. 24, 16 HRLJ 422, 423 (1995) sowie Nowak, 16 HRLJ 377, 381 (1995).

[509] Allg. Bem. 24, U.N. Doc. CCPR/C/21/Rev. 1/Add. 6, Rzf. 18 (1994), 15 HRLJ 464, 467 (1994).

und von der das Inkrafttreten des Vertrages zwischen dem den Einspruch erhebenden und dem den Vorbehalt anbringenden Staat ausgeschlossen wird, zwischen diesen Parteien nicht in Kraft.

Grundsätzlich bestehen drei mögliche Rechtsfolgen für einen unvereinbaren - da paktwidrigen - Vorbehalt.[510] Zunächst könnte die Unvereinbarkeit des Vorbehalts i.S.v. Art. 19 (c) WVK dessen Nichtigkeit zur Folge haben, von der auch die gesamte Unterwerfung erfaßt wird.[511] Danach würde die gesamte Ratifikation unwirksam. Der Paktstaat wäre also in keiner Weise an den Vertrag gebunden. Zweitens könnte bei einem unvereinbaren Vorbehalt die von diesem betroffene Vertragsbestimmung aus dem Vertrag "herausgelesen" werden, im übrigen bliebe der Vertrag aber wirksam.[512] Dies hätte zur Folge, daß ebenso der unvereinbare Teil des Vorbehalts nicht zur Anwendung käme.[513] Drittens schließlich könnte bei Unvereinbarkeit des Vorbehaltes die Folge sein, daß davon die übrige Ratifikation unberührt bliebe.[514] Damit wäre der betreffende Staat an den Vertrag gebunden, ohne sich jedoch auf den unvereinbaren Vorbehalt berufen zu können.[515]

Diese Lösungsmöglichkeiten bedürfen einer näheren Betrachtung. Dabei kann schon an dieser Stelle die Anwendung des zweiten Lösungsansatzes ausgeschlossen werden. Der Ansatz, daß bei Unvereinbarkeit eines Vorbehaltes die davon im Vertrag betroffene Vorschrift einfach aus der Anwendung der Vertragsparteien "herausgelesen" wird, mag z.B. in Verträgen der wirtschaftlichen Zusammenarbeit

---

[510] Nowak, 16 HRLJ 377, 382 (1995).

[511] Siehe z.B. Jennings/Watt, S. 1247 Anm. 1; O'Connell, S. 237. In diesem Sinne auch Boyle, 29 ICLQ 498, 502 (1980); Kühner, Vorbehalte, S. 223 ff.; ders., 42 ZaöRV 58, 87 (1982); Tomuschat, 27 ZaöRV 463, 467 (1967). Die Stellungnahme Großbritanniens zur Allg. Bem. 24, 16 HRLJ 424, 425 f. (1995), ist trotz eines mehrdeutigen Wortlautes so ausgelegt worden, als würde es sich dieser Auffassung anschließen: Nowak, 16 HRLJ 377, 382 (1995).

[512] So z.B. Kälin, 4 EuGRZ 421, 429 (1987); Kühner, 42 ZaöRV 58, 89 (1982). In diesem Sinne auch Tomuschat, FS Ermacora, 119, 132.

[513] Die Option, daß der unzulässige Vorbehalt wie ein zulässiger Vorbehalt behandelt wird und damit den im Vorbehalt enthaltenen Regelungsgehalt zur Anwendung bringt, scheidet als Lösungsalternative aus. Andernfalls wäre die Durchführung einer Zulässigkeitsprüfung eine akademische Spielerei ohne praktische Implikationen. Gegen die Gültigkeit eines unzulässigen Vorbehaltes spricht der Wortlaut des Art. 19 (c) WVKK. In diesem Sinne auch Bauer, S. 212 ff.

[514] So schon Bowett, 48 BYBIL 67, 76 (1976/77), der davon ausgeht, daß der Ratifikationswille grundsätzlich Vorrang vor dem Vorbehaltswillen des Staates habe, da es primäres Anliegen des Staates sei, den Vertrag zu ratifizieren. So auch Edwards, 10 MJIL 362, 376 (1989); MacDonald, 21 RBDI 429, 448 f. (1989), Oeter, 48 ZaöRV 514, 521 (1988) bzgl. der Vorbehalte zur EMRK. Clark hält solche Vorbehalte für unwirksam, die sich auf nicht-derogierbare Vertragsbestimmungen beziehen, 85 AJIL 281, 320 (1991). Kritisch hierzu auch Redgwell, die eine Trennung zwischen Bindungswillen und Modifizierungswillen für künstlich hält. 64 BYBIL 245, 267 (1993).

[515] Für diese "Trennungslösung" Giegerich, 55 ZaöRV 713, 775 (1995).

überzeugen. Aufgrund der fehlenden Anwendbarkeit des Grundsatzes der Reziprozität auf Menschenrechtsverträge ist dieser Ansatz hier jedoch unanwendbar. Rechtsfolge wäre letztlich das von dem, den Vorbehalt anbringenden Staat, erstrebte Ziel; die betroffene Vertragsvorschrift würde für ihn nicht gelten.[516] Die Anwendung von Art. 19 (c) WVK würde andernfalls letztlich leerlaufen. Vor einer Entscheidung für einen der beiden übrigen Lösungsansätze sind folgende Erwägungen anzustellen: Einerseits gilt, daß kein Staat ohne seine Zustimmung an einen Vertrag gebunden ist.[517] Andererseits soll der Integrität des Menschenrechtsvertrages Rechnung getragen werden[518] und ein effektiver Menschenrechtsschutz gewährleistet werden.[519] Dies bedeutet, es muß Ziel sein, dem Vertrag möglichst ohne Änderungen eine umfangreiche Geltung zu verschaffen. Insofern besteht grundsätzlich die Vermutung, daß im Rahmen von Menschenrechtsverträgen die vertragsschließenden Parteien nicht die Absicht haben, ihre Zustimmung zum Vertrag von der Wirksamkeit des Vorbehaltes abhängig zu machen.[520] Schließlich handelt es sich bei einem Menschenrechtsvertrag nicht primär um einen Austausch zwischenstaatlicher Leistungen, sondern um Rechtsgarantien für einzelne. Insofern hat die vom MRA eingeschlagene Lösung in seiner Allg. Bem. 24 salomonischen Charakter, indem er der dritten Lösungsmöglichkeit in einer modifizierten Form folgt. Der Ansatz des Ausschusses, eine vorbehaltende Partei als an den Pakt gebunden zu erklären, jedoch ohne den Vorzug des Vorbehaltes im Falle seiner Abtrennbarkeit,[521] geht dabei teilweise auf die Rechtsprechung des EGMR zurück. In seinem *Belilos*-Urteil folgerte der EGMR, daß der Vorbehalt der Schweiz als unwirksam anzusehen sei.[522] Dies bedeutete, daß die Schweiz gänzlich an die EMRK ohne Vorzug des Vorbehaltes gebunden ist.[523] Der Ausschuß übernahm in seiner Allg. Bem. 24 die gleiche Ansicht hinsichtlich der rechtlichen Folgen eines unwirksamen Vorbehaltes. Danach wird ein unzulässiger

---

[516] Gäbe also ein Staat einen unzulässigen Vorbehalt zum Folterverbot ab, so entfiele die Antifoltervorschrift aus der Anwendung des Vertrages und der betroffene Staat könnte foltern, ohne gegen den Menschenrechtsvertrag zu verstoßen. Vgl. Marks, 39 ICLQ 300, 313 f. (1990); Nowak, 16 HRLJ 377, 382 (1995).

[517] So schon der IGH in seinem Rechtsgutachten zu Vorbehalten zur Konvention über die Verhütung und Bestrafung des Völkermordes, ICJ Reports 1951, S. 15, 21; in diesem Sinne auch Boyle, 29 ICLQ 498, 502 (1980); Kühner, Vorbehalte 220 ff.; O'Connell, S. 237; Tomuschat, FS Ermacora, 119, 132; ders., 27 ZaöRV 463, 467 (1967).

[518] Cameron/Horn, 33 GYIL 69, 116 (1990).

[519] Giegerich, 55 ZaöRV 713, 775 (1995).

[520] So auch im Ergebnis der EGMR in *Loizidou ./. Türkei*, 16 HRLJ 15, 25 f. (1995). Vgl. ferner Bauer, S. 218; Cameron, 37 ICLQ 887, 924 f. (1988); MacDonald, 21 RBDI 429, 449 (1988); Rumpf, 47 ZaöRV 778, 800 ff. (1987).

[521] Allg. Bem. 24, U.N. Doc. CCPR/C/21/Rev. 1/Add. 6, Rzf. 18 (1994).

[522] *Belilos ./. Schweiz,* 16 EuGRZ 21, 30 (1989).

[523] *Belilos ./. Schweiz,* 16 EuGRZ 21, 30 (1989). Der EGMR setzte in seinem Urteil jedoch voraus, daß sich die Schweiz, auch im Falle der Unzulässigkeitserklärung ihres Vorbehaltes, an die EMRK gebunden ansah. Dem Lösungsansatz zustimmend, daß der Wille des betroffenen Staates zu berücksichtigen sei: Bourguignon, 29 VJIL 347, 382 (1989); Bowett, 48 BYBIL 67, 75 ff. (1976/77); Oeter, 48 ZaöRV 514, 520 (1988).

Vorbehalt in der Regel abtrennbar sein, in dem Sinne, daß der Pakt anwendbar bleibt für die vorbehaltende Partei, ohne den Vorzug des Vorbehaltes.[524] Der Ausschuß vertrat somit die Auffassung, daß wenn ein Vorbehalt nicht die *conditio sine qua non* der Ratifikation oder des Beitritts gewesen sei, der Pakt gänzlich anwendbar bleibe, jedoch ohne den einschränkenden Vorbehalt. Daraus folgt andererseits, daß der Vertrag, falls eine Partei ihren Vorbehalt als nicht abtrennbar von der Ratifikationszustimmung ansieht, samt Vorbehalt wirksam sein würde.[525]

Indem der Ausschuß das Merkmal der "Abtrennbarkeit" und damit eine inzidente *conditio-sine-qua-non*-Prüfung zur Abtrennbarkeit in Absatz 18 der Allg. Bem. 24 postuliert, berücksichtigte er den Hauptpfeiler des Völkervertragsrechtes: die Notwendigkeit der Zustimmung der Vertragsparteien, an einen Vertrag gebunden zu sein. Unter rechtsdogmatischen Gesichtspunkten findet der Lösungsansatz des MRA einen Ausgleich der hier widerstreitenden Interessen von Konsenserfordernis und Vereinbarkeit mit Ziel und Zweck des Paktes.

bb. Abtrennbarkeit von Vorbehalten

Indes wirft die nun zu klärende Frage der Abtrennbarkeit eines Vorbehaltes von der übrigen Ratifikation Folgeprobleme auf. Denn klärungsbedürftig ist, wer diese Feststellung vozunehmen hat und anhand welcher Merkmale sie vorzunehmen ist. In *Belilos* stellte der EGMR fest, die Schweiz sei zweifelsfrei an die Konvention gebunden, da sie sich selbst für den Fall der Unvereinbarkeit des umstrittenen Vorbehalts als gebunden angesehen habe.[526] In *Loizidou* präzisierte der EGMR - zur Bestimmung der Abtrennbarkeit -, daß sich diese nicht nach der *ex-post-facto*-Einlassung des Regierungsvertreters des betroffenen Konventionsstaates ergeben könne.[527] Der EGMR stellte vielmehr darauf ab, daß die türkischen Unterwerfungserklärungen, die eine Einschränkung *ratione loci* besaßen, von anderen Konventionsstaaten schon nach ihrer Abgabe als unzulässig kritisiert worden seien.[528] Der Türkei hätte bewußt sein müssen, daß es Praxis der Konventionsstaaten sei, die Kompetenzen von Gerichtshof und Kommission bedingungslos anzuerkennen. Somit seien die Erklärungen zumindest rechtlich fragwürdig gewesen und die Türkei habe sich bewußt der Gefahr ausgesetzt, daß diese Jurisdiktionsbegrenzungen für unzulässig erklärt werden könnten.[529] Im Ergebnis

---

[524] Allg. Bem. 24, U.N. Doc. CCPR/C/21/Rev. 1/Add. 6, Rzf. 18 (1994).

[525] Die USA vertraten z.B. die Auffassung, daß ihre Vorbehalte nicht abtrennbar seien, Stellungnahme zur Allg. Bem. 24, 16 HRLJ 422, 423 (1995).

[526] *Belilos ./. Schweiz,* 16 EuGRZ 21, 30 (1989). Hinsichtlich der möglichen Konsequenzen eines unwirksamen Vorbehaltes siehe das ausführliche Minderheitsvotum (*dissenting opinion*) von Lauterpacht im *Interhandel Fall, Schweiz ./. USA.*, ICJ Reports 1959, S. 95 ff.; s. auch Bourguignon, 29 VJIL 347, 380 (1989). - Das *Belilos*-Urteil erfuhr erhebliche Kritik in der Schweiz. So wurde im Bundesrat mit nur einer Stimme Mehrheit der Antrag abgelehnt, die Konvention zu kündigen; Amtl. Bull. des Ständerates 1988, S. 561.

[527] *Loizidou ./. Türkei,* 16 HRLJ 15, 25 (1995).

[528] *Loizidou ./. Türkei,* 16 HRLJ 15, 25 (1995).

[529] *Loizidou ./. Türkei,* 16 HRLJ 15, 25 (1995).

bestätigte der Gerichtshof sein in *Belilos* gefundenes Ergebnis, daß der unzulässige Teil aus der Ratifikation unwirksam sei und die Ratifikation in vollem Umfang bindend bleibe.

Bowett folgerte demgegenüber, daß bei unzulässigen Vorbehalten der Ratifikationswille gegenüber dem Vorbehaltswillen überwiegen sollte.[530] Lauterpacht hat argumentiert, daß bei einem vorbehaltenden Staat, der nicht bereit sei, die prinzipiellen Verpflichtungen vorbehaltslos zu übernehmen, der IGH nicht berechtigt ist, den Vorbehalt unberücksichtigt zu lassen und gleichzeitig den Staat an den Vertrag gebunden anzusehen.[531] Bei Übertragung dieses Ansatzes auf den IPBPR, der dem Konsensprinzip Rechnung trägt, muß ein Hinweis der vorbehaltenden Partei ersichtlich sein, ob der Vorbehalt als *conditio sine qua non* der Ratifikation abgegeben worden ist.[532] Nur wenn ein solcher Wille nicht erkennbar ist, kann der unzulässige Teil des Vorbehaltes aus der Ratifikation "herausgelesen" werden. Problematisch ist jedoch, wie ein solcher Wille eines Paktstaates zu ermitteln ist. Ob eine entsprechende Stellungnahme des Paktstaates vor dem Ausschuß ausreicht, sobald diese Frage im Berichtsprüfungsverfahren aufkommt, erscheint fraglich.[533] Mittels dieses Verfahrens würde unter Umständen allein die Rechtsauffassung *ex post facto* bekannt. Jedoch kommt es auf den Willen der Vertragspartei zum Zeitpunkt der Ratifikation des Paktes an. Um einer Rechtsunsicherheit vorzubeugen, ist zudem zu bedenken, daß Ratifikationsstaaten unter Umständen Gründe des Vertrauensschutz geltend machen könnten, wenn ihre Ratifikation einen gehörigen Zeitraum zurückliegt und der MRA erst nach mehreren Jahren eine Überprüfung der Vereinbarkeit des Vorbehalts mit Ziel und Zweck des Paktes durchführt.[534] Welche Indikatoren einer angemessenen, an Treu und Glauben orientierten Vorgehensweise, die Auffassung des betroffenen Paktstaates zum Zeitpunkt der Ratifikation zu erfahren, genügend Rechnung tragen würden, bedür-

---

[530] Bowett, 48 BYBIL 67, 76 (1976/77). Hierzu kritisch: Redgwell, 64 BYBIL 245, 267 (1993).

[531] Lauterpacht (*dissenting opinion*) im *Interhandel-Fall, Schweiz ./. USA*, ICJ Reports 1959, S. 117.

[532] Giegerich, 55 ZaöRV 713, 777 (1995), verwirft das Element der *conditio*, da dieses zu Rechtsunklarheiten führen könne, wenn in Ausnahmefällen ein Staat durch die Unzulässigkeit seines Vorbehaltes, der Bedingung für die Ratifikation war, nicht mehr an den Pakt gebunden sei. Dem ist jedoch entgegenzuhalten, daß diese Schlußfolgerung im Hinblick auf den IPBPR zu statisch ist. Wie der Fall des Vorbehaltes der Vereinigten Staaten zur Todesstrafe von Minderjährigen gezeigt hat, hat der MRA zwar die Unzulässigkeit des - von den USA als wesentlich erachteten -Vorbehaltes gerügt, ist jedoch nicht zu dem Ergebnis gekommen, daß die Vereinigten Staaten nunmehr nicht an den Pakt gebunden seien. Im Gegenteil ist es das Anliegen der Ausschußmitglieder, das Staatenberichtsverfahren als Forum zu nutzen, um auf eine Rücknahme des Vorbehaltes hinzuwirken.

[533] Dieses jedoch dem Grunde nach bejahend Bauer, S. 222.

[534] In diesem Sinne Giegerich, 55 ZaöRV 713, 776 f. (1995).

fen noch einer sich aus der Praxis des MRA ergebenden Präzisierung und Klärung.[535]

Insbesondere wird im Hinblick auf die Entscheidungen des EGMR sowie der von Lauterpacht vertretenden Rechtsansicht deutlich, daß der MRA mit den anvisierten Rechtsfolgen eines unvereinbaren Vorbehaltes nichts Neues auf dem Gebiet des Völkervertragsrechts geschaffen hat. Vielmehr überläßt der Ausschuß die Beurteilung der Wirksamkeit der Ratifikation sowie eines eingelegten Vorbehaltes eines Paktstaates letztlich diesem Staat selber, mit der aufgestellten „*conditio-sine-qua-non*-Prüfung". Somit bestehen keine Bedenken gegen eine Kompetenz des Ausschusses, einen Staat an den Pakt ohne den Vorzug des Vorbehaltes gebunden zu erklären, für den Fall, daß ein Vorbehalt nicht essentielle Voraussetzung für die Ratifikation gewesen ist. Im gegenteiligen Fall, die Abgabe des unvereinbaren Vorbehaltes als *conditio sine qua non* der Ratifikation, kann der MRA einen Staat unter Nichtbeachtung des unvereinbaren Teiles eines Vorbehaltes nicht als an den Pakt gebunden erklären.

Mit der Auffassung, unzulässige Vorbehalte seien im Regelfall abtrennbar von der übrigen Unterwerfung, so daß der Paktstaat grundsätzlich in vollem Umfang, d.h. ohne die unvereinbaren Vorbehalte, an den IPBPR gebunden sei, hat der Ausschuß einen substantiellen Beitrag zur universellen Geltung der Paktrechte geleistet mt dem eine effektive Überprüfung der Vereinbarkeit von Vorbehalten mit dem Pakt möglich wird.

4. Potentieller Beitrag der Allg. Bem. 24 zum universellen Schutz der Menschenrechte

Bei der Bewertung, inwieweit die vom MRA in seiner Allg. Bem. 24 getroffenen Feststellungen fähig sind, einen Beitrag zum universellen Schutz der Menschenrechte zu leisten, ist zu differenzieren. Einen rechtsverbindlichen Standard - zunächst innerhalb des Paktregimes - setzt die Allg. Bem. 24 aus sich heraus noch nicht. Denn bei den Allgemeinen Bemerkungen des MRA handelt es sich nicht um rechtsverbindliche Auslegungen des Paktes.[536] Sie sind zwar autoritative Interpretationen des Paktes durch den MRA, jedoch fehlt es ihnen an einer Rechts-

---

[535] In der Literatur wurde im Hinblick auf den US-amerikanischen IPBPR-Vorbehalt zur Todesstrafe von Minderjährigen gefolgert, daß der Bindungswille an den Pakt größer gewesen sei als der Vorbehaltswille. Dies ergäbe sich aus dem Umstand, daß die Vereinigten Staaten im Februar 1995 die KRK ohne Vorbehalt unterschrieben hätten, obwohl auch diese ein Hinrichtungsverbot für Minderjährige enthalten habe. Schabas, 27 BJIL 277, 323 (1995). Zu einem früheren Zeitpunkt folgerte der gleiche Autor, daß sich aus der damaligen Praxis der USA ergeben habe, daß Vorbehalte stets *conditio sine qua non* der Ratifikationen gewesen seien. Schabas, 32 CanYBIL 39, 72 (1994).

[536] Empell, S. 141; Nowak, CCPR, Art. 40, Rzf. 55; Tomuschat, 1985 CanHRYB 31, 37. In diesem Sinne auch die Stellungnahme der Vereinigten Staaten zur Allg. Bem. 24 in 16 HRLJ 422 (1995) als auch der Ausschußvorsitzende in U.N. Doc. CCPR/C/SR. 1406, Rzf. 3 (1995).

bindung für die Paktstaaten. Sie sind somit zu unterscheiden von Urteilen und Entscheidungen der regionalen Menschenrechtsgerichtshöfe, die für die betroffenen Staaten bindend sind.[537] Eine Rechtspflicht zur Beachtung der Feststellungen aus der Allg. Bem. besteht nur, wenn diese von den Paktstaaten befolgt werden und sich damit durch eine gemeinsame Übung von MRA und Paktstaaten innerhalb des Paktes ein verbndlicher Rechtsstandard entwickelt.[538] Falls ein Staat in einer Rechtsfrage anderer Ansicht als der Ausschuß sein sollte, es jedoch versäumt, seinem Dissens Ausdruck zu verleihen, läuft er Gefahr, daß ihm unterstellt werden muß, er würde die Auffassung in der Rechtsfrage des Ausschusses akzeptieren und ihr konkludent zustimmen. Ein verspäteter[539] Widerspruch muß als unvereinbar mit der vorherigen Praxis bewertet werden und kann u.U. eine Verletzung des *Estoppel-Prinzips* darstellen.[540]

Im Hinblick auf die bereits erfolgten kritischen Stellungnahmen der Vereinigten Staaten, Großbritanniens und Frankreichs[541] ist indes schon fraglich, ob es zu einer - auch von der Gesamtheit der Paktstaaten getragenen - Übung der Handhabung der Vorbehalte im Sinne der Allg. Bem. 24 kommen wird.

Im folgenden bedarf es einer kurzen Betrachtung, welche weiteren Reaktionsformen, über eine Stellungnahme nach Art. 40 Abs. 5 hinaus,[542] den Paktstaaten offenstehen, um ihrer Gegenauffassung zu Verlautbarungen und Entscheidungen

---

[537] Vgl. Art. 53 EMRK; Art. 68 Abs. 1 IAMRK.

[538] Das Argument, daß die folgende Praxis eine Form der Vertragsauslegung darstellt, findet sich in Art. 31 Abs. 3 WVK. Es wird jedoch die Ansicht vertreten, daß "Praxis" sich hauptsächlich auf die Anwendungspraxis der Vertragsstaaten bezieht, u.U. aber die Praxis durch internationale Orgaisationen miteinschließen kann. Bernhardt, 27 ZaöRV 491, 495, 499, 506 (1967); Karl, S. 116; Empell, S. 193; Verdross/Simma, § 782. Im Hinblick auf Gründungsurkunden von internationalen Organisationen war umstritten, ob diese Organisationen alleine diese Gründungsurkunden auslegen könnten, aufgrund einer ihnen innewohnenden Kompetenz (*implied powers*) und eine eigene Praxis entwickeln können, ohne die Zustimmung der Paktstaaten.

[539] In welchem Zeitrahmen ein Widerspruch als verfristet zu werten ist, mag hier dahinstehen. Denkbar wäre die Jahresfrist gemäß Art. 20 Abs. 5 WVK analog. Hierfür spricht, daß die Stellungnahmen von den Vereinigten Staaten, Großbritannien und Frankreich binnen zwölf Monate nach Verabschiedung der Allg. Bem. 24 erfolgten.

[540] Kerngedanke des *Estoppel-Prinzips* ist es, daß ein Staat an die Erwartungen gebunden ist, die er durch sein vorheriges Handeln erweckt und auf die sich sein Gegenüber in gutem Glauben verlassen konnte. Chinkin, S. 141; Verdross/Simma, § 615.

[541] Stellungnahme der Vereinigten Staaten zur Allg. Bem. 24, 16 HRLJ 422 ff. (1995); Stellungnahme Großbritanniens, 16 HRLJ 424 ff. (1995); Stellungnahme Frankreichs, U.N. Doc. A/51/40, Annex VI, S. 117 ff. (1996).

[542] Bis 1995 hatten nur die Volksrepublik Kongo sowie die Demokratische Republik von Madagaskar eigene Anmerkungen zu den Allg. Bem. 12 und 13 gemacht, vgl. U.N. Doc. CCPR/C/40 (1985); Gomez del Prado, 7 HRQ 492, 512 (1985); McGoldrick, S. 94; Nowak, CCPR, Art. 40, Rzf. 61; Opsahl, FS Partsch, S. 284 f. Hierbei ist jedoch bemerkenswert, daß die Anmerkungen den Charakter eines Ergänzungsberichts haben und sich nicht kritisch mit den Bemerkungen des Ausschusses auseinandersetzen.

des Ausschusses im Rahmen der Allg. Bem. 24 Ausdruck geben zu können.[543] Würde ein Staat auf einem dieser Wege und nicht mittels einer Stellungnahme gemäß Art. 40 Abs. 5 seine Kritik an der Allg. Bem. 24 zum Ausdruck bringen, wäre dies für die Beurteilung einer sich herausbildenden Übung ebenfalls von Bedeutung und könnte einer einheitlichen Handhabung von Vorbehalten im Rahmen des Paktregime entgegenstehen.

Eine Möglichkeit, Entscheidungen des MRA zu beeinflussen oder zu korrigieren, ist die Abfassung einer Resolution oder einer anderen Verlautbarung durch die Paktstaaten auf ihren Versammlungen. Obwohl das Hauptanliegen solcher Paktstaatentreffen die Wahl der Ausschußmitglieder gemäß Art. 30 Abs. 4 ist, sind bereits Versuche unternommen worden, Diskussionen über Allgemeine Bemerkungen und andere auslegungsbedürftige Fragen auf diesen Versammlungen zu führen.[544] Diese Versuche wurden vor dem Zusammenbruch des Ostblocks stets unterbunden von den Delegierten aus jenen Staaten, mit dem Argument, daß der einzige Zweck der Zusammenkunft der Paktstaaten die Wahl der neuen Ausschußmitglieder sei.[545] Im Hinblick auf den neuen Geist der Zusammenarbeit im Ausschuß erscheint zweifelhaft, ob ein solcher Vorschlag immer noch zurückgewiesen werden würde. Würde sich die Gemeinschaft der Paktstaaten zu einer gemeinsamen Erklärung oder Resolution entschließen können, insbesondere zu einer Aufforderung an den Ausschuß, die Allg. Bem. 24 bzw. Teile von ihr zu überarbeiten, hätte diese zwei Konsequenzen: Zum einen würde eine solche Verlautbarung in Frage stellen, ob der Ausschuß das letzte Wort in der Auslegung des Paktes hätte bzw. aus Sicht der Paktstaaten auch haben sollte. Zum anderen müßte eine solche Verlautbarung als Bremse gegen eine zu progressive Quasi-Rechtsprechung des MRA gewertet werden.

Eine weitere Möglichkeit gegen Verlautbarungen und insbesondere Allgemeine Bemerkungen des MRA zu protestieren, ist die Abgabe von Stellungnahmen in UN-Gremien oder Foren. Westliche Staaten hatten diesen Weg gewählt im Fall der Allg. Bem. 14, die das Spannungsverhältnis vom Recht auf Leben zu Nuklearwaffen betraf,[546] als sie im Dritten Ausschuß der Generalversammlung die Ansicht vertraten, daß der Ausschuß bei Abfassung dieser Allgemeinen Bemerkung seine Kompetenzen überschritten habe.[547] Eine solche Erklärung in einem UN-

---

[543] Ein solcher Widerspruch müßte sich nicht nur auf eine Allgemeine Bemerkung als Ganzes beziehen, sondern könnte sich auch auf nachfolgende Feststellungen des Ausschusses beziehen, daß z.B. gewisse Vorbehalte eines Paktstaates mit Ziel und Zweck des IPBPR unvereinbar seien.

[544] U.N. Doc. CCPR/SP/SR. 5, Rzf. 5 ff. (1982); U.N. Doc. CCPR/SP/SR. 7, Rzf. 8 ff. (1983); Nowak, CCPR, Art. 40, Rzf. 63.

[545] U.N. Doc. CCPR/SP/SR. 6, Rzf. 3 ff. (1983); U.N. Doc. CCPR/SP/SR. 7, Rzf. 3 ff.; U.N. Doc. CCPR/SP/SR. 8, Rzf. 3 ff. (1984).

[546] U.N. Doc. CCPR/C/21/Rev. 1, S. 16 (1989).

[547] Siehe die Erklärungen Deutschlands, Frankreichs, Japans, Kanadas, Portugals und der Niederlande in U.N. Doc. A/C.3/39 SR. 46, Rzf. 5 (1984); U.N. Doc. A/C.3/39 SR. 48, Rzf. 10 (1984); U.N. Doc. A/C.3/39 SR. 49, Rzf. 3 (1984); U.N. Doc. A/C.3/39 SR. 50,

Forum stellt nur einen Hinweis auf den Widerspruch im Rahmen der späteren Anwendungspraxis des IPBPR dar.

Eine andere Methode, Verlautbarungen des MRA in Frage zu stellen, ist ein Verfahren im Rahmen der streitigen Gerichtsbarkeit vor dem IGH.[548] Dieser Ansatz beruht auf der Schlußfolgerung, daß Gerichtsurteile des IGH eine höhere Bindewirkung als rechtsunverbindliche Entscheidungen und Empfehlungen des vertragsgebundenen MRA haben. Eine solche Gerichtsentscheidung würde eine endgültige Klärung der entsprechenden Streitfrage herbeiführen. Überträgt man den Ansatz auf die hier diskutierte Frage der Wirksamkeit einzelner Bestimmungen der Allg. Bem. 24, so hieße dies, daß ein gegen einen Vorbehalt einsprucherhebender Staat den Vorbehalt eines anderen Paktstaates zum IPBPR vor dem IGH in Frage zu stellen hätte.[549] Die vom Gerichtshof zu klärende Frage wäre, ob ein Vorbehalt zu einem Menschenrechtsvertrag mit einem eigenen Überwachungsorgan anders behandelt werden müßte als Vorbehalte zu sonstigen Verträgen. Eine solche Feststellung würde in die streitige Gerichtsbarkeit des IGH fallen, da es sich um einen Rechtsstreit in der Frage des Völkerrechts im Sinne von Art. 36 Abs. 2 (b) IGH-Statut handelt. Voraussetzung für das Vorbringen einer solchen Klage vor dem IGH wäre jedoch, daß die betroffenen Parteien die Zuständigkeit des Gerichtshofes aufgrund einer allgemeinen Erklärung gemäß Art. 36 Abs. 2 IGH-Statut anerkannt haben oder *ad hoc* gemäß Art. 36 Abs. 1 1. Alt. IGH-Statut anerkennen würden.[550] Vorteil dieses Vorgehens ist vor allem die Rechtsqualität des Ergebnisses: ein für die Parteien bindendes Urteil. Da ein solches Urteil nur *inter partes* wirkt, wäre es für die anderen Paktstaaten nicht bindend, hätte aber Indikationscharakter und fände Berücksichtigung in der Arbeit des Ausschusses.[551]

Rzf. 15 (1984); U.N. Doc. A/C.3/39 SR.51 Rzf. 3, 7 (1984). Nowak, CCPR, Art. 40, Rzf. 62.

548 Um ein kontradiktorisches Verfahren vor den Gerichtshof zu bringen, müssen die Voraussetzungen des Art. 94 Abs. 1 UNC sowie Art. 59 Abs. 1 IGH-Statut erfüllt sein. Zur möglichen Rolle des IGH bei Vorbehalten zu Menschenrechtsverträgen vgl. Giegerich, 55 ZaöRV 713, 760 f. (1995).

549 Ein solches Verfahren ist bereits von Cook bzgl. der Vorbehalte zum Übereinkommen zur Beseitigung jeder Form von Diskriminierung der Frau vorgeschlagen worden; Cook, 30 VJIL 643, 709 (1990). Wie jedoch schon oben angemerkt, enthält dieses Übereinkommen mit Art. 29 Abs. 1 eine Vorschrift, die eine Entscheidungskompetenz des IGH in einer solchen Frage vorsieht.

550 Da sich der IPBPR im Gegensatz zu anderen Menschenrechtsverträgen in Rechtstreitigkeiten nicht auf den IGH bezieht, ist Art. 36 Abs. 1 3. Alt. IGH-Statut unanwendbar.

551 Die Option, daß der IAGMR in einem Rechtsgutachten Umfang und Reichweite der Allg. Bem. 24 bestimmt, besteht nicht. Jedoch kann gemäß Art. 64 Abs. 1 IAMRK jeder OAS-Mitgliedstaat ein Rechtsgutachten zu Verträgen anfordern, die den Schutz der Menschenrechte in den amerikanischen Staaten betreffen. Ein solches Verfahren wurde bereits von Cook für die Vorbehalte zum Antidiskriminierungsabkommen der Frau vorgeschlagen; Cook, 30 VJIL 643, 711 (1990). Für die folgenden Staaten, die sowohl den IPBPR ratifiziert haben als auch Mitglied der Organisation Amerikanischer Staaten (OAS) sind käme die Anforderung eines Rechtsgutachtens in Frage: Argentinien, Barba-

5. Würdigung

Letztlich ist somit festzustellen, daß den Paktstaaten unterschiedliche Reaktionsmöglichkeiten zur Verfügung stehen, um der vom Ausschuß vertretenen Rechtsauffassung zu widersprechen. Ein solcher Widerspruch, sei es in Form einer Stellungnahme gemäß Art. 40 Abs. 5, einer Resolution der Paktstaaten, einer Stellungnahme in einer UN-Körperschaft oder in Form eines streitigen IGH-Urteils hat zur Folge, daß eine vom Ausschuß vertretene Rechtsauffassung nicht durch eine, auf einer übereinstimmenden Rechtsansicht basierende spätere Übung von MRA und Paktstaaten, zur Rechtspraxis im Paktregime erwachsen kann. Somit können die Paktstaaten durch ihre - ablehnenden - Reaktionen auf die Allg. Bem. 24 dem Entstehen eines eigenen Vorbehaltsregimes zum Pakt entgegenwirken. Indem sie bereits teilweise ihre ablehnende Rechtsauffassung kundgetan haben, verhindern sie die Entwicklung einer zunächst pakteigenen Übung zur restriktiven Handhabung von Vorbehalten, die auf einer übereinstimmenden Rechtsauffassung von MRA und Paktstaaten basiert hätte. Aufgrund des vehementen Widerspruchs der Vereinigten Staaten, Großbritanniens und Frankreichs sind die vom Ausschuß in der Allg. Bem. 24 vertretenen Rechtsauffassungen vor allem betreffend der Kriterien der Unvereinbarkeit von Vorbehalten unterminiert.

Hinsichtlich der Folgen der widersprechenden Stellungnahmen ist jedoch zu unterscheiden: Die Feststellung des MRA, daß er zur Beurteilung der Vereinbarkeit von Vorbehalten zum Pakt berufen sei, wird durch die Stellungnahmen nicht tangiert. Seine Beurteilungskompetenz erwächst nicht konstitutiv aus der Allg. Bem. 24, sondern folgt aus einer Annexkompetenz. Damit kann der Ausschuß die Vereinbarkeit von Vorbehalten mit dem Pakt prüfen und ggf. deren Unvereinbarkeit - jedoch nicht rechtswirksam - feststellen.

---

dos, Bolivien, Brasilien, Chile, Columbien, Costa Rica, Dominika, Dominikanische Republik, Ekuador, El Salvador, Grenada, Guatemala, Guyana, Vincent-Grenadines, Kanada, Surinam, Trinidad-Tobago, Uruguay, Venezuela, Vereinigte Staaten von Amerika. Zu Rechtsgutachten des IAGMR Buergenthal, 79 AJIL 1 ff. (1985). Im Rechtsgutachten zu "other treaties", Serie A: Judgments and Opinions, Nr. 1, Advisory Opinion OC-1/82 vom 24. September 1982, 3 HRLJ 153 ff. (1982), hat der Gerichtshof entschieden, daß er im Prinzip die Kompetenz besitze, jeden Vertrag auszulegen, solange er sich direkt auf den Schutz der Menschenrechte in einem Mitgliedsstaat des inter-amerikanischen Systems beziehe. Dieser Definition unterfällt der Pakt. Jedoch ist die Realisierung dieser Möglichkeit im Hinblick auf den IPBPR gering, da der Gerichtshof schon feststellte, daß er u.U. eine solche Anfrage für ein Rechtsgutachten ablehnen würde, falls er zu dem Ergebnis komme, daß aufgrund der besonderen Umstände eines Einzelfalles die Anfrage die Zuständigkeit aus den folgenden Gründen überschreiten würde: Die Anfrage würde Verpflichtungen eines nichtamerikanischen Staates betreffen oder die Struktur oder Arbeitsweise eines internationalen Organs oder Körperschaft betreffen, die außerhalb des Inter-Amerikanischen Systems angesiedelt ist; Advisory Opinion OC-1/82, Rzf. 52. Buergenthal hat ausdrücklich hervorgehoben, daß zu erwarten sei, daß der IAGMR zurückhaltender bei Anfragen nach Rechtsgutachten zu UN-Verträgen reagiere, insbesondere falls diese einen eigenen Überwachungsmechanismus besäßen. Buergenthal, 79 AJIL 1, 6 (1985).

Hingegen beruhen die vom MRA herausgearbeiteten materiellen Vereinbarkeitskriterien allein auf der Allg. Bem. 24. Eine automatische Konnexität zwischen gewohnheitsrechtlich verankertem Menschenrecht und Unvereinbarkeit eines Vorbehaltes zu einem solchen Recht besteht nicht. Dadurch, daß zu dieser Feststellung des Ausschusses die kritischen Stellungnahmen einiger Paktstaaten erfolgt sind, kann sich keine - auf einer übereinstimmenden Rechtsauffassung basierende - Rechtspraxis entwickeln. Weiterhin sind Vorbehalte zu den vom MRA aufgezählten Paktrechten zulässig. Somit besteht keine paktimmanente Einschränkung solcher Vorbehalte, die über das Paktregime hinaus die universelle Geltung der Menschenrechte hätte fördern können.

Die abgegebenen Stellungnahmen der Paktstaaten sind zudem für die Bewertung der Rechtsfolgen eines unzulässigen Vorbehaltes ohne rechtsbindende Wirkung. Durch die Feststellung des Ausschusses, wonach ein unzulässiger Vorbehalt in der Regel abtrennbar sei und die damit verbundene Abtrennbarkeitsprüfung vom jeweiligen Paktstaat durchzuführen sei, bleibt es letztlich in der Zuständigkeit des betroffenen Staates, die Bedeutung des Vorbehaltes für die eigene Ratifikation zu bestimmen. Die bisherigen Stellungnahmen der Paktstaaten stehen dieser Abtrennbarkeitsprüfung nicht entgegen. Durch die Herausarbeitung dieser Rechtsfolge unvereinbarer Vorbehalte ist es dem Ausschuß gelungen, das Spannungsfeld unzulässiger Vorbehalte zum Pakt zu entschärfen und eine stringente Handhabung mit dem Pakt unvereinbarer Vorbehalte zu definieren. Durch diesen aufgestellten Standard stellt der Ausschuß sicher, daß unvereinbare Vorbehalte im Regelfall nicht anwendbar sind und der Pakt unbeschränkte Wirkung entfalten kann. Hierdurch ist ein umfassenderer Menschenrechtsschutz gewährleistet, der zugleich der universellen Zielrichtung der Rechte Rechnung trägt.

Mag es auch an einer Rechtsbindung der Allg. Bem. 24 fehlen, so enthält sie dennoch als Rechtsauffassung das gesamte Gewicht der Autorität des Ausschusses, so daß unter pragmatischen Gesichtspunkten zudem die Hoffnung besteht, daß die Paktstaaten die Auffassung des MRA in Zukunft umsetzen werden. Auf diese Weise könnte sich die Allg. Bem. 24 trotz der kritischen Stellungnahmen "schleichend" in der Praxis von Ausschuß und Paktstaaten manifestieren.

Der Allg. Bem. 24 kommt schon jetzt neben einer Präzisierung des eigenen Umgangs mit Vorbehalten des Ausschusses eine zusätzliche Vorbildfunktion für die Paktstaaten zu. Hierdurch ist die Rücknahme eingelegter Vorbehalte durch die Paktstaaten zu erhoffen, eine universellere Geltung der Paktrechte wäre die Folge. Die Verabschiedung der Allg. Bem. 24 war mithin sowohl in prozeduraler Hinsicht als auch unter zukünftigen Vorgabegesichtspunkten ein Beitrag zur Herausbildung eines universellen Standards der im Pakt niedergelegten Menschenrechte. Ob sie darüber hinaus Vorbildfunktion für andere menschenrechtliche Vertragsregime erlangen wird, bleibt abzuwarten.

II. Beeinträchtigung durch die Doktrin der *"Margin of Discretion"*

Der universellen Geltung einzelner Paktbestimmungen könnte der vom Ausschuß den Paktstaaten eingeräumte Beurteilungsspielraum einzelner Rechtsbegriffe (*margin of discretion*) entgegenstehen.[552] In Betracht kommt die Einräumung eines solchen Beurteilungsspielraumes insbesondere bei den im Pakt enthaltenen Schranken.[553] Solche Schranken bestehen als Gründe der nationalen Sicherheit,[554] der öffentlichen Sicherheit,[555] der öffentlichen Ordnung (*ordre public*),[556] der Volksgesundheit[557] oder der öffentlichen Sittlichkeit.[558]

Die Einräumung von Beurteilungsspielräumen ist sowohl anerkannt von den europäischen[559] sowie den interamerikanischen[560] Menschenrechtsorganen. Aufgrund eines fehlenden gemeinsamen kulturellen Hintergrundes sowie unterschiedlicher Rechtstraditionen[561] der Paktstaaten kann der MRA nicht von einem Kon-

---

[552] Die Regierung der USA vertrat in ihrer Stellungnahme zur Allg. Bem. 24 zur Bestimmung von Ziel und Zweck des Paktes: "... there need not be immediate, universal implementation of all terms of the treaty." 16 HRLJ 422, 423 (1995).

[553] Vgl. Kiss, 290 ff.

[554] Art. 12 Abs. 3, 14 Abs. 1, 19 Abs. 3, 21, 22 Abs. 2; Kiss, 290, 295 ff.

[555] Art. 18 Abs. 3, 21, 22 Abs. 2; Kiss, 290, 297 f.

[556] Art. 12 Abs. 3, 14 Abs. 1, 18 Abs. 3, 19 Abs. 3, 21, 22 Abs. 2; Kiss, 290, 299 ff.

[557] Art. 12 Abs. 3, 18 Abs. 3, 19 Abs. 3, 21, 22 Abs. 2; Kiss, 290, 302 f.

[558] Art. 12 Abs. 3, 14 Abs. 1, 18 Abs. 3, 19 Abs. 3, 21, 22 Abs. 2; Kiss, 290, 303 f.

[559] Der EGMR hat seine Kasuistik zum Beurteilungsspielraum insbesondere im Rahmen der Schranken zur Meinungsfreiheit gemäß Art. 10 Abs. 2 EMRK entwickelt, um besondere nationale Befindlichkeiten berücksichtigen zu können. In dem Verfahren *Dudgeon ./. Großbritannien*, Urt. v. 22.10.1982, Serie A Nr. 45, Rzf. 52, 10 EuGRZ 488, 491 (1983), stellte der EGMR fest, "that the margin of appreciation will be more extensive where the protection of morals is in issue." In *Observer und Guardian ./. Großbritannien*, Urt. v. 26.11.1991, Serie A Nr. 216, Rzf. 59, 22 EuGRZ 16ff. (1995), stellte der EGMR zudem fest, daß den Vertragsstaaten ein Beurteilungsspielraum bei der Bewertung zustehe, ob ein dringendes gesellschaftliches Bedürfnis im Sinne des Adjektivs "notwendig" gemäß Art. 10 Abs. 2 EMRK bestehe. Dieser Einschätzungsspielraum gehe jedoch mit einer europäischen Überwachung einher, die sich sowohl auf die Gesetzgebung als auch auf die Durchführungsentscheidungen, selbst derjenigen der unabhängigen Gerichte, erstrecke. Zur Bedeutung des Beurteilungsspielraums der Vertragsstaaten im Rahmen der EMRK sowie der diesbezüglichen Überwachungskompetenz der EMRK-Organe vgl. Frowein/Peukert, Vorbem. zu Art. 8-11, Rzf. 14 ff.; Brems, 56 ZaöRV 240 ff. (1996); Herdegen, Europarecht, Rzf. 38 ff.

[560] Im vierten Rechtsgutachten zum Entwurf eines Einbürgerungsgesetzes in Costa Rica, OC-4/84, abgedruckt in 5 HRLJ 161, 173 (1984) stellt der IAGMR fest, "the Court is mindful of the margin of appreciation which is reserved to states when it comes to the establishment of the requirements for the acquisition of nationality and the determination whether they have been complied with."

[561] In dem Beschwerdeverfahren *Gordon C. Van Duzen ./. Kanada*, 50/1979, U.N. Doc. CCPR/C/OP/1, S. 118, 121 (1985), stellt der MRA fest, daß sich zwar die Begriffe des

sens hinsichtlich der Bedeutung und Reichweite aller Paktbestimmungen ausgehen. Insofern hat er sich darauf beschränkt, als kleinsten gemeinsamen Nenner das "Menschsein" anzuführen, um eine universelle Geltung für wesentliche Grundbegriffe zu begründen. Im Rahmen der Allg. Bem. 21 [44] führt er z.B. aus:

> "Treating all persons deprived of their liberty with humanity and with respect for their dignity is a fundamental and universally applicable rule. [...] Article 10 does not indicate any limits of juvenile age. While this is to be determined by each State party in the light of relevant social, cultural and other conditions, the Committee is of the opinion that article 6, paragraph 5, suggests that all persons under the age of 18 should be treated as juveniles, at least in matters relating to criminal justice".[562]

Trotz des den Paktstaaten in einigen Bereichen eingeräumten Beurteilungsspielraumes aufgrund bestehender sozialer oder kultureller Bedingungen legt der Ausschuß in dieser Allg. Bem. mit 18 Jahren eine starre Altersgrenze zur Bestimmung der altersmäßigen Reichweite des Rechtes aus Art. 10 fest. Er unterstreicht damit die seiner Meinung nach besondere Bedeutung der Festlegung eines Alters zur Bestimmung eines Jugendlichen.

Hingegen hat der MRA bei der Auslegung anderer Rechtsbegriffe aus dem Pakt den Paktstaaten grundsätzlich einen weitgefaßten Beurteilungsspielraum (*margin of discretion*) zugestanden. So hat es der Ausschuß in seiner Allg. Bem. 19 [39] den Staaten überlassen, den Begriff der "Familie" im Rahmen des eigenen religiös-kulturellen Verständnisses anzuwenden und auszulegen:

> "The Committee notes that the concept of the family may differ in some respects from State to State, and even from region to region within a State, and that it is therefore not possible to give the concept a standard definition."[563]

Während es der MRA den Staaten zwar im einzelnen überläßt, welche Lebensgemeinschaften dem Begriff der Familie unterfallen, fordert er sie dennoch auf, dem Ausschuß im Rahmen seiner vorzulegenden Berichte seine Auslegung des Begriffes zu erläutern. Gleichzeitig erklärt er, die vom MRA aufgestellten Mindeststandards zum Schutz der Familie aus der Allg. Bem. 21 [44] seien zu berücksichtigen. Im Rahmen einiger Individualbeschwerdeverfahren greift er die Bedeutung des Begriffs "Familie" erneut auf und präzisiert - entgegen des in der Allg. Bem. 19 [39] grundsätzlich eingeräumten Beurteilungsspielraumes - hinsichtlich des Verhältnisses von nicht-sorgeberechtigtem Elternteil zum Kind,

> "that the term 'family' must be understood broadly; it reaffirms that the concept refers not solely to the family home during marriage or cohabitation, but also to the relations in general between parents and child."[564]

Paktes auf lange Traditionen in vielen Staaten zurückführen lassen, sie jedoch mittlerweile eine eigenständige Bedeutung erlangt hätten.

562 Allg. Bem. 21 [44], U.N. Doc. CCPR/C/21/Rev. 1/Add. 3, Rzf. 4 (1992).

563 Allg. Bem. 19 [39], U.N. Doc. CCPR/C/21/Rev. 1/Add. 2, Rzf. 2 (1990).

Damit gab der Ausschuß zu erkennen, daß er trotz des den Paktstaaten grundsätzlich eingeräumten Beurteilungsspielraums gewillt ist, den Begriff der Familie in Einzelfällen auszufüllen und ihm z.B. hinsichtlich der Eltern-Kind-Beziehung eine universelle Bedeutung beimißt.

In dem Verfahren *Hertzberg ./.Finnland*[565] stellte der Ausschuß zum Inhalt des Begriffs "öffentliche Sittlichkeit" aus Art. 19 Abs. 3 fest,

> "[i]t has to be noted, first, that public morals differ widely. There is no universally applicable common standard. Consequently, in this respect, a certain margin of discretion must be accorded to the responsible national authorities."

Dieser grundsätzlichen Einräumung eines nationalen Beurteilungsspielraumes in Fragen der Moral ist der Ausschuß im Verfahren *Toonen ./. Australien* jedoch wie folgt entgegengetreten:

> "The Committee cannot accept that for the purposes of article 17 of the Covenant, moral issues are exclusively a matter of domestic concern, as this would open the door to withdrawing from the Committee's scrutiny a potentially large number of statutes interfering with privacy."[566]

An anderer Stelle erklärte der Menschenrechtsausschuß, daß er unzuständig für die Auslegung innerstaatlichen Rechts sei. Seine Aufgabe sei zwar u.U. die Beurteilung der Vereinbarkeit des nationalen Rechts mit dem Paktstandard. Jedoch stellte er fest, er habe in diesen Fällen den Beurteilungsspielraum der Paktstaaten zu berücksichtigen:

> "The Committee takes the view that the interpretation of domestic law is essentially a matter for the courts and authorities of the State party concerned. It is not within the powers or functions of the Committee to evaluate whether the competent authorities of the State party in question have interpreted and applied the domestic law correctly in the case before it under the Optional Protocol, unless it is established that they have not interpreted and applied it in good faith or that it is evident that there has been an abuse of power."[567]

Zu einem späteren Zeitpunkt führte der Ausschuß in einem anderen Individualbeschwerdeverfahren eine Prüfung durch, ob der Paktstaat sein nationales Recht

---

[564] *Santacana ./. Spanien*, 417/1990, U.N. Doc. A/49/40, Vol. II, S. 101, 111 (1994). Die gleiche Aufassung vertrat der MRA bereits in *Hendriks ./. Niederlande*, 201/1985, U.N. Doc. A/43/40, S. 230, 238 (1988).

[565] 61/1979, U.N. Doc. CCPR/C/OP/1, S. 124, 126 (1985); dt. Übersetzung in 7 EuGRZ 342, 344 (1982).

[566] 488/1992, U.N. Doc. A/49/40, Vol. II, S. 226, 234 (1994).

[567] *Maroufidou ./. Schweden*, 58/1979; U.N. Doc. CCPR/C/OP/1, S. 80, 83 (1985). Dt. Übersetzung in 6 EuGRZ 394 (1981). Der Ausschuß verneinte eine Verletzung von Art. 13, da die Entscheidung von den zuständigen Behörden in *good faith* getroffen worden sei.

paktkonform angewandt und seinen Beurteilungsspielraum nicht überschritten hatte. Dabei ging es um die Anwendung von "objective and reasonable criteria" zur Ungleichbehandlung eines in nichtehelicher Lebensgemeinschaft Lebenden mit Verheirateten. Der Ausschuß kam zu dem Ergebnis, daß in dem Fall eine Ungleichbehandlung durch objektive und sachgerechte Kriterien gerechtfertigt sei und eine Verletzung des Art. 26 nicht vorgelegen habe.[568] Der Paktstaat hatte mithin nach Auffassung des MRA den ihm eingeräumten Beurteilungsspielraum sachgerecht ausgefüllt. Ähnlich entschied der Ausschuß als er im Verfahren *Debreczeny ./. Niederlande*[569] feststellte, daß die im innerstaatlichen Recht aufgestellten Einschränkungen auf objektiven Kriterien beruhten, sowie sachgerecht und mit dem Gesetzeszweck vereinbar seien und damit der Pakt nicht verletzt sei.

Der Ausschuß hebt jedoch auch hervor, daß der den Paktstaaten eingeräumte Beurteilungsspielraum nicht unbeschränkt gelte, sondern dort seine Grenzen finde, wo es um die Auslegung der Bestimmungen des IPBPR gehe. Die Bestimmung des Inhalts der Paktvorschriften sei der Beurteilung der Staaten entzogen:

> "The Committee considers that the expression 'according to law' in article 14 (5) of the Covenant is not intended to leave the very existence of the right of review to the discretion of the States parties, since the rights are those recognized by the Covenant, and not merely those recognized by domestic law. Rather, what is to be determined 'according to law' is the modalities by which the review by a higher tribunal is to be carried out."[570]

An anderer Stelle verzichtet der Ausschuß auf die Anerkennung eines Beurteilungsspielraumes. In dem Individualbeschwerdeverfahren *Coeriel und Aurik ./. Niederlande*[571], in dem es um die vom Paktstaat verweigerte Änderung des Familiennamen in einen hinduistischen Namen ging, hatte der Ausschuß festzustellen, ob eine Verletzung des Privatlebens (*privacy*) gemäß Art. 17 vorlag. Der Paktstaat hatte argumentiert, daß ihm eine beachtliche Freiheit zustünde, wie die Prinzipien des Art. 17 auszulegen seien.[572] Dieses Vorbringen blieb in der Entscheidung des MRA unberücksichtigt und unter Heranziehung der Allg. Bem. 16 [32] konzentrierte sich der Ausschuß auf die Auslegung des Begriffs "willkürlich" (*arbitrary*) und folgerte, daß es sich bei der Verweigerung der Namensänderung um einen willkürlichen Eingriff in das Privatleben gehandelt habe.[573] In seinem Sondervotum kritisierte Ando, daß die Entscheidung lediglich auf der westlichen Konzeption der Privatsphäre beruhe und Wertvorstellungen aus anderen Kulturen

---

[568] *Danning ./. Niederlande*, 180/1984; U.N. Doc. CCPR/C/OP/2, S. 205, 209 (1990). Dt. Übersetzung in 16 EuGRZ 37, 39 (1989).

[569] 500/1992, U.N. Doc. CCPR/C/53/D/500/1992 (1995), wird im Jahresbericht U.N. Doc. A/50/40 Vol. II veröffentlicht.

[570] *Montejo ./. Kolumbien*, 64/1979, U.N. Doc. CCPR/C/OP/1, S. 127, 129 f. (1985); dt. Übersetzung in 7 EuGRZ 339 f. (1982).

[571] 453/1991, U.N. Doc. A/50/40 Vol. II, abgedruckt in 15 HRLJ 422 ff. (1994).

[572] 453/1991, 15 HRLJ 422, 423 (1994).

[573] 453/1991, 15 HRLJ 422, 424 (1994).

unberücksichtigt blieben. In nicht-westlichen Kulturen sei der Name nicht ausschließlich einem Individuum zugeschrieben, sondern auch der Familie des Namensträgers, so daß nach seiner Auffassung der Schutzbereich "Privatleben" mit der verweigerten Namensänderung gar nicht betroffen sei:

> "In the Western society a family name may be regarded only as an element to ascertain one's identity, thus replaceable with other means of identification such as a number or a cipher. However, in other parts of the world, names have a variety of social, historical and cultural implications, and people do attach certain values to their names. This is particularly true with family names. Thus, if a member of a family changes his or her family name, it is likely to affect other members of the family as well as values attached thereto. Therefore, it is difficult for me to conclude that the family name of a person belongs to the exclusive sphere of privacy which is protected under article 17."[574]

Auf die Einräumung eines Beurteilungsspielraumes, sei es bei der Auslegung des Begriffs "Privatsphäre", sei es bei der Bestimmung der Eingriffe nach Art. 17, hat der Ausschuß somit verzichtet.

Zusammenfassend ist festzustellen, daß der Ausschuß bei einzelnen Rechtsbegriffen den Paktstaaten grundsätzlich einen Beurteilungsspielraum überläßt. Dieser Spielraum ermöglicht es den Staaten, einzelne Rechtsbegriffe nach den Vorstellungen des jeweiligen Rechts- und Kulturkreises auszufüllen.[575] Damit gewährleistet der MRA eine universelle Akzeptanz seiner Arbeit. Gleichzeitig bemüht sich der Ausschuß um die Integrität des IPBPR und damit die weltweiteinheitlichen Auslegung der Paktbestimmungen. Danach findet der den Paktstaaten eingeräumte Beurteilungsspielraum zum einen dort seine Grenzen, wo die Behörden und Gerichte der Paktstaaten in die Zuständigkeit des MRA eingreifen und es um die Anwendung und Auslegung der Paktbestimmungen geht. In diesen Fällen befindet sich der Ausschuß als ausschließlich zuständig, um eine einheitliche Auslegung zu gewährleisten. Zum anderen legt der Ausschuß den Pakt in einzelnen Fällen konkret aus und berücksichtigt einen etwaig bestehenden Beurteilungsspielraum des Paktstaates u.U. nicht. Damit kann der den Paktstaaten zunächst eingeräumte Auslegungspielraum nachträgliche Begrenzungen finden. Zudem verzichtet der MRA auf die Einräumung eines Beurteilungsspielraums um jeden Preis. Dieses Rechtsintitut wird restriktiv gehandhabt.

Mithin ist das Rechtsinstitut der *margin of discretion* einerseits zwar ein Beitrag des MRA, der den universalen Charakter im Sinne einer weltweiteinheitlichen Auslegung der im Pakt enthaltenen Rechte grundsätzlich hemmt. Andererseits klammert sich der Ausschuß nicht statisch an den eingeräumten Beurteilungsspielraum der Paktstaaten, sondern arbeitet auch innerhalb des über-

---

[574] 453/1991, 15 HRLJ 422, 425 (1994).

[575] Flinterman vertritt, daß Staatenorgane generell in einer besseren Position als internationale seien, um in Menschenrechtsangelegenheiten zu handeln, 1995 ASIL/NVIR Proceedings 330, 331.

lassenen Beurteilungsspielraums einen verbindlichen gemeinsamen Rechtsstandard aller Paktstaaten heraus, so daß eine flexible Handhabung dieses Rechtsinstituts die Folge ist und der universelle Charakter der Paktrechte und die Überwachung durch den MRA im konkreten Fall möglich ist.

III. Beeinträchtigung durch religiöse und kulturelle Vorstellungen

Inhaltlicher Art ist die universelle Umsetzung der materiellen Bestimmungen des Paktes potentiell zudem durch divergierende religiöse und kulturelle Vorstellungen beeinträchtigt. Unterschiedliche Religionen und damit verbundene Wertvorstellungen in verschiedenen Kulturkreisen haben uneinheitliche Konzeptionen des gesellschaftlichen Zusammenlebens zur Folge. Diese können eine unterschiedliche Ausgestaltung des innerstaatlichen Rechtssystems zur Folge haben. Sie können z.B. die Rolle der Frau in der Gesellschaft betreffen, die mit anderen Rechten als der Mann ausgestattet wird. Sie können die rechtlichen Rahmenbedingungen einer ehelichen Lebensgemeinschaft betreffen oder die Rechtsstellung Andersgläubiger. Diese Unterschiede hätten die mögliche Gefährdung einer universellen Umsetzung der im IPBPR enthaltenen Rechte durch die Paktstaaten zur Folge, wenn der Ausschuß die jeweiligen religiösen und kulturellen Vorstellungen als quasi paktimmanente Schranken berücksichtigen würde und müßte.[576] Die Rücksichtnahme auf besondere nationale oder lokale Verhältnisse ist zum Beispiel vom EGMR im Rahmen eines den nationalen Behörden überlassenen Einschätzungsspielraumes anerkannt worden.[577]

Einer solchen potentiellen Relativierung der Paktrechte durch Religions- oder Moralvorstellungen hat sich der MRA jedoch entgegengestellt. In seiner Allg. Bem. 22 [48] führte er hierzu aus:

> "The Committee observes that the concept of morals derives from many social, philosophical and religious traditions; consequently, limitations on the freedom to

[576] So folgerte Jhabvala, 15 IYDHR 184, 191 (1985), daß es illusorisch sei, anzunehmen, aus einem weitverbreitetem Menschenrechtsvertrag wie dem Pakt folge ein universeller Menschenrechtsstandard. - Schon der Umstand, daß die Auschußmitglieder aus verschiedenen Rechts- und Kulturkreisen stammen, habe dazu geführt, so Jhabvala, daß sich der MRA mit dem kulturell bedingten unterschiedlichen Verständnis einzelner Rechte beschäftigt habe. Higgins beschrieb hierzu, daß Ausschußmitglieder aus Ländern mit einer *common-law*-Tradition Schwierigkeiten gehabt hätten, dem Verständnis des Ehrbegriffs aus Art. 17 der lateinamerikanischen Mitglieder zu folgen. Higgins, 52 MLR 1, 4 (1989).

[577] So entschied der Gerichtshof in *Otto-Preminger-Institut ./. Österreich*, Urt. v. 20.9.1994, Serie A Nr. 295-A, Rzf. 56, 15 HRLJ 371, 377 (1994), daß die Beschlagnahme eines aggressiv antikatholischen Filmes, die auf der schweren Verletzung der religiösen Gefühle der überwiegend katholischen Bevölkerung in Tirol beruhte, noch im Rahmen des den Vertragsstaaten eingeräumten Einschätzungsspielraumes bleibe. Vgl. hierzu auch Herdegen, Europarecht, Rzf. 40; Grabenwarter, 55 ZaöRV 128, 157 f. (1995).

> manifest a religion or belief for the purpose of protecting morals must be based on principles not deriving exclusively from a single tradition. [...] The fact that a religion is recognized as a State religion or that it is established as official or traditional or that its followers comprise the majority of the population shall not result in any impairment of the enjoyment of any of the rights under the Covenant, including articles 18 and 27, nor in any discrimination against adherents of other religions or non-believers."[578]

Hiermit hat sich der MRA gegen eine allgemeine religiös motivierte Einschränkung der Paktrechte gewandt und damit den universellen Charakter der im Pakt enthaltenen Rechte unterstrichen.

Darüber hinaus hatte sich der Ausschuß mit konkreten religiös motivierten Einschränkungen der Bestimmungen des IPBPR durch die Paktstaaten auseinanderzusetzen. Diese Einschränkungen erfolgten insbesondere durch Vorbehalte. So legte Irland zu Art. 23 Abs. 4 einen Vorbehalt ein, daß aus dieser Vorschrift kein Recht auf Scheidung abzuleiten sei.[579] Diesen Vorbehalt griff der Ausschuß anläßlich der Prüfung des irischen Erstberichtes in seinen abschließenden Bemerkungen auf. Er wies darauf hin, daß durch das Verbot von Scheidungen in Irland eine Verschlimmerung der Probleme von *de facto* Eheauflösungen die Folge sei.[580] Zwar forderte er Irland in seinen abschließenden Bemerkungen nicht ausdrücklich auf, den entsprechenden Vorbehalt zu überprüfen und ggf. zurückzuziehen,[581] jedoch ist seiner Reaktion zu entnehmen, daß er eine solche Rücknahme für geboten hält. Mit seinem Hinweis gibt er zu erkennen, daß er die strengen katholischen Moralauffassungen Irlands dem Staat nicht als relativierende Besonderheit bei der Umsetzung des Art. 23 Abs. 4 zubilligt und tritt damit für eine universelle Umsetzung dieser Vorschrift ein.

Eine umfangreiche Einschränkung der Paktrechte eigener Art unter religiösen Aspekten ist der ägyptische Vorbehalt zum Pakt:

> "... taking into consideration the provisions of the Islamic Sharia and the fact that they do not conflict with the text annexed to the instrument ... we accept, support and ratify it..."[582]

---

[578] U.N. Doc. CCPR/C/21/Rev. 1/Add. 4, Rzf. 8 f. (1993); abgedruckt in 15 HRLJ 233 ff. (1994).

[579] U.N. Doc. CCPR/C/2/Rev. 4, S. 25 (1994).

[580] U.N. Doc. CCPR/C/79/Add. 21, Rzf. 16 (1993).

[581] Eine solche Aufforderung ist z.B. anläßlich der Prüfung des Erstberichtes Maltas hinsichtlich der Vorbehalte zu Art. 13 und 14 erfolgt. U.N. Doc. CCPR/C/79/Add. 29, Rzf. 13 (1993). Eine ähnliche Anregung erhielten die USA bezüglich ihrer Vorbehalten zu Art. 6 Abs. 5 und Art. 7; U.N. Doc. CCPR/C/79/Add. 50, Rzf. 27 (1995).

[582] U.N. Doc. CCPR/C/2/Rev. 4, S. 18 (1994). - Zum Konfliktbereich internationaler Menschenrechtsverpflichtungen Ägyptens, insbesondere zum Schutz der Frau unter Beachtung der KADF, und der ägyptischen Rechtstradition vgl. Jenefsky, 15 MJILT 199, 213 ff. (1991).

Folge dieses Vorbehaltes ist die Relativierung der im Pakt enthaltenen Rechte nach Maßgabe der Bestimmungen der Scharia. Zwar sieht sich der Ausschuß aufgrund dieses Vorbehaltes nicht mit der Frage konfrontiert, ob er eine Begrenzung der Paktverpflichtunen aufgrund der religiösen Rahmenbedingungen Ägyptens *ultra posse* akzeptiere. Eine potentielle Einschränkung der Verpflichtungen könnte insofern allein aus dem Vorbehalt folgen. Doch wenn sich der MRA schon ausdrücklich den Bestimmungen eines Vorbehaltes entgegensetzt, muß dies erst recht hinsichtlich einer möglichen immanenten Schranke der Berücksichtigung religiöser und kultureller Eigenheiten eines Paktstaates gelten.

Zwar ist die Bedingtheit der ägyptischen Unterwerfung unter den IPBPR unter dem Vorbehalt der Vereinbarkeit der Paktverpflichtungen mit der Scharia vom Ausschuß in seinen ersten abschließenden Bemerkungen zu einem ägyptischen Bericht nicht aufgegriffen worden.[583] Der Ausschuß hat jedoch nach der Prüfung des zweiten periodischen Berichtes Ägyptens die Notwendigkeit unterstrichen, die Religionsfreiheit von Nicht-Muslimen zu achten.[584] Insbesondere drückte er seine Besorgnis über mit Art. 18 unvereinbaren Beschränkungen von Religionsgemeinschaften wie den Baha'is aus. Damit folgt der Ausschuß seiner in der Allg. Bem. 22 [48] geäußerten Auffassung, eine Einschränkung der Religionsfreiheit durch eine vorherrschende Religion oder Staatsreligion nicht hinzunehmen, und stellt sich einer Begrenzung der im Pakt garantierten Rechte aufgrund einer vorherrschenden religiösen Anschauung in einem Paktstaat entgegen.

Ein besonderes Konfliktpotential zwischen universellen Paktverpflichtungen einerseits und religiösen Wertvorstellungen in einem Paktstaat andererseits hat sich bei der Prüfung der periodischen Berichte Irans ergeben.[585] Anläßlich der Prüfung des zweiten iranischen periodischen Berichtes setzte sich der Ausschuß in seiner abschließenden Bemerkung ausführlich mit der Umsetzung der Paktrechte im Iran auseinander.[586] Er kritisierte insbesondere unter Bezugnahme auf die Bestimmungen der Allg. Bem. 22 [48] die Ungleichbehandlung nicht-islamischer Religionsgemeinschaften, die Ungleichbehandlung von Frauen sowie die Durchführung öffentlicher Hinrichtungen.[587] Damit gab er zu erkennen, daß er auch die Besonderheiten eines islamischen Gottesstaates nicht als immanente Rechtfertigung für cinc Begrenzung der Paktrechte anerkennt und eine Relativierung des universalen Anspruches der Paktrechte unter Verweis auf die Lehren des Islam nicht billigt.

In seinen abschließenden Bemerkungen zum dritten periodischen Bericht Norwegens setzte sich der Ausschuß mit Aspekten der Religionsfreiheit in diesem

583 U.N. Doc. CCPR/C/79/Add. 23 (1993).

584 U.N. Doc. CCPR/C/79/Add. 23, Rzf. 12 (1993).

585 Bei Vorlage des iranischen Erstberichtes stellte ein Vertreter Irans fest: "although many articles of the Covenant were in conformity with the teachings of Islam, there could be no doubt that the tenets of Islam would prevail whenever the two sets of laws were in conflict." U.N. Doc. CCPR/C/SR. 364, Rzf. 4 (1982).

586 U.N. Doc. CCPR/C/79/Add. 25 (1993).

587 U.N. Doc. CCPR/C/79/Add. 25, Rzf. 16, 18, 21 f. (1993).

Paktstaat auseinander. Er kritisierte Art. 2 der norwegischen Verfassung, nach der Lutheraner verpflichtet sind, ihre Kinder in demselben Glauben zu erziehen. Dies hielt er für unvereinbar mit Art. 18.[588] Somit ist er auch hier einer Relativierung der Paktverpflichtungen aufgrund des religiösen Hintergrundes des Paktstaates entgegengetreten.

Ähnlich äußerte er sich hinsichtlich der vorherrschenden Stellung der katholischen Kirche in Costa Rica anläßlich der Prüfung dessen dritten periodischen Berichtes. Er kritisierte in seinen abschließenden Bemerkungen die hervorgehobene Rolle der katholischen Kirche, welche die Lehre nicht-katholischen Religionsunterrichtes in öffentlichen Schulen verhindern kann.[589] Auch mit dieser Beanstandung gab der MRA zu erkennen, daß er die traditionell-religiös motivierten Beschränkungen der Umsetzung der Verpflichtungen des IPBPR durch einen Paktstaat nicht akzeptiert. Stattdessen unterstreicht er damit konkludent den universalen Charakter der Paktverpflichtungen.

Anläßlich der Prüfung des zweiten periodischen Berichtes des Libanon kritisierte der MRA, daß libanesische Bürger einer der offiziell anerkannten Religionsgemeinschaften angehören müßten, um sich um ein öffentliches Amt bewerben zu können.[590] Ein solches Erfordernis verstoße gegen Art. 25. Eine Berücksichtigung der historischen und kulturellen Verhältnisse Libanons als Rechtfertigung dieser innerstaatlichen Regelung durch den MRA erfolgte nicht.

Ein Bereich, in dem regionale kulturelle Werte einer universellen Anerkennung und Durchsetzung der im Pakt enthaltenen Rechte entgegenstehen könnten, war innerhalb der Paktarbeit die Frage der körperlichen Bestrafung *(corporal punishment)*. Dabei hatte der Ausschuß zu entscheiden, ob diese Form der Strafe einer grausamen, unmenschlichen oder erniedrigenden Behandlung oder Strafe im Sinne von Art. 7 unterfällt.[591] Hierzu führte Tomuschat anläßlich der Berichtsprüfung Gambias aus:

> "Corporal punishment could not automatically be said to violate article 7 of the Covenant, which referred not only to torture but also to cruel, inhuman or degrading treatment. Corporal punishment had to be seen in the context of the society in which it was practised and, when used almost symbolically, as in the case of minors in Gambia, could be much less degrading than confinement to an institution."[592]

---

[588] U.N. Doc. CCPR/C/79/Add. 27, Rzf. 10 (1993).

[589] U.N. Doc. CCPR/C/79/Add. 31, Rzf. 9 (1994).

[590] U.N. Doc. CCPR/C/79/Add. 78, Rzf. 23 (1997).

[591] An-Na'am, Cross Cultural Perspectives, S. 32, ist der Auffassung, daß die körperliche Bestrafung in den meisten Gesellschaften nicht unbedingt als "grausam, unmenschlich oder erniedrigend" angesehen werde. Dem hat sich Rodley entgegengestellt, der diese zumindest als erniedrigende Strafe auffaßt, 1995 ASIL/NVIR Proceedings 332, 333.

[592] U.N. Doc. CCPR/C/SR. 506, Rzf. 49 (1984).

Einer solchen relativierenden Auslegung ist der Ausschuß in der Folgezeit entgegengetreten. Er hat sowohl in der Allg. Bem. 7 [16][593] sowie der Allg. Bem. 20 [44][594] als auch in der abschließenden Bemerkung zum zweiten periodischen Bericht Tansanias[595] sowie zum zweiten periodischen Bericht Libyens[596] festgestellt, daß die körperliche Bestrafung - auch in Form der Züchtigung als Mittel der Erziehung oder Disziplinierung - durch den Pakt verboten sei. Damit gab der Ausschuß zu erkennen, daß er eine Einschränkung der Bestimmungen des Art. 7 aufgrund kultureller oder sozialer Besonderheiten nicht akzeptieren würde und sprach sich strikt gegen die Zulässigkeit der körperlichen Bestrafung aus.

Der Ausschuß wandte sich ebenfalls gegen eine relativierende Auslegung der Paktrechte aufgrund kultureller Traditionen und Gebräuche in einem Paktstaat anläßlich der Berichtsprüfung des dritten senegalesischen Berichtes. In seiner abschließenden Bemerkung stellte er fest, daß die Fortgeltung bestimmter Gebräuche (*certain customs*) sowie veralteter Gesetze einer vollen Umsetzung der Paktbestimmungen Senegals entgegenstünden.[597] Eine rechtfertigende Berücksichtigung dieser kulturellen Traditionen zur einschränkenden Bestimmung des Umfangs der Paktrechte ließ der Ausschuß mithin nicht zu. Die Aufforderung zur Überwindung eigener Gebräuche und Traditionen zur Umsetzung der Paktrechte enthalten weitere abschließende Bemerkungen des MRA.[598] Nur in einem Fall berücksichtigte der MRA im Rahmen der Umsetzung der Paktverpflichtungen Traditionen und Gebräuche eines Paktstaates positiv. In den abschließenden Bemerkungen zum Sonderbericht Burundis schlug er vor, im Rahmen einer Werbekampagne für die Menschenrechte in Burundi dessen Traditionen und Gebräuche bei dieser Kampagne einzubeziehen, insbesondere die Rolle, die die Mütter für die Erziehung ihrer Kinder spielen.[599] Die Berücksichtigung dieser kulturellen Besonderheiten Burundis sollen somit nicht zu einer Einschränkung der Paktrechte,

---

593 U.N. Doc. CCPR/C/21/Rev. 1, S. 6 Rzf. 2 (1989).
594 U.N. Doc. CCPR/C/21/Rev. 1/Add. 3, Rzf. 5 (1993).
595 U.N. Doc. CCPR/C/79/Add. 12, Rzf. 8 (1992).
596 U.N. Doc. CCPR/C/79/Add. 45, Rzf. 9 (1994).
597 U.N. Doc. CCPR/C/79/Add. 10, Rzf. 4 (1992).
598 Gleiches stellte er in seinen abschließenden Bemerkungen fest zum Erstbericht Nigers, U.N. Doc. CCPR/C/79/Add. 17, Rzf. 4 (1993); zum zweiten periodischen Bericht Guineas, U.N. Doc. CCPR/C/79/Add. 20, Rzf. 4 (1993). Ebenso kritisierte der MRA die iranische Praxis der Prügelstrafen, Steinigungen und Amputationen als unvereinbar mit Art. 7; U.N. Doc. CCPR/C/79/Add. 25, Rzf. 11 (1993). In seinen abschließenden Bemerkungen zum zweiten periodischen Berichts Kameruns forderte der MRA den Paktstaat auf "to overcome the weight of certain customs and traditions" um die Gleichberechtigung von Mann und Frau zu erreichen. U.N. Doc. CCPR/C/79/Add. 33, Rzf. 25 (1994). Eine ähnliche Aufforderung enthielt die abschließende Bemerkung zum zweiten periodischen Bericht Togos, U.N. Doc. CCPR/C/79/Add. 36, Rzf. 19 (1994) sowie zum Erstbericht Nepals, U.N. Doc. CCPR/C/79/Add. 42, Rzf. 13 (1994) als auch zum Erstbericht Paraguays, U.N. Doc. CCPR/C/79/Add. 48, Rzf. 16 (1995) und zum Erstbericht Guatemalas, U.N. Doc. A/51/40, Rzf. 237 (1996).
599 U.N. Doc. CCPR/C/79/Add. 41, Rzf. 13 (1994).

sondern zu einer weiteren - universellen - Verbreitung dieser beitragen. Der Ausschuß hat also Gebräuche und Traditionen nicht als Begrenzung zur Bestimmung des Inhalts der Rechte des IPBPR herangezogen, sondern hat sie hauptsächlich als Hindernis der universalen Umsetzung der Paktrechte bezeichnet.

Der Ausschuß hat zudem in mehreren abschließenden Bemerkungen die Gleichbehandlung von Mann und Frau angemahnt.[600] In dieser Frage von höchster praktischer Relevanz war der Ausschuß in keinem der Fälle bereit, die Ungleichbehandlung von Frauen aufgrund besonderer kultureller Bedingungen zu dulden.[601] Vielmehr beharrte er damit auf einer einheitlichen Umsetzung des Gleichbehandlungsgebotes. Anläßlich der Prüfung des dritten periodischen Berichtes Marokkos wies der Ausschuß in seinen abschließenden Bemerkungen zudem darauf hin, daß trotz der umfangreichen Vorbehalte, die der Paktstaat zu Bestimmungen der Gleichbehandlung von Männern und Frauen zur KADF gemacht hat, Marokko in vollem Umfang an die Gleichheitsbestimmungen des Pak-

[600] So in den abschließenden Bemerkungen zum Erstbericht Koreas, U.N. Doc. CCPR/C/79/Add. 6, Rzf. 6 (1992); zum dritten periodischen Bericht Senegals, U.N. Doc. CCPR/C/79/Add. 10, Rzf. 5 (1992); zum Erstbericht Nigers, U.N. Doc. CCPR/C/79/Add. 17, Rzf. 6 (1993); zum zweiten periodischen Bericht Irans, U.N. Doc. CCPR/C/79/Add. 25, Rzf. 13 (1993); zum dritten periodischen Berichts Costa Ricas, U.N. Doc. CCPR/C/79/Add. 31, Rzf. 14 (1994); zum zweiten periodischen Bericht Kameruns, U.N. Doc. CCPR/C/79/Add. 33, Rzf. 25 (1994); zum dritten periodischen Bericht Jordaniens, U.N. Doc. CCPR/C/79/Add. 35, Rzf. 7, 15 (1994); zum zweiten periodischen Bericht Togos, U.N. Doc. CCPR/C/79/Add. 36, Rzf. 8 (1994); zum Erstbericht Nepals, U.N. Doc. CCPR/C/79/Add. 42, Rzf. 7 f. (1994); zum vierten periodischen Bericht Tunesiens, U.N. Doc. CCPR/C/79/Add. 43, Rzf. 9 f. (1993); zum zweiten periodischen Bericht Libyens, U.N. Doc. CCPR/C/79/Add. 45, Rzf. 12 (1994); zum Erstbericht Paraguays, U.N. Doc. CCPR/C/79/Add. 48, Rzf. 27 (1995); zum zweiten periodischen Bericht Jemens verurteilte er insbesondere die Beschneidung von Frauen, U.N. Doc. CCPR/C/79/Add. 51, Rzf. 14 (1995); zum vierten periodischen Bericht der Ukraine, U.N. Doc. CCPR/C/79/Add. 52, Rzf. 22 (1995); zum vierten periodischen Bericht Rußlands, U.N. Doc. CCPR/C/79/Add. 54, Rzf. 14 (1995); zum vierten periodischen Bericht Großbritanniens für Hongkong, U.N. Doc. CCPR/C/79/Add. 57, Rzf. 13 (1995); zum dritten periodischen Bericht Mauritius', U.N. Doc. A/51/40, Rzf. 158 (1996); zum zweiten periodischen Bericht Sambias, U.N. Doc. A/51/40, Rzf. 195 (1996); zum zweiten periodischen Bericht Boliviens, U.N. Doc. CCPR/C/79/Add. 74, Rzf. 21 (1997); zum Erstbericht Georgiens, U.N. Doc. CCPR/C/79/Add. 75, Rzf. 12 (1997), zum zweiten periodischen Bericht Libanons, U.N. Doc. CCPR/C/79/Add. 78, Rzf. 18 f. (1997). Die Beschneidung von Mädchen sowie praktizierte Polygamie kritisierte der MRA ausdrücklich in seinen abschließenden Bemerkungen zum Sonderbericht Nigerias, U.N. Doc. A/51/40, Rzf. 291 (1996). Zudem kritisierte er in seinen abschließenden Bemerkungen zum Erstbericht Brasiliens die *de jure* und die *de facto* Ungleichbehandlung von Frauen, U.N. Doc. A/51/40, Rzf. 318 (1996).

[601] So ausdrücklich in den abschließenden Bemerkungen zum Erstbericht Gabuns, U.N. Doc. CCPR/C/79/Add. 71, Rzf. 3 (1996).

tes gebunden sei.[602] Die mit der Ungleichbehandlung der Frau verbundenen Benachteiligungen hat der Ausschuß nunmehr zudem zum Gegenstand seiner Richtlinien zur Anforderung von Erstberichten gemacht, indem er seit 1995 in jedem Erstbericht eine besondere Stellungnahme zur Gleichberechtigung von Mann und Frau erwartet.[603]

Zusammenfassend ist somit festzustellen, daß der Ausschuß religiöse und kulturelle Eigenheiten eines Paktstaates nicht als paktimmanente Schranken und damit als Rechtfertigung für eine Begrenzung der Umsetzung der Paktrechte hat gelten lassen. Unabhängig davon, ob ein Paktstaat diese religiösen und traditionell-kulturellen Einschränkungen durch einen Vorbehalt berücksichtigt wissen wollte oder aber in der Praxis diese Einschränkungen in der Umsetzung der Paktrechte duldet, hat sich der MRA für eine universelle Anerkennung und Implementierung der Paktrechte eingesetzt.

IV. Beeinträchtigung durch wirtschaftliche Bedingungen

Eine einheitliche Umsetzung der Vorschriften des IPBPR in allen Paktstaaten ist zudem dadurch gefährdet, daß sich die wirtschaftlichen Bedingungen, denen die Staaten unterworfen sind, unterscheiden. Sowohl fehlende ökonomische Ressourcen des Paktstaates selbst, als auch bestehende Armut der Bevölkerung innerhalb eines Staates können einer weltweit einheitlichen Gewährleistung der Paktbestimmungen entgegenstehen.[604] Durch unterschiedliche wirtschaftliche Bedingungen ist es möglich, daß nicht alle Staaten bereit oder fähig sind, die im Pakt enthaltenen Verfahrens- und materiellen Rechte umzusetzen.[605] Insoweit bedarf es der Betrachtung, ob der Ausschuß gewillt ist, das Fehlen ökonomischer Ressourcen als immanente Schranke der Paktrechte anzuerkennen und ein prozeßhaftes Hinwirken auf die im IPBPR enthaltenen Rechte als Erfüllung der Paktverpflichtungen genügen läßt.[606] Dabei geht es weniger um die Beschränkung auf eine

---

602 U.N. Doc. CCPR/C/79/Add. 44, Rzf. 20 (1994).

603 Hierzu hat der Ausschuß Absatz 4 (c) der Richtlinien zur Anforderung von Erstberichten neugefaßt; U.N. Doc. A/50/40, Rzf. 44 (1995).

604 So hat die Staatengemeinschaft fehlende Ressourcen und institutionelle Hemmnisse in der Wiener Erklärung von 1993, Rzf. 33, 14 HRLJ 352, 356 (1993), bereits als zulässige Schranken bei der Umsetzung menschenrechtlicher Verpflichtungen im Sinne einer Verpflichtung zu einem prozeßhaften Hinwirken anerkannt.

605 Hiervon betroffen sind insbesondere afrikanische Staaten. Für eine Übersicht und Bewertung der Vorbehalte afrikanischer Staaten sowie deren wirtschaftlichen und kulturellen Besonderheiten bei der Umsetzung des Paktes vgl. Higgins, 5 AfrJICL 55, 57 (1992).

606 In der Literatur wurde vertreten, daß der Pakt keinen verbindlichen Rechtsstandard setze, sondern als Imperativ für eine progressive Entwicklung zu seiner Umsetzung zu verstehen sei. Jhabvala, 6 HRQ 81, 104 (1984); ders., 15 IYBHR 184, 196 (1985). Dem haben sich die einzelnen Ausschußmitglieder sowie der MRA mehrfach entgegengestellt. Allg. Bem. 3 [13], U.N. Doc. CCPR/C/21/Rev. 1, S. 3 (1989); Tomuschat, 1985 CanHRYB 31, 42; vgl. auch die Zusammenfassung bei McGoldrick, Human Rights Commi-

sukzessive Umsetzung der Paktverpflichtungen durch Vorbehalte als um die Betrachtung, ob die wirtschaftlichen Verhältnisse eines Paktstaates *ultra posse* vom MRA zu berücksichtigen sind.

So hat etwa Gambia zu Art. 14 Abs. 3 (d) einen Vorbehalt - aus finanziellen Gründen - eingelegt, kostenlose Mittel für Pflichtverteidiger nur bei zum Tode Verurteilten zur Verfügung zu stellen.[607] Ein solches Vorgehen der vertragsrechtlichen Beschränkung der Übernahme von Verpflichtungen durch Einlegung eines Vorbehaltes ist grundsätzlich unbedenklich.[608] Neben dieser vertragsrechtlichen Einschränkung besteht zudem die Möglichkeit, daß mindere wirtschaftliche Rahmenbedingungen vom MRA als paktimmanente Schranken berücksichtigt werden. Dieses ist von Staatenvertretern mehrfach implizit geltend gemacht worden. Ein ruandisches Delegationsmitglied berichtete z.B. dem Ausschuß bei der Prüfung des Erstberichtes Ruandas, daß es nicht möglich sei, andere Verwaltungsgerichte als den Staatsrat *(Council of State)* zu unterhalten, da es an ausgebildeten Richtern und Mitarbeitern fehle.[609]

Das senegalesische MRA-Mitglied verneinte eine Unterscheidbarkeit der Verpflichtungen der Paktstaaten nach den jeweiligen wirtschaftlichen Rahmenbedingungen und stellte 1984 hierzu fest,

> "... a developing State would always have difficulty in implementing human rights, whether civil and political, or social, economic and cultural. That did not mean, of course, that different norms should be established for States in accordance with their level of development. This would divide mankind into two groups, one of humans and the of sub-humans. Such a result would be appalling."[610]

An anderer Stelle unterstrich der Ausschuß als Ganzes, daß wirtschaftliche Rahmenbedingungen wie z.B. Armut nicht als Rechtfertigung für eine Begrenzung der Umsetzung der Paktverpflichtungen herangezogen werden könnten. Er hob hervor, daß es vielmehr Aufgabe der Paktstaaten sei, diese wirtschaftlichen Beschränkungen zu überwinden. In seinen abschließenden Bemerkungen zum dritten periodischen Bericht Mexikos wies der MRA auf die sozio-ökonomischen Probleme und die weitverbreitete Armut in dem Paktstaat hin, die eine Entrechtung großer Bevölkerungsschichten zur Folge habe.[611] Gleichzeitig forderte er Mexiko auf, eine Landreform insbesondere zugunsten der Ureinwohner durchzu-

---

tee, S. 273. Diese Auffassung ist zutreffend im Hinblick auf den unterschiedlichen Wortlaut des Art. 2 Abs. 2 im Vergleich zu Art. 2 Abs. 1 IPWKSR. Die Bestimmung des Wirtschaftspaktes spricht ausdrücklich von einer schrittweisen Umsetzung der in ihm enthaltenen Verpflichtungen. Tomuschat, U.N. Doc. CCPR/C/SR. 30, Rzf. 32 (1977).

[607] U.N. Doc. CCPR/C/2/Rev. 4, S. 20 (1994).

[608] So auch Redgwell, die die Einlegung von Vorbehalten zum IPBPR als Mittel zur schrittweisen Umsetzung der Paktverpflichtungen für zulässig hält, 46 ICLQ 390, 399 (1997).

[609] U.N. Doc. A/37/40, Rzf. 215 (1982).

[610] Ndiaye, U.N. Doc. CCPR/C/SR. 501, Rzf. 25 f. (1984).

[611] U.N. Doc. CCPR/C/79/Add. 32, Rzf. 4 (1994).

führen.[612] Bei der Prüfung des Erstberichts Brasiliens wies er auf das enorme Mißverhältnis bei der Verteilung von Wirtschaftsgütern hin, bei dem es sich um ein Haupthindernis zur Gewährung der im Pakt garantierten grundlegenden Rechte handeln würde.[613] Damit gab der Ausschuß zu erkennen, daß die wirtschaftliche Situation eines Paktstaates nicht die Einschränkung von Rechten rechtfertigt, sondern Anlaß für eine Verbesserung dieser Bedingungen sei. Der MRA unterstrich einerseits die Interdependenz zwischen wirtschaftlicher Unterentwicklung und fehlender Umsetzung der Paktverpflichtungen. Andererseits ist er aber nicht gewillt, einen Menschenrechtsstandard "zweiter Klasse" unter Berufung auf fehlende ökonomische Ressourcen zuzulassen.

V. Würdigung

Zusammenfassend ist mithin festzustellen, daß der Menschenrechtsausschuß darauf bedacht ist, die im Pakt enthaltenen Rechte einheitlich also universell umzusetzen.

Um einen solchen universellen Standard zu gewährleisten ist er den vielfältigen von den Paktstaaten eingelegten Vorbehalten mit seiner Allg. Bem. 24 [52] entgegengetreten. Auch wenn nicht sämtliche hierin enthaltenen Bestimmungen, insbesondere die hinsichtlich seiner Zuständigkeit zur Beurteilung der Zulässigkeit von Vorbehalten sowie der Katalog der mit dem Pakt unvereinbaren Vorbehalte, unwidersprochen geblieben sind, verbirgt sich dahinter die Bestrebung des MRA, durch eine Inhaltskontrolle der Vorbehalte einen einheitlichen Menschenrechtsstandard im Rahmen der Paktarbeit zu gewährleisten. Obwohl die Auffassung des Ausschusses zur Handhabung eingelegter Vorbehalte im Kreise der Paktstaaten auf Widerstand gestoßen ist, besteht die Hoffnung, daß die Bestimmungen der Allg. Bem. 24 [52] prozeßhaft und damit "schleichend" von den Paktstaaten umgesetzt werden und sich damit durch die übereinstimmende Praxis von Ausschuß und Paktstaaten als Paktpraxis manifestieren und ein weltweit-einheitlicher und damit universeller Menschenrechtsschutz zumindest durch das Paktregime die Folge ist.

Das Bestreben des Ausschusses, einen universellen Menschenrechtsstandard zu gewährleisten, wird zwar grundsätzlich durch den, den Paktstaaten bei einigen Rechten eingeräumten Beurteilungsspielraum (*margin of discretion*) gehemmt. Da dieses Rechtsinstitut vom Ausschuß jedoch nicht statisch, sondern abhängig vom Einzelfall angewandt wird, ist eine universelle Umsetzung auch jener Paktrechte, bei denen den Paktstaaten ein Beurteilungsspielraum verbleibt, durch die flexibele Handhabung letztlich gewährleistet.

Der Ausschuß ist darüber hinaus um eine universelle Umsetzung der Paktrechte dadurch bemüht, daß er sich einer Einschränkung der Verpflichtung zur Umsetzung der Paktbestimmungen aufgrund religiöser oder kultureller Vorstellungen entgegengestellt hat. Um einen einheitlichen Standard zu gewährleisten, hat er

---

612 U.N. Doc. CCPR/C/79/Add. 32, Rzf. 18 (1994).

613 U.N. Doc. A/51/40, Rzf. 308 (1996).

religiöse und kulturelle Eigenheiten eines Paktstaates nicht als Rechtfertigung für eine Begrenzung der Umsetzung der Paktrechte gelten lassen. Ohne Rücksicht darauf, ob der betreffende Paktstaat diese Einschränkung auch vertragsrechtlich durch Anbringung eines Vorbehaltes sicherstellen wollte, hat sich der MRA gegen eine solche Einschränkung gewandt.

Schließlich hat sich der Ausschuß ebenso gegen eine Beeiträchtigung der Umsetzung der Paktverpflichtungen aufgrund wirtschaftlicher Bedingungen gewandt. Zwar erkannte er an, daß fehlende wirtschaftliche Ressourcen einzelner Bevölkerungsschichten bzw. des gesamten Staates eine Umsetzung der Paktbestimmungen hindern können, gleichzeitig hat er dies jedoch nicht als Rechtfertigung für eine fehlende Umsetzung akzeptiert. Er hat sich im Gegenteil dafür eingesetzt, innerhalb des Paktstaates möge eine Umverteilung zugunsten wirtschaftlich Benachteiligter stattfinden.

B. Universeller Menschenrechtsstandard durch Rezeption der Judikatur der regionalen Menschenrechtsgerichtshöfe

Im Rahmen der Würdigung des Beitrags des Ausschusses zum universellen Schutz der Menschenrechte bedarf es einer Betrachtung, ob und inwieweit der MRA bei der Auslegung und Anwendung der materiellen Paktbestimmungen[614] auf die Rechtsprechung der regionalen Menschenrechtsgerichtshöfe in Amerika und Europa[615] zurückgreift, um dadurch zur Hervorbringung bzw. Wahrung eines universellen vertragsübergreifenderen Menschenrechtsstandards beizutragen.[616] Dabei ist davon auszugehen, daß diese beiden regionalen Menschenrechtsinstrumente

[614] In materieller Hinsicht befindet sich in allen drei Menschenrechtsverträgen, dem IPBPR, der EMRK sowie der IAMRK, der Wesensgehalt folgender Rechte: das Recht auf Leben, das Verbot der Sklaverei und der Folter, das Verbot der rückwirkenden Strafe, der Schutz der Privatsphäre, der Schutz der Familie, die Religionsfreiheit, die Versammlungs- und Vereinigungsfreiheit. Zum Vergleich der materiellen Rechte zwischen EMRK und IPBPR Heffernan, 19 HRQ 78, 89 f. (1997); Robertson, 43 BYBIL 21, 28 ff. (1968/69).

[615] Opsahl ist der Auffassung, der MRA tendiere nicht dazu, die Rechtsprechung der europäischen Organe in seine Arbeit einfließen zu lassen, FS Wiarda, S.431, 437; ders., 1991 CanHRYB 151, 162. Ebenso Higgins, 52 MLR 1, 7 f. (1989), die hervorhebt, daß es z.B. unrealistisch sei, die Rechtsprechung der europäischen Organe zu den Verfahrensgarantien gemäß Art. 6 EMRK im Rahmen der Ausschußarbeit auf Staaten anderer Weltregionen zu übertragen.

[616] Eine vergleichende Betrachtung muß sich schwerpunktmäßig auf die regionalen Verträge beschränken, da es sich bei diesen aufgrund der in ihrem Rahmen umfassend entwikkelten Rechtsprechung um die bedeutungsvollsten handelt. Andere - auch universelle - Menschenrechtsverträge spielen für die hier vozunehmende Untersuchung nur eine untergeordnete Rolle, da es sich bei diesen überwiegend um themenbezogene Verträge handelt und somit eine umfassendere Vergleichbarkeit mit dem Pakt nicht besteht.

grundsätzlich keine größere thematische Bandbreite als der Pakt besitzen.[617] Eine identische Auslegung gleicher Rechtsbegriffe durch den Ausschuß nach Maßgabe der Rechtsprechung der regionalen Organe wäre Indikator dafür, daß dieser eine weltweit-einheitliche und damit universelle Auslegung und Anwendung gleicher Termini anstrebt. Ein universeller Menschenrechtsstandard könnte die Folge sein.[618]

Die potentielle Beeinträchtigung der universellen Geltung der im Pakt niedergelegten Rechte über den Paktrahmen hinaus droht nicht in erster Linie durch eine unterschiedliche Ausgestaltung der materiellen Bestimmungen der Menschenrechtsverträge,[619] sondern vor allem durch eine uneinheitliche Auslegung der jeweiligen Vertragsorgane.[620] Dem universellen - vertragsübergreifenden - Charak-

---

[617] Partsch, 16 EuGRZ 1, 5 f. (1989).

[618] Zum Dilemma des sich u.U. herausbildenden unterschiedlichen Menschenrechtsstandards durch verschiedene Vertragsregime und die Auslegungspraxis deren Vertragskörperschaften im Falle identischer Rechtsbegriffe hat Higgins folgende vier Problemkreise beschrieben: "Does the interpretation under the prior or later treaty prevail? Does interpretation given under a one topic treaty have a greater authority than interpretation given of a specific rigtht under a more general treaty? Is the integrity of each treaty to be protected by each body carefully not looking beyond ist own jurisprudene in any given subject area? Is the authority and standing of any one interpreting body to be weighed against the authority and standing of any other interpreting body?" Higgins, 52 MLR 1, 8 (1989). Diese aufgeworfenen Fragen betreffen in erster Linie das dogmatische Zusammenspiel und die Hierarchie verschiedener Menschenrechtsverträge. Diese Aspekte müssen jedoch bei der hier vorzunehmenden Untersuchung der Berücksichtigung der Rechtsprechung anderer Menschenrechtsorgane durch den Ausschuß vernachlässigt werden.

[619] Zur Verflechtung der Bestimmungen internationaler und regionaler Menschenrechtsverträge vgl. Buergenthal, 12 TJIL 320, 323 ff. (1977); Frowein in Buergenthal, Helsinki Accord, S. 71 ff.

[620] So auch Lillich, FS Bernhardt, S. 453, 464; ders., 40 St LLJ 699, 701 (1996); Schabas, 43 ICLQ 913, 922 (1994). Meron schlug zur Überwindung dieses Problemes vor, daß Staaten einem zu entwerfenden Sonderprotokoll beitreten sollten, wonach das jeweilige Überwachungsorgan zur Berücksichtigung der Vorschriften anderer Menschenrechtsverträge sowie der Rechtsprechung deren Organe ermächtigt werden würde; 76 AJIL 754, 763 (1982). Lillich schlug seinerseits die Einführung eines *Human Rights Reporters* vor, der die unterschiedlichen menschenrechtlichen Entscheidungen zusammentragen sollte oder ein universelles Verzeichnis aller menschenrechtlicher Entscheidungen als *Human Rights Encyclopedia* oder aber die Einrichtung eines Internationalen Menschenrechtsgerichtshofes. Lillich, FS Bernhardt, S. 453, 473 ff. - Hinsichtlich der angestrebten Harmonisierung etwaiger unterschiedlicher Menschenrechtsstandards ist bemerkenswert, daß die Banjul Charta in ihrem Art. 60 die AfrKMR zur Berücksichtigung u.a. von den Vereinten Nationen verwandter Dokumente auf dem Gebiet der Menschenrechte verpflichtet. Durch diese generalklausige Verweisung, die den IPBPR und damit inzident dessen Auslegung durch den MRA miteinschließt, ist die Afrikanische Menschenrechtskommission gehalten, einer grundsätzlich einheitlichen Anwendung und Auslegung identischer Rechte Sorge zu tragen. Vergleichbare Vorschriften bestehen in den anderen regionalen

ter der im Pakt niedergelegten Rechte, die sich ebenfalls in den regionalen Menschenrechtsinstrumentarien finden, wäre dadurch am wirkungsvollsten gedient, wenn die gleichen Rechte von den Menschenrechtsgremien einheitlich ausgelegt und angewandt werden würden.[621] Denn die Standardisierung menschenrechtlicher Bestimmungen ist Voraussetzung für ein universelles Recht, unabhängig von kulturellen Unterschieden.[622] Beteiligt sich der Ausschuß an der identischen Auslegung gleicher Rechtsbegriffe, hat dies die Hervorbildung einer einheitlichen übervertraglichen Rechtsüberzeugung zur Folge. Durch eine identische Vertragsauslegung wäre der Weg geebnet für die Herausbildung eines universellen gewohnheitsrechtlichen Menschenrechtsstandards, über die Reichweite der bisherigen Menschenrechtsverträge hinaus.

Das Problemfeld der sich widersprechenden Rechtsprechung verdeutlicht sich dadurch, daß der Ausschuß bereits in einem Fall von einer vorausgegangenen Entscheidung der EKMR abgewichen ist. In beiden Verfahren ging es um die Frage, ob die Weigerung der Niederlande, die Nachnamen der Beschwerdeführer in hinduistische Nachnamen zu ändern, eine Vertrags- bzw. Paktverletzung darstelle. Die EKMR hat 1992 im Verfahren *Coeriel und Aurik ./. Niederlande* diese Beschwerde als unzulässig zurückgewiesen, da sie offensichtlich unbegründet sei.[623] Zur gleichen Sach- und Rechtsfrage trat der Ausschuß in eine materielle Prüfung ein und gelangte zu dem Ergebnis einer Rechtsverletzung und gab damit der Beschwerde statt.[624] Während die EMRK die Beschwerde lediglich auf eine Verletzung des Rechtes der Religionsausübung gemäß Art. 9 EMRK überprüfte und diese verneinte, bejahte der MRA die Verletzung des Eingriffs in die Privatsphäre i.S.v. Art. 17.[625] Dem Verfahren vor dem MRA kam letztlich im Vergleich zu dem Straßburger Verfahren ein "Berufungscharakter"[626] zu.[627] Würden sich

---

Menschenrechtsverträgen nicht. Wako folgerte, daß die Auffassungen des MRA auf die Entscheidungen der AfrKMR großen Einfluß hätten, 1991 CanHRYB 145, 149 f.

[621] Die Berücksichtigung der Rechtsprechung der regionalen Menschenrechtsorgane könnte zudem dadurch erleichtert werden, daß Ausschußmitglieder zugleich oder vorher Mitglieder in regionalen Menschenrechtskörperschaften wie der EKMR (Ermacora, Opsahl), dem EGMR (Sir Evans), der IAKMR (Aguilar-Urbina) oder dem IAGMR (Buergenthal) gewesen sind.

[622] Aolain, 19 FILJ 101 (1995).

[623] *Coeriel und Aurik ./. Niederlande*, Verfahren vor der EKMR 18050/91, 15 HRLJ 448 f. (1994).

[624] *Coeriel und Aurik ./. Niederlande*, 453/1991, 15 HRLJ 422 ff. (1994).

[625] Die EMRK ihrerseits schützt das Privatleben in Art. 8 Abs. 1.

[626] So die Formulierung von Opsahl, FS Wiarda, S. 431, 435.

[627] Zur Vermeidung einer solchen widersprechenden Rechtsprechung hat die Parlamentarische Versammlung des Europarates in der Resolution 635 (1976), abgedruckt in 2 EuGRZ 392 (1976), den Mitgliedsstaaten empfohlen, das FP nur mit einem Vorbehalt zu ratifizieren, nach dem Individualbeschwerden nur zulässig sein sollten, sofern diese nicht bereits von der EKMR geprüft werden oder **wurden**. Einen solchen Vorbehalt, wonach bereits von den europäischen Organen geprüfte Beschwerden dem MRA entzo-

solche Entscheidungen in Zukunft wiederholen, bestünde die Gefahr eines uneinheitlichen Standards und damit verbunden die Gefahr der Unterminierung der Integrität des gesamten interstaatlichen Menschenrechtsschutzsystems,[628] zumindest wäre ein vertragsübergreifender Standard nicht möglich.

Der Pakt enthält zur Berücksichtigung der Verlautbarungen anderer universeller oder regionaler Menschenrechtsgremien keine Bestimmung. Art. 44 sieht lediglich vor, daß die Verfahren nach dem IPBPR unbeschadet anderer Menschenrechtsmechanismen durchzuführen sind. Eine Verpflichtung zur einheitlichen Auslegung und Anwendung der substantiellen Paktbestimmungen im Hinblick auf andere Menschenrechtsverträge folgt hieraus nicht. Im Rahmen des Individualbeschwerdeverfahrens ist zudem - lediglich als prozessuale Voraussetzung durch Art. 5 Abs. 2 (b) FP - bestimmt, daß eine Beschwerde unzulässig ist, wenn sie bereits in einem anderen Untersuchungs- oder Streitregelungsverfahren geprüft wird.[629] Hiermit wird der Gefahr einer parallelen Untersuchung einer Eingabe durch die unterschiedlichen Menschenrechtsorgane begegnet. Nebeneffekt dieser Bestimmung ist zudem zwar, daß die verschiedenen Menschenrechtsorgane nicht gleichzeitig zu unterschiedlichen Ergebnissen hinsichtlich derselben Beschwerde kommen. Insoweit könnte zwar zu vermuten sein, daß durch diese Bestimmung eine einheitliche Rechtsprechung angestrebt werde und sich hieraus eine Pflicht zur Berücksichtigung der Verlautbarungen anderer Menschenrechtsgremien ableiten ließe. Eine solche Schlußfolgerung ist jedoch nicht ohne weiteres möglich. Denn es handelt sich bei Art. 5 Abs. 2 (b) FP um eine formale Zulässigkeitsvoraussetzung, die eine darüber hinausgehende materielle Pflicht zur Berücksichtigung anderweitiger Verlautbarungen nicht enthält. Zudem ist es durchaus möglich, daß der Ausschuß die Behandlung einer Beschwerde, die gleichzeitig vor einer anderen internationalen Untersuchungs- oder Ausgleichsinstanz geprüft wird, so lange aussetzt, bis dieses Verfahren beendet ist.[630] Eine Pflicht zur Berücksichtigung der Rechtsprechung anderer Menschenrechtsgremien läßt sich aus Art. 5 Abs. 2 (b) FP somit auch nicht ableiten.

Dennoch besteht die Möglichkeit, daß der Ausschuß trotz einer fehlenden expliziten Zuweisung zur Beachtung anderweitiger Verlautbarungen diese selbständig in seinen Verlautbarungen aufnimmt. Als maßgebliche Verlautbarungen kommen insbesondere die vom Ausschuß verfaßten Auffassungen (*views*) zu Individualbeschwerden sowie seine Allgemeinen Bemerkungen in Betracht. Vor allem erstere sind als Grundlage eines Vergleichs mit der Rechtsprechung der regionalen Menschenrechtsgerichtshöfe zur universellen Auslegung der in den jeweiligen Menschenrechtsverträgen niedergelegten Rechte heranzuziehen.

---

gen seien, haben die Niederlande nicht eingelegt. Vgl. die Übersicht in U.N. Doc. CCPR/C/2/Rev. 4, S. 123 ff. (1994).

[628] So auch Aolain, 19 FILJ 101, 142 (1995).

[629] Vgl. zur diesbezüglichen Rechtsprechung des MRA die Ausführungen im 1. Kapitel B III 2; Nowak, CCPR, Art. 5 First OP, Rzf. 8 ff.

[630] Nowak, CCPR, Art. 5 First OP, Rzf. 6.

I. Eigenständige Bedeutung der Paktbestimmungen

In dem Verfahren *Gordon C. Van Duzen ./. Kanada* stellte der MRA zur Auslegung der im Pakt enthaltenen Rechtsbegriffe zunächst durch nationale Rechtsordnungen und deren Organe fest:

> "The Committee further notes that its interpretation and application of the International Covenant on Civil and Political Rights has to be based on the principle that the terms and concepts of the Covenant are independent of any particular national system of law and of all dictionary definitions. Although the terms of the Covenant are derived from long traditions within many nations, the Committee must now regard them as having autonomous meaning. [... T]he meaning of the word 'penalty' in Canadian law is not, as such decisive."[631]

Mit dieser Entscheidung gab der Ausschuß zu erkennen, daß den Begriffen im Pakt eine eigenständige Bedeutung (*autonomous meaning*) zukommt und grundsätzlich innerstaatliche Rechtssysteme zu deren Auslegung ungeeignet seien. Auch die regionalen Menschenrechtsgerichtshöfe legen einzelne Rechtsbegriffe ihrer Konventionen autonom, d.h. ohne Hinzuziehung der Definitionen der innerstaatlichen Rechtsordnungen aus.[632]

In einem anderen Verfahren hat der Ausschuß die eigenständige Bedeutung der Paktbestimmungen erneut aufgegriffen. In *Lovelace ./. Kanada*[633] hatte der Ausschuß darüber zu befinden, ob eine Indianerin, die von einem Nichtindianer geschieden worden war, wieder die gleiche Rechtsposition erhielt, die sie vor der Heirat hatte. Zu jenem Zeitpunkt standen ihr Wohnrecht auf dem Reservat sowie wirtschaftliche Ansprüche wie Steuervergünstigungen und erbrechtliche Ansprüche zu. Nach dem kanadischen "Indian Act" waren all diese Ansprüche durch die Heirat erloschen. Der Ausschuß entschied, daß nicht die Definition der nationalen Rechtsordnung zur Bestimmung des Status eines "Indianers" ausschlaggebend sei:

---

631 50/1979, U.N. Doc. CCPR/C/OP/1, S. 118, 121 (1985). Chinkin, 1995 ASIL/NVIR Proceedings 326, 328, wirft dieser Entscheidung vor, sie beraube die betroffene Gruppe der Möglichkeit, selbst ihre Zugehörigkeit nach eigenen Werten zu bestimmen. Würde der Ausschuß dieser Forderung Folge leisten, hätte dies jedoch eine Relativierung und eine nur eingeschränkte Überprüfung sowie einen damit verbundenen geringeren universellen Schutz zur Folge.

632 So z.B. der EGMR in *Öztürk ./. Deutschland*, Urt. v. 21.2.1984, Serie A Nr. 73, 12 EuGRZ 62 ff. (1985), der den Begriff der "Straftat" unabhängig von der deutschen Rechtsterminologie bestimmte. Zur autonomen Auslegung im Rahmen der EMRK: Herdegen, Europarecht, Rzf. 27 f.; Reindel, S. 102 ff. - Der IAGMR hat in seinem sechsten Rechtsgutachten, OC-6/86, 7 HRLJ 231 ff. (1986), 14 EuGRz 168ff. (1987), festgestellt, daß bei der Interpretation des Begriffs "Gesetze" nicht das Verständnis der jeweiligen nationalen Rechtsordnung maßgebend sei, sondern das der Konvention zugrunde zu legen sei.

633 24/1977, U.N. Doc. CCPR/C/OP/1, S. 83 ff. (1985); dt. Übersetzung in 6 EuGRZ 522 ff. (1981).

"Persons, who are born and brought up on a reserve, who kept ties with their community and wish to maintain these ties must normally be considered as belonging to that minority within the meaning of the Covenant. Since Sandra Lovelace is ethnically a Maliseet Indian and has only been absent from her home reserve for a few years during the existence of her marriage, she is, in the opinion of the Committee, entitled to be regarded as belonging to this minority and to claim the benefits of article 27 of the Covenant."[634]

Zur Bestimmung des Inhalts und des Umfangs der im Pakt niedergelegten Rechte verzichtet der MRA mithin auf einen Rückgriff auf die nationalen Rechtsordnungen. Vielmehr vertritt er auch in dieser Entscheidung die Auffassung, daß die Paktbestimmungen eine eigenständige Bedeutung besitzen.

II. Verhältnis des Paktes zu anderen Menschenrechtsverträgen nach Auffassung des MRA

Vergleichbares hat der Ausschuß auch zum Verhältnis zur Auslegung anderer Menschenrechtsorgane ausgeführt. Der Ausschuß hat verschiedentlich zum Verhältnis von IPBPR zu anderen Menschenrechtsverträgen Stellung genommen.

In dem Individualbeschwerdeverfahren *Alberta Union ./. Kanada* hatte der Ausschuß zu klären, ob der Schutzbereich des Art. 22 Abs. 1 auch das - in Art. 8 Abs. 1 (d) IPWSKR explizit enthaltene - Streikrecht umfasse. Dieses verneinte er letztlich aufgrund der fehlenden ausdrücklichen Aufnahme des Streikrechts in den Pakt und führte zum Verhältnis der Bestimmungen beider Pakte zueinander aus:

"However, each international treaty, including the International Covenant on Civil and Political Rights, has a life of ist own and must be interpreted in a fair and just manner, if so provided by the body entrusted with the monitoring of its provisions. ... [T]he fact that the [ICCPR] does not similarly provide expressly for the right to strike in article 22, paragraph 1, shows that this right is not included in the scope of this article, while it enjoys protection under the procedures and mechanisms of the [ICESCR] ..."[635]

Somit unterstrich der MRA die Eigenständigkeit des IPBPR und seiner darin enthaltenen Rechte.

Bezüglich der Übereinstimmung zwischen den materiellen Bestimmungen des Paktes einerseits und denen der EMRK andererseits hat der Ausschuß in einem Individualbeschwerdeverfahren hervorgehoben:

"since the rights of the European Convention differed in substance and in regard of their implementation procedures from the rights set forth in the Covenant, a matter that had been declared inadmissible *ratione materiae* had not, in the meaning of the

---

634 24/1977, U.N. Doc. CCPR/C/OP/1, S. 83, 86 (1985).

635 118/1982, U.N. Doc. CCPR/C/OP/2, S. 34, 37 f. (1990).

> reservation, been 'considered' in such a way that the Committee was precluded from examining it."[636]

Mit dieser Entscheidung vertritt der MRA - im Interesse einer weitreichenden Geltung des Paktes - die Auffassung, daß der materielle Schutz der beiden Menschenrechtsinstrumente grundsätzlich nicht notwendig identisch sei.[637]

In einem seiner jüngsten Jahresberichte nimmt der Ausschuß zum Verhältnis der Paktbestimmungen zu denen anderer menschenrechtlicher Verträge Stellung und führt aus:

> "The standards of human rights protection under the various treaties are not identical and while it may be regrettable that the states have not rationalized their obligations the Committee cannot do this on their behalf. Consequently, the Committee takes care not to sow confusion by reference to the decisions of other treaty bodies. Nevertheless, if another treaty body develops an appropriate jurisprudence, the Committee may draw upon it in appropriate circumstances although preferably without citing."[638]

Die Wahl der Formulierung läßt erkennen, daß sich der Ausschuß nicht von der Rechtsprechung anderer vertraglicher Menschenrechtsorgane binden lassen möchte, sondern seine Eigenständigkeit betont. Gleichzeitig läßt er offen, sich die Judikatur anderer Organe zu eigen zu machen. Durch den Verzicht, diese Rechtsprechung ausdrücklich zu zitieren, beraubt der MRA sich der Möglichkeit, an einer international verwobenen Menschenrechtsrechtsprechung mitzuwirken.

Aus diesen Verlautbarungen, die sich auf das Verhältnis der Menschenrechtsverträge zueinander beschränken, folgt jedoch auch gleichzeitig, daß nicht ausgeschlossen ist, daß die in einem anderen Menschenrechtssystem entwickelten Inhaltsbestimmungen vom Ausschuß zur Anwendung und Interpretation der Paktbestimmungen herangezogen werden können. Die Übernahme materiellrechtlicher Auslegungen aus anderen Menschenrechtssystemen durch den MRA ist folglich möglich. Dies kann zu einem übervertraglichen universellen Menschenrechtsstandard führen.

---

[636] *Casanovas ./. Frankreich*, 441/1990, U.N. Doc. A/49/40 Vol. II, S. 131, 133 f. (1994).

[637] Diese Auffassung der materiellen Unterschiedlichkeit des regionalen europäischen Menschenrechtsssystems im Vergleich zum IPBPR bei gleichzeitig bestehendem "Konkurrenzverhältnis" hebt der MRA in seinen abschließenden Bemerkungen zum zweiten periodischen Bericht Islands hervor. Dort kritisiert er, daß im innerstaatlichen Recht sowie der innerstaatlichen Lehre die Erfüllung von Menschenrechtsverpflichtungen Islands allein an der EMRK gemessen und die Bestimmungen des IPBPR in den Hintergrund treten würden. Im Hinblick auf den unterschiedlichen materiellen Gehalt der Menschenrechtsverträge fordert er eine stärkere Beachtung der Paktvorschriften. U.N. Doc. CCPR/C/79/Add. 26, Rzf. 8 (1993). Eine identische Formulierung findet sich in den abschließenden Bemerkungen zum Erstbericht Maltas. U.N. Doc. CCPR/C/79/Add. 29, Rzf. 9 (1993). Ähnlich hatte sich der Ausschuß schon zum zweiten periodischen Bericht Belgiens geäußert, U.N. Doc. CCPR/C/79/Add. 3, Rzf. 6 (1992).

[638] U.N. Doc. A/52/40, Rzf. 40 (1997).

III. Identische Auslegung mit regionalen Menschenrechtsgerichtshöfen

Der MRA hatte bereits mehrfach Gelegenheit, sich mit der Rechtsprechung der regionalen Menschenrechtsorgane, insbesondere der des EGMR sowie des IAGMR, auseinanderzusetzen. In verschiedenen Beschwerdeverfahren haben die jeweiligen Parteien zur Untermauerung ihres Vortrags auf Entscheidungen der regionalen Gerichtshöfe Bezug genommen.

So bezog sich z.B. der Beschwerdeführer in *Campell ./. Jamaica,*[639] auf die Rechtsprechung des EGMR in *McGoff ./. Schweden* zu Art. 5 der EMRK.[640] Der Beschwerdeführer trug vor, daß er nach einer Verhaftung erst rund sechs Wochen später einem Richter vorgeführt worden sei und damit nicht "unverzüglich" im Sinne von Art. 9 Abs. 2 u. 3. Der europäische Menschenrechtsgerichtshof hatte bereits einen Zeitraum von 15 Tagen genügen lassen, um eine "Unverzüglichkeit" zu verneinen. Im Ergebnis bejahte der MRA eine Verletzung der Rechte aus Art. 9 Abs. 2 u. 3. Auf eine Auseinandersetzung mit der relevanten Rechtsprechung des EGMR oder eine Verweisung auf dieselbe verzichtete der Ausschuß jedoch.

In dem Individualbeschwerdeverfahren *Little ./. Jamaika*[641] verwies der Beschwerdeführer ausdrücklich auf die vom EGMR in *Soering ./. Großbritannien*[642] geäußerte Rechtsauffassung zum *death row phenomenon* und trug vor, daß psychischer Stress und Ängste aufgrund anhaltender Haft (*prolonged detention*) in der Todeszelle selbst eine Verletzung von Art. 7, dem Verbot der Folter bzw. der grausamen, unmenschlichen oder erniedrigenden Behandlung oder Strafe, darstelle. In seiner Entscheidung zu dieser Individualbeschwerde befaßte sich der MRA nicht mehr mit diesem Vortrag und bejahte bereits die Verletzung anderer Rechte des Beschwerdeführers. Im Rahmen anderer Beschwerdeverfahren[643]

---

[639] 248/1987, U.N. Doc. A/47/40, S. 232, 233 (1994).

[640] Urt. v. 26.10.1984, Serie A Nr. 83; abgedruckt in 11 EuGRZ 671 ff. (1985).

[641] 283/1988, U.N. Doc. A/47/40, S. 268, 271 (1994).

[642] Urt. v. 7.7.1989, Serie A Nr. 161; abgedruckt in 16 EuGRZ 314 ff. (1989). Vgl. hierzu u.a. Boxman, 14 HJIL 151 ff. (1991); Breitenmoser/Wilms, 11 MJIL 845 ff. (1990); Donnelly, 16 NEJCC 339 ff. (1990); Gappa, 20 GJICL 463 ff. (1990); Lillich, 85 AJIL 128 ff. (1991); Roecks, 25 CWILJ 189 ff. (1994); Shea, 17 YJIL 85 ff. (1992); Warbrick, 11 MJIL 1073 ff. (1990).

[643] *Pratt und Morgan ./. Jamaika,* 210/1986 und 225/1987, U.N. Doc. A/44/40, S. 222, 230 (1989); *Barrett und Sutcliffe ./. Jamaika,* 270/1988 und 271/1988, U.N. Doc. A/47/40, S. 246, 250 (1994), *Griffiths ./. Jamaika,* 274/1988, U.N. Doc. CCPR/C/47/D/274/1988, Rzf. 7.4 (1993), wird abgedruckt in U.N. Doc. A/48/40 Vol. II; *Stephens ./. Jamaika,* 373/1989, U.N. Doc. CCPR/C/55/D/373/1989, Rzf. 9.4 (1995), wird abgedruckt in U.N. Doc. A/51/40 Vol. II; *Graham und Morrison ./. Jamaika,* 461/1991, U.N. Doc. CCPR/C/52/D/461/1994 Rzf. 10.3 (1996), wird abgedruckt in U.N. Doc. A/52/40 Vol. II; *Kindler ./. Kanada,* 470/1991, Rzf. 6.4, abgedruckt in 14 HRLJ 307 ff. (1993); *Cox ./. Kanada,* 539/1993, U.N. Doc. CCPR/C/52/D/539/1993 Rzf. 17.1 (1994), wird abgedruckt in U.N. Doc. A/50/40 Vol. II; *Johnson ./. Jamaika,* 588/1994, U.N. Doc. CCPR/C/56/D/588/1994 Rzf. 8.4 (1996), wird abgedruckt in U.N. Doc. A/51/40 Vol. II;

entschied der Ausschuß jedoch, daß anhaltende Haft in der Todeszelle an sich noch keine Verletzung von Art. 7 darstelle. Gleichzeitig hob der Ausschuß jedoch auch hervor:

> "the situation could be otherwise in cases involving capital punishment and an assessment of the circumstances of each case would be necessary."[644]

Mittels dieses Zusatzes hielt sich der Ausschuß die Möglichkeit offen, aufgrund besonderer Umstände im Einzelfall die Haft in Erwartung der Todesstrafe als Verletzung von Art. 7 zu beurteilen.

Der EGMR hatte sich vorher in seinem *Soering*-Urteil mit dem *death row phenomenon* auseinandergesetzt. Er hat eine Verletzung von Art. 3 EMRK, der dem Art. 7 weitgehend entspricht,[645] für den Fall festgestellt, daß Großbritannien den deutschen Staatsangehörigen Soering an die Vereinigten Staaten ausliefern würde, wo ihm wegen eines Kapitalverbrechens die Todesstrafe und damit die Unterbringung in der Todeszelle über viele Jahre drohte.[646] Der Gerichtshof berücksichtigte Soerings Alter von 18 Jahren sowie seine mentale Verfassung zum Zeitpunkt der Tat als Faktoren, die die zu erwartende Behandlung in der Todeszelle unter die Bestimmungen des Artikel 3 EMRK fallen ließen.[647] Zudem berücksichtigte der EGMR, daß Soering auch nach Deutschland ausgeliefert werden konnte und die Bedingungen in der Todeszelle, die homosexuellen Mißbrauch und physische Angriffe der Mithäftlinge erwarten ließen. Er bezog diese Umstände in die Abwägung mit ein, ob eine Verletzung von Artikel 3 EMRK vorlag.

Somit hat sich der Gerichtshof in seiner Entscheidung nicht ausschließlich von den Folgen des *death row phenomenon* leiten lassen, sondern zusätzliche Faktoren in seinem Urteil zur Bejahung eines Verstoßes gegen Art. 3 EMRK berücksichtigt.[648] Das Urteil des EGMR ist vom Ausschuß in der Folgezeit bei eigenen Verlautbarungen zunächst nicht aufgegriffen worden. In dem Verfahren *Kindler ./. Kanada*[649] jedoch setzte sich der MRA mit dem *Soering*-Urteil des Europäischen Menschengerichtshofes auseinander. In diesem Fall ging es um einen nach Kana-

---

Chaplin ./. Jamaika, 596/1994, U.N. Doc. CCPR/C/55/D/596/1994 Rzf. 8.1 (1996), wird abgedruckt in U.N. Doc. A/51/40 Vol. II; *Grant ./. Jamaika*, 597/1994, U.N. Doc. CCPR/C/56/D/597/1993 Rzf. 6.7 (1996), wird abgedruckt in U.N. Doc. A/51/40 Vol. II; *Sterling ./. Jamaika*, 598/1994, U.N. Doc. CCPR/C/57/D/598/1994 Rzf. 8.1 (1996), wird abgedruckt in U.N. Doc. A/51/40 Vol. II; *Spence ./. Jamaika*, 599/1996, U.N. Doc. CCPR/C/57/D/599/1993 Rzf. 7.1 (1996), wird abgedruckt in U.N. Doc. A/51/40 Vol. II; *Adams ./. Jamaika*, 607/1994, U.N. Doc. CCPR/C/58/D/607/1994 Rzf. 8.1 (1996), wird abgedruckt in U.N. Doc. A/52/40 Vol. II.

644 *Pratt und Morgan ./. Jamaika*, 210/1986 und 225/1987, U.N. Doc. A/44/40, S. 222, 230 (1989).

645 Art. 7 verbietet zudem die **grausame** Behandlung oder Strafe.

646 16 EuGRZ 314, 323 (1989).

647 16 EuGRZ 314, 322 f. (1989).

648 Lillich, FS Bernhardt, S. 453, 465 f.

649 470/1991, 14 HRLJ 307 ff. (1993).

da geflohenen US-Strafgefangenen, dem in den Vereinigten Staaten die Todesstrafe drohte. Dieser führte unter Berufung auf die Entscheidung des EGMR in *Soering* an, im Falle der Auslieferung von Kanada in die USA sei er dem *death row phenomenon* ausgesetzt, welches eine Verletzung von Art. 7 darstelle. Der Ausschuß führte zu diesem Einwand aus:

> "In determining, whether, in a particular case, the imposition of capital punishment could constitute a violation of article 7, the Committee will have regard to the relevant personal factors regarding the author, the specific conditions of detention on death row, and whether the proposed method of execution is particularly abhorrent. In this context the Committee has had careful regard to the judgment given by the European Court of Human Rights in the *Soering v. United Kingdom* case. It notes that important facts leading to the judgment of the European Court are distinguishable on material points from the facts in the present case. In particular, the facts differ as to the age and mental state of the offender, and the conditions on death row in the respective prison systems. The author's counsel made no specific submissions on prison conditions in Pennsylvania, or about the possibility or the effects of prolonged delay in the execution of sentence; nor was any submission made about the specific method of execution. The Committee has also noted in the Soering case that, in contrast to the present case, there was a simultaneous request for extradition by a State where the death penaty would not be imposed."[650]

Im Ergebnis verneinte der Ausschuß eine Verletzung von Art. 7. Die Begründung dieser Entscheidung zeigt, daß sich der Ausschuß bei der Beurteilung, ob das *death row phenomenon* eine Verletzung der Rechte aus Art. 7 darstellt, grundsätzlich an der Rechtsprechung des EGMR orientiert hat.[651] Unter Zugrundelegung der Ausführungen in dem *Soering*-Urteil überprüfte er, ob das Vorbringen des Beschwerdeführers den besonderen Umständen denen die Entscheidung in *Soering* zugrunde lag, entsprach. Dieses Vorgehen des MRA verdeutlicht, daß der Ausschuß von einem zwischen Pakt und EMRK identischen Schutz vor unmenschlicher oder erniedrigender Behandlung ausgeht. Zudem erkannte er für sich die vom EGMR entwickelten Kriterien bzw. aufgezeigten Umstände an, nach denen das *death row phenomenon* eine Verletzung dieses Schutzes darstellen kann. Durch die Aufnahme dieser Rechtsprechung des EGMR in seine eigenen

---

[650] 470/1991, 14 HRLJ 307, 334 (1993).

[651] In dem Individualbeschwerdeverfahren *Ng. ./. Kanada*, 469/1991, U.N. Doc. A/49/40 Voll II, S. 189, 205 (1994), präzisierte der Ausschuß seine Rechtsprechung zum Schutzbereich von Art. 7. Auch in diesem Verfahren wandte sich der Beschwerdeführer - unter Berufung auf das *Soering*-Urteil - gegen die Auslieferung in die Vereinigten Staaten, da ihm dort die Todesstrafe drohte. Trotz des Vortrags des Beschwerdeführers, er sei im Fall der Auslieferung aus Kanada dem *death row phenomenon* ausgesetzt, blieb dieser vom MRA in seiner Entscheidung unberücksichtigt. Stattdessen bejahte dieser die Verletzung des Art. 7 durch die zu erwartende Form der Hinrichtung durch eine Giftspritze. Bei dieser Tötungsart handele es sich nicht um eine Methode, die die geringsten physischen und psychischen Schmerzen verursache, wie dies vom Ausschuß in seiner Allg. Bem. 20 [44] Rzf. 6, U.N. Doc. CCPR/C/21/Rev. 1/Add. 3 (1992), gefordert werde.

Verlautbarungen stärkt der Ausschuß die Herausbildung einer universell-einheitlichen Auslegung dieses Schutzbereiches und leistet somit einen Beitrag zur Stärkung des universellen Schutzes der Menschenrechte zumindest im Hinblick auf die Auslegung des Schutzbereiches aus Art. 7.[652]

Im Beschwerdeverfahren *Rodríguez ./. Uruguay*[653] verwies der Beschwerdeführer ausdrücklich auf die Rechtsprechung des IAGMR in *Velasquez Rodríguez ./. Honduras*[654] und trug vor, aus dieser Rechtsprechung folge, daß eine Amnestie oder das Ausbleiben einer strafrechtlichen Verfolgung das geeignetste Mittel zur Verhinderung zukünftiger Menschenrechtsverletzungen sei. Dieser Auffassung stellte sich der MRA entgegen, als er feststellte:

> "The Committee moreover reaffirms its position that amnesties for gross violations of human rights [...] are incompatible with the obligations of the State party under the Covenant. The Committee notes with deep concern that the adoption of this law effectively excludes in a number of cases the possibility of investigation into past human rights abuses and thereby prevents the State party from discharging its responsibility to provide effective remedies to the victims of those abuses."[655]

In seiner weiteren Begründung ließ der Ausschuß die von Uruguay zitierte Rechtsprechung des IAGMR unberücksichtigt. Unabhängig von der Frage, ob das vom Paktstaat zitierte Urteil die behauptete Folgerung beinhaltete, gab der MRA durch den Verzicht der Berücksichtigung des Urteils des regionalen Gerichtshofes konkludent zu erkennen, daß dieses für seine eigenen Erwägungen ohne Bedeutung sei. Eine auch für den Ausschuß Verbindlichkeit der regionalen Rechtsprechung lehnte er somit ab.

Im Verfahren *Harward ./. Norwegen*[656] hatte der Ausschuß wiederum Gelegenheit, sich mit der Rechtsprechung des EGMR auseinanderzusetzen. In seiner Entgegnung auf die Individualbeschwerde bezog sich der Paktstaat[657] auf die Rechtsprechung des EGMR in *Kamsinksi ./. Österreich.*[658] Er führte aus, daß die Gewährleistung eines fairen Verfahrens nach Art. 14 verlange, daß im Rahmen eines Strafverfahrens gegen einen Ausländer alle Verfahrensunterlagen in dessen Muttersprache übersetzt werden würden. Der Ausschuß entschied in dieser Frage:

---

[652] Lillich beurteilt die Aussicht auf einen weltweit-einheitlichen Rechtsstandard zum *death row phenomenon* unter Berücksichtigung verschiedener uneinheitlicher Entscheidungen nationaler Gerichte insgesamt kritisch. Lillich, FS Bernhardt, S. 453, 465 ff.; ders., 40 StLLJ 699, 712 (1996).

[653] 322/1988, U.N. Doc. A/49/40, Vol. II, S. 5, 7 (1994).

[654] Urt. v. 29.7.1988, Serie C Nr. 4, abgedruckt in 9 HRLJ 212 ff. (1988).

[655] 322/1988, U.N. Doc. A/49/40, Vol. II, S. 5, 10 (1994).

[656] 451/1991, U.N. Doc. A/49/40, Vol. II, S. 146 ff. (1994).

[657] 451/1991, U.N. Doc. A/49/40, Vol. II, S. 146, 151 (1994).

[658] Urt. v. 19.12.1989, Serie A Nr. 168.

"Article 14, however, does not contain an explicit right of an accused to have direct access to all documents used in the preparation of the trial against him in a language he can understand."[659]

Im Ergebnis verneinte er jedoch unter Berücksichtigung der Umstände des Einzelfalls eine Verletzung des Art. 14, als er feststellte, daß der Beschwerdeführer von einem einheimischen Verteidiger seiner Wahl vertreten worden war, der Zugang zu sämtlichen Verfahrensunterlagen hatte. Damit entschied er im Sinne der vom Paktstaat zitierten Rechtsprechung des EGMR, ohne sich jedoch ausdrücklich auf diese zu berufen.

Im Beschwerdeverfahren *Toonen ./. Australien*[660] hatte der Ausschuß den Begriff "Geschlecht" (engl. *sex*) aus Art. 2 Abs. 1 und Art. 26 auszulegen. Der MRA entschied, daß unter diesen Begriff auch die sexuelle Orientierung und damit Homosexualität zu fassen und vom Recht der Privatsphäre geschützt sei.[661] Er kam in diesem Verfahren somit zu dem Ergebnis, daß das gesetzliche Verbot homosexueller Handlungen in Tasmanien gegen Art. 17 Abs. 1 i.V.m. Art. 2 Abs. 1 verstoße. Dem Vorbringen des Beschwerdeführers unter Verweis auf die einschlägige Rechtsprechung des EGMR folgend gelangte der MRA wie der Gerichtshof in *Dudgeon ./. Großbritannien,*[662] *Norris ./. Irland,*[663] *Modinos ./. Zypern*[664] zu dem Ergebnis, daß unter den Begriff der geschützten Privatsphäre auch homosexuelles Verhalten falle. Auf eine inhaltliche Auseinandersetzung mit dieser Rechtsprechung unter expliziter Bezugnahme verzichtete der MRA jedoch.

Bei anderer Gelegenheit hat sich der MRA einer zuvor vom EGMR vorgenommenen Feststellung ausdrücklich nicht angeschlossen. So verwies der Paktstaat zur Bejahung der Unparteilichkeit der niederländischen Militärgerichte in dem Verfahren *Brinkhof ./. Niederlande*[665] zwar auf die dies bestätigende Rechtsprechung des EGMR aus *Engel ./. Niederlande.*[666] Der Ausschuß vertrat hierzu jedoch die Auffassung, daß in vor ihm anhängigen Verfahren streitige Tatsachen nur von ihm festgestellt werden könnten.

---

[659] 451/1991, U.N. Doc. A/49/40, Vol. II, S. 146, 153 (1994).

[660] 488/1992, U.N. Doc. A/49/40, Vol. II, S. 226, 232 (1994).

[661] Zustimmend: Baxi, 36 IJIL 34, 50 (1996); a. A. Nowak, 16 HRLJ 377, 390 f. (1995). Nach seiner Auffassung sei die sexuelle Orientierung unter den Begriff des "sonstigen Status" i.S.v. Art. 2 Abs. 1 und Art. 26 zu subsumieren.

[662] Urt. v. 22.10.1981, Serie A Nr. 45, Rzf. 64-70; abgedruckt in 9 EuGRZ 488 ff. (1983).

[663] Urt. v. 26.10.1988, Serie A Nr. 142, Rzf. 39-47; abgedruckt in 18 EuGRZ 477 ff. (1992).

[664] Urt. v. 22.4.1993, Serie A Nr. 259, Rzf. 20-25.

[665] 402/1990, U.N. Doc. CCPR/C/48/D/402/1990 (1993), abgedruckt in 14 HRLJ 410 ff. (1993). In den Verfahren *J.P.K. ./. Niederlande*, 401/1990, U.N. Doc. A/47/40, S. 405, 408 (1994), sowie *T.W.M.B. ./. Niederlande,* 403/1990, U.N. Doc. A/47/40, S. 411, 413 (1994), die einen identischen Verweis auf diese Rechtsprechung des regionalen Gerichtshofes enthielten, setzte sich der MRA nicht mehr mit dem Vorbringen des Paktstaates auseinander, da er die Beschwerden als unsubstantiiert zurückwies.

[666] Urt. v. 8.6.1976, Serie A Nr. 22; abgedruckt in 3 EuGRZ 221 ff. (1976).

In weiteren Verfahren, in denen sich die Beschwerdeführer auf verschiedene Entscheidungen des EGMR zur Untermauerung ihres Vortrags beriefen, hatte der Ausschuß keine Gelegenheit, sich inhaltlich mit dieser Rechtsprechung auseinanderzusetzen, da er diese Beschwerden bereits als unzulässig zurückwies.[667]

In verschiedenen Verlautbarungen ähnelten die Ausführungen des Ausschusses denen der regionalen Menschenrechtsgremien inhaltlich, ohne daß der MRA jedoch ausdrücklichen Bezug auf deren Rechtsprechung nahm.[668] Ein solches Vorgehen führt zwar in Teilbereichen *de facto* zu einer vereinheitlichten Rechtsprechung, ihm ist aber nicht zu entnehmen, ob es sich bewußt oder "zufällig" um eine solche universelle Auslegung des jeweiligen Menschenrechts handelt. Ein systematischer Ansatz des MRA zur Wahrung und Hervorbringung eines universellen Menschenrechtsstandards läßt sich hieraus noch nicht ableiten.[669]

IV. Würdigung

Festzuhalten ist, daß der Menschenrechtsausschuß bei der Auslegung und Anwendung der Bestimmungen des Paktes Wert darauf legt, diesen eine eigenständige Bedeutung zu geben. Dabei betont der MRA auch die teilweise bestehenden Unterschiede der jeweiligen Menschenrechtsverträge.

Eine ausdrückliche Bezugnahme auf die Rechtsprechung der regionalen Menschenrechtsgerichtshöfe erfolgt nur selten. In diesen Fällen läßt der MRA das Bemühen erkennen, eine möglichst identische Auslegung gleicher Rechtsbegriffe

---

667 So berief sich der Paktstaat in *Holland ./. Irland*, 593/1994, U.N. Doc. CCPR/C/58/D/593/1994 Rzf. 4.7 (1996), wird abgedruckt in U.N. Doc. A/52/40 Vol. II, auf das EGMR-Urteil in *Ashingdane ./. Großbritannien*, Urt. v. 28.5.1985, Serie A Nr. 93, 12 EuGRZ 8 ff. (1985). Im Individualbeschwerdeverfahren *E.W. u.a. ./. Niederlande*, 429/1990, U.N. Doc. A/48/40 Vol. II, S. 198 ff. (1993), beriefen sich die Beschwerdeführer auf das *Soering*-Urteil des EGMR.

668 In seiner Allg. Bem. 8 [16], U.N. Doc. CCPR/C/21/Rev. 1 (1989) S. 7 f., stellte der Ausschuß fest, daß der Schutz des Art. 9 Abs. 3 es erfordere, daß ein Festgenommener innerhalb "a few days" einem Richter vorzuführen sei. Diese Auffassung entspricht der der Straßburger Organe. Vgl. die Nachweise bei Frowein/Peukert, Art. 5 Rzf. 111 ff. - In seiner Allg. Bem. 16 [32], U.N. Doc. CCPR/C/21/Rev. 1, S. 19 ff. (1989), bestimmte der MRA, daß der Schutzbereich der in Art. 17 bestimmten Privatsphäre auch Horizontalwirkung besäße. Die Rechtsprechung der europäischen Konventionsorgane hat ebenso zu der entsprechenden Vorschrift des Art. 8 EMRK eine umfangreiche staatliche Schutzpflicht vor Eingriffen Dritter anerkannt. Vgl. die Nachweise bei Frowein/Peukert, Art. 8 Rzf. 9, 21.

669 Gleiches muß im Ergebnis auch für die regionalen Menschenrechtsgerichtshöfe gelten. Sie beziehen sich in ihren Urteilen nicht auf Entscheidungen des MRA. Jedoch hat die IAKMR in ihrer Resolution 3/87, 8 HRLJ 345 ff. (1987) zur Begründung Bestimmungen des Paktes angeführt. Fox, 82 AJIL 601 ff. (1988); Partsch, 16 EuGRZ 1, 6 (1989); Shelton, 8 HRLJ 355 ff. (1987). Diese Entscheidung mag als Beleg dafür dienen, daß mittels Auslegung eine Annäherung der materiellen Schutzbereiche der verschiedenen Systeme möglich ist.

zu erreichen. Hiervon zu unterscheiden sind die Verfahren, in denen der Ausschuß ohne explizite Bezugnahme eine ähnliche oder identische Auslegung wie die Gerichtshöfe vertritt. Hinter diesem Vorgehen verbirgt sich jedoch kein systematischer Ansatz,[670] der bewußt auf die Hervorbringung eines universellen Menschenrechtsstandards gerichtet ist. Dieses hat zur Folge, daß eine grundsätzlich identische Bedeutung gleicher Rechtsbegriffe in den regionalen Konventionen und dem Pakt durch die Arbeit des Ausschusses nicht gewährleistet ist.

Andererseits zeigt die vermehrte Bezugnahme der Beschwerdeführer und Paktstaaten auf die Entscheidungen der regionalen Menschenrechtsorgane jedoch auch eine wachsende Bedeutung dieser Verlautbarungen für die Rechtsprechung des Ausschusses. Während in den Anfangsjahren diese Verweisungen unüblich waren, wird sich der MRA nunmehr zunehmend mit diesen Auffassungen auseinanderzusetzen haben.[671] Dieses macht es zur Herausbildung eines universellen Menschenrechtsstandards umso erforderlicher, daß der Ausschuß und regionale Menschenrechtsorgane ihre Rechtsprechung berücksichtigen. Ein Beitrag hierzu wäre ein systematischer Ansatz des Ausschusses, um eine abweichende oder gar sich widersprechende Rechtsprechung der Menschenrechtsorgane zu verhindern und die Herausbildung eines universellen Menschenrechtsstandards für die Zukunft zu gewährleisten.

C. Expansion des Tätigkeitsfeldes des Ausschusses zum universellen Schutz der Menschenrechte

Neben einer Betrachtung des materiellrechtlichen Beitrages des MRA zum universellen Menschenrechtsschutz, d.h. zur einheitlichen Auslegung und Anwendung der im Pakt niedergelegten Rechte, bedarf es der Untersuchung, inwieweit der Ausschuß durch die Expansion seiner Tätigkeitsfelder dem universellen Menschenrechtsschutz gedient hat. Denn der Ausschuß hat sich in jüngster Vergangenheit zu unterschiedlichen Aspekten der Implementierung des IPBPR in den Paktstaaten geäußert. Diese Äußerungen betrafen unter anderem die territoriale Anwendbarkeit des Paktes sowie Aspekte der effektiven Überwachung durch den Ausschuß. So hat sich der Ausschuß neben einer Novellierung der abschließenden Bemerkungen im Berichtsprüfungsverfahren nach Art. 40 gleichfalls mit der Staatennachfolge zum Pakt beschäftigt. Ferner hat er Möglichkeiten der Zusammenarbeit mit anderen internationalen Körperschaften zum Menschenrechtsschutz ausgelotet und Rahmen und Umfang seiner Kompetenz nach Art. 40 überprüft.

---

[670] So kritisiert auch Danelius, daß sich aus der Rechtsprechung des MRA zum Schutzbereich des Art. 7 aufgrund fehlender ausführlicher Begründungen keine eindeutigen Schlüsse ziehen liessen. Vielmehr entscheide der Ausschuß je nach den Umständen des Falles; Danelius, 1991 AEL Vol. II, Book Nr. 2, 151, 168.

[671] Die Notwendigkeit zur Berücksichtigung der Rechtsprechung der regionalen Menschenrechtsorgane durch den MRA unterstreicht auch Hefernan, 19 HRQ 78, 112 (1997).

Im folgenden werden diese Handhabungen des Ausschusses aufzuzeigen sein, verbunden mit der Frage ob und ggf. inwieweit diese jüngsten Neuerungen Einfluß auf den Beitrag des MRA zur Wahrung und Hervorbringung des universellen Schutzes der Menschenrechte haben.

I. Abschließende Bemerkungen des Ausschusses im Rahmen von Art. 40

Einer der bemerkenswertesten Veränderungen innerhalb des Staatenberichtsverfahrens ist die Verabschiedung von abschließenden Bemerkungen (*concluding observations*) durch den MRA am Ende der Berichtsprüfung eines jeden Staatenberichtes.

Die Frage der abschließenden Bewertung nach der Durchführung der Berichtsprüfung durch den Ausschuß als Ganzes war Gegenstand einer ausführlichen Debatte sowohl innerhalb des Ausschusses als auch in der Literatur. Im folgenden soll dieser Disput und die ehemalige Praxis des MRA kurz dargestellt werden. Hieran schließt sich die Untersuchung der pragmatischen Lösung dieser Kontroverse sowie der nunmehr neuen Vorgehensweise des Ausschusses an. Sodann ist zu bewerten, ob diese Änderung einen Beitrag zur Sicherung des universellen Schutzes der Menschenrechte durch den Ausschuß zur Folge hatte.

1. Frühere Praxis

Bis zum September 1992 hat der MRA als Ganzes keine abschließende Bewertung und Beurteilung der verschiedenen Staatenberichte abgegeben. Vielmehr hatte der Ausschuß 1984 beschlossen, daß jedes Ausschußmitglied nach der Prüfung eines Berichtes eine persönliche Einschätzung und eigene Schlußfolgerung abgeben könne.[672] Im Rahmen dieser Praxis haben die MRA-Mitglieder ihr Augenmerk auf den Grad der Umsetzung des Paktes in innerstaatliches Recht sowie dabei auftretende Probleme gelegt.[673] Diese Praxis wurde insbesondere von Tomuschat gewürdigt, der hervorhob, daß die individuelle Einschätzung der Berichte durch die Ausschußmitglieder nicht nur die unterschiedlichen Verständnisse innerhalb des Ausschusses widerspiegeln würde, sondern auch schärfer verfaßt seien, als wenn man sich im Ausschuß als Ganzes auf eine gemeinsame Erklärung einigen müßte.[674] Darüber hinaus führte er an, daß individuelle Kommentare von Mitgliedern, die aus den verschiedensten Weltregionen und Regierungssystemen kommen und ihrer Besorgnis über bestimmte Themen Ausdruck verleihen, ein

---

[672] U.N. Doc. CCPR/C/SR. 536, Rzff. 35 ff. (1984).

[673] Bartsch, 42 NJW 3061, 3063 (1989); ders. 44 NJW 1390, 1391 (1991).

[674] Tomuschat, 35 VN 157, 158 (1987).

stärkeres Gewicht hätten als ein gemeinsame Stellungnahme durch den Ausschuß.[675]

2. Kontroverse

Als mögliche Alternative zu der Verabschiedung abschließender Bewertungen, sei es in Form individueller Stellungnahmen der Ausschußmitglieder oder des Ausschusses als Ganzes, bestand zur Anfangszeit des Ausschusses ein Disput über die Möglichkeit der Abfassung eines Berichtes durch den Ausschuß gemäß Art. 40 Abs. 4 S. 2. Die Meinungen, ob der Ausschuß befugt sei, mittels eines solchen Berichtes die menschenrechtliche Lage in den verschiedenen Paktstaaten zu beurteilen, war lange Zeit sehr umstritten.[676] Dieser Disput kristallisierte sich im Streit über die Bedeutung des Begriffes "seine eigenen Berichte" (*its reports*) in Art. 40 Abs. 4 S. 2. Gemäß dieser Vorschrift "übersendet [der Ausschuß] den Vertragsstaaten seine eigenen Berichte sowie ihm geeignet erscheinende allgemeine Bemerkungen." Während einige Ausschußmitglieder die Ansicht vertraten, daß dieser Wortlaut sich auf eine Zusammenfassung der vorgelegten Berichte beschränke,[677] sahen andere Mitglieder in der Formulierung "seine eigenen Berichte" eine Bezugnahme auf die Jahresberichte, die gemäß Art. 45 der Generalversammlung durch den WSR zugeleitet werden.[678] Hingegen vertraten Ausschußmitglieder aus dem Westen sowie der Dritten Welt die Auffassung, daß der Wortlaut "seine eigenen Berichte" eine Einschätzung und Bewertung der Menschenrechtssituation in einem Paktstaat anhand der vorgelegten Staatenberichte durch den Ausschuß als Ganzes beinhalte.[679] Diese Auffassung basiert auf zwei Schlußfolgerungen.[680] Zum einen wurde argumentiert, daß der Ausschuß zu jedem Staatenbericht einen eigenen Bericht zu verfassen habe. Zweitens wurde vertreten, daß der Ausschuß das Recht habe, die bestehende Menschenrechtssituation in einem Paktstaat zu beurteilen und damit zugleich befugt sei, festzustellen, ob der betreffende Staat die Paktvorschriften umgesetzt habe.[681] Bis vor kurzem hatte sich der Ausschuß auf-

---

675 Tomuschat, 35 VN 157, 158 (1987). - Ob diese Argumentation angesichts der zum Teil sehr ausgeprägten Formulierungen der abschließenden Bemerkungen durch den Ausschuß als Ganzes noch aufrecht zu erhalten ist, erscheint zweifelhaft.

676 Eine ausführliche Darstellung dieses Streites findet sich bei Empell, S. 110 ff.; Schwelb 12 TILJ 141, 158 ff. (1977).

677 So z.B. Opsahl in U.N. Doc. CCPR/CSR. 8, Rzf. 15 (1977); Mora Rojas in U.N. Doc. CCPR/C/SR. 8, Rzf. 5 (1977).

678 Graefrath in U.N. Doc. CCPR/C/SR. 50, Rzf. 19 (1979); Koulischev in U.N. Doc. CCPR/C/SR. 50, Rzf. 29 (1978), ders. in U.N. Doc. CCPR/C/SR. 232, Rzf. 15 (1980); Hanga in U.N. Doc. CCPR/C/SR. 232, Rzf. 4 (1980).

679 Espersen in U.N. Doc. CCPR/C/SR. 50, Rzf. 31 (1978), Tomuschat in U.N. Doc. CCPR/C/SR. 50, Rzf. 35 (1978); Lallah in U.N. Doc. CCPR/C/SR. 231, Rzf. 39 (1980); Evans in U.N. Doc. CCPR/C/SR. 232, Rzf. 28 (1980); Nowak, CCPR, Art. 40, Rzf. 45; Rodley, 157, 159.

680 Für einen Überblick zu diesem Thema s. Empell, S. 127 ff.

681 Empell, S. 127 f.

grund pragmatischer Erwägungen, der Disput über die Bedeutung der "eigenen Berichte" war unüberbrückbar, entschlossen,[682] nur allgemeine Bemerkungen zu verfassen.[683] Daraus wiederum schlossen Ausschußmitglieder aus den westlichen Staaten, daß die Durchführung des Berichtsprüfungsverfahren gemäß Art. 40 ohne eine abschließende Bewertung noch unvollständig sei.[684]

Auch diese Kontroverse reflektiert die schon dargestellte Meinungsverschiedenheit über Sinn und Zweck des Berichtsprüfungsverfahren als Ganzes. Während die Mitglieder aus den ehemaligen Ostblockstaaten die Auffassung vertraten, es handele sich beim Staatenberichtsverfahren lediglich um eine Form der Kooperation im Menschenrechtsbereich ohne Kontroll- bzw. Bewertungsmechanismus, vertraten die Mitglieder aus den westlichen Staaten die Ansicht, daß das Berichtsprüfungsverfahren dem Ausschuß auch Kontrollkompetenzen einräume.[685]

3. Neue Praxis

In der jüngsten Vergangenheit, insbesondere nach den politischen Umwälzungen in Mittel- und Osteuropa, ist die Diskussion über die Bedeutung eigener Berichte des Ausschusses wieder aufgeflammt.[686] Dabei vertrat die Mehrheit der Ausschußmitglieder die Auffassung, daß der Ausschuß verpflichtet sei, eine eigene Stellungnahme zu den vorgelegten Staatenberichten und der Menschenrechtssituation in dem jeweiligen Land abzugeben.[687] Daraufhin nahm der Ausschuß die neue Praxis auf, nach der Prüfung eines jeden Staatenberichtes eine abschließende Bewertung und Beurteilung durch den Ausschuß als Ganzes zu veröffentlichen (*concluding comments*).[688] Es ist bemerkenswert, daß diese neue Praxis zusätzlich

---

[682] Tomuschat, Menschenrechte, Staatenberichte, Rzf. 16.

[683] Der Ausschuß hatte diese Frage auch nicht endgültig geklärt in seinem „Statement on the duties of the Human Rights Committee under Article 40 of the Covenant“ (U.N. Doc. A/36/40, S. 101 (1981): „... the Committee has agreed, without prejudice to the further consideration of the Committee's duties ...“ .

[684] Bouiziri in U.N. Doc. CCPR/C/SR. 231, Rzf. 26; Opsahl in U.N. Doc. CCPR/C/SR. 231, Rzf. 5; Prado Vallejo in U.N. Doc. CCPR/C/SR. 231, Rzf. 18 (1980); siehe auch Fisher 76 AJIL 142, 148 (1982); Nowak, CCPR, Art. 40 Rzf. 48; Ramcharan, 6 DLJ 7, 21 (1980); Tomuschat, 29 VN 141, 147 (1981).

[685] S. hierzu auch 2. Kapitel B II 2.

[686] Zum ersten Mal während der 1112. Sitzung im November 1991, U.N. Doc. CCPR/C/SR. 1112.

[687] Während der 1112. Sitzung wurde dies vertreten u.a. von Dimitrijevic in Rzf. 59, Mullerson in Rzf. 58, von Prado Vallejo in Rzf. 60, von Sadi in Rzf. 56 in U.N. Doc. CCPR/C/SR. 1112 (1991).

[688] U.N. Doc. A/47/40, Rzff. 18, 45 (1992). Die Aufnahme dieses neuen Verfahrens hat ein positives Echo in der Weltgemeinschaft gefunden. So wurde dies neue Verfahren sowohl von der Generalversammlung in ihrer Resolution 48/119, Rzf. 13 in U.N. Doc. 48/49 Vol. I (1993) als auch vom Hochkommissar für Menschenrechte in U.N. Doc. CCPR/C/SR. 1320 (1994) gewürdigt.

zu den individuellen Einschätzungen und Bewertungen der Ausschußmitglieder eingeführt wurde.[689] Somit kann neben den Einzelstimmen der Ausschußmitglieder der Ausschuß mit dem ganzen Gewicht seiner Stimme und Autorität als Vertragsorgan eine mögliche Vertragsverletzung feststellen.

Einem Vorschlag der Ausschußarbeitsgruppe zu Art. 40 folgend, wurden Sonderberichterstatter für jeden Vertragsstaat eingeführt. Nach Prüfung des Staatenberichtes entwirft der Sonderberichterstatter eine Untersuchung des Berichtes eines jeden Landes, inwieweit der Menschenrechtsschutz in jenem Land gewährleistet ist.[690] Diese Untersuchung wird in Absprache mit dem Ausschußvorsitzenden sowie den anderen Mitgliedern des MRA verfaßt und schließlich von dem Ausschuß als Ganzes in geschlossener Sitzung offiziell verabschiedet.[691] Die abschließenden Bemerkungen werden den betroffenen Vertragsstaaten so schnell wie möglich zugestellt und sowohl als separates Dokument[692] als auch im Jahresbericht an die Generalversammlung veröffentlicht.

Die abschließenden Bemerkungen des MRA enthalten fünf verschiedene Abschnitte. Der einleitende Abschnitt behandelt die generelle Präsentation des Berichtes und den Dialog zwischen der Staatendelegation und dem Ausschuß. Im zweiten Abschnitt werden die positiven Aspekte und Erfolge des Menschenrechtsschutzes nach Maßgabe des Paktes in dem betroffenen Land hervorgehoben. Der dritte Abschnitt enthält Anmerkungen bzgl. der problematischen Bedingungen und Schwierigkeiten bei der Umsetzung des Paktes. Sowohl dieser dritte Abschnitt, als auch derjenige bzgl. der Erfolge in der Umsetzung des Paktes, ist deskriptiver Natur und beschäftigt sich mit der Umsetzung des IPBPR. Im vierten Abschnitt, überschrieben "Principal Subjects of Concern", wird die tatsächliche Situation im Paktstaat erörtert und auf Bereiche hingewiesen, die nicht in Übereinstimmung mit den Paktvorschriften stehen. Im fünften und letzten Abschnitt unternimmt der Ausschuß konkrete Verbesserungsvorschläge. Diese betreffen sowohl die innerstaatliche Umsetzung des Paktes als auch das Verhältnis des Staates zum Pakt und dem Ausschuß, so z.B. die Aufforderung, gewisse Vorbehalte zum Pakt zurückzuziehen.[693]

---

689 U.N. Doc. A/49/40, Rzf. 41 (1994).

690 Wennergren in U.N. Doc. CCPR/C/SR. 1112, Rzf. 53 (1991).

691 U.N. Doc. A/49/40, Rzf. 41 (1993).

692 Die abschließenden Bemerkungen des Ausschusses werden als Addendum zu U.N. Doc. CCPR/C/79 (1992) veröffentlicht. Siehe z.B. die Bemerkungen des Ausschusses zum vierten periodischen Bericht Deutschlands in U.N. Doc. CCPR/C/79/Add. 73 (1996). Gleichfalls sind sie wesentlicher Bestandteil des Jahresberichtes. So sind die Bemerkungen zum vierten deutschen periodischen Bericht gleichfalls abgedruckt in U.N. Doc. A/52/40, S. 32 ff. (1997).

693 So z.B. in den Bemerkungen zum Erstbericht der USA, U.N. Doc. CCPR/C/79/Add. 50, Rzf. 27 (1995), oder aber die Bemerkungen zum vierten periodischen Bericht Deutschlands, U.N. Doc. CCPR/C/79/Add. 73, Rzf. 11 ff. (1996).

Die Praxis, abschließende Bewertungen am Ende einer Berichtsprüfung durch den Ausschuß als Ganzes zu verfassen, wurde 1992 beschlossen[694] und durch eine Revision von Art. 70 Abs. 3 VerfO formalisiert. Dieser Beschluß autorisiert den Ausschuß nunmehr, nach Prüfung der Staatenberichte, solche Anmerkungen zu tätigen, die er für erforderlich hält.[695]

4. Rechtsverbindlichkeit der neuen Praxis

Die neue Form der gemeinsamen Bewertung der Staatenberichte durch die Ausschußmitglieder hat einen bemerkenswerten Beitrag des MRA zum universellen Schutz der Menschenrechte geleistet. Zum einen liegt nunmehr am Ende einer jeden Berichtsprüfung eine abschließende Beurteilung der Menschenrechtslage in dem berichtenden Staat vor. Ursprüngliche Befürchtungen einer verwässerten Stellungnahme haben sich nicht bewahrheitet. Stattdessen identifiziert der Ausschuß deutlich die Bereiche, in denen der Paktstaat nach seiner Auffassung hinter den Anforderungen des IPBPR zurückbleibt.[696]
Die aufgezeigte Änderung der Praxis der abschließenden Bewertung von Staatenberichten steht zudem für einen wachsenden universellen Schutz der Menschenrechte durch den Ausschuß. Denn, die rechtskonforme Weiterentwicklung der Paktpraxis durch den Ausschuß vorausgesetzt, besteht die Möglichkeit, daß sich die Vertragsstaaten dieser neuen Praxis, die sich zu einem verbindlichen Paktstandard entwickeln kann, nicht mehr entziehen können. Eine solche Rechtsbindung kann für die Paktstaaten zum einen aus der Konkretisierungskompetenz des Ausschusses erwachsen. Zum andern kann die vom MRA entwickelte Praxis als als neue Vertragspraxis im Sinne von Art. 31 Abs. 3 (b) WVK analog anzusehen sein.

a. Konkretisierungskompetenz des MRA

Während in den Anfängen des Ausschusses die Frage der Kompetenz hinsichtlich der Staatenberichte umstritten war, wurde die neue Praxis der abschließenden gemeinsamen Bemerkungen im *consensus*-Verfahren unter den Ausschußmitgliedern aufgenommen. Aus dieser übereinstimmenden Verfahrensänderung liegt die Schlußfolgerung nahe, daß es Aufgabe des Ausschusses ist, den Umfang seiner Befugnisse selbst zu konkretisieren. Dies setzt voraus, daß keine andere Institution zur Konkretisierung der Befugnisse des Ausschusses besteht und damit der MRA die einzig berufene Körperschaft zur autoritativen Konkretisierung der

---

694 U.N. Doc. CCPR/C/SR. 1123 (1992).

695 U.N. Doc. CCPR/C/3/Rev. 3 (1994).

696 So kritisierte der MRA anläßlich der Prüfung des vierten periodischen Berichtes Deutschlands u.a., daß der Begriff der Minderheit i.S.v. Art. 27 in Deutschland zu eng gefaßt sei, Deutschland einen Vorbehalt zu Art. 26 angebracht habe und daß Einzelhaft - unzulässigerweise - drei Monate und länger betragen könne. U.N. Doc. CCPR/C/79/Add. 73, Rzf. 13 ff. (1996).

IPBPR Vorschriften ist. Die Befugnisse des Ausschusses umfaßten dann nicht nur die Auslegung der materiellen Vorschriften, sondern auch solche, die Verfahrensfragen betreffen.

Das Argument, daß ein Vertragsorgan die berufenste Institution zur Auslegung des betreffenden Vertrages sei, wurde bereits vor 20 Jahren von Buergenthal vertreten. So folgerte er, daß die auslegenden Erklärungen und Stellungnahmen des Ausschusses unter der Antirassismuskonvention die autorisiertesten Aussagen zu den Bestimmungen der Konvention seien.[697]

Die Schlußfolgerung, daß der Menschenrechtsausschuß das Organ zur autoritativen Konkretisierung[698] ist, wird dadurch unterstrichen, daß der MRA die Bestimmungen des Paktes in seiner Arbeit das Staatenberichtsverfahren und das Individualbeschwerdeverfahren anwenden muß. Somit umfaßt das Mandat des Ausschusses notwendigerweise die Definition der Umstände und Situationen, in denen der Pakt zur Anwendung kommt. Für eine - zumindest beschränkten - Kompetenzkompetenz spricht zudem die Rechtsprechung des IGH. Dieser hat in seinem Gutachten im *Certain Expenses*-Fall festgestellt, daß jedes Organ der Vereinten Nationen bei der Definition seiner eigenen Kompetenzen einen gewissen Primat genieße.[699] Es spricht mithin einiges dafür, daß auch die Bestimmung der eigenen Aufgaben von Art. 40 erfaßt ist.

Demgegenüber steht jedoch der Einwand, daß es nicht dem Ausschuß zufallen kann, seine eigenen Kompetenzen zu bestimmen. Fragen der Befugnisse des MRA seien stattdessen gemeinschaftlich von allen Paktstaaten zu klären. Gegenüber diesem Argument ist wiederum zu bedenken, daß es sich bei dem MRA um einen unabhängigen Expertenausschuß handelt, der aufgrund eines fehlenden Eigeninteresses - im Gegensatz zu den Paktstaaten -, in der besten Position ist, die Berechenbarkeit und die logische Stringenz durch eine einheitliche Auslegung der Rechte und Verfahrensvorschriften zu gewährleisten. Der Ausschuß selbst führte zu einer früheren Gelegenheit zur Auslegungskompetenz des MRA aus:

> "However, each international treaty, including the International Covenant on Civil and Political Rights, has a life of its own and must be interpreted in a fair and just

---

[697] Buergenthal, 12 TILJ 187, 207 (1977). Buergenthal weist darauf hin, daß dieser Grundsatz nur im Falle einer nicht gegenteiligen Entscheidung des IGH gültig sei. - Diese letzte Feststellung ist nicht ohne weiteres auf den IPBPR übertragbar, da gemäß Art. 22 KARD dem IGH Rechtsprechungskompetenz in Fällen von Streitigkeiten über die Auslegung und Anwendung der Antirassismuskonvention zukommt. Eine vergleichbare Vorschrift enthält der IPBPR jedoch nicht, so daß insoweit die Gefahr einer Kollision nicht besteht. Zum Verhältnis von Entscheidungen des MRA und solchen des IGH vgl. auch 2. Kapitel A II 2 c.

[698] Im völkerrechtlichen Schrifttum wird eine vergleichbare Diskussion zur Konkretisierungskompetenz des Sicherheitsrates unbestimmter Rechtsbegriffe und Rechtsfolgen in Kapitel VII der UNC geführt. Vgl. Herdegen, FS Bernhardt, S. 103 ff. m.w.N.

[699] Certain Expenses of the United Nations, ICJ Reports 1962, 151 (168).

manner, if so provided, by the body entrusted with the monitoring of its provisions."[700]

Die Befugnis zur Konkretisierung der Paktbestimmungen obliegt danach dem MRA als Organ des IPBPR. Diese Schlußfolgerung des Ausschusses findet sich zudem bestätigt durch die oben bereits bejahte Annexkompetenz (*implied powers*) zur Beurteilung der Zulässigkeit von Vorbehalten zum Pakt.[701] Wie bereits erörtert, ist aus Ziel und Zweck des IPBPR sowie zur effektiven Umsetzung des Paktes die Befugnis des MRA zu bejahen, die Bestimmungen des Menschenrechtspaktes autoritativ auszulegen.

b. Neue Vertragspraxis, Art. 31 Abs. 3 (b) WVK analog

Zudem läßt sich die Rechtsverbindlichkeit der neuen Praxis aus einer analogen Anwendung des Art. 31 Abs. 3 (b) WVK herleiten. Nach dieser Bestimmung kann zur Auslegung eines völkerrechtlichen Vertrages die spätere Übung bei der Anwendung des Vertrages, die aus einer Rechtsüberzeugung der Vertragsparteien über seine Auslegung hervorgeht, herangezogen werden.[702] Eine direkte Anwendung dieser Vorschrift ist nicht möglich, da die "Vertragsübung" nicht von den Paktstaaten, sondern durch die Tätigkeit des Ausschusses bestimmt ist. Stattdessen ist die Praxis des Ausschusses der Staatenpraxis gleichzusetzen.[703] Insofern werden durch die Verlautbarungen des Ausschusses, durch seine Allgemeinen Bemerkungen sowie seine Auffassungen im Individualbeschwerdeverfahren, die Bedeutung einzelner Paktvorschriften präzisiert. Diese Verlautbarungen können als spätere Übung im Sinne von Art. 31 Abs. 3 (b) WVK aufgefaßt werden, so daß daher eine analoge Anwendung dieser Vorschrift in Betracht kommt.

Gleichwohl ist fraglich, ob allein die spätere Übung der Anwendung eines Vertrages durch ein Vertragsorgan ohne die ausdrückliche Zustimmung der betroffenen Vertragsstaaten ein Mittel der Vertragsauslegung sein kann. Dafür spricht, daß das Vertragsorgan eine gewisse Unabhängigkeit von den verpflichteten Vertragsstaaten erhalten und aufgrund ihrer Unabhängigkeit zum Hauptmotor in der Entwicklung der Praxis und der Auslegung eines internationalen Vertrages werden können. Hiergegen wird vielfach vorgebracht, daß die Organpraxis als Element der Auslegung nur von Bedeutung sein könne, wenn die Vertragsstaaten ausdrücklich zustimmen, andernfalls bestünde keine Rechtssicherheit für die Vertragsstaaten.[704] Aus dem Schweigen der Paktstaaten sei keine Zustimmung zu

---

[700] *J.B. u.a. ./. Kanada*, 118/1982, U.N. Doc. CCPR/C/OP/2, S. 34, 37 (1990).

[701] Vgl. hierzu die Ausführungen im 2. Kapitel A I 3 a cc (3.).

[702] Engel, 16 ICLQ 865, 909 (1967).

[703] Karl, S. 116, weist daraufhin, daß die Organpraxis internationaler Organisationen der Praxis der Vertragsstaaten nicht völlig gleichzusetzen ist.

[704] Empell, S. 193; Bernhardt, 27 ZaöRV 491, 495, 499, 506 (1967); Brownlie, S. 630; Karl, S. 166 ff. Die hier dargestellte Diskussion wurde in der Literatur im Zusammenhang mit der Praxis von internationalen Organisationen geführt und ist somit nicht direkt

folgern.[705] Es müßten konkrete Umstände vorliegen, aus denen sich ergibt, daß die Vertragsstaaten hätten reden müssen.[706] Selbst wenn man, dieser Auffassung folgend, eine solche Zustimmung der Paktstaaten fordert, liegt ebendiese Zustimmung zumindest konkludent vor. Bislang hat die neue Praxis der abschließenden Bemerkungen nach einer Berichtsprüfung noch keinen grundsätzlichen Widerspruch durch die Paktstaaten erfahren.[707] Verschiedene Paktstaaten haben zu den abschließenden Bemerkungen des Ausschusses wiederum selbst Stellung bezogen. Nicht eine dieser Stellungnahmen zog jedoch die Kompetenz des MRA in Zweifel. Allesamt setzten sie sich indes mit den Feststellungen und Folgerungen des Ausschusses zum vorgelegten Bericht auseinander. Hätten Bedenken gegen die Kompetenz des Ausschusses zur Bewertung der menschenrechtlichen Situation in einem Paktstaat bestanden, so hätte vor einer inhaltlichen Auseinandersetzung mit den Feststellungen des MRA zumindest die Zuständigkeit des Ausschusses gerügt werden müssen. Indem die Paktstaaten, die eigene Stellungnahmen zu den abschließenden Bemerkungen des Menschenrechtsausschusses abgegeben haben, die Zuständigkeit des MRA nicht in Zweifel gezogen haben, haben sie diese stillschweigend anerkannt. Das Versäumnis der Paktstaaten, gegen die Einführung der abschließenden Bewertungen des Ausschusses zu protestieren, hat zu einer konkludenten Akzeptanz der Ausschußpraxis durch die Gemeinschaft der Paktstaaten geführt.

Empell[708] hat zwar hinsichtlich der alten Fassung des Art. 70 Abs. 3 VerfO, die er als paktwidrig ansah,[709] argumentiert, daß fehlender Protest der Paktstaaten nicht als konkludente Akzeptanz der vom MRA geäußerten Rechtsansicht zu werten sei. Schweigen könne erst dann einen Rechtsbindungswillen der Paktstaaten erkennen lassen, wenn Umstände vorlägen, aus denen den Vertragsstaaten eine Pflicht zum Widerspruch zukomme.[710] Eine solche Pflicht ergibt sich hier jedoch daraus, daß die abschließenden Bemerkungen des Ausschusses nicht nur Rechtsansichten, wie eine Beurteilung des Grades der Umsetzung der Paktpflichten durch den jeweiligen Paktstaat, enthalten. Sie sind zudem dadurch ein Meilen-

---

auf den MRA anwendbar. Gleichwohl sind die Argumente auf die Rolle unabhängiger Vertragsorgane übertragbar.

[705] Empell, S. 193. Zu den Rechtsfolgen eines qualifizierten Schweigens (*acquiescence*) im Sinne einer stillschweigenden Anerkennung allgemein und in Bezug auf Akte von Organen internationaler Organisationen vgl. Müller, S. 35 ff. und 244 ff.

[706] Klein, S. 149 f.

[707] Eine der wenigen Erwiderungen auf die abschließenden Bemerkungen war die Senegals, die eine Klärung einer faktischen Situation beabsichtigte und nicht die Zuständigkeit des Ausschusses zur Abgabe von abschließenden Bewertungen *per se* in Frage stellte, U.N. Doc. CCPR/C/90 (1993). Ferner haben Mexiko, U.N.Doc. CCPR/C/108 (1995), die Ukraine, U.N.Doc. CCPR/C/109 (1995), und Sri Lanka, U.N.Doc. CCPR/C/116 (1995), die abschließenden Bemerkungen des Ausschusses kommentiert. Anmerkungen gab es auch von Kolumbien und Georgien, U.N. Doc. A/52/40, Rzf. 49 f. (1997).

[708] Empell, S. 193.

[709] Empell, S. 244; so auch Mohr, Durchsetzung der Völkerrechtsnormen, S. 155, 168.

[710] Klein, S. 149.

stein[711] in den Beziehungen des Ausschusses zu den Paktstaaten, da sie den Staaten auch die Unzulänglichkeiten der Paktumsetzung aufzeigen und damit stärker als bisher in den Interessenbereich der Paktstaaten eindringen.

Bei den abschließenden Bemerkungen handelt es sich um einen neu eingefügten Verfahrensabschnitt, an dem die Staaten selbst - durch den vorausgehenden Dialog mit dem MRA - beteiligt sind. Sie richten sich primär an die individuellen Vertragsstaaten, so daß diese unmittelbar von ihnen betroffen sind. Durch diese unmittelbare Betroffenheit über ein bloß abstraktes Rechtsinteresse hinaus, haben die Paktstaaten eine Pflicht zum Widerspruch im Falle ihre Dissenses mit dem Vorgehen des Ausschusses. Indem sie sich diesem neuen Verfahren unterworfen haben und an ihm widerspruchslos partizipieren, haben sich die Paktstaaten dem neuen Verfahren freiwillig unterworfen.

Daher ist die Praxis des Ausschusses auf konkludente Zustimmung der Paktstaaten gestoßen. Hieran sind diese nunmehr nach Treu und Glauben gebunden.

Zusammenfassend ist somit festzustellen, daß das Schweigen der Vertragsstaaten zu der neu eingeführten Praxis des Ausschusses, Staatenberichte abschließend zu bewerten, eine konkludente Akzeptanz zu einer Vertragsübung im Sinne von Art. 31 Abs. 3 (b) WVK analog darstellt. Durch die abschließenden Bemerkungen des Ausschusses, die ohne grundsätzlichen Protest der Paktstaaten erfolgte, hat der MRA die Kompetenz erhalten, zusammenfassende Bewertungen zu verfassen, die Empfehlungen, Vorschläge, aber auch Kritik an den Staatenberichten sowie der Menschenrechtssituation in dem jeweiligen Land enthalten können.

c. Beitrag zum universellen Menschenrechtsschutz

Durch die Einführung der abschließenden Bemerkungen hat der Ausschuß mehrere Beiträge zur Verbesserung des universellen Menschenrechtsschutzes geleistet. Zum einen ist materiell eine effektivere und konturenschärfere Arbeit des Ausschusses möglich geworden. Indem er mittels dieser Bemerkungen Unzulänglichkeiten in der Umsetzung der im IPBPR enthaltenen Rechte aufzeigen kann, sind Abhilfemaßnahmen in Folgeverfahren inividualisierter nachprüfbar. Gleichzeitig ist es dem Ausschuß möglich, durch eine vergleichende Betrachtung der Umsetzung der Bestimmungen des IPBPR in den einzelnen Paktstaaten auf einen einheitlichen Menschenrechtsstandard hinzuwirken. Ein effektiverer Menschenrechtsschutz ist die Folge.

Zum anderen zeigt die Einführung der abschließenden Bemerkungen die potentiellen Wachstumsmöglichkeiten der Arbeit des Ausschusses. Er kann durch die Konkretisierung der Paktbestimmungen sein eigenes Tätigkeitsfeld bei - auch nur konkludenter - Zustimmung der Paktstaaten graduell erweitern und damit prozeduralen Paktbestimmungen eine progressive Bedeutung geben. Diese Entwicklungsfähigkeit von Verfahrensbestimmungen braucht dabei nicht auf den Pakt

---

711 In diesem Sinne auch Resolution 48/119, Rzf. 13, der Generalversammlung in U.N. Doc. A/48/49 Vol. I (1993).

beschränkt zu sein. Es ist denkbar, daß der vom Ausschuß gewählte Ansatz der graduellen Kompetenzkonkreisierung unter konkludenter Zustimmung der Vertragsstaaten auch von anderen menschenrechtlichen Vertragsorganen übernommen wird. Damit bekäme das Vorgehen des Ausschusses über das Regime des IPBPR hinaus Indikationswirkung für die Handhabung von Kompetenzregeln in menschenrechtlichen Verträgen durch deren Vertragsorgane. Eine Verfestigung und Effektivierung der menschenrechtlichen Überwachungsmechanismen und damit ein erhöhter universeller Schutz der Menschenrechte wäre die Folge.

II. Stellungnahme des MRA zur Staatennachfolge beim Pakt

Ein zusätzlicher Beitrag zur Wahrung und Hervorbringung eines universellen Menschenrechtsstandards könnte die Handhabung der Staatennachfolge zum Pakt durch den Ausschuß sein. Die Frage der Staatennachfolge zum Pakt hat in jüngerer Vergangenheit eine gewichtige Rolle in der Arbeit des Ausschusses gespielt. Der MRA postulierte mehrfach, daß Nachfolgestaaten eines Paktstaates an die IPBPR-Ratifikation des Vorgängerstaates gebunden seien.[712] Betroffen von dieser Auffassung waren zunächst Staaten im ehemaligen Ostblock. Diese Rechtsansicht wurde später auch auf das Territorium der ehemals britischen Kronkolonie Hongkongs ausgedehnt,[713] das ab dem 1. Juli 1997 an die Volksrepublik China gefallen ist[714] und wird ebenfalls bei der Rückgabe Macaus von Portugal an China am

---

[712] Hinsichtlich der Rechtsnachfolge der ehemaligen jugoslawischen Staaten vgl. die diversen Stellungnahmen der MRA-Mitglieder in U.N. Doc. CCPR/C/SR. 1178/Add. 1 (1992); CCPR/C/SR. 1200 (1992); CCPR/C/SR. 1201 (1992); CCPR/C/SR. 1202 (1992) sowie die ausdrückliche Feststellung des Ausschusses zu den Staatenberichten von Bosnien-Herzegowina, Kroatien und Jugoslawien (Serbien und Montenegro) in U.N. Doc. CCPR/C/79/Add. 14 - 16 (1992).

[713] So der Ausschuß in seiner abschließenden Bemerkung zum vierten periodischen Bericht Großbritanniens zu Hongkong in U.N. Doc. CCPR/C/79/Add. 57, S. 6 (1995) sowie in seiner abschließenden Bemerkung zu dem von Großbritannien vorgelegten Sonderbericht, U.N. Doc. CCPR/C/79/Add. 69 (1996), abgedruckt in 17 HRLJ 469 ff. (1996).

[714] Auch im Hinblick auf die Vereinigung der Demokratischen Volksrepublik Jemen und der Arabischen Republik Jemen zur Republik Jemen am 22. Mai 1990 ist der Komplex der Staatennachfolge zum Pakt betroffen. Denn vor der Vereinigung beider Staaten war nur die Demokratische Volksrepublik Jemen Vertragspartei des Paktes. Die Demokratische Volksrepublik Jemen ist dem Pakt am 9. Februar 1987 beigetreten. U.N. Doc. CCPR/C/2/Rev. 4, S. 9 (1994). Mittlerweile hat die Republik Jemen sich jedoch hinsichtlich des gesamten Territoriums Jemens dem Pakt unterworfen. U.N. Doc. CCPR/C/79/Add. 51, Rzf. 6 (1995). - Die Frage der Anwendung des Paktes im wiedervereinigten Deutschland unterfällt nicht diesem Themenkomplex. Denn das fortbestehende Völkerrechtssubjekt Bundesrepublik Deutschland ist gemäß Art. 2 zur Achtung und Gewährleistung der Paktrechte in seinem Territorium verpflichtet. Hiervon umfaßt ist auch das ehemalige Territorium der DDR.

19.12.1999 eine Rolle spielen.[715] Vor dem Hintergrund der vordringenden Auffassung, daß völkerrechtlich weder eine Art Universalsukzession des Nachfolgestaates in alle Rechte und Pflichten des Vorgängerstaates besteht, noch solche Rechte und Pflichten völlig erlöschen, sondern jeweils eigene Regeln für die verschiedenen Fallkonstellationen aus der Staatensukzession zu entwickeln sind,[716] kommt der vom MRA vertretenen Rechtsansicht eine besondere Bedeutung zu.

Im folgenden ist die - grundsätzlich unverbindliche - Rechtsauffassung des Ausschusses darzustellen und zu untersuchen, ob und bejahendenfalls in welchem Umfang Staaten in der Praxis der Auffassung des MRA zur Staatennachfolge gefolgt sind. Hieraus ist zu folgern, inwieweit der Ausschuß Motor für den universellen Schutz der Menschenrechte mittels des ihm zur Verfügung stehenden Instrumentariums durch den Pakt ist und somit in territorialer Hinsicht den *status quo* der Geltung des Paktes aufrechterhält. Denn stellt die Auffassung des Ausschusses den innerhalb des Paktregimes von den Paktstaaten beachteten Rechtsstandard dar, könnten Nachfolgestaaten an den Pakt und die daraus entstehenden Pflichten, so z.B. die Berichtspflicht gemäß Art. 40, ohne einen eigenen Akt der Zustimmung gebunden sein. Mithin könnte eine verbindliche Paktpraxis die Folge sein.

Weiter wird zu erörtern sein, ob der Ausschuß mit der von ihm vertretenen Rechtsansicht bestehenden völkerrechtlichen Regeln folgt oder aber einen neuen Standard postuliert. Stünde die Rechtsansicht des Ausschusses im Einklang mit geltendem Völkerrecht oder würde sich diese als verbindliche Rechtspraxis im Paktrahmen etablieren, könnte dies zudem Indikationswirkung für andere universelle Menschenrechtsverträge haben. Darüber hinaus könnte sich auf diesem Wege eine über die Vertragsgrenzen hinaus gültige gewohnheitsrechtliche Norm entwickeln. Ein nicht zu unterschätzender Beitrag zum universellen Schutz der Menschenrechte wäre die Folge, der unter territorialen Gesichtspunkten den *status quo* der menschenrechtlichen Vertrags- und gewohnheitsrechtlichen Verpflichtungen mindestens aufrechterhielte.[717]

1. Rechtsauffassung des MRA

Zur Staatennachfolge bei den Paktverpflichtungen stellte der Ausschuß mehrfach fest, daß die Unterwerfungen der auseinandergefallenen Staaten, gemeint waren damit vor allem die frühere Sowjetunion sowie die ehemalige sozialistische Bundesrepublik Jugoslawien, auch die auf diesen Territorien neu entstandenen

---

[715] Der MRA hat bereits unter Bezugnahme auf seine bisherigen Verlautbarungen zur Staatennachfolge zum Pakt die Fortgeltung des IPBPR postuliert. U.N. Doc. CCPR/C79/Add. 76, Rzf. 3 f. (1996).

[716] So z.B. BverfG, - 2 BvR 1516/96 -, 24 EuGRZ 436, 443 (1997); Brownlie, S. 655; Jennings/Watts, S. 209 f.

[717] Von einer territorialen Expansion der Paktverpflichtungen im Rahmen der Staatennachfolge könnte zudem dann auszugehen sein, wenn, wie im Fall des Jemen, der Rechtsnachfolger ein größeres Territorium als der ursprüngliche Paktstaat umfaßt.

Staaten binden würden.[718] Einer eigenständigen Ratifikation oder eines Beitritts der betreffenden Nachfolgestaaten bedürfe es nicht mehr.[719] Der Übergang der Verpflichtungen ergäbe sich aus Gesichtspunkten der Staatennachfolge. Die einmal den Einzelnen gewährten Paktrechte durch die Unterwerfung des Vorgängerstaates unter den Pakt, könnten aufgrund des Sukzessionsfalles den Betroffenen nicht mehr entzogen werden. Der MRA führt hierzu aus:

> "Once the people living in a territory find themselves under the protection of the International Covenant on Civil and Political Rights, such protection cannot be denied to them by virtue of the mere dismemberment of that territory or its coming within the jurisdiction of another State or of more than one State."[720]

Nach Ansicht des Ausschusses haftet mithin der einmal auf einem Territorium eingeräumte Menschenrechtsstandard diesem bzw. den darin Lebenden als unabdingbar an. Mit seiner Auffassung steht der MRA innerhalb der UN-Menschenrechtsmechanismen nicht alleine. Die Rechtsansicht des Ausschusses war mehrfach Gegenstand von Beratungen der Menschenrechtskommission, die sich wohlwollend mit dem Vorgehen des MRA zur Frage der Staatennachfolge auseinandergesetzt hat.[721] So verabschiedete die UN-Menschenrechtskommission im Februar 1994 eine Resolution, in der sie alle Nachfolgestaaten, die dies noch nicht getan hatten, aufforderte:

> "to confirm to appropriate depositories that they continue to be bound by obligations under international human rights treaties. [The Commission] emphasises the

[718] U.N. Doc. A/49/40, Rzf. 49 (1994).

[719] In diesem Sinne: U.N. Doc. A/50/40, S. 144 (1995).

[720] U.N. Doc. CCPR/C/79/Add. 57, S. 6 (1995), 17 HRLJ 471 (1996); U.N. Doc. CCPR/C/79/Add. 69, Rzf. 4 (1996), 17 HRLJ 469 (1996). Diesem Gedanken zustimmend Wolfrum, 35 BDGVR 347, 348 (1996), der die Auffassung vertritt, daß die im Pakt enthaltenen Rechte nicht nur einen Rechtsreflex für den einzelnen enthalten, sondern ihm aufgrund des Individualbeschwerdeverfahrens eine Rechtsstellung einräumen, die durch den Sukzessionsfall nicht untergehen könne. - Dem hält Doehring entgegen, daß sich allein aus dem Beschwerderecht noch kein subjektives, die Sukzession "überlebendes", Recht ergebe; Doehring, 35 BDGVR 372 (1996). So bestehe auch im deutschen Verwaltungrecht das Recht auf fehlerfreie Ermessensausübung, ohne daß dadurch ein subjektives Recht gewährleistet werden würde, außer dem, daß noch einmal sachlich geprüft werde. Die (Fort-)Geltung menschenrechtlicher Vorschriften ergäbe sich hingegen allein daraus, ob die fragliche Norm dispositver bzw. zwingender Natur sei. Dem Argument von Wolfrum fehlt es auch insofern für die Fortgeltung des Paktes an Überzeugungskraft, da das Individualbeschwerdeverfahren nicht integraler Bestandteil der Paktverpflichtungen ist, sondern lediglich fakultativen Charakter besitzt. So sind, wie im Fall Hongkongs, Fälle der Staatennachfolge denkbar, in denen den betroffenen Personen keine Möglichkeit der Einzelbeschwerde zustand.

[721] Vgl. hierzu die folgenden Resolutionen der Menschenrechtskommission: Resolution 1993/23 in U.N. Doc. E/CN.4/1993/122 (1993) sowie Resolution 1994/16 in U.N. Doc. E/CN.4/1994/132 (1994).

special nature of the human rights treaties aimed at the protection of human rights and fundamental freedoms".[722]

Zudem forderte die Menschenrechtskommission die Vertragskörperschaften auf, weiterhin von der fortgeltenden Anwendung der betreffenden Menschenrechtsverträge für den Nachfolgestaat auszugehen und, an den UN-Generalsekretär gewandt: "to encourage successor States to confirm their obligations under the international human rights treaties to which their predecessors were a party as from the date of their independence."[723]

Andere menschenrechtliche Vertragskörperschaften sind der Auffassung des MRA nur bedingt gefolgt.[724] Der Ausschuß nach der Antirassismuskonvention verabschiedete im März 1993 jedoch die Allgemeine Empfehlung XII (42), in der er die Nachfolgestaaten ehemaliger Vertragsstaaten aufforderte, gegenüber dem UN-Generalsekretär die Übernahme der Vertragsverpflichtungen "zu bestätigen" (*to confirm*).[725] Obwohl diese Empfehlung die Rechtsauffassung impliziert, der geforderte Bestätigungsakt sei nur deklaratorischer Natur, deuten Formulierungen des Antirassismusausschusses zu späteren Gelegenheiten nicht mehr auf eine automatische Rechtspflicht zur Erfüllung der Konvention.[726]

Die Vorsitzenden der UN-Menschenrechtsvertragskörperschaften haben auf ihrem fünften Treffen im September 1994 die Auffassung des MRA und des Ausschusses nach der Antirassismuskonvention zur Kenntnis genommen, daß die Nachfolgestaaten automatisch an die menschenrechtlichen Verpflichtungen des Vorgängerstaates mit dem Tage ihrer Unabhängigkeit gebunden seien. Gleichzei-

---

[722] Resolution 1994/16 vom 25. Februar 1994 (ohne Abstimmung) in U.N. Doc. E/CN.4/1994/132, S. 70 f. (1995). Ob die Menschenrechtskommission in der "confirmation" eine konstitutive Bestätigung der Paktverpflichtungen oder nur eine deklaratorische Kenntnisnahme der bestehenden Verpflichtungen sieht, ist dem Wortlaut der Resolution nicht eindeutig zu entnehmen. In der Literatur, Shaw, 5 FYBIL 34, 84 (1994), und von den menschenrechtlichen Vertragskörperschaften auf der 5. Sitzung der Vorsitzenden, U.N. Doc. E/CN.4/1996/76, Rzf. 8 (1996), ist die Formulierung so ausgelegt worden, daß einer solchen Staatenerklärung nur deklaratorischer Charakter zukomme. - Bereits in der Resolution 1993/23 hatte die Menschenrechtskommission - mit 36 Ja-Stimmen, einer Gegenstimme und 13 Enthaltungen - Nachfolgestaaten ermutigt "to confirm", daß sie nach wie vor an die betreffenden menschenrechtlichen Verpflichtungen gebunden seien, U.N. Doc. E/CN.4/1993/122, S. 108 f. (1993).

[723] Resolution 1994/16 vom 25. Februar 1994 in U.N. Doc. E/CN.4/1994/132, S. 70 f. (1995).

[724] U.N. Doc. E/CN.4/1996/76, Rzf. 6 f. (1996).

[725] U.N. Doc. HRI/GEN/1/Rev. 1, S. 66 f. (1994).

[726] Der Antirassismusausschuß forderte die Nachfolgestaaten des ehemaligen Jugoslawiens und der ehemaligen Sowjetunion auf, ihre Unterwerfung unter die Konvention zu bestätigen. Diese Aufforderungen waren so gefaßt, daß nicht auf eine Verpflichtung zur Fortführung der Konventionspflichten geschlossen werden konnte. U.N. Doc. A/48/18, S. 113 (1993); U.N. Doc. E/CN.4/1995/80, Rzf. 9 (1994). Vgl. auch Chan, 45 ICLQ 928, 935 (1996).

tig haben sie ihre Auffassung unterstrichen, daß Nachfolgestaaten bei menschenrechtlichen Verträgen automatisch seit ihrer Unabhängigkeit gebunden seien, unabhängig von einer Bestätigung durch die Regierung des Nachfolgestaates.[727]

Legt man die Auffassung des Menschenrechtsausschusses, daß es sich beim Pakt um unwiderrufliche Rechte für die in dem Territorium des ehemaligen Paktstaates lebenden Personen handelt, als verbindlich zu Grunde, wäre eine umfassende Einstandspflicht der Nachfolgestaaten die Folge.

Die Fortgeltung der Paktverpflichtungen für den Nachfolgestaat ergibt sich nicht bereits aus einer solchen Feststellung des MRA.[728] Indes kommt die im Rahmen des Paktes angefallene Staatenpraxis für Rückschlüsse auf einen einheitlichen Rechtsstandard - zunächst innerhalb des Paktes - in Betracht.[729] Zudem sind für die Fortgeltung des Paktes rechtsdogmatischen Erwägungen bzw. Völkergewohnheitsrecht heranzuziehen.

2. *Staatennachfolgepraxis zum Pakt*

Die Praxis der Staatennachfolge zum Pakt der Staaten der ehemaligen Sowjetunion, des ehemaligen Jugoslawiens, der Tschechoslowakei, bzgl. Hongkongs und des Jemens hat sich uneinheitlich vollzogen. So sind einige der Nachfolgestaaten ehemaliger Paktstaaten dem IPBPR kurz nach ihrer Unabhängigkeit bzw. Eigenständigkeit beigetreten[730] bzw. haben die Paktverpflichtung mittels einer Nachfolgeerklärung übernommen,[731] andere Staaten haben dies bis zum heutigen Tag noch nicht getan.[732]

---

[727] U.N. Doc. E/CN.4/1996/76, Rzf. 8 (1996). Andererseits lassen die vielen Aufforderungen zur Bestätigung der Fortdauer der menschenrechtlichen Verpflichtung den Schluß zu, daß eine automatische Weitergeltung gerade nicht besteht. So auch Chan, 45 ICLQ 928, 937 (1996).

[728] Verlautbarungen des Menschenrechtsausschusses besitzen keine Rechtsbindung wie z.B. Urteile regionaler Menschenrechtsgerichtshöfe. Hinsichtlich des Rechtscharakters der Verlautbarungen des Ausschusses vgl. die Ausführungen im 1. Kapitel B.

[729] Ob aus der bisherigen Vertragspraxis der Paktstaaten bereits auf eine bestehende bzw. entstehende *opinio juris* zu schließen ist, ist zweifelhaft. Gegen die Annahme einer von einer Rechtsauffassung getragenen Staatenpraxis spricht, daß das Verhalten neu entstandener Staaten zur oder gegen die Übernahme der vertraglichen menschenrechtlichen Verpflichtungen häufig mehr von politischen als von juristischen Argumenten geleitet sein könnte; so auch Simma, der sich dagegen wendet, die bisherigen Staatenreaktionen auf die juristische Goldwaage zu legen, 35 BDGVR 355 (1996).

[730] Zu den Nachfolgestaaten, die die Paktverpflichtungen mittels einer Beitrittserklärung übernommen haben, gehören die drei baltischen Staaten (1992), Armenien (1993), Aserbaidschan (1992), Moldawien (1993), Georgien (1994), Kirgistan (1994), Usbekistan (1995) und Turkmenistan (1997). Vgl. hierzu die Übersicht in U.N. Doc. A/52/40, Annex I, S. 102 ff. (1997).

[731] Die Tschechische Republik (1993), die Slowakei (1993), Slowenien (1991), Kroatien (1991), Bosnien-Herzegowina (1992) und Mazedonien (1991) haben eine auf den Tag

a. Nachfolgestaaten der ehemaligen Sowjetunion

Der Ausschuß wies unter anderem Aserbaidschan nach Erhalt seiner Beitrittserklärung auf folgendes hin: "it would have been correct for it to have regarded itself as succeeding to the obligations of the Covenant as a member State of the Soviet Union." Jedoch nahm der Ausschuß zur Kenntnis, daß die Staatendelegation die Verantwortung nicht für Ereignisse ablehnte, die in dem Staat nach der Unabhängigkeit, aber vor dem Beitritt geschehen sind.[733]

Bei der Beurteilung der Nachfolgepraxis der Staaten aus der ehemaligen Sowjetunion ist zu bedenken, daß schon die Auflösung der ehemaligen UdSSR unterschiedliche Formen der Staatennachfolge betrafen. So erfolgte 1991 die Unabhängigkeitserklärung der baltischen Staaten nicht unter Berufung auf das Selbstbestimmungsrecht der Völker, sondern zur Beendigung der bis dahin andauernden Besatzung durch die Sowjetunion.[734] Daher betrachteten sich die baltischen Staaten auch nicht als Rechtsnachfolger der untergegangenen Sowjetunion und mithin auch nicht gebunden an deren vertragliche Verpflichtungen.[735] Hingegen sahen sich die Staaten, die sich später in der Gemeinschaft Unabhängiger Staaten (GUS) zusammenschloßen, als Rechtsnachfolger der Sowjetunion, wobei sie jedoch eine ausdrückliche Erklärung zur Übernahme der Vertragsverpflichtungen nicht abgaben, sondern teilweise einzeln beitraten.[736]

---

der Unabhängigkeit rückdatierte Nachfolgeerklärung abgegeben. U.N. Doc. A/52/40, Annex I, S. 102 ff. (1997).

[732] Aufgrund der Rechtsauffassung des MRA, daß die Nachfolgestaaten an die Ratifikation des ursprünglichen Ratifikationsstaates gebunden seien, wurden die Außenminister der Staaten Armenien, Georgien, Kasachstan, Kirgistan, Tadschikistan, die ehemalige jugoslawische Republik Mazedonien, Turkmenistan und Usbekistan 1993 vom Ausschuß aufgefordert, entsprechend Art. 40 regelmäßig Staatenberichte vorzulegen. U.N. Doc. A/48/40, Rzf. 41 (1993). Bis auf die Staaten Kasachstan und Tadschikistan sind die übrigen Staaten dem Pakt beigetreten und haben damit die Berichtsvorlageverpflichtung übernommen. U.N. Doc. A/52/40, S. 102 ff. (1997). Die beiden letztgenannten Staaten enthalten sich indes jeder Kommunikation mit dem Ausschuß.

[733] U.N. Doc. CCPR/C/79/Add. 38, Rzf. 4 (1994).

[734] Chan, 45 ICLQ 928, 933 (1996); Mullerson, 42 ICLQ 473, 480 ff. (1993).

[735] Chan, 45 ICLQ 928, 933 (1996); Mullerson, 42 ICLQ 473, 480 ff. (1993). Vgl. allgemein zur Transformation der UdSSR zur GUS: Saxer, 14 LLAICLJ 581 ff. (1992), zur Staatennachfolge in Verträge der ehemaligen Sowjetunion Love, 26 VJTL 373 ff. (1993) sowie zur Fortgeltung der UN-Mitgliedschaften Lloyd, 26 NYUJILP 761 ff. (1994).

[736] So wurde am 6. Juli 1992 von den Staatschefs der GUS eine Erklärung über die Nachfolge in die multilateralen Verträge der ehemaligen Sowjetunion unterschrieben, die es dem jeweiligen Nachfolgestaat - im Rahmen des Völkerrechts - ausdrücklich freistellt, welche vertraglichen Verpflichtungen er übernimmt. Chan, 45 ICLQ 928, 933 (1996); Mullerson, 42 ICLQ 473, 480 ff. (1993).

b. Nachfolgestaaten des ehemaligen Jugoslawiens

Die Nachfolgepraxis der Staaten der ehemaligen Sozialistischen Bundesrepublik Jugoslawien hingegen hatte wiederum einen eigenen Charakter. Während Slowenien, Kroatien, Bosnien-Herzegowina und Mazedonien die Paktverpflichtungen rückwirkend mit ihrer Unabhängigkeit übernahmen,[737] war umstritten, ob die Bundesrepublik Jugoslawien (Serbien und Montenegro) eine Fortführung der ehemaligen Sozialistischen Bundesrepublik war oder ob es sich um einen neuen Staat handelt.[738] Die Vertreter der Staaten Slowenien, Bosnien-Herzegowina und Kroatien sprachen sich auf einer Versammlung der Paktstaaten anläßlich der Wahl eines neuen Ausschußmitgliedes dagegen aus, die Bundesrepublik Jugoslawien (Serbien und Montenegro) als mit sozialistischen Bundesrepublik Jugoslawien identisches Völkerrechtssubjekt anzuerkennen und verweigerten den jugoslawischen Staatenvertretern, am Verfahren der Paktstaaten mitzuwirken.[739] Vertreter westlicher Staaten unterstrichen, daß die Bestimmungen des Paktes auch für die Bundesrepublik Jugoslawien (Serbien und Montenegro) aufgrund deren Nachfolge zur Sozialistischen Bundesrepublik fortgelten.[740] In mehreren *aide-mémoires* erklärte die Bundesrepublik Jugoslawien (Serbien und Montenegro), daß sie sich zur Einhaltung der Paktbestimmungen verpflichtet fühle. Wenn ihr die Mitwirkung an den Staatenversammlungen verwehrt werde, müsse sie jedoch davon ausgehen, daß sie nicht mehr länger an den Pakt gebunden sei.[741] Mit Schreiben vom 26. Januar 1995 wies der Vertreter Restjugoslawiens u.a. darauf hin, daß der vierte periodische Bericht nur unter der Voraussetzung vorgelegt werde, daß die Bundesrepublik in Zukunft als gleichberechtigte Vertragspartei behandelt werde und an den Versammlungen der Paktstaaten teilnehmen könne.[742] Hierauf stellte der Ausschußvorsitzende im Namen des Ausschusses in einem an Restjugoslawien gerichteten Schreiben fest, daß nach Auffassung des MRA die Bundesrepublik Jugoslawien aufgrund der Nachfolge zur Sozialistischen Bundesrepublik als wei-

---

[737] U.N. Doc. A/51/40, Annex I, S. 92 ff. (1996).

[738] Vgl. Kamminga, 7 EJIL 469, 476 (1996).

[739] U.N. Doc. CCPR/SP/SR. 18, Rzf. 2, 3, 6 (1994). Auf Antrag des bosnischen Staatenvertreters beschloß die Versammlung der Paktstaaten mit 51 Stimmen zu einer Stimme bei 20 Enthaltungen, daß der jugoslawische (serbisch-montenegrinische) Staatenvertreter nicht berechtigt sei, an der Wahl mitzuwirken, woraufhin dieser die Versammlung verließ. U.N. Doc. CCPR/SP/SR. 18, Rzf. 22 ff. (1994). - Auf Empfehlung des UN-Sicherheitsrates verabschiedete die Generalversammlung am 22. September 1992 die Resolution 47/1, nach der Restjugoslawien die UN-Mitgliedschaft der ehemaligen sozialistischen Bundesrepublik Jugoslawien nicht fortführen könne, sondern einen Antrag auf Aufnahme in die UN zu stellen habe. U.N. Doc. A/47/49 Vol. I (1993). Vgl. hierzu auch Bring, 87 AJIL 244 ff. (1993).

[740] U.N. Doc. CCPR/SP/SR. 18 (1994).

[741] U.N. Doc. CCPR/SP/41 (1994), U.N. Doc. CCPR/SP/44 (1994). - Der kroatische Vertreter bei den Vereinten Nationen vertrat die Auffassung, daß Restjugoslawien nicht als Vertragspartei des Paktes anzusehen sei, da es den Generalsekretär nicht von der Staatennachfolge zum Pakt notifiziert hätte. U.N. Doc. CCPR/SP/40 (1994).

[742] U.N. Doc. A/50/40, Rzf. 53 (1995).

terhin an den Pakt gebunden anzusehen sei.[743] Einer Stellungnahme zu den Vorkommnissen auf der Versammlung der Paktstaaten enthielt er sich jedoch.

c. Nachfolgestaaten der ehemaligen Tschechoslowakei

Die Slowakei und die Tschechische Republik haben jeweils durch eine Nachfolgeerklärung die Paktverpflichtungen der ehemaligen Tschechoslowakei rückwirkend vom Tag ihrer Eigenständigkeit übernommen.[744]

d. Nachfolgeregelung Hongkongs

Die Frage der Staatennachfolge wurde für den MRA wiederum akut im Hinblick auf die Rückgabe der Kronkolonie Hongkongs an die Volksrepublik China durch Großbritannien. Hierzu hat der Ausschuß festgestellt, daß die Berichtspflicht nach Art. 40 nach der Übergabe Hongkongs fortbestehe.[745] Die Fortgeltung der Berichtspflicht wird dabei vom Ausschuß nicht primär auf seine bisherige Rechtsprechung zur Frage der Staatennachfolge beim Pakt zurückgeführt, sondern basiert nach seiner Auffassung zunächst auf der zwischen der Volksrepublik und dem Vereinigten Königreich abgegebenen Joint Declaration vom 19. Dezember 1984. Danach sind die Vorschriften des Paktes auch über den 1. Juli 1997 hinaus auf das Territorium Hongkongs anwendbar.[746]

e. Vereinigung Jemens

Im Hinblick auf die Vereinigung Jemens 1990 hat der MRA bei der Prüfung des jemenitischen Berichtes 1994 keine explizite Stellungnahme zur Staatennachfolge wie bei den Staaten Osteuropas bzw. Hongkongs abgegeben. Die Republik Jemen erklärte von sich aus, den Pakt auch für den Landesteil anzuwenden, der zuvor noch nicht dem IPBPR unterworfen war. Bei der Vereinigung Jemens ist man insofern den Regeln der WKRSV gefolgt, die Verträge der Vorgängerstaaten

---

[743] U.N. Doc. A/50/40, Annex VIII, S. 144 (1995).

[744] U.N. Doc. A/51/40, S. 92 ff. (1996).

[745] Diese Frage der Rechtsnachfolge war Gegenstand der Erörterungen im Ausschuß bei der Vorlage des vierten periodischen Berichts Großbritanniens für Hongkong, U.N. Doc. CCPR/C/95/Add. 5 und HRI/CORE/1/Add. 62 im Oktober 1995. Bei dieser Gelegenheit unterstrich der Ausschuß erneut seine Auffassung, daß der durch den Pakt gewährleistete menschenrechtliche Schutz nicht dadurch bedingt sei, daß ein dem Pakt unterworfenes Territorium in die Jurisdiktion eines anderen Staates falle. U.N. Doc. CCPR/C/79/Add. 57, S. 6 (1995), 17 HRLJ 469, 471 (1996).

[746] U.N. Doc. CCPR/C/79/Add. 57, Rzf. 4 (1995), 17 HRLJ 469, 470 (1996). - Die Frage der chinesischen Übernahme der Vertragsverpflichtungen aus dem Pakt war, laut einer Meldung von Reuters vom 10. September 1996, bereits Gegenstand einer Mission einer zweiköpfigen Ausschußdelegation nach Hongkong Ende September 1996.

auf ihrem jeweiligen Gebiet fortzuführen.[747] Ob die vom vereinigten Jemen gewählte Lösung der umfassenden Anwendung des Paktes auch die nach Auffassung des Ausschusses gewesen wäre, hat letzterer offen gelassen. Unter der vom MRA gewählten Dogmatik wäre dies jedoch insofern unwahrscheinlich, als daß der Ausschuß den Übergang der menschenrechtlichen Verpflichtungen auf den Nachfolgestaat bislang stets damit begründete, daß der den Menschen in dem betroffen Territorium einmal gewährte Menschenrechtsschutz nicht wieder aufgehoben werden könne. Eine solche Rechtsgewährung bestand vor der Vereinigung nur auf dem Territorium der Demokratischen Republik Jemen. Für das Territorium der Arabischen Republik Jemen hingegen fehlte eine solche Paktverpflichtung, so daß für dieses Gebiet eine Rechtsfortgeltung eines bestehenden menschenrechtlichen Schutzes nicht geltend gemacht werden könne.[748]

3. Rechtfertigung durch die Literatur

Die Auffassung des MRA zur automatischen Staatennachfolge zum Pakt wurde ebenfalls vielfach - z.T. unter Bezugnahme auf die Ansicht des Ausschusses - in der Literatur vertreten.[749] Zur Rechtfertigung der Auffassung des Ausschusses wurde zum einen vorgetragen, es handele sich bei den Paktbestimmungen aufgrund ihrer Rechtsnatur um unabdingbares, quasi vorkonstitutionelles Recht. Zum anderen wird vertreten, die Fortgeltung menschenrechtlicher Verträge ergäbe sich aus dem Gesichtspunkt, daß im gegenteiligen Fall die Umgehung etwaiger Kündigungs- und Austrittsregelungen die Folge wäre. Andererseits spricht gegen die Fortgeltung des Paktes im Fall der Staatensukzession jedoch Art. 48.[750]

---

[747] Fastenrath, 35 BDGVR 9, 46 (1996).

[748] Jedoch wäre im Hinblick auf die Bundesstaatenklausel in Art. 50 vertretbar, eine Rechtspflicht des Nachfolgestaates herzuleiten, die Paktrechte auch in diesem Bereich seines Territoriums zu gewährleisten, für den eine Bindung an den IPBPR noch nicht bestand. Bei einer solchen Auslegung der Rechtsauffassung des MRA hätte dies nicht nur die Wahrung des territorialen *status quo* der Paktrechte zur Folge, sondern ihr käme zugleich ein expansiver Charakter zu.

[749] Kamminga, 7 EJIL 469, 482 ff. (1996); Mullerson, 42 ICLQ 473, 490 f. (1993); Schachter, 33 VJIL 253, 259 (1993), der sich für die automatische Staatennachfolge im Fall von Verträgen, die von der überwiegenden Staatenmehrheit getragen werden, ausspricht. Ebenfalls bejahend unter dem Aspekt der sich entwickelnden Staatenpraxis: Shaw, 5 FYBIL 34, 84 (1994); ebenso Schweisfurth, 35 BDGVR49, 229 (1996). Bejahend ferner Wolfrum, 35 BDGVR 347, 348 (1996); beschränkt auf bestimmte universelle Menschenrechtsübereinkommen Seidl, 35 BDGVR 364, 365 (1996). Kritisch Doehring, 35 BDGVR 372 (1996), der die Frage aufwirft, ob auch die von dem Vorgängerstaat eingelegten Vorbehalte auf den Nachfolgestaat übergehen. Zustimmend und zu der Rechtslage Hongkongs ausführlich Chan, 45 ICLQ 928 ff. (1996); Mushkat, 46 ICLQ 181, 198 (1997).

[750] Pescatore, FS Wiarda, S. 441, 450 und Tomuschat, 25 EuR 340, 357 (1990) haben eine Verpflichtung der Europäischen Gemeinschaft zur Beachtung der EMRK aus der Figur der *partiellen Pflichtennachfolge* hergeleitet. Nach dieser Auffassung hätten die Ge-

a. Paktbestimmungen als unabdingbares Recht

Zur Begründung der Kontinuität menschenrechtlicher Verpflichtungen wurde angeführt, diese Vertäge seien radizierten Verträgen gleichzustellen. Menschenrechte seien vergleichbar mit *aquired rights* im Sinne der Rechtsprechung des StIGH,[751] deren Pflicht zur Respektierung auch auf den Nachfolgestaat übergingen und dieser solche Rechte nicht aufgeben könne.[752] Zwar beziehe sich die Rechtsprechung des StIGH auf Eigentumsrechte, doch wenn diese schon im Falle der Staatennachfolge weiter gelten, so müsse dies erst recht für grundlegende Menschenrechte zutreffen, da diese mindestens gleich bedeutsam seien.[753] Ferner seien das Recht auf Eigentum und Menschenrechte von ihrem Rechtscharakter vergleichbar. In beiden Fällen handele es sich nicht um eine Rechtsgewährleistung eines Staates *vis-a-vis* einem anderen Staat, sondern in beiden Fällen sei Berechtigter der Einzelne als Inhaber des jeweiligen Rechtsgutes. Zudem habe das Recht auf Eigentum mittlerweile Menschenrechtsqualität erreicht, so daß die Rechtsprechung des Ständigen Internationalen Gerichtshofes auf andere Menschenrechte übertragbar sei.[754] Zumindest handele es sich bei den materiellen Bestimmungen um einen irreversiblen Stand der Rechtskultur.[755] Zudem wird angeführt, daß es im Fall der Staatennachfolge für menschenrechtliche Verträge keine "Stunde Null" wie evt. für andere Vertragsverpflichtungen geben könne.[756] Denn der Schutz der Menschenrechte betreffe, bei einer grundrechtsdogmatischen Betrachtung, nicht eine Leistungsgewährung des jeweiligen Staates, sondern sei

---

meinschaftsorgane mit der Übernahme staatlicher Hoheitsrechte gleichzeitig die staatlichen Verpflichtungen aus der Konvention übernommen. Die Übertragung dieser - umstrittenen - Rechtsfigur ist jedoch auf die Fälle der Staatennachfolge nicht möglich. Sie setzt voraus, daß die Staaten, von denen die menschenrechtlichen Verpflichtungen abgeleitet werden und die selber den betreffenden Individuen zur Beachtung der EMRK verantwortlich sind, in den nicht den Gemeinschaftsorganen überlassenen Pflichtbereichen weiter die Staatsgewalt ausüben. Es sind aber Fälle denkbar, in denen das ursprüngliche Völkerrechtssubjekt untergeht.

[751] *Deutsche Siedler in Polen*, P.C.I.J., Ser. B, Nr. 6, S. 36 (1923).

[752] Kamminga, 7 EJIL 469, 472 f. (1996); Mullerson, 42 ILCQ 473, 490 f. (1993); Mushkat, 46 ICLQ 181, 191(1997). Auch das damalige MRA-Mitglied Caldera sprach hinsichtlich der übergegangenen Paktverpflichtungen von "aquired rights of the population of the state that had ratified the Covenant"; U.N. Doc. CCPR/C/SR. 1178/Add. 1, Rzf. 44 (1992). Chan spricht von einem "'vested right' on the people concerned", 45 ICLQ 928, 934 (1996).

[753] Mullerson, 42 ILCQ 473, 491 (1993).

[754] Mullerson, 42 ILCQ 473, 491 (1993). Hierzu kritisch Tomuschat, 241 RdC 195, 247 (1993 IV).

[755] Fastenrath, 35 BDGVR 9, 33 sowie 373, 376 (1996). Mushkat spricht insofern von der Übernahme der menschenrechtlichen Verpflichtungen des Vorgängerstaates als einer Vorbedingung (*implied condition*) der Mitgliedschaft in der internationalen Gemeinschaft; 46 ICLQ 181, 191 (1997).

[756] So Fastenrath, 35 BDGVR 9, 24 (1996).

die Beachtung vorkonstitutionellen Rechts.[757] Insofern wäre der Nachfolgestaat hinsichtlich der zu gewährleistenden Rechte gar nicht dispositionsbefugt.

Demnach knüpft diese Auffassung zur Fortgeltung menschenrechtlicher Verpflichtungen für einen Nachfolgerstaat an die ursprünglichen Unterwerfung des Vorgängerstaates an. Diese ausnahmsweise Fortgeltung wird wiederum aus dem besonderen Charakter der Menschenrechte hergeleitet. Diesem Ansatz wird zugutezuhalten sein, daß er den rechtsphilosophischen Gesichtspunkten der Grundrechts- bzw. Menschenrechtsdogmatik gerecht wird. Doch diese dogmatischen Erwägungen liefern keine normativen Begründungen. Zur Bejahung einer völkerrechtlichen Verpflichtung muß die Voraussetzung einer völkerrechtlichen Rechtsquelle gegeben sein. Der Verweis auf den vorkonsitutionellen Charakter der Menschenrechte genügt nicht. Eine umfassende Bindung der Vorschriften des Paktes besteht außerhalb des Paktregimes auf gewohnheitsrechtlicher Basis nicht.[758] Zwar sind einige der im IPBPR enthaltenen Rechte auch außerhalb des Paktregimes zwingenden Charakters, andere dispositiver Natur;[759] d.h. diesen fehlt der völkergewohnheitsrechtliche bzw. peremptorische Charakter. Von einer *a priori* bestehenden völkerrechtlichen Verpflichtung der Paktstaaten, diese dispositven Rechte zu beachten, kann aber nicht ausgegangen werden. Die Verpflichtung zur Beachtung und Gewährleistung auch dieser Rechte kann erst mit einer Unterwerfung unter den Pakt entstehen. Hierzu bedarf der Pakt als völkerrechtlicher Vertrag zur Anwendbarkeit in seiner Gesamtheit, einschließlich seiner prozeduralen Elemente, grundsätzlich[760] eines Konsensualaktes eines Staates in Form der Ratifikation oder des Beitritts. Denn der IPBPR beinhaltet nicht nur materiellrechtliche Bestimmungen, sondern zugleich als prozessuales Element das Berichtsprüfungsverfahren. Diesem sind ausschließlich die Paktstaaten unterworfen. Dieses gilt erst recht für das Individualbeschwerdeverfahren nach dem Fakultativprotokoll, für das eine zusätzliche Unterwerfungserklärung eines Paktstaates erforderlich ist. Eine Fortgeltung dieser Verpflichtungen, die, wie z.B. das Staatenberichtsverfahren, nur zwischen dem Paktstaat und dem Ausschuß von Bedeutung ist, aber keinen *aquired right*-Status gegenüber dem einzelnen einnimmt, vermag von dieser Auffassung nicht plausibel gerechtfertigt werden. Insofern kann der Hinweis auf die hervorgehobene Bedeutung der im Pakt niedergelegten Rechte

---

757 In diesem Sinne auch Fastenrath, 35 BDGVR 9, 24 (1996).

758 Vgl. hierzu die Ausführungen im 1. Kapitel A III 1.

759 Zur Frage, inwieweit Rechte des Paktes gewohnheitsrechtlich anerkannt sind bzw. dem *jus cogens* unterfallen, vgl. die Ausführungen im 1. Kapitel A III 2. Zur Differenzierung zwischen dispositiven und zwingenden Menschenrechten vgl. Doehring, 35 BDGVR 372 (1996).

760 Chan, 45 ICLQ 928, 937 (1996). Die Frage, ob sich zudem eine Bindung auch aus Grundsätzen der Staatennachfolge ergibt, kann hier dahinstehen, da diese auch nur dann Anwendung finden, wenn sich schon der Vorgängerstaat dem IPBPR mittels Ratifikation oder Beitritt unterworfen hat. Die Anwendung des Kontinuitätsprinzips setzt einen solchen Konsensualakt als Anknüpfungspunkt notwendiger Weise voraus, um überhaupt eine fortgeltende Bindung fortführen zu können.

nicht aus sich heraus schon die Bindung der Nachfolgestaaten an die prozeduralen Elemente des Paktes wie die Berichtsvorlagepflicht gemäß Art. 40 und die Beachtung auch der dispositiven Rechte rechtfertigen. Eine Fortgeltung des IPBPR für Nachfolgestaaten ergibt sich aus diesen Erwägungen also noch nicht.

b. Umgehung etwaiger Kündigungs- und Austrittsregelungen

Als weiterer Begründungsansatz für die Fortgeltung menschenrechtlicher Abkommen wird angeführt, daß im gegenteiligen Fall bestehende Austritts- bzw. Kündigungsregelungen umgangen werden könnten.[761] Diesem Argument ist jedoch zu Recht entgegengehalten worden, daß eine Ausdehnung der Kündigungsregeln durch die Nichtfortführung menschenrechtlicher Verträge durch einen Nachfolgestaat nur dann vorliegen kann, wenn überhaupt von einer die Sukzessionsvorgänge überdauernden Fortgeltung auszugehen ist.[762] Die - rechtsdogmatische - Notwendigkeit der Kontinuität der vertraglichen Bindung ergibt sich aus diesem Gedanken nicht zwingend; sie wird vielmehr von ihr vorausgesetzt. Denn im Fall der Staatensukzession geht der Vorgängerstaat entweder als Vertragspartei unter oder das abgespaltene Territorium unterliegt nicht mehr seiner Hoheitsgewalt. Wenn die Vertragspartei für das fragliche Territorium sogar erlischt, sind bestehende Austritts- oder Kündigungsregelungen gar nicht betroffen, da sie von bzw. gegenüber dem untergegangenen Staat aufgrund seiner fehlenden Rechtspersönlichkeit nicht mehr geltend gemacht werden können.

c. Erfüllung der Voraussetzung des Art. 48

Gegen eine automatische Fortführung der Paktverpflichtungen durch einen Nachfolgestaat spricht indes die Gefahr einer Umgehung des Art. 48. Dieser sieht vor, daß der Pakt nur für bestimmte Staaten zur Unterzeichnung offen liegt. Durch die Annahme einer automatischen Staatensukzession könnten Staaten paktverpflichtet werden, obwohl sie der Aufzählung des Art. 48 nicht unterfallen.

So weist Fastenrath bezüglich des europäischen Menschenrechtsmechanismus zu Recht darauf hin, daß die Tschechische Republik und die Slowakei zunächst dem Europarat beitreten mußten, bevor sie gemäß Art. 66 Abs. 1 EMRK Vertragspartei der Europäischen Menschenrechtskonvention werden konnten. Letztlich habe die (Fort-)Geltung somit allein vom Willen der betroffenen Nachfolgestaaten abgehangen.[763] Ein zusätzlicher Konsensualakt, der Beitritt zum Europarat, war zunächst erforderlich. Dies ist jedoch nicht auf den IPBPR übertragbar.

---

761 Wolfrum, 35 BDGVR 347, 348 (1996).

762 Fastenrath, 35 BDGVR 373, 375 f. (1996).

763 Fastenrath, 35 BDGVR 373, 376 (1996).

Der Adressatenkreis des Art. 48 Abs. 1, der die Staaten benennt, die dem Pakt beitreten können, ist zwar *de facto* weltumspannend.[764] Jedoch setzt er voraus, daß es sich bei einem potentiellen Paktstaat um einen Mitgliedstaat der Vereinten Nationen, seiner Sonderorganisationen oder um einen Vertragsstaat der Satzung des IGH handelt oder um einen Staat, der von der Generalversammlung eingeladen worden ist, Vertragspartei des Paktes zu werden.[765] Nur in beschränkten Ausnahmefällen ist daran zu denken, daß Staaten unter Verweis auf Art. 48 eine Ratifikation bzw. der Beitritt zum IPBPR verwehrt werden könnte.[766] Eine weitergehende territoriale Begrenzung bzw. eine Klausel zum Ausschluß bestimmter Staaten enthält der Pakt jedoch nicht. Unabhängig von der praktischen Relevanz der zumindest theoretischen einengenden Zulassung im Sinne des Art. 48 Abs. 1 ist jedoch fraglich, ob Art. 48 rechtsdogmatisch als allgemeiner Hinderungsgrund der automatischen Staatennachfolge zur Anwendung kommen kann. Dagegen spricht, daß die von Fastenrath für das europäische Menschenrechtssystem beschriebene Vorbedingung des Beitritts zum Europarat auf den Pakt als Beitritt zu den VN nicht ohne weiteres zu übertragen ist. Denn im Gegensatz zu Art. 66 Abs. 1 Satz 1 EMRK ist Art. 48 Abs. 1 nicht auf die Mitglieder der Vereinten Nationen beschränkt. Vielmehr können auch andere Staaten, wie zum Beispiel die Schweiz,[767] dem Pakt beitreten. Die Bindung, wie sie zwischen Mitgliedschaft im Europarat und Vertragsstaatsfähigkeit zur EMRK besteht, existiert nicht zwischen Mitgliedschaft in den Vereinten Nationen und Paktstaatsfähigkeit zum IPBPR. Somit hat Art. 48 Abs. 1 keine Ausschluß- bzw. Filterfunktion, der einen Konsensualakt vor Übernahme der Paktverpflichtungen voraussetzt. Hinzu kommt die Erwägung, daß die Übernahme menschenrechtlicher Vertragsverpflichtungen des Vorgängerstaates als Vorbedingung der Aufnahme in die internationale Staaten-

[764] Zur Entstehungsgeschichte des Art. 48 sowie den ursprünglich gegensätzlichen Auffassungen über den Umfang der zugelassenen Staaten vgl. Nowak, CCPR, Art. 48 Rzf. 5 f.; Chan, 45 ICLQ 928, 941 (1996).

[765] Den gleichen Wortlaut wie Art. 48 haben Art. 17 Abs. 1 KARD und Art. 26 Abs. 1 des IPWSKR. Die Frauenrechtskonvention hingegen ist offen für alle Staaten nach Art. 25 Abs. 1 KADF, gleiches gilt gemäß Art. 46 auch für die Kinderrechtskonvention. Unter anderem haben viele ehemals sozialistischen Staaten ihrer Ratifikation auslegende Erklärungen beigefügt, wonach die Bestimmungen des Art. 48 gegen den universellen Charakter des Paktes verstieße. Nowak, CCPR, Art. 48 Rzf. 6. Vgl. die Erklärung von Afghanistan (S. 9), Bulgarien (S. 16), der Weißrussischen Sowjetrepublik (S. 15), der CSSR (S. 17, 34), der DDR (S. 21), Guineas (S. 22), der Mongolei (S. 30), Rumäniens (S. 33), Syriens (S. 36), der Ukraine (S. 37), der Sowjetunion (S. 34) und Vietnams (S. 42) in U.N. Doc. CCPR/C/2/Rev. 4 (1994).

[766] Als Problemfall hatte sich bislang die Republik China (Taiwan), die jedoch schon an der Erstellung des Paktes mitgewirkt hat, dargestellt. Für Taiwan wurde der Pakt am 5. Oktober 1967 unterschrieben. Hierzu haben jedoch verschiedene Staaten des ehemaligen Ostblocks seinerzeit Erklärungen abgegeben, wonach die einzige Regierung, die zur Vertretung Chinas legitimiert sei, die Volkrepublik sei. Vgl. hierzu die Anmerkung 3 in U.N. Doc. CCPR/C/2/Rev. 4, S. 131 (1994).

[767] Die Schweiz ist seit September 1992 Paktstaat. U.N. Doc. A/51/40, Annex I, S. 94 (1996).

gemeinschaft gewertet werden kann.[768] Dieses widerspricht der Notwendigkeit eines vorausgehenden Beitritts zu den Vereinten Nationen. Schließlich spricht auch der faktisch begrenzte Anwendungsbereich gegen eine Filterfunktion des Art. 48. Denn eine Ausgrenzung durch Art. 48 ist dadurch nur theoretischer Natur, da die Generalversammlung in einer Resolution "alle Staaten" aufgefordert hat, dem Pakt beizutreten.[769] Daher kann die in Art. 48 Abs. 1 enthaltene Regelung der Auffassung des MRA zur Staatennachfolge nicht entgegengehalten werden.

Die dargestellten Ansichten in der Literatur vermögen unter dogmatischen Gesichtspunkten eine Fortgeltung des Paktes nicht zu rechtfertigen. Insofern sind weitere Erwägungen hinsichtlich der Grundsätze der Staatennachfolge notwendig, um Umfang und Reichweite des Übergangs der Paktverpflichtungen auf Nachfolgestaaten zu untersuchen.

4. Bindungswirkung des Paktes für Nachfolgestaaten

Über die dargestellten Begründungsansätze hinaus ist die Fortgeltung der Paktverpflichtung für Nachfolgestaaten ehemaliger Paktstaaten im Völkergewohnheitsrecht zu suchen. Als vertragliche Rechtsgrundlage kommt die Wiener Konvention über das Recht der Staatennachfolge in Verträge (WKRSV)[770] nicht in Betracht, da sie noch nicht in Kraft getreten ist.[771] Jedoch handelt es sich bei der WKRSV teilweise um die Kodifikation von Völkergewohnheitsrecht,[772] so daß diese - in diesem Umfang - als rechtlicher Maßstab herangezogen werden kann.[773]

---

[768] Mushkat, 46 ICLQ 181, 191 (1997).

[769] GV-Resolution 3270 (XXIX); zitiert nach Nowak, CCPR, Art. 48, Rzf. 6. Zudem sind zum 1. Januar 1997 185 der 188 Staaten der Erde Mitglieder der VN, wobei die Republik China/Taiwan nicht als eigener Staat gewertet wird. 45 VN 46 (1997).

[770] *Vienna Convention on Succession of States in Respect of Treaties*, abgedruckt in 72 AJIL 971 ff. (1978).

[771] So der Stand vom 31. Dezember 1995, vgl. U.N. Doc. ST/LEG/SER.E/14 (1996). Zu den Staaten, die ihre Ratifikationsurkunde bereits hinterlegt haben, gehören u.a. das ehemalige Jugoslawien, dessen Nachfolgestaaten Bosnien-Herzegowina, Kroatien und Slowenien, die Tschechische Republik sowie die Slowakei. Zwar könnte man daraus folgern, daß die in der WKRSV niedergelegten Grundsätze für diese Staaten anwendbar seien, ein dahingehender allgemeiner Rechtssatz mit Bindungswirkung für andere Staaten läßt sich dadurch jedoch nicht aufstellen.

[772] Für Teile der WKRSV den gewohnheitsrechtlichen Charakter bejahend, Verdross/Simma, §§ 974, 976. In diesem Sinne auch Brownlie, S. 668; Schweitzer, Rzf. 446; Shaw, 5 FYBIL 34, 39 f. (1994). - Den gewohnheitsrechtlichen Charakter ganz ablehnend Seidl-Hohenveldern, Rzf. 1399. - Im Hinblick auf die Fälle der Staatensukzession der ehemaligen Sowjetunion, Tschechoslowakei und Jugoslawien sieht Schweisfurth zumindest Art. 9 WKRSV in der jüngsten Staatenpraxis bestätigt, während er eine Bestätigung des Art. 34 WKRSV hinsichtlich bi- und multilateraler Verträge nur eingeschränkt bejaht; Schweisfurth, 35 BDGVR 49, 228 f. (1996).

[773] Zur Frage inwieweit die WKRSV ein adäquates Instrument zur Handhabung von Fällen der Staatennachfolge ist und sein kann vgl. Korman, 16 STLR 174 ff. (1992).

Im folgenden soll aufgrund deren besonderer Relevanz für den Pakt zwischen zwei Fallgruppen unterschieden werden. Zum einen werden die Nachfolgestaaten eines vorherigen Paktstaates nach deren Abtrennung bzw. der Dismembration des Vorgängerstaates wie z.B. im Fall der ehemaligen Sowjetunion, der Tschechoslowakei und des ehemaligen Jugoslawiens als ehemalige Osblockstaaten zu betrachten sein. Zum anderen wird die Rückgabe der Kronkolonie Hongkong durch Großbritannien an die Volksrepublik China als eigenständiger Fall zu behandeln sein, in dem ein Territorium, das bisher unter der Verwaltung eines Paktstaates stand, unter die Jurisdiktion eines Nichtpaktstaates fällt.

a. Fälle der ehemaligen Ostblockstaaten

Erste hier zu untersuchende Fallgruppe ist der Zerfall der osteuropäischen Staaten. Dabei bedarf es erneut der Verdeutlichung, daß sich die Nachfolgepraxis der Nachfolgestaaten der ehemaligen Sowjetunion einerseits und der des ehemaligen Jugoslawiens und der Tschechoslowakei andererseits unterschieden. Die Nachfolgeregelung erfolgte, wie oben bereits erörtert, auf jeweils unterschiedlichen Wegen.

Teile der Nachfolgestaaten der Sowjetunion haben Beitrittserklärungen zum Pakt abgegeben.[774] Hingegen haben sich Bosnien-Herzegowina, Kroatien, Slowenien, die Slowakei und die Tschechische Republik jeweils - rückwirkend - mit dem Tage ihrer Eigenständigkeit unter Verweisung auf Grundsätze der Staatennachfolge dem Pakt selbständig unterworfen.[775] Im folgenden bleibt zu untersuchen, ob und gegebenenfalls woraus sich für einen Nachfolgestaat[776] eine völkerrechtliche Bindung an die Paktverpflichtungen ergibt.

Als Rechtsgrundlage für die Bindungswirkung der Verpflichtungen aus dem Pakt für Nachfolger ehemaliger Paktstaaten ist auf Völkergewohnheitsrecht zu verweisen.

aa. WKRSV als Maßstab der Nachfolgeregelung

Als Maßstab des Gewohnheitsrechts kommt die WKRSV in Betracht.[777] Diese differenziert bei der Frage der Staatennachfolge u.a. zwischen der Entstehung von

---

[774] Hierzu gehören: Armenien, Aserbaidschan, Estland, Georgien, Kirgisien, Lettland, Litauen, Moldawien, Turkmenistan und Usbekistan. U.N. Doc. A/52/40, S. 102 ff. (1997). In diesem Jahresbericht merkt der MRA zu diesen Staaten an, daß er als Zeitpunkt des Inkrafttretens des Paktes das jeweilige Unabhängigkeitsdatum ansieht (S. 110).

[775] U.N. Doc. A/52/40, S. 102 ff. (199).

[776] Hiervon betroffen sind insbesondere die Nachfolgestaaten, die weder dem Pakt beigetreten sind, noch sich diesem unter Verweis auf die Staatennachfolge unterworfen haben. Die Frage der Bindungswirkung des Paktes ist zudem bei Beitrittsstaaten für den Zeitraum zwischen Eigenständigkeit und Beitritt relevant.

[777] Zur Bedeutung der WKRSV im Lichte der jüngsten Entwicklungen in Osteuropa Martins, 44 SLR 1019 ff. (1993).

neuen unabhängigen Staaten (*newly independent state*) in Abschnitt III der WKRSV und dem Fall der Abtrennung von Staaten (*separation of states*) in Abschnitt IV WKRSV. Da diese Institute nach der WKRSV unterschiedliche Rechtsfolgen nach sich ziehen, sind sie unabhängig voneinander zu untersuchen. Hieran schließt sich die Frage, ob das jeweils anzuwendende Rechtsinstitut gewohnheitsrechtlichen Charakter besitzt.

Nach Art. 16 WKRSV, einer Grundregel der Konvention,[778] ist ein neuer unabhängiger Staat grundsätzlich nicht an Verträge des Vorgängerstaates gebunden bzw. verpflichtet, ein Vertragsstaat zu werden, allein aus dem Umstand, daß der Vorgängerstaat in Bezug auf das fragliche Territorium eine vertragliche Verpflichtung eingegangen ist. Unter *newly independent states* sind gemäß Art. 2 (f) WKRSV die Staaten zu fassen, bei denen es sich um nunmehr eigenständige ehemalige Kolonien bzw. ehemalige Mandats- und Treuhandgebiete sowie Protektorate handelt.[779] In der Regelung des Art. 16 WKRSV birgt sich der Rechtsgedanke des "*clean-slate-Prinzips*",[780] wonach jeder neue Staat grundsätzlich in seiner staatlichen Souveränität ungebunden ist und selbst darüber befinden kann, welchen Verträgen er beitritt und welchen nicht. Eine Sonderregelung für menschenrechtliche Verträge oder Verträge zur Weltordnung, wie z.B. der Völkermordkonvention, der Wiener Diplomatenrechtskonvention oder der Internationalen Pakte zum Schutze der Menschenrechte besteht im Rahmen der WKRSV nicht.[781]

Anders ist jedoch die Rechtslage nach der WKRSV zu beurteilen, wenn es sich um die Staatennachfolge nach der Abtrennung bzw. Zergliederung eines Staates handelt, die in Abschnitt IV der WKRSV geregelt ist. Bei Vorliegen eines solchen Falles kommt Art. 34 Abs. 1 WKRSV zur Anwendung, wonach im Falle der Zergliederung eines Staates dessen Vertragsverpflichtungen auf die Nachfolgestaaten in Bezug auf deren Territorium übergehen. Eine Ausnahme zu diesen Regeln besteht nur in den Fällen des Abs. 2, wenn die betroffenen Staaten etwas anderes vereinbaren bzw. wenn die Anwendung des Vertrages auf den Nachfolgestaat gegen Sinn und Zweck des Vertrages verstoßen würde oder die Bedingungen sein Funktionieren radikal ändern würde.[782] Die sich in den Abschitten III und IV gegenüberstehenden unterschiedlichen Regelungen reflektieren den Widerstreit

---

[778] So Tomuschat, 241 RdC 195, 247 f. (1993 IV).

[779] Art. 2 (f) WKRSV lautet: "'*newly independent states*' means a successor State the territory of which immediately before the date of the succession of States was a dependent territory for the international relations of which the predecessor State was responsible"; 72 AJIL 971, 972 (1978); vgl. hierzu auch Beato, 9 AUJILP 525, 533 (1994); Shaw, 5 FYBIL 34, 74 ff. (1994); Verdross/Simma, § 979.

[780] Zum *clean-slate-Prinzip* vgl. Beato, 9 AUJILP 525, 535 (1994); Seidl-Hohenveldern, Rzf. 1399; Verdross/Simma, § 979.

[781] Tomuschat, 241 RdC 195, 247 f. (1993 IV), lehnt aufgrund dieses Umstandes sowie des zusätzlichen Verweises der Schwierigkeit, solche "*world order treaties*" zu bestimmen, eine Sonderstellung solcher Verträge ab.

[782] Art. 34 Abs. 2 WKRSV in 72 AJIL 971, 984 (1978).

zweier grundsätzlicher Lösungsansätze. Nach der *clean slate*-Theorie, als Ausdruck des Axioms der Staatensouveränität, soll jeder neue Staat die Gelegenheit erhalten, über die Übernahme vertraglicher Verpflichtungen selbst zu befinden. Die Regelungen für die Fälle abgespaltener Staaten hingegen ist Ausdruck des Bestrebens, die rechtliche Verantwortlichkeit und Stabilität auf völkerrechtlicher Ebene zu gewährleisten.[783]

Im Hinblick auf die Nachfolgestaaten der Sowjetunion und des ehemaligen Jugoslawiens stellt sich folglich die Frage, welche Vorschriften über die Staatennachfolge zur Anwendung kommen könnten, die des Abschnitts III oder IV der WKRSV.[784] Hierbei ist zu unterscheiden, ob die Staaten auf dem Territorium des ehemaligen Ostblocks der Definition der *newly independent states* im Sinne von Art. 2 (f) WKRSV unterfallen, so daß die Anwendung des Abschnittes IV der WKRSV in Betracht kommt. Dagegen spricht indes, daß es sich bei diesen nicht um abhängige Gebiete wie z.B. Kolonien mit unterschiedlichen Verwaltungs- oder Verfassungsstrukturen im Vergleich zum einem etwaigen "Mutterstaat" gehandelt hat. Vielmehr waren sie integraler Bestandteil dieses Gesamtstaates. Folglich sind unter Zugrundelegung der Bestimmungen der WKRSV auf den vorliegenden Fall die des Abschnittes IV heranzuziehen. Jedoch ist zweifelhaft, ob es sich bei den Regelungen der Wiener Konvention hinsichtlich der *separation of states* in Abschnitt IV um Regelungen handelt, die sich in der Staatenpraxis wiederfinden und damit völkergewohnheitsrechtlich anerkannt sind.

bb. Völkergewohnheitsrechtlicher Charakter der WKRSV-Bestimmungen

Hilfestellung in der Beurteilung dieser Frage könnte die jüngste Rechtsprechung des IGH zur Frage der Staatennachfolge zu humanitären Verträgen geben. Fehlt es indes an einer die automatische Staatennachfolge bestätigenden Rechtsprechung, wird auf die konstitutive Elemente des Völkergewohheitsrechts, *opinio iuris* und Staatenpraxis, im einzelnen abzustellen sein.

(1.) Urteil des IGH vom 11. Juli 1996

Der IGH hat sich in seinem Urteil vom 11. Juli 1996 zu Vorfragen (*preliminary objections*) im Rechtsstreit zwischen Bosnien-Herzegowina gegen Jugoslawien (Serbien und Montenegro)[785] auch mit Fragen der Staatennachfolge zur Völkermordkonvention auseinanderzusetzen gehabt.[786] Jedoch hat der Gerichtshof die

---

[783] Beato, 9 AUJILP 525, 537 (1994); Mullerson, 33 VJIL 299, 315 (1993).

[784] Zur Abgrenzung dieser beiden Grundkonstellationen im Hinblick auf die ehemalige Sowjetunion s. Beato, 9 AUJILP 525, 529 f. (1994).

[785] ICJ Reports 1996 Nr. 91 (1996); vgl. hierzu auch die Urteilsbesprechung von Oellers-Frahm in 44 VN 181 ff. (1996).

[786] Zwar könnte vorliegend zweifelhaft sein, ob die anhand der Genozidkonvention diskutierten Rechtsfragen auf Menschenrechtsverträge und damit den Pakt übertragbar seien,

Frage, ob Bosnien-Herzegowina automatisch in die Vertragsverpflichtungen der Völkermordkonvention eingetreten sei, ausdrücklich offen gelassen.[787] Der Gerichtshof hat im Hinblick auf die spätere Ratifikation der Konvention durch Bosnien-Herzegowina keine Aussage dazu getroffen, ob allein aufgrund gewohnheitsrechtlicher Regeln der Staatennachfolge Bosnien-Herzegowina Vertragspartei geworden sei.

Trotz des Fehlens einer eindeutigen und damit klärenden Stellungnahme des IGH war die grundsätzliche Frage der automatischen Staatennachfolge in humanitäre internationale Verträge ausführlicher Gegenstand der Sondervoten der Richter Parra-Aranguren, Shahabuddeen und Weeramantry.[788] In diesen Voten sprechen sich die Richter, die mit der Mehrheit gestimmt haben, dafür aus, daß im Hinblick auf humanitäre Verträge der in Art. 34 WKRSV niedergelegte Kontinuitätsgrundsatz anzuwenden sei. Insbesondere Richter Weeramantry setzt sich vehement für die lückenlose Nachfolge in humanitäre Verträge und einer entsprechenden Ausnahme zum *clean slate*-Prinzip ein. Dies sei aus ihrem besonderen Charakter zu folgern, auch wenn dies in Abweichung von den bisher geltenden bzw. anerkannten Regeln der Sukzession in Verträge stehe.[789]

Der Gerichtshof hatte sich in seinem Urteil zudem mit dem Einwand Restjugoslawiens auseinanderzusetzen, daß die Konvention nicht rückwirkend anwendbar sei, also daß die zeitliche Zuständigkeit des IGH auf solche Taten begrenzt sei, die vor Inkrafttreten der Konvention von beiden Streitparteien begangen worden seien. Vom Gerichtshof wird diese, eigentlich zentrale Frage, nur kurz behandelt und festgestellt, daß die Koventіon und ihr Art. 9 keine Klausel enthalte, die die Zuständigkeit *ratione temporis* derartig beschränke. Zudem sei von den Parteien auch kein Vorbehalt mit einer solchen inhaltlichen Einschränkung angebracht worden.[790] Somit unterfielen alle Vorkomnisse seit Beginn des Konfliktes seiner Zuständigkeit *ratione temporis*. Zudem stehe diese, von ihm getroffene, Auslegung im Einklang mit Ziel und Zweck der Völkermordkonvention, wie sie vom Gerichtshof in seinem Gutachten von 1951 definiert worden seien.[791]

---

da in diesen eine unterschiedliche Rechtsmaterie behandelt wird. Dem ist jedoch die Typengleichheit beider Vertragsarten entgegenzuhalten. Sowohl im Rahmen der Völkermordkonvention, einem humanitären Vertrag, als auch im Rahmen von Menschenrechtsverträgen, sind die betroffenen Individuen Begünstigte und Nutznießer der Vertragsbestimmungen. Von einer Indikationswirkung der IGH-Rechtsprechung bezüglich der Genozidkonvention auch für menschenrechtliche Verträge ist somit auszugehen. - So auch Tomuschat, der die Völkermordkonvention und den Pakt zu *world order treaties* zählt und insofern von einer typologischen Vergleichbarkeit ausgeht, Tomuschat, RdC 1993 IV, 195, 247.

[787] ICJ Reports 1996, S. 19.

[788] ICJ Reports 1996, Anhang.

[789] ICJ Reports 1996, Minderheitenvotum von Weeramantry S. 4 (1996).

[790] ICJ Reports 1996, S. 23 f.

[791] ICJ Reports 1996, S. 24.

Die knappen Ausführungen des IGH zur Frage der zeitlichen Zuständigkeit (*ratione temporis*) haben zu der Schlußfolgerung veranlaßt, daß der Gerichtshof dem Kontinuitätsprinzip gemäß Art. 34 WKRSV für solche Verträge folgt, die für das gesamte ehemalige Staatsgebiet eine Staates galten, wobei deren Verbindlichkeit für das aus dem Staatsverband ausgeschiedene Gebiet dann mit der Notifikation der Sukzession zum Zeitpunkt der Sezession bestätigt wird.[792] Gleichzeitig bedeute dies, daß der IGH in dem entschiedenen Fall von der Sezession des Staates und nicht der Gründung eines neuen Staates im Sinne von Teil III der WKRSV ausgehe.[793]

Anhand des offengehaltenen Wortlauts dieser Rechtsprechung einerseits sowie der deutlichen Sprache der Sondervoten andererseits ist festzustellen, daß sich aus dem Urteil die Anwendung des Art. 34 WKRSV auf die Genozidkonvention als völkergewohnheitsrechtlicher Satz nicht zwingend ergibt. Eine Grundlage für eine entsprechende völkergewohnheitsrechtliche Regel der automatischen Staatennachfolge für universelle Menschenrechtsverträge und damit auch den Pakt läßt sich dieser Rechtsprechung mithin nicht entnehmen.

(2.) **Opinio iuris** *und Staatenpraxis*

Daher ist es zur Feststellung einer völkergewohnheitsrechtlichen Regel der Kontinuität außerhalb der zitierten Rechtsprechung des IGH notwendig, auf das Bestehen der einzelnen Bestandteile einer gewohnheitsrechtlichen Norm abzustellen: *opinio iuris* und eine entsprechende Staatenpraxis.[794]

Im Hinblick auf das konsitutive Element der übereinstimmenden Rechtsauffassungen der Staaten spiegeln die im oben erwähnten Rechtsstreit vor dem IGH vertretenen Auffassungen einen bestehenden Meinungsstreit wieder: Während Bosnien-Herzegowina von einer automatischen Fortgeltung der Pflichten aus der Genozidkonvention ausging, wurde dies von Restjugoslawien bestritten.[795]

Schon anhand dieser Differenz wird deutlich, daß es an einer übereinstimmenden allgemeinen Rechtsauffassung in der Frage der automatischen Staatennachfolge bei humanitären bzw. menschenrechtlichen Verträgen fehlt. Zumindest ist ein eindeutiger Konsens in dieser Hinsicht nicht gegeben, auch wenn eine entsprechende Tendenz zu verzeichnen sein mag.[796]

---

[792] Oellers-Frahm, 44 VN 181, 183 (1996).

[793] Oellers-Frahm, 44 VN 181, 183 (1996).

[794] Zu den Voraussetzungen des Völkergewohnheitsrechtes vgl. auch die Ausführungen im 1. Kapitel A III 1.

[795] ICJ Reports 1996, S. 11 f. - Auch Simma lehnt das Vorliegen einer konstitutiven *opinio iuris* in der Frage der automatischen Bindung von Nachfolgestaaten an Vertragsverpflichtungen des Vorgängerstaates ab, 35 BDGVR 355, 356 (1996).

[796] Schweisfurth vertritt die Auffassung, daß im Hinblick auf die Staatennachfolgefälle der ehemaligen Sowjetunion und des ehemaligen Jugoslawiens eine Tendenz zur Akzeptanz eines uneingeschränkten Kontinuitätsprinzips in bezug auf universelle menschenrechtliche Verträge zu erkennen sei. Schweisfurth, 35 BDGVR 49, 229 (1996).

Denkbar ist jedoch, daß die Frage der uneinheitlichen Rechtsauffassung innerhalb der Staatengemeinschaft dadurch anders zu beurteilen ist, daß sich innerhalb der menschenrechtlichen Vertragskörperschaften ein Konsens abzeichnet, wonach hinsichtlich universeller menschenrechtlicher Verträge ein uneingeschränktes Kontinuitätsprinzip bestehe.[797] Diese Übereinstimmung unter den menschenrechtlichen Körperschaften könnte das Erfordernis der *opinio iuris* der Vertragsstaaten unter Umständen ersetzen. Einer diesen Ansatz bejahenden Auffassung wird jedoch entgegenzuhalten sein, daß nur die betroffenen Staaten und nicht die Vertragskörperschaften, denen es selbst an der Völkerrechtssubjektivität fehlt, das konstitutive Element der *opinio iuris* zur Entstehung einer gewohnheitsrechtlichen Norm erbringen müssen. Letztlich kann diese Frage aber offen bleiben, da es schon an der sie bestätigenden Staatenpraxis fehlt.

Das Phänomen der Staatensukzession ist kein alltägliches, so daß die Verallgemeinerungsfähigkeit der vereinzelten Fälle aufgrund der individuellen juristischen und politischen Umstände und Unterschiedlichkeiten zweifelhaft und die Annahme einer Herausbildung einer einheitlichen Staatenpraxis fraglich ist. Allein die oben aufgezeigte uneinheitliche Handhabung[798] der Paktverpflichtungen der ehemaligen UdSSR durch die Nachfolgestaaten der untergegangenen Sowjetunion und die Nachfolgestaaten des ehemaligen Jugoslawiens bzw. der Tschechoslowakei verdeutlicht, daß es schon innerhalb der Staaten, auf die das Kontinuitätsprinzip anzuwenden wäre, an einer übereinstimmenden Staatenpraxis fehlt.[799] Dieses gilt nicht zuletzt wegen der fehlenden Bereitschaft Kasachstans und Tadschikistans, die es bislang trotz entsprechender Aufforderung des MRA unterlassen haben,[800] die Nachfolge zum Pakt zu erklären bzw. Berichte vorzulegen.[801] Gegen die Übernahme der Rechtsauffassung des MRA in der Staatenpraxis spricht auch, daß z.B. Armenien, Aserbaidschan, Georgien, Kirgistan, Usbekistan und Turkmenistan die Paktverpflichtung nicht ab dem Zeitpunkt ihrer Eigenständigkeit übernommen haben.[802] Die fehlende bzw. rückwirkende Übernahme der Paktver-

[797] So hat z.B. der Ausschuß nach der Antirassismuskonvention in seiner Allgemeinen Empfehlung XII (42) Nachfolgestaaten aufgefordert, die Übernahme der Verpflichtungen aus der Antirassismuskonvention gegenüber dem Generalsekretär zu bestätigen, sofern die Vorgängerstaaten Vertragsparteien der KARD waren. U.N. Doc. E/CN.4/1996/76, Rzf. 6 (1996). - Zudem haben die Vorsitzenden der Menschenrechtsvertragskörperschaften auf ihrer fünften Versammlung, die vom 19 bis zum 23. September 1994 stattfand, die Auffassung vertreten, daß die Nachfolgestaaten mit dem Tage ihrer Unabhängigkeit automatisch an die menschenrechtlichen Verpflichtungen ihrer Vorgängerstaaten gebunden seien. U.N. Doc. E/CN.4/1996/76, Rzf. 8 (1996).

[798] Vgl. hierzu die Ausführungen im 2. Kapitel C II 2.

[799] Chan folgert aus der bisherigen Staatenpraxis, daß eine Bindung des Nachfolgestaates an einen menschenrechtlichen Vertrag dann besteht, wenn er nicht ausdrücklich eine solche Übernahmeverpflichtung ablehnt; Chan, 45 ICLQ 928, 944 (1996).

[800] U.N. Doc. A/52/40, S. 102 (1997).

[801] Die Aufforderung des Ausschusses an die Außenminister der erwähnten Staaten erfolgte bereits im Jahre 1993, U.N. Doc. A/48/40, Rzf. 41 (1993).

[802] U.N. Doc. A/52/40, S. 102 ff. (1997).

pflichtungen dieser Staaten kann auch nicht mit dem Hinweis überwunden werden, dieser Praxis käme keine juristische Bedeutung zu, da die Nachfolge lediglich aufgrund fehlenden know-hows und wegen fehlender Verwaltungskapazitäten nicht erfolgt sei.[803] Dem wird entgegenzuhalten sein, daß nach über sechs Jahren der Auflösung der Sowjetunion zu vermuten ist, daß diese logistischen Hindernisse überwunden sind. Die fehlende Nachfolgeerklärung muß auf eine bewußte Entscheidung zurückzuführen sein. Dieses gilt umsomehr im Hinblick darauf, daß diese Staaten eine eindeutige Nachfolgeerklärung zu anderen humanitären Verträgen wie z.B. den Genfer Konventionen abgegeben haben.[804]

Somit fehlt es schon innerhalb des Paktes an einer einheitlichen Staatspraxis, die Voraussetzung für eine völkergewohnheitsrechtliche Norm wäre, nach der Nachfolgestaaten automatisch an die vertraglichen Menschenrechtsverpflichtungen des Vorgängerstaates gebunden sein könnten.

cc. Zwischenergebnis

Hieraus folgt, daß im Fall der Dismembration eines Staates unter Berücksichtigung der osteuropäischen Staaten trotz entgegenstehender Verlautbarungen des Menschenrechtsausschusses gegenwärtig keine völkergewohnheitsrechtliche Bindung des Nachfolgestaates eines ehemaligen Paktstaates zur Übernahme von Pflichten aus dem IPBPR, wie sie in der WKRSV in Abschnitt IV niedergelegt sind, besteht. Allenfalls kann von einer Entwicklung zur automatischen Staatennachfolge gesprochen werden

b. Hongkong

Im Fall Hongkongs, das zum 1. Juli 1997 zurück an die Volksrepublik China fiel, wurde ebenfalls die Frage relevant, inwieweit die Berichtsvorlagepflicht nach Art. 40 hinsichtlich des Territoriums von Hongkong fortdauert bzw. auf die Volkrepublik China übergeht. Zweifelhaft ist, ob eine völkerrechtliche Verpflichtung der Volksrepublik besteht, in Anknüpfung an die Rechtsauffassung des MRA, den Paktbestimmungen für Hongkong weiterhin Geltung zu verschaffen.

---

[803] So aber Kamminga, 7 EJIL 469, 484 (1996).

[804] ICRC Annual Report 1994, S. 266. - Bezeichnender Weise führt der MRA die Staaten Kasachstan und Tadschikistan in seinem jüngsten Jahresbericht in der Übersicht derjenigen Staaten auf, deren Berichte noch ausstehen. Jedoch fehlt bei diesen Staaten - im Gegensatz zu allen anderen - die Nennung des Datums, zu der die Vorlage des nächsten Berichtes fällig ist. Hieraus könnte zu folgern sein, daß der Ausschuß selbst erst die Übernahme der Paktverpflichtungen durch die beiden Staaten durch eine - konstitutive - Nachfolgeerklärung abhängig macht. Andererseits sollte jedoch die tabellarische Darstellung in ihrer Bedeutung nicht überbewertet werden.

Bis zu dem Zeitpunkt der Übergabe Hongkongs hatte Großbritannien dem Ausschuß vier Folgeberichte[805] und einen Sonderbericht[806] zur Umsetzung der Paktverpflichtungen in Honkong vorgelegt. Die Frage der Staatennachfolge, insbesondere der mögliche Übergang der Berichtsvorlagepflicht gemäß Art. 40 für Hongkong von Großbritannien auf die Volksrepublik China, wurde bei der Prüfung des vierten Folgeberichtes von Großbritannien für Hongkong ausführlicher Gegenstand von Erörterungen.[807] Der Ausschuß stellte dabei in einer vom Ausschußvorsitzenden abgegebenen Erklärung[808] fest, daß es im Falle Hongkongs zur Beurteilung dieser Frage nicht alleine darauf ankomme,[809] an der vom Ausschuß entwickelten Ansicht festzuhalten, daß die Bewohner eines Territoriums, für das einmal der Pakt in Kraft getreten sei, dieses Rechtsschutzes nicht mehr verlustig gehen können.[810] Vielmehr ergebe sich die Fortgeltung der Paktverpflichtungen schon aus der von den beiden Staaten unterzeichneten *Joint Declaration*.[811] Diese sähe vor, daß alle Bestimmungen des IPBPR auch nach der Übergabe Hongkongs an China in Kraft bleiben. Hiervon umfaßt sei auch die gemäß Art. 40 bestehende Pflicht, periodische Berichte vorzulegen. Großbritannien seinerseits wies in dem im Herbst 1996 vorgelegten Sonderbericht, bezugnehmend auf diese Feststellung des Ausschusses, darauf hin, daß auch nach seiner Auffassung die Berichtspflicht auf Grundlage der *Joint Declaration* auf die Volksrepublik übergehe und es sich derzeit mit China im Gespräch befände, um die Umsetzung des Paktes in Hongkong auch nach dem 1. Juli 1997 sicherzustellen.[812] Mittlerweile hat die Volksre-

---

[805] Erstbericht: U.N. Doc. CCPR/C/1/Add. 37 (1978); zweiter periodischer Bericht: U.N. Doc. CCPR/C/32/Add.14, Annex F sowie U.N. Doc. CCPR/C/32/Add.15, Annex F (1988); dritter periodischer Bericht: U.N. Doc. CCPR/C/58/Add.6 (1990) sowie U.N. Doc. CCPR/C/58/Add.11 (1991); vierter periodischer Bericht: U.N. Doc. CCPR/C/95/Add. 5 (1995).

[806] U.N. Doc. CCPR/C/117 (1996).

[807] Der Bericht, U.N. Doc. CCPR/C/95/Add. 5 (1995), wurde auf der 1451ten und 1453ten Sitzung des Ausschusses diskutiert, vgl. U.N. Doc. CCPR/C/SR. 1451 (1995) und U.N. Doc. CCPR/C/SR. 1453 (1995) und veranlaßte den MRA zur Anforderung eines zusätzlichen Sonderberichtes.

[808] Abgedruckt in der abschließenden Bemerkung des Ausschusses zu diesem Bericht in U.N. Doc. CCPR/C/79/Add. 57, S. 6 (1995) sowie in U.N. Doc. A/51/40, S. 24 f. (1996), 17 HRLJ 469 ff. (1996).

[809] "However, the existence and contents of the Joint Declaration of the Government of the United Kingdom of Great Britain and Northern Ireland and the Government of the People's Republic of China on the Question of Hong Kong make it unnecessary for the Committee to **rely solely** on the foregoing jurisprudence as far as Hong Kong is concerned." (Eigene Hervorhebung) U.N. Doc. CCPR/C/79/Add. 57, S. 6 (1995), 17 HRLJ 471 (1996).

[810] U.N. Doc. CCPR/C/79/Add. 57, S. 6 (1995), 17 HRLJ 471 (1996).

[811] Joint Declaration of the Government of the United Kingdom of Great Britain and Northern Ireland and the Government of the People's Republic of China on the Question of Hong Kong 1984, 1339 U.N.T.S. 36.

[812] U.N. Doc. CCPR/C/117, Rzf. 3 ff. (1996). Im Hinblick auf die Rückgabe Hongkongs unternahmen Ende September der damalige Ausschußvorsitzende Aguilar Urbina sowie

publik China angekündigt, der Berichtspflicht für Hongkong nachzukommen.[813] Eine vergleichbare Konstellation besteht bei der anstehenden Rückgabe Macaus von Portugal an die Volksrepublik. Anläßlich der Prüfung des dritten periodischen Berichts für Macau stellte der Ausschuß unter Bezugnahme auf die chinesisch-portugiesische Gemeinsame Erklärung vom 13. April 1987 in Verbindung mit einem von Botschaftern beider Staaten unterzeichneten "*Memorandum of Understanding*" sowie dem Grundgesetz der Sonderverwaltungsregion Macau fest, daß die Paktrechte auch nach der Übergabe am 19. Dezember 1999 im Macau fortgelten werden.[814] Für eine solche Fortgeltung führte der MRA ergänzend seine bisherigen Verlautbarungen zur Staatennachfolge zum Pakt an und folgerte:

> "Consequently, the reporting requirements under article 40 of the International Covenant on Civil and Political Rights will continue to apply and the Human Rights Committee expects to receive and review reports in relation to Macau after 19 December 1999."[815]

Die Frage der Fortgeltung des Paktes für Hongkong sowie für Macau aufgrund der Staatensukzession könnte anders als hinsichtlich der Nachfolgestaaten in Osteuropa zu beurteilen sein, da es sich bei diesen Sonderverwaltungsregionen um Kolonien[816] gehandelt hat, die nach dem Sukzessionsfall nicht zu einem eigenen Staat erwachsen sind. Zum anderen stützt der Ausschuß seine Folgerung der chinesischen Verpflichtung nicht ausschließlich auf seine zu den osteuropäischen Staaten entwickelte Rechtsauffassung der Fortgeltung der Paktverpflichtungen. Beide Aspekte sollen am Beispiel Hongkongs näher betrachtet werden, unter dem Gesichtspunkt des potentiellen Beitrages des MRA zum universellen Schutz der Menschenrechte durch die Fortgeltung des IPBPR auf dem Territorium Hongkongs. Die folgenden Erwägungen lassen sich dabei ebenso auf die Sonderverwaltungsregion Macau übertragen.

aa. Hongkong als nichtselbständiger Staat

Rechtssystematisch unterscheidet sich die Situation Honkongs von der der osteuropäischen Staaten, dadurch daß es nach der Ausgliederung aus dem Herrschaftsbereich Großbritanniens kein eigenständiger Staat geworden ist.[817] Viel-

---

das MRA-Mitglied Bhagwati eine Informationsreise nach Hongkong, um sich über die zukünftige Gewährleistung der Paktbestimmungen nach der Übergabe Hongkongs ein Bild zu verschaffen. Vgl. Meldung der Presseagentur Reuters vom 10. September 1996. - Zum Themenkomplex der Vor-Ort Besuche von Ausschußmitgliedern in Paktstaaten zur effektiven Umsetzung der Bestimmungen des IPBPR vgl. auch die Ausführungen im 2. Kapitel C IV.

[813] FAZ, 24. November 1997.

[814] U.N. Doc. CCPR/C/79/Add. 77, Rzf. 3 f. (1997).

[815] U.N. Doc. CCPR/C/79/Add. 77, Rzf. 4 (1997).

[816] Für Hongkong Fastenrath, 35 BDGVR 376 (1996).

mehr ist Hongkong Bestandteil eines bereits bestehenden Staates geworden. Fraglich ist mithin, ob für eine solche Fallkonstellation ein völkergewohnheitsrechtlicher Satz der Fortgeltung bestehender Vertragsverpflichtungen besteht. Als Indikator für eine solche gewohnheitsrechtliche Norm kommen wiederum zunächst die Vorschriften der WKRSV in Betracht. Im Falle des Bestehens eines solchen Rechtssatzes bedarf es der Bestätigung seiner völkergewohnheitsrechtlichen Verfestigung.

Für einen Übergang eines Territoriums von einem Staat an einen anderen bestimmt Art. 15 WKRSV, daß die vertraglichen Verpflichtungen des Vorgängerstaates erlöschen, während die vertraglichen Verpflichtungen des übernehmenden Staates auf das hinzugekommene Territorium ausgedehnt werden. Etwas anderes gilt nur, wenn sich aus dem zu übernehmenden Vertrag etwas anderes ergebe oder die Ausdehnung gegen Ziel und Zweck der Vertrages verstoßen würde.[818] Folgt man dieser Vorschrift, so wäre mit der Übergabe Hongkongs an die Volksrepublik China die Anwendung des Paktes für Hongkong erloschen, da einerseits die unter der Herrschaft Großbritanniens begründeten vertragsrechtlichen Verpflichtungen nicht fortgelten würden und andererseits die Volksrepublik China nicht Paktstaat ist.

Auch im Hinblick auf die zu den osteuropäischen Staaten gemachten prinzpiellen Erwägungen zur Staatennachfolge bei menschenrechtlichen Verträgen ergibt sich - wie dargestellt - keine völkergewohnheitsrechtlich fundierte automatische Staatensukzession zum Pakt. Somit kommt sowohl unter etwaigen völkergewohnheitsrechtlichen Gesichtspunkten i.S.v. Art. 15 WKRSV als auch unter dem Aspekt, daß es sich bei dem Pakt um einen Menschenrechtsvertrag handelt, der u.U. von anderen völkerrechtlichen Verträgen im Sukzessionsfalle zu unterscheiden wäre, eine Fortgeltung des IPBPR für das Territorium Hongkongs zunächst nicht in Betracht.

Für eine automatische Fortgeltung der Paktrechte spricht jedoch der Rechtsgedanke, der der Entscheidung der EKMR in *Melchers ./. Deutschland*[819] zugrunde liegt. In diesem Verfahren hatte ein deutscher Unternehmer eine Beschwerde gegen die Bundesrepublik wegen des Vollzugs einer Bußgeldentscheidung der europäischen Gemeinschaftsorgane eingelegt. Die EKMR wies die Beschwerde als unzulässig zurück und stellte fest, daß ihr die Überprüfung der Rechtmäßigkeit von Rechtsakten der europäischen Gemeinschaftsorgane versagt sei.[820] Dies gelte jedoch nicht für innerstaatliche Ausführungsmaßnahmen. Sie führte ferner aus:

---

[817] Auf Grundlage der *Joint Declaration* ist Hongkong eine "Special Administrative Region" der Volksrepublik nach dem Prinzip "ein Staat, zwei Systeme" wonach das Witschafts- sowie das Rechts- und Sozialsystem Hongkongs beibehalten werden soll. Fung in U.N. Doc. CCPR/C/SR. 1454, Rzf. 43 (1995); Chan, 34 ICLQ 928 (1996).

[818] 72 AJIL 971, 975 f. (1978).

[819] Beschwerde Nr. 13258/87, 50 ZaöRV 865 ff. (1990). Zur Urteilsbesprechung Giegerich, 50 ZaöRV 836 ff. (1990).

[820] Vgl. hierzu auch das diese Rechtsauffasssung bestätigende Gutachten des EuGH, Gutachten 2/94, 23 EuGRZ 197, 205 ff. (1996); Herdegen, Europarecht, Rzf. 42 f.

"The Commssion considers that a transfer of powers does not necessarily exclude a State's responsibility under the Convention with regard to the exercise of the transferred power. Therefore the transfer of powers to an international organisation is not incompatible with the Convention provided that within that organisation fundamental rights will receive an equivalent protection."[821]

Auch aus dieser Entscheidung läßt sich ähnlich wie die vom MRA vertretene Auffassung der Rechtsgedanke der Kontinuität der einmal eingeräumten Menschenrechtsverpflichtung herleiten. Dabei ist jedoch zu differenzieren. Während der MRA von einer automatischen Weitergeltung eines Menschenrechtsvertrages im Fall der Staatensukzession allein aufgrund dessen besonderer Rechtsnatur ausgeht, ist eine solche Rechtsfolge der Entscheidung der EKMR nicht zu entnehmen. Der neue Hoheitsträger wird danach nicht *ipso iure* Verpflichteter der EMRK. Vielmehr besteht danach eine Verpflichtung des Vorgängerstaates, die Fortgeltung der Konventionsrechte im Fall des "*transfer of power*" zu sichern. Auch wenn die Kommissionsentscheidung lediglich die Abgabe von Hoheitsgewalt in sachlicher Hinsicht betrifft, bestehen keine Bedenken, diese Grundsätze auch auf eine Abgabe in territorialer Hinsicht zu übertragen. In beiden Fällen gibt der bisherige Hoheitsträger im Rahmen des zu übertragenden Bereiches seine Zuständigkeit auf.

Unter Zugrundelegung dieser Auffassung bedeutete dies am Beispiel Honkongs, daß Großbritannien eine Verpflichtung besessen hätte, die Fortgeltung eines dem IPBPR vergleichbaren Standards über den 1. Juli 1997 hinaus zu sichern. Eine Notwendigkeit der Bindung des Nachfolgestaates an den Pakt folgt hieraus jedoch nicht. Es genügt bereits, wenn ein den Paktbestimmungen vergleichbarer materiellrechtlicher Schutz gewährleistet wird. Damit genügte Großbritannien seinem eigenen Paktverpflichtungen, wenn es im Rahmen einer vertraglichen Regelung wie der *Joint Declaration* die Fortgeltung der Bestimmungen des IPBPR vereinbarte. Eine Weitergeltung des Paktes *eo ipso* ohne eine solche Vereinbarung besteht hingegen nicht. Stattdessen käme nur eine Verletzung der Paktverpflichtungen durch Großbritannien in Betracht. Letztlich hat die Übertragung der Kommissonsentscheidung in *Melchers* auf die Problematik der Staatennachfolge des Paktes am Beispiel Hongkongs keine automatische Fortgeltung des Paktes zur Folge, sondern postuliert lediglich die mögliche Verletzung von Paktverpflichtungen des Vorgängerstaates.

bb. Paktfortgeltung aufgrund Joint Declaration

Eine Fortgeltung des Paktes für Hongkong kommt damit lediglich aus der *Joint Declaration* zwischen Großbritannien und China ergeben in Betracht, auf die sich der Ausschuß hinsichtlich des Übergangs der Berichtspflicht auf die Volksrepu-

---

[821] 50 ZaöRV 865, 867 (1990).

blik China bezogen hat.[822] Indem der Ausschuß die Fortgeltung der Berichtsvorlagepflicht primär aus der *Joint Declaration* herleitete, treten die oben besprochenen Grundsätze der automatischen Staatennachfolge zunächst in den Hintergrund. Mit der Erklärung, nach der die Paktbestimmungen "shall remain in force",[823] folgt die Fortgeltung des Paktes in Hongkong nach Auffasung des MRA primär nicht aus allgemeinen bzw. verallgemeinerungsfähigen Grundsätzen, sondern aus konkreten vertraglichen Bestimmungen der *Joint Declaration*. Dabei ist unerheblich, ob diese Vertragsbestimmungen von der Volksrepublik China tatsächlich in dem Sinne ausgelegt werden, daß nicht nur die materiellen Bestimmungen des Paktes, sondern auch dessen prozedurale Elemente und damit die Berichtsvorlagepflicht gemäß Art. 40 beachtet werden wird.[824] Entscheidend ist, daß sich diese Rechtsfolge zunächst aus der *Joint Declaration* nach Auffassung des Ausschusses ergibt. Zweifelhaft ist jedoch, ob der Verweis des MRA auf die Bestimmungen der *Joint Declaration* zur Begründung einer Berichtsvorlagepflicht Chinas überhaupt zulässig ist.[825] Dieses ist insofern bedenklich, als daß auf diese Weise ein bilaterales Abkommen die Berichtspflicht zur Folge hätte, ohne daß der betreffende Staat dem IPBPR beigetreten wäre bzw. eine ausdrückliche Nachfolgeerklärung abgegeben hätte. Mit der von ihm abgegebenen Erklärung, daß er zur Annahme sol-

---

[822] U.N. Doc. CCPR/C/79/Add. 57, S. 6 (1995), 17 HRLJ 471 (1996).

[823] In Art. 13 des Annex I der Joint Declaration. Die exakte Bedeutung dieser Formulierung ist jedoch unklar. Chan, 45 ICLQ 928 (1996). Ebenso ungeklärt war zunächst, wer zur Vorlage der Berichte ab 1997 verantwortlich ist. In Betracht kam die chinesische Zentralregierung, die Provinzregierung für Hongkong bzw. laut Chan sogar noch Großbritannien. Chan, 45 ICLQ 928, 943 f. (1996). Vgl. hierzu auch die uneinheitliche Diskussion innerhalb des MRA in U.N. Doc. CCPR/C/SR. 1536 (1996). Der Wortlaut der abschließenden Bemerkung zum Sonderbericht für Hongkong, U.N. Doc. CCPR/C/79/Add. 69, Rzf. 8 (1996), 17 HRLJ 469 (1996), legte jedoch die Vermutung nahe, daß die Berichtspflicht auf die chinesischen Behörden übergegangen war: "[the Committee] ... requests the Government of the United Kingdom to report on the human rights situation in the territory of Hong Kong up to 30 June 1997". Gegen ein Fortbestehen der Verpflichtungen Großbritanniens aus dem IPBPR für Hongkong seit dem 1. Juli 1997 spricht vor allem, daß ab diesem Zeitpunkt Hongkong weder zum Gebiet Großbritanniens gehört, noch Großbritannien eine Herrschaftsgewalt über das Territorium ausübt. Damit fehlt es schon an den konstitutiven Voraussetzungen der Verpflichtetheit i.S.v. Art. 2 Abs. 1.

[824] Von den übergehenden prozeduralen Garantien ist nur die Berichtsvorlagepflicht gemäß Art. 40 erfaßt. Großbritannien ist nicht Vertragsstaat des FP, so daß ein Recht zur Individualbeschwerde nicht übergehen kann. - Nach Chan ist aufgrund der Reaktionen chinesischer Staatenvertreter davon auszugehen, daß die Volksrepublik für Hongkong keinen Bericht vorlegen werde. Chan, 45 ICLQ 928, 938 f. (1996). Im Fall der - nunmehr durch die Volksrepublik erklärten - Übernahme der Berichtsverpflichtung für Hongkong ist zudem zu klären, ob und inwieweit chinesische Vertreter an der Versammlung der Paktstaaten zu beteiligen sind. Es spricht einiges dafür, daß diese an der Wahl der Ausschußmitglieder zu beteiligen sind und ggf. auch einen Kandidaten - zumindest aus Hongkong kommend - vorschlagen können.

[825] Kritisch Chan, 45 ICLQ 928, 943 (1996).

cher Berichte berechtigt sei,[826] könnte der Ausschuß seine Kompetenzen überschritten haben.[827] Eine Prüfung von Berichten gemäß Art. 40 könnte nur zulässig sein, wenn es sich bei dem Vorlegenden um einen Paktstaat handelt. Einem solchen Einwand ist jedoch entgegenzuhalten, daß es sich bei einer bilateralen, die Vertragspflicht überleitenden Vereinbarung nicht um einen unzulässigen Vertrag zu Lasten Dritter handelt, sofern der betroffene Dritte dieser Vereinbarung ausdrücklich zustimmt.[828] Zwar ist der Ausschuß mangels Völkerrechtssubjektivität kein "Dritter" im Sinne von Art. 34 f WVK. Da jedoch auch die übrigen Paktstaaten durch die *Joint Declaration* in ihren Rechten nicht betroffen sind, sondern lediglich der MRA ist dieser zumindest einem Dritten ähnlich anzusehen. Insofern bestehen gegen die Bestimmungen zur Überleitung der Berichtspflicht auf China keine Bedenken, da sich der Ausschuß zur Begründung der Berichtsvorlagepflicht der VR China auf die *Joint Declaration* ausdrücklich beruft.

Der zustimmende Verweis des MRA auf die *Joint Declaration* zur Begründung der Fortgeltung des Paktes für das Territorium Hongkongs mag zwar im konkreten Fall die kontinuierende Geltung des IPBPR rechtfertigen, ist jedoch keine Grundlage für einen verallgemeinerungsfähigen Beitrag des Ausschusses zum universellen Schutz der Menschenrechte. Die gegenteilige Auffassung,[829] die aus den Bestimmungen der *Joint Declaration* eine Bestätigung der automatischen Fortgeltung menschenrechtlicher Verträge folgert, verkennt, daß ohne eine ausdrückliche Vereinbarung wie der *Joint Declaration* ein Übergang der Paktverpflichtungen nicht bestehen würde. Wenn die automatische Rechtsnachfolge in menschenrechtliche Verpflichtungen geltendes Recht wäre, bedürfte es nicht mehr einer zusätzlichen Vertragsvereinbarung. In vergleichbaren zukünftigen Fällen - mit Ausnahme der Rückgabe Macaus von Portugal an die Volksrepublik China - bei der ein der *Joint Declaration* vergleichbares vertragliches bilaterales Arrangement besteht - wird der Ausschuß auf die zur Staatennachfolge der osteuropäischen Staaten entwickelten Grundsätze zurückgreifen müssen, sofern ein der *Joint Declaration* ähnliches Abkommen nicht vorliegt.

---

[826] In seinen abschließenden Bemerkungen zum Sonderbericht bzgl. Hongkongs führte der MRA aus: "... the Human Rights Committee expects that it will continue to receive and review reports submitted in relation to Hong Kong", U.N. Doc. CCPR/C/79/Add. 69, Rzf. 5 (1996), 17 HRLJ 469 (1996). Zuvor hatte der Ausschuß bereits festgestellt: "... the Committee will be competent to receive and consider reports that must be submitted in relation to Hong Kong." U.N. Doc. CCPR/C/79/Add. 57, Rzf. 4 (1995), 17 HRLJ 469, 470 (1996). Ebenso führte der MRA bzgl. des Übergangs der Berichtspflicht zu Macau aus: "... the Human Rights Committee expects to receive and review reports in relation to Macau after 19 December 1999." U.N. Doc. CCPR/C/C79/Add. 76, Rzf. 4 (1997).

[827] Chan, 45 ICLQ 928, 943 (1996).

[828] Vgl. insoweit Art. 34 f. WVK, nach denen aus Verträgen für Drittstaaten nur dann eine Rechtspflicht erwächst, wenn sie diesen ausdrücklich zustimmen. Dieser Rechtsgedanke der zustimmungsbedürftigen Drittverpflichtung ist entsprechend auf den Ausschuß übertragbar.

[829] Kamminga, 7 EJIL 469, 481 (1996).

cc. Kein Widerspruch zur Art. 50

Einer Fortgeltung des Paktes nur auf dem Territorium Hongkongs seit dem 1. Juli 1997 steht auch Art. 50 nicht entgegen. Nach Art. 50 gelten die Bestimmungen des Paktes ohne Einschränkungen oder Ausnahme für alle Teile eines Bundesstaates (*federal states*). Es wurde bereits argumentiert, die chinesische Volksrepublik sei verpflichtet, aufgrund der Bestimmung des Art. 50 Berichte nicht nur beschränkt auf Hongkong vorzulegen, sondern für das gesamte Territorium der Volksrepublik.[830] Auch wenn es sich bei China nicht um einen Bundesstaat im technischen Sinn handelt und auch der Begriff des *federal state* nicht ausdrücklich definiert ist, wird man im Rahmen einer Ziel-und-Zweck-Auslegung dieser Bestimmung diese so zu verstehen haben, daß die Anwendung des Paktes grundätzlich nicht auf ein Teilgebiet eines Staates beschränkt werden darf.[831] Im Fall Hongkongs ist jedoch zu differenzieren. Aufgrund der besonderen Ausgestaltung der Sonderverwaltungsregion mit einem eigenen Wirtschafts- und Rechtssystem, Grenzkontrollen zur übrigen Volksrepublik und einer eigenen Währung nach dem Prinzip "one state, two systems" ist schon fraglich, ob hier eine bundesstaatsähnliche Konstellation im Sinne von Art. 50 vorliegt. Die der Regionalverwaltung von Hongkong zugestandenen weitreichenden autonomen Befugnisse sprechen grundsätzlich gegen eine extensive Auslegung von Art. 50, die eine Ausdehnung des Paktes auf den Rest der Volksrepublik zur Folge hätte. Zudem ist zu bedenken, daß Art. 50 grundsätzlich Bedeutung bei einer konsensualen Unterwerfung unter den Pakt wie bei der Ratifikation oder dem Beitritt hat. Auch in diesen Fällen ist zumindest denkbar, daß der jeweilige Paktstaat einen Vorbehalt zu Art. 50 einlegt und damit eine territorial uneinheitliche Geltung des IPBPR in diesem Staat die Folge ist.[832] Damit muß es auch - nachfolgebedingt - möglich sein, die Fortgeltung des Paktes auf den bisherigen territoralen *status quo* zu beschränken. Folglich steht Art. 50 der Fortgeltung der Paktverpflichtungen in Honkong nicht entgegen.

5. Würdigung

Der Menschenrechtsausschuß hat mit seiner Auffassung zur Staatennachfolge noch keinen bindenden neuen Rechtsstandard in der Frage der Staatenachfolge zum Pakt geschaffen. Aufgrund der identischen Verlautbarungen der Menschen-

---

[830] Chan 45, ICLQ 928, 940 (1996).

[831] Chan, 45 ICLQ 928, 940 (1996). - Der Regelungsgehalt von Art. 50 unterstreicht letztlich was in Ermangelung einer Bundesstaatenklausel nach allgmeinem Völkerrecht ohnehin gilt, vgl. Art. 27, 29 WVK; Nowak, CCPR, Art. 50, Rzf. 5; Verdross/Simma, §§ 1275 f.

[832] Nowak, CCPR, Art. 50, Rzf. 5. So hatte z.B. Australien einen - mittlerweile wieder zurückgezogenen - Vorbehalt zu Art. 50 eingelegt, U.N. Doc. CCPR/C/2/Rev. 4, S. 11 (1994). Auch der MRA schließt in seiner Allg. Bem. 24 [52], U.N. Doc. CCPR/C/21/Rev. 1/Add. 6 (1994), 15 HRLJ 464 ff. (1994), nicht als mit dem IPBPR unvereinbar aus.

rechtskommission sowie anderer menschenrechtlicher Vertragskörperschaften[833] als auch der abgegebenen Nachfolgeerklärung einiger Staaten könnte jedoch langfristig eine Änderung der Rechtsauffassung in der gesamten Staatengemeinschaft und schließlich der Staatenpraxis eintreten.[834] Eine völkergewohnheitsrechtliche Norm der automatischen Fortgeltung menschenrechtlicher Verpflichtungen im Fall der Staatensukzession könnte die Folge sein.[835] Die bisherige Nachfolgepraxis der Paktstaaten ist noch zu uneinheitlich. Möglich erscheint gleichwohl, daß Paktstaaten, die von der Nachfolgeregelung betroffen waren, der Auffassung des MRA jedoch noch nicht gefolgt sind, sich auf Drängen des Ausschusses seiner Ansicht anschliessen und ihre Unterwerfungserklärung entsprechend abändern.

Als Beitrag des MRA zur Verbesserung des universellen Menschenrechtsschutzes kommt mithin zumindest die Schaffung der Grundlage für die Herausbildung einer völkergewohnheitsrechtlichen Regelung der automatischen Staatennachfolge in Menschenrechtsverträge in Betracht. Eine endgültige Beurteilung bleibt jedoch der Zukunft vorbehalten.

III. Zusammenarbeit mit anderen Gremien

Ein Beitrag des MRA zum universellen Schutz der Menschenrechte ergibt sich zudem aus der Kooperation mit anderen Gremien. Eine Verfestigung der Zusammenarbeit mit anderen Körperschaften führt dabei nicht nur zu organisatorischen Verflechtungen und einem informatorischen Austausch, sondern trägt gleichzeitig zu einer Angleichung und Vereinheitlichung menschenrechtlicher Schutzmechanismen bei und kann Beitrag zu einem einheitlichen Menschenrechtsstandard sein. Zudem eröffnet sich dadurch die Möglichkeit, daß durch eine Annäherung verschiedener zwischenstaatlicher Einrichtungen ein einheitlicheres Menschenrechtsverständnis entwickelt und dabei der universelle Charakter der Menschenrechte gefördert wird und eine einheitliche Anwendung und Auslegung einzelner Menschenrechte die Folge ist.

Verschiedene Arten der Zusammenarbeit zwischen dem MRA und internationalen Körperschaften waren Gegenstand jüngster Diskussionen im Ausschuß.[836] In dieser Hinsicht hat der Ausschuß insbesondere erwogen, zum Sicherheitsrat eine institutionalisierte Verbindung aufzunehmen.[837] Der MRA hat sich zudem mit der Frage der Kooperation zum jüngst geschaffenen Amt des Hochkommissars

---

[833] Neben den Bekundungen des MRA vgl. die Resolutionen der Menschenrechtskommission: Resolution 1994/16, U.N. Doc. E/CN.4/1994/132, S. 70 f. (1995); Resolution 1993/23, U.N. Doc. E/CN.4/1993/122, S. 108 f. (1993); die Erklärung der fünften Konferenz der Vorsitzenden der Vertragskörperschaften in U.N. Doc. HRI/MC/1994/2, Rzf. 24 (1994) sowie die Allgemeine Empfehlung XII des Ausschusses nach der Antirassismuskonvention in U.N. Doc. E/CN.4/1996/76, Rzf. 6 f. (1996).

[834] Schweisfurth, 35 BDGVR 49, 229 (1996).

[835] So auch die Vorhersage von Schachter, 33 VJIL 253, 259 (1993).

[836] U.N. Doc. CCPR/C/SR. 1385, Rzf. 1 ff. (1994).

[837] U.N. Doc. CCPR/C/SR. 1385, Rzf. 23 ff. (1994).

für Menschenrechte (HKMR) beschäftigt.[838] Schließlich hat sich der Ausschuß mit Aspekten der Kooperation mit anderen universellen menschenrechtlichen Vertragskörperschaften befaßt. Diese Zusammenarbeitsmöglichkeiten werden im folgenden näher skizziert und deren potentieller Beitrag zum universellen Schutz der Menschenrechte wird aufzuzeigen sein.

1. Sicherheitsrat

Die Frage der angemessenen Zusammenarbeit zwischen dem MRA mit dem Sicherheitsrat erwuchs, als sich der Ausschuß mit den verschiedenen Reaktionsmöglichkeiten auf schwere Menschenrechtsverletzungen in einer Region oder einem Land beschäftigte. Das Sekretariat des Ausschusses entwarf einen Vorschlag zu diesem Thema, der u.a. folgenden Passus enthielt:

> "Where the consideration of a report or a study reveals a grave human rights situation, the Committee may approach the High Commissioner for Human Rights and request him to draw the attention of the Security Council and any other competent organ of the United Nations to that situation."[839]

Während der 1385. Sitzung diskutierte der Ausschuß diesen Vorschlag, verweigerte jedoch im Ergebnis die Zustimmung zu diesem Passus.[840] Die von Ausschußmitgliedern zum Ausdruck gebrachten Bedenken umfaßten vor allem die Erwägung, daß diese Verbindungen zu UN-Organen die Funktion des MRA unterminieren könnte, die sich aus einem unabhängigen Vertragswerk, dem IPBPR, ergäben.[841] Ausschußmitglieder haben zudem darauf hingewiesen, daß solche Verbindungen nicht wünschenswert seien, da der Sicherheitsrat Menschenrechtsverletzungen nur in bestimmten Fällen als eine Gefahr für den internationalen Frieden und die Sicherheit annehmen könnte, die Grundlage für Handlungen nach Kapitel VII der UN Charta sind.[842]

Diesen Bedenken ist insofern zuzustimmen, daß, falls der Sicherheitsrat eine solche Selektion bei vergleichbaren Menschenrechtsverletzungen vornehmen würde, dies die Integrität und das Ansehen des MRA negativ beeinflussen könnte. Unumstritten unter den Ausschußmitglieder war jedoch, daß der Ausschuß Infor-

---

[838] U.N. Doc. CCPR/C/SR. 1385, Rzf. 23 ff. (1994).

[839] Zitiert nach U.N. Doc. CCPR/C/SR. 1385, Rzf. 23 (1994).

[840] U.N. Doc. CCPR/C/SR. 1385, Rzf. 45 (1994). Diese Entscheidung widerruft die ursprüngliche Unterstützung des Ausschusses, Menschenrechtskörperschaften zu ermächtigen, massive Menschenrechtsverletzungen dem Sicherheitsrat zur Kenntnis zu bringen. Vgl. z.B. U.N. Doc. CCPR/C/SR. 1228 (1993); U.N. Doc. A/48/40, Rzf. 18 (1993).

[841] Chanet in U.N. Doc. CCPR/C/SR. 1385, Rzf. 23 (1994). Higgins hat schon zu einem früheren Zeitpunkt hervorgehoben: "[that] a more objective review of human rights fulfilled a useful function, that countries which were not in line with the prevailing political opinion could still have confidence that they would receive an objective hearing in the Committee." U.N. Doc. CCPR/C/SR. 1228, Rzf. 32 (1993).

[842] Higgins in U.N. Doc. CCPR/C/SR. 1385, Rzf. 16 (1994).

mationen an den Sicherheitsrat und andere Hauptorgane der Vereinten Nationen übermitteln könne im Falle von erheblichen Menschenrechtsverletzungen. Eine gesonderte Aufforderung zum Einschreiten war Da Dokumente des MRA für die interessierte Öffentlichkeit in der Regel verfügbar sind, ist nicht ersichtlich, weshalb der Ausschuß nicht auch ausgewählte Informationen den UN-Hauptorganen einschließlich des Sicherheitsrates übermitteln dürfen soll.

Problematischer gestaltet sich indes die Möglichkeit, den Sicherheitsrat aufzufordern, in bestimmten Situationen der besonders schweren Menschenrechtsverletzungen zu handeln. Der ausdrückliche Wortlaut des IPBPR sieht eine solche Form der Kooperation nicht vor: Während Art. 40 Abs. 4 es dem Ausschuß gestattet, Allgemeine Bemerkungen, eigene Berichte und Staatenberichte an den WSR weiterzuleiten, umfaßt Art. 45 nur die Übermittlung der Jahresberichte an die Generalversammlung durch den WSR. Eine darüber hinausgehende ausdrückliche Zusammenarbeit zwischen dem MRA und dem Sicherheitsrat ist nicht vorgesehen. Schon Ando hat hervorgehoben, daß der MRA außerhalb des UN-Rahmens arbeitet und somit keine Voraussetzung für die Kooperation zwischen dem Ausschuß und dem Sicherheitsrat bestehe.[843] In diesem Zusammenhang ist bemerkenswert, daß der Wortlaut zur vorgeschlagenen Kooperation mit dem Sicherheitsrat sehr eng nach der Wortwahl von Art. 11 Abs. 3[844] und 99[845] der UN-Charta gefaßt war. Der identische Wortlaut unterstützt das Argument, daß wenn es schon ausdrücklich für Generalsekretär und Generalversammlung geregelt ist, daß sie die Aufmerksamkeit des Sicherheitsrates auf Entwicklungen lenken können, auch eine ausdrückliche Regelung für den Menschenrechtsausschuß erforderlich sein muß.

Neben dem Fehlen einer ausdrücklichen Kompetenzzuweisung bestehen auch aus pragmatischen Gesichtspunkten Bedenken gegen eine solche Form der Kooperation. Wie schon Higgins hervorgehoben hat, können den Sicherheitsrat politische Erwägungen dazu bringen, nur in bestimmten Fällen von Menschenrechtsverletzungen aktiv zu werden.[846] Es wäre ein großer Nachteil für die Unabhängigkeit und das Ansehen des Ausschusses, würde er mit politischen Erwägungen beim universellen Menschenrechtsschutz in Verbindung gebracht werden. Ein solches Handeln würde das wichtigste Kapital des Ausschusses in Mitleidenschaft ziehen, seine Integrität als unabhängige Körperschaft.[847] Der Ausschuß stünde in Verdacht, den Menschenrechtsschutz nicht einheitlich zu betreiben sonderen selektiv.

---

[843] U.N. Doc. CCPR/C/SR. 1385, Rzf. 28 (1994).

[844] Art. 11 Abs. 3 UNC lautet: „Die Generalversammlung kann die Aufmerksamkeit des Sicherheitsrates auf Situationen lenken, die geeignet sind, den Weltfrieden und die internationale Sicherheit zu gefährden."

[845] Art. 99 UNC lautet: „Der Generalsekretär kann die Aufmerksamkeit des Sicherheitsrates auf jede Angelegenheit lenken, die nach seinem Dafürhalten geeignet ist, die Wahrung des Weltfriedens und der internationalen Sicherheit zu gefährden."

[846] Higgins in U.N. Doc. CCPR/C/SR. 1385, Rzf. 16 (1994).

[847] So auch Higgins in U.N. Doc. CCPR/C/SR. 1385, Rzf. 37 (1994).

Aus alledem folgt, daß der Menschenrechtsausschuß nicht nur sein Mandat überschreiten würde, wenn er eine institutionalisierte Zusammenarbeit mit dem Sicherheitsrat etablieren würde, die über das bloße Übermitteln von Informationen hinausgeht. Zudem ist eine solche Kooperation kein möglicher Beitrag des MRA zur Gewährleistung des universellen Schutzes der Menschenrechte.

2. Hochkommissar für Menschenrechte

Anders ist indes die Zusammenarbeit mit dem Hochkommissar für Menschenrechte (HKMR) zu beurteilen sein. Innerhalb des Ausschusses wurde die angemessene Form der Zusammenarbeit zwischen dem Ausschuß und dem HKMR mehrfach diskutiert.[848] Bislang sind die Kontakte zwischen dem Ausschuß und dem Hochkommissar noch nicht institutionalisiert worden. Der Hochkommissar hat an verschiedenen Sitzungen des Ausschusses teilgenommen[849] und wird regelmäßig durch die Ausschußdokumente über die Tätigkeit des MRA unterrichtet.[850] Wie bereits dargelegt,[851] hat der Ausschuß auch erwogen, sich an den Hochkommissar in Fällen schwerer Menschenrechtsverletzungen zu wenden. Der Ausschuß beschloß, sein Verhältnis zum Hochkommissar nicht zu institutionalisieren, aber Ausschußmitglieder haben hervorgehoben, daß sie an einer Fortführung des Informationsaustausches großes Interesse haben.[852] Darüber hinaus wurde von den Ausschußmitgliedern vorgeschlagen, die Praxis des einmaligen Zusammenkommens mit dem Hochkommissar pro Sitzungsperiode permanent zu etablieren.[853]

Die Frage der zulässigen Zusammenarbeit von Ausschuß und Hochkommissar unterscheidet sich von der möglichen Zusammenarbeit mit dem Sicherheitsrat. Zunächst besteht in Funktion und Aufgabe der beiden Organe eine erhebliche Differenz. Während es Hauptaufgabe des Sicherheitsrates ist, zur Wahrung des Weltfriedens und der internationalen Sicherheit gemäß Art. 24 Abs. 1 UNC tätig zu werden, ist es das Ziel des Hochkommissars, Menschenrechte zu schützen und zu fördern.[854] Obwohl der Menschenrechtsschutz als zentraler Bestandteil des

---

[848] Das Amt des Hochkommissars zur Förderung und dem Schutz aller Menschenrechte wurde durch die Resolution der Generalversammlung 48/141 vom 20. Dezember 1993 in U.N. Doc. 48/49, Band I (1993) ins Leben gerufen [hiernach „Hochkommissar"]. Vgl. zu Funktion und Aufgabe des HKMR allgemein Lord, 17 LLAICLJ 329 ff. (1995); de Zayas, High Commissioner, S. 17 ff.

[849] U.N. Doc. CCPR/C/SR. 1320, Rzf. 1 ff. (1994); U.N. Doc. CCPR/C/SR. 1502, Rzf. 1 ff. (1996).

[850] Higgins in U.N. Doc. CCPR/C/SR. 1385, Rzf. 16 (1994).

[851] Vgl. hierzu die Ausführungen im 2. Kapitel C III.

[852] Lallah in Rzf. 27, Prado Vallejo in Rzf. 31, Aguilar Urbina in Rzf. 32, Mavrommatis in Rzf. 39 in U.N. Doc. CCPR/C/SR. 1385 (1994).

[853] Lallah in Rzf. 27, Ando in Rzf. 28 in U.N. Doc. CCPR/C/SR. 1385 (1994).

[854] "The High Commissioner was to be responsible, inter alia, for making recommendations to competent bodies of the United Nations system for improving the promotion and protection of all human rights, for engaging all Governments in a dialogue with a view to

Weltfriedens und der internationalen Sicherheit angesehen werden kann,[855] ist die Aufgabe des Sicherheitsrates doch erheblich weiter gefaßt als die des Hochkommissars. Wie bereits ein Ausschußmitglied feststellte, besteht kein Interessenkonflikt zwischen der Arbeit des Ausschusses und der des Hochkommissars.[856] Da sowohl MRA als auch der Hochkommissar, das gleiche Ziel verfolgen, nämlich Menschenrechte zu schützen und zu fördern, ist diesem Ziel am besten gedient, wenn beide Institutionen von ihrer Arbeit gegenseitig profitieren.[857] Anders sieht es jedoch im Verhältnis zwischen Sicherheitsrat und Ausschuß aus, wo die Gefahr des Interessenkonfliktes aufgrund möglicher politischer Erwägungen größer ist.[858]

Das Amt des Hochkommissars wurde erheblich später als der Pakt eingeführt. Wäre bei der Ausarbeitung des Paktes bekannt gewesen, daß eines Tages das Amt des Hochkommissars für Menschenrechte eingerichtet würde, so wären vermutlich die Bedingungen und Voraussetzungen einer Zusammenarbeit zwischen MRA und Hochkommissar im Paktentwurf berücksichtigt worden.[859] In Betracht kommt nicht nur ein Informaionsaustaausch, sondern eine Verpflichtung zur gegenseitigen Unterstützung im Rahmen des jeweiligen Aufgabenbereiches.

Bedenken gegen die Berechtigung des Ausschusses eine institutionalisierte Beziehung mit dem Hochkommisar über einen bloßen Informationsaustausch hin einzurichten bestehen nicht. Eine solche Kompetenz ergibt sich nur aus einer teleologischen Auslegung der Zuständigkeiten des MRA aus Art. 40, da weder eine grammatische, noch eine systematische Auslegung eine solche Schlußfolgerung zulassen: Keine Vorschrift des Paktes sieht Beziehungen zwischen Ausschuß und dem Hochkommissar vor. Die einzige Möglichkeit für den Ausschuß mit anderen Organisationen zusammenzuarbeiten liegt im Austausch von Informationen: Der Ausschuß kann der Übermittlung von Staatenberichten an Sonderorganisationen der UN zustimmen gemäß Art. 40 Abs. 3. Er kann zudem seine eigenen Bemerkungen gemäß Art. 40 Abs. 4 an den WSR weiterleiten sowie der Generalversammlung seinen Jahresbericht durch den WSR übersenden gemäß Art. 45. Hieraus ergibt sich, daß weder eine grammatische noch eine systematische Auslegung eine weitergehende Zusammenarbeit zwischen Ausschuß und dem Hochkommissar zulassen, als den Austausch von Informationen.

Da es Ziel des Ausschusses ist, die Menschenrechte effektiv zu fördern und zu schützen, muß der Ausschuß auch berechtigt sein, die Aufmerksamkeit anderer internationaler menschenrechtlicher Einrichtungen auf Fälle von schweren Menschenrechtsverletzungen zu lenken. Die Prüfung der Achtung und Gewährleistung

---

securing repect for all human rights, for coordinating human rights activities throughout the United Nations system and, in this regard, for rationalizing, adapting, strengthening and streamlining United Nations human rights machinery in order to improve its efficiency and effectiveness." U.N. Doc. A/49/40, Rzf. 16 (1994).

[855] Z.B. durch eine weite Auslegung von Art. 55 UNC.

[856] Prado Vallejo in U.N. Doc. CCPR/C/SR. 1385, Rzf. 31 (1994).

[857] Prado Vallejo in U.N. Doc. CCPR/C/SR. 1385, Rzf. 31 (1994).

[858] Higgins in U.N. Doc. CCPR/C/SR. 1385, Rzf. 16 (1994).

[859] Prado Vallejo in U.N. Doc. CCPR/C/SR. 1385, Rzf. 31 (1994).

der Paktrechte im Sinne von Art. 2 Abs. 1 durch die Paktstaaten vom Ausschuß kann nur dadurch erreicht werden, wenn der MRA nicht nur ein passiver Beobachter, sondern zugleich ein aktiver Teilnehmer bei der Publikation von schweren Menschenrechtsverletzungen ist. Hieraus ist zu folgern, daß der Ausschuß nicht *ultra vires* handelte, als er entschied, den Hochkommissar regelmäßig mit Informationen über seine Arbeit zu versorgen.[860] Eine Zusammenarbeit - auch über den bloßen Informationsaustausch hinaus - stellt schließlich einen erheblichen Beitrag des MRA zum universellen Schutz der Menschenrechte dar. Denn die Verbreitung der Erkenntnisse des Ausschusses an den Hochkommissar helfen diesem bei der effektiveren Koordinierung der UN-Aktivitäten im menschenrechtlichen Bereich und regen zu eigenem Handeln in gleichgelagerten Fällen an.

3. Organe anderer Menschenrechtsinstrumente

Ein anderer Aspekt der Zusammenarbeit mit internationalen Institutionen betrifft die Kooperation zwischen dem MRA und anderen universellen menschenrechtlichen Vertragsorganen.[861] Die Zusammenarbeit mit anderen Organen kann dabei nicht nur einen Beitrag zur übereinstimmenden Auslegung gleicher Rechtsbegriffe, also der materiellen Universalität leisten, sondern gleichzeitig zu einem erhöhten universellen Schutz der Menschenrechte beitragen, indem der Ausschuß von anderen Vertragskörperschaften Informationen zu Paktstaaten enthält, die er zum Gegenstand seiner Prüfung von Staatenberichten machen kann.

Der Vorsitzende des MRA hat sich mit Kollegen solcher Körperschaften seit 1984 bereits mehrfach getroffen.[862] Wie bereits dargelegt, hat diese Kooperation schon zu fruchtbaren Ergebnissen geführt. Zunächst wurde hierbei das Erfordernis von "Grundberichten" (*core documents*) der Paktstaaten aufgestellt, die an alle betroffenen menschenrechtlichen Vertragskörperschaften zu übermitteln sind.[863] Zum zweiten entschieden die Vorsitzenden, sämtliche Allgemeinen Bemerkungen und Allgemeine Empfehlungen der verschiedenen Menschenrechtsvertragskörper-

---

[860] Während der Frühjahrstagung 1995 diskutierte der Ausschuß die Möglichkeit, ob der Hochkommissar in die Folgemaßnahmen der Individualbeschwerden miteinbezogen werden sollte und an der Überwachung der Umsetzung der Ansichten des Ausschusses innerhalb der einzelnen Paktstaaten beteiligt werden sollte. Der Ausschuß entschied, den Hochkommissar an diesem Verfahren nicht teilhaben zu lassen, da der MRA sonst seine Alleinverantwortung für solche Beschwerden verlieren würde. U.N. Doc. CCPR/C/SR. 1407 (1995).

[861] Aufgrund der hervorgehobenen Bedeutung des MRA spricht Buergenthal vom "flagship of the United Nations human rights treaty bodies", U.N. Doc. CCPR/C/SR. 1554/Add. 1, Rzf. 10 (1996).

[862] Die Begegnungen der Vorsitzenden der Vertragskörperschaften fanden statt in 1984, vgl. U.N. Doc. A/39/484, in 1988, vgl.U.N. Doc. A/44/98, in 1990, vgl. U.N. Doc. A/45/636, in 1992, vgl. U.N. Doc. A/47/628, in 1994, vgl. U.N. Doc. HRI/MC/1994/1-2 sowie in 1996, vgl. U.N. Doc. A/51/40, Rzf. 16 (1996).

[863] Vgl. hierzu die Ausführungen im 1. Kapitel B II 5.

schaften in einem einzigen Dokument herauszugeben.[864] Darüber hinaus wurden während dieser Treffen praktische Fragen und Alltagsprobleme bei der Umsetzung der Menschenrechtsverträge behandelt.[865] In jüngster Zeit haben sich die Ausschußmitglieder zudem darauf verständigt, die Aktivitäten der anderen menschenrechtlichen Vertragsköperschaften im UN-Rahmen zu verfolgen.[866] Hierzu wurden Obmänner bzw. Obfrauen bestimmt, die die Arbeit eines bestimmten Ausschusses zu verfolgen und anschließend dem MRA zusammenfassend Bericht zu erstatten haben.[867]

Bedenken gegen die Befugnisse des MRA unter Art. 40 gegenseitige Kontakte mit anderen Körperschaften aus Menschenrechtsverträgen aufzubauen, über einen Informations- und Erfahrungsaustausch hinaus, bestehen nicht.[868] Auch hier gilt wiederum, daß der Pakt zu dieser Frage keine Bestimmung enthält. Somit kann sich die Zulässigkeit solchen Verhaltens nur aus einer systematischen oder teleologischen Auslegung der Art. 40 und 45 ergeben.

Hierbei ist zu bedenken, daß der Ausschuß dem WSR Berichte und Bemerkungen der Paktstaaten gemäß Art. 40 Abs. 3 und den Jahresberichten gemäß Art. 45 zukommen läßt. Diese Dokumente können von allen Interessierten eingesehen werden. Somit hat auch jede andere menschenrechtliche Vertragskörperschaft Zugang zu diesen Informationen. Zusätzliche Informationen, die von dem Ausschußvorsitzenden als Erläuterung auf den gemeinsamen Treffen mit anderen Vorsitzenden menschenrechtlicher Vertragskörperschaften gegeben werden, bereiten hierbei keine weiterreichenden Probleme, sondern sind von den Informationsvorschriften des Paktes, den Art. 40 Abs. 4 und 45, gedeckt.

Zudem ist diese Kooperation auch für die Vertragsstaaten von Vorteil. Die Entscheidung der Vorsitzenden, von jedem Staat Grundberichte (*core documents*) zu verlangen, erleichtert den Vertragsstaaten die Abgabe von Berichten, da gewisse Teile der Berichte nicht doppelt angefertigt werden müssen. Zudem spricht für

---

[864] Richtlinien zur Abfassung der *core documents* finden sich in U.N. Doc. HRI/CORE/1 (1992).

[865] Themen, die während des letzten Zusammenkommens besprochen wurden, umfaßten die Finanzierung der Vertragskörperschaften, die Arbeiten des Sekretariats und die Computerisierung der Arbeit der Vertragskörperschaften. U.N. Doc. HRI/MC/1994/2, Rzf. 10, 11, 14. Während einer dieser Vorsitzendentreffen wurde auch die Frage diskutiert, ob die Menschenrechtskörperschaften die Aufmerksamkeit des Sicherheitsrates auf Situationen massiver Menschenrechtsverletzungen lenken könnte. Ebenda, Rzf. 8. Hierzu ist bemerkenswert, daß der Ausschuß unter der Antirassismuskonvention (KARD) eine andere Auffassung als der MRA vertrat, nämlich, daß die Zusammenarbeit mit dem Sicherheitsrat über einen bloßen Informationsaustausch hinaus nicht nur wünschenswert, sondern auch legitim sei. Ebenda.

[866] U.N. Doc. A/51/40, Rzf. 35 (1996).

[867] Evatt wurde zur Beobachtung der Aktivitäten des Ausschusses nach der KADF und Bhagwati zur Beobachtung der Aktivitäten des Ausschusses nach der KAF bestimmt; U.N. Doc. A/51/40, Rzf. 35 (1996).

[868] Hierbei ist bemerkenswert, daß andere menschenrechtliche Vertragskörperschaften den MRA als Vorbild in der Frage der Ausgestaltung der Beziehungen zu den Vereinten Nationen nehmen. Vgl. Dimitrijevic, U.N. Doc. CCPR/C/SR. 1385, Rzf. 33 (1994).

ein solches Vorgehen, daß es Aufgabe des Ausschusses ist, die Achtung und Gewährleistung der im IPBPR enthaltenen Rechte zu prüfen. Der Dialog mit vergleichbaren Einrichtungen auf internationaler Ebene sowie der Austausch gegenseitiger Erfahrungen ist sowohl ein Beitrag zur effektiven Verwirklichung der im Pakt niedergelegten Rechte als auch eine Arbeitserleichterung für die Paktstaaten.

Hieraus ist zu folgern, daß mit der Zusammenarbeit zwischen Ausschuß und anderen menschenrechtlichen Vertragskörperschaften der MRA nicht *ultra vires* gehandelt hat.[869] Hinsichtlich eines etwaigen Beitrages des MRA zur Wahrung und Förderung des universellen Menschenrechtsschutzes gelten wiederum obige Erwägungen: Der Austausch der Erkenntnisse zwischen dem Ausschuß und anderen vergleichbaren Körperschaften helfen beiden Seiten bei der Auslegung und Anwendung der Vorschriften der menschenrechtlichen Verträge, nach denen sie ins Leben gerufen worden sind. Zudem geben sie Auslegungshilfen und Interpretationsmöglicheiten an die Hand, so daß im Falle gleichlautender Bestimmungen zwischen Vorschriften des IPBPR einerseits und des jeweils anderen menschenrechtliches Vertrages andererseits, eine identische und gleichlautende, also universelle, Auslegung möglich wird.

IV. Möglichkeit der Vor-Ort-Besuche

Eine andere Möglichkeit des Ausschusses, einen Beitrag zum universellen Schutz der Menschenrechte zu leisten, sind Vor-Ort-Besuche von Ausschußmitgliedern zur Überprüfung der Umsetzung der Paktbestimmungen in den jeweiligen Paktstaaten.[870] Es wurde bereits vorgeschlagen, daß der Ausschuß einen solchen

---

[869] Die Treffen der Vorsitzenden der universellen menschenrechtlichen Vertragskörperschaften war bislang nicht die einzige Form der Kooperation des Ausschusses mit vergleichbaren Institutionen. Ein anderes Beispiel der Zusammenarbeit der universellen und regionalen Menschenrechtskörperschaften fand im Sommer 1993 in Wien während der Weltmenschenrechtskonferenz statt. Hier beteiligten sich die Mitglieder des MRA nicht nur an der Konferenz, sondern der Ausschußvorsitzende nahm auch teil an einem Erfahrungsaustausch der Vorsitzenden universeller und regionaler Menschenrechtsgremien vom 15. bis 16. Juni 1993. Andere Vertreter kamen vom Ausschuß nach dem IPWSKR, dem Ausschuß der Antirassismuskonvention, dem Ausschuß des Übereinkommens zur Beseitigung jeder Form der Diskriminierung der Frau, dem Ausschuß der Antifolterkonvention, dem Ausschuß nach dem Abkommen der Kinderrechte, der Afrikanischen Kommission für Menschen- und Völkerrechte, der EKMR und dem EGMR, dem Europäischen Ausschuß zur Verhütung der Folter, der Inter-Amerikanischen Kommission für Menschenrechte und dem IAGMR sowie dem ILO-Ausschuß für die Anwendung von Konventionen und Empfehlungen. Vgl. U.N. Doc. A/48/40, Rzf. 29 (1993).

[870] Ein solches Vorgehen wurde bereits von Opsahl vorgeschlagen in U.N. Doc. CCPR/C/SR. 231, Rzf. 2, 4 (1980) sowie in Opsahl, Human Rights Committee, S. 397. - Von einem vergleichenden Standpunkt ist bemerkenswert, daß gemäß Art. 20 Abs. 2 KAF, der entsprechende Vertragsausschuß vertrauliche Untersuchungen vornehmen kann, die auch einen Besuch in dem Land gemäß Art. 20 Abs. 3 KAF umfassen.

Schritt vollziehen sollte, um Informationen einzuholen, die es dem MRA erleichtern würden, seine durch den Pakt vorgegebenen Aufgaben wahrzunehmen.[871] Hierbei wurde die Ansicht vertreten, daß der Ausschuß solche Maßnahmen ergreifen sollte, wenn ein Paktstaat nachlässig in der Fortführung eines Dialoges mit dem Ausschuß sei, insbesondere in Fällen, in denen der Ausschuß eine Individualbeschwerde beschieden habe.[872] Solche Missionen sollten jedoch nur unternommen werden, wenn der entsprechende Paktstaat diesen zugestimmt habe.[873]

In der Anfangszeit des Bestehens des Ausschusses wurde bereits die Auffassung vertreten, daß der MRA berechtigt sei, solche Vor-Ort-Besuche zu unternehmen.[874] Andere Stimmen in der Literatur haben die Schlußfolgerung zurückgewiesen und als Begründung angeführt, daß dem Ausschuß jegliche Untersuchungskompetenz fehle und er somit nicht in der Lage sei, seine Mitglieder auf Vor-Ort-Missionen zu schicken bzw. daß eine solche Kompetenz im Lichte des Individual- und Staatenbeschwerdesystems unangebracht sei.[875] Man schloß auf die Unzuständigkeit des Ausschusses, da dem MRA im Staatenberichtsverfahren nicht größere Zuständigkeiten zukommen sollten als im Individual- oder Staatenbeschwerdeverfahren, weil es sich bei der Berichtprüfung um ein potentiell "souveränitätsfreundlicheres Verfahren" handele.[876] So kann der Ausschuß die Paktstaaten im Staatenbeschwerdeverfahren gemäß Art. 41 Abs. 1 (f) lediglich auffordern, alle erheblichen Informationen beizubringen und im Individualbeschwerdeverfahren gemäß Art. 4 Abs. 2 FP kann der MRA die betroffenen Paktstaaten bitten, schriftliche Erklärungen oder Stellungnahmen zu übersenden. Wenn der Ausschuß nicht schon im Rahmen der fakultativen Verfahren eine Besuchsmöglichkeit in den verschiedenen Vertragsstaaten habe, könne er es erst recht nicht im obligatorischen Berichtsprüfungsverfahren haben.[877]

---

[871] U.N. Doc. A/48/40, Annex X, Rzf. 8 (1993). - Bislang ist erst ein Ausschußmitglied in das Territorium eines Paktstaates gereist, um bei der Abfassung des Staatenberichtes behilflich zu sein; U.N. Doc. A/49/40, Rzf. 53 (1994). Diese Art der Kooperation hat in jüngster Zeit insbesondere von Higgins Unterstützung erfahren. Vgl. Higgins in U.N. Doc. CCPR/C/SR. 1229, Rzf. 6 (1993).

[872] U.N. Doc. A/48/40, Rzf. 18 (1993); Pocar in U.N. Doc. CCPR/C/SR. 1228, Rzf. 66; Pocar in U.N. Doc. CCPR/C/SR. 1385, Rzf. 6 (1994); s. auch Opsahl, Human Rights Committee, S. 397.

[873] U.N. Doc. A/48/40, Annex X, Rzf. 8 (1993); Opsahl, Human Rights Committee, S. 397. In diesem Zusammenhang ist bemerkenswert, daß die Antifolterkonvention für solche Missionen das Einverständnis des betroffenen Staates voraussetzt, vgl. Art. 20 Abs. 1 und Abs. 3 KAF.

[874] Opsahl in U.N. Doc. CCPR/C/SR. 231, Rzf. 2, 4 (1980); Opsahl, Human Rights Committee, S. 397, unterstützt diese Ansicht, indem er hervorhebt, daß ein solches Unterfangen wohl weniger durch rechtliche Barrieren eingeschränkt wäre, als durch die Ressourcen des Ausschusses oder anderer praktischer Hindernisse.

[875] Empell, S. 99.

[876] Empell, S. 100.

[877] Empell, S. 100.

Obwohl auf die generelle Zurückhaltung des Paktes in der Ermächtigung des Ausschusses zur offensiven Menschenrechtsarbeit hingewiesen wird, wird die Prämisse der Verfechter solcher Vor-Ort-Besuche verkannt. Denn nach deren Ansicht soll Voraussetzung eines jeden Vor-Ort-Besuches sein, sei es um bei der Abfassung eines Berichtes behilflich zu sein, sei es um die Abhilfemaßnahmen eines Paktstaates im Individualbeschwerdeverfahren zu überwachen, daß der Ausschuß die vorherige Zustimmung des betroffenen Paktstaates einholt. Auf diese Weise erhält der Paktstaat das letzte Wort, ob er dem Besuch einer Ausschußdelegation zustimmt oder nicht. Eine "souveränitätsfreundlichere" Maßnahme ist in dieser Frage nicht denkbar.

Hieraus folgt, daß es dem Ausschuß freisteht, einen vom betroffenen Paktstaat zugestimmten Vor-Ort-Besuch durchzuführen.

So besuchte im Juni 1995 der Sonderberichterstatter für das Follow-Up-Verfahren Jamaika und konferierte mit Regierungsvertretern, Justizangehörigen und Mitarbeitern von Nichtregierungsorganisationen.[878] Dabei war die Umsetzung der Auffassungen des MRA aus den Einzelbeschwerdeverfahren Hauptgegenstand der Unterredungen. Dem Sonderberichterstatter wurde bei diesem Besuch Anworten auf die zu diesem Zeitpunkt ausstehenden 16 Fälle in Aussicht gestellt.[879]

Diese Entwicklung verdeutlicht, daß der Ausschuß frühere dogmatische und kompetenzrechtliche Bedenken im Fall von Vor-Ort-Besuchen überwunden hat und er sich mit diesem neuen Vorgehen um eine effektivere Umsetzung seiner Auffassungen im Individualbeschwerdeverfahren bemüht. Zugleich sind solche Besuche als Kontrolle der Umsetzung der *Views* auch ein Mittel zur Wahrung der universellen Umsetzung der Paktrechte. Denn solche Vor-Ort-Besuche, die allein aufgrund von finanziellen Aspekten immer die Ausnahme bleiben werden, betreffen vornehmlich die Länder und Regionen, deren Menschenrechtsbilanzen noch verbesserungsfähig sind. Die - rechtlich unbedenkliche - Einführung der Vor-Ort-Besuche als Mittel der Überprüfung der Umsetzung der Auffassungen ist eine wertvolle Ergänzung in dem Instrumentarium des Ausschusses zur Wahrung und Förderung des universellen Schutzes der Menschenrechte. Eine effektivere Umsetzung der Paktbestimmungen als auch die Wahrung der einheitlichen Anwendung und Auslegung sind die Folge.

---

[878] U.N. Doc. A/50/40, Rzf. 557 ff. (1995). Vgl. hierzu auch de Zayas, 1995 ASIL/NVIR, 46 49 f.

[879] Obwohl der Ausschuß mindestens einmal im Jahr einen solchen *Follow-Up*-Vor-Ort-Besuch durchführen will, fehlte es nach dem Besuch auf Jamaika an den entsprechenden budgetierten Ressourcen; U.N. Doc. A/51/40, Rzf. 466 (1996). Dieser Umstand zeigt, daß eher finanzielle als dogmatische Hindernisse einer Ausweitung dieses Verfahrens im Wege stehen. Auch für 1998 war der Besuch in einem Paktstaat geplant, U.N. Doc. A/52/40, Rzf. 557 (1997).

V. Erklärungen zur Vereinbarkeit von innerstaatlichem Recht mit dem Pakt

Der Umfang des Mandats des Ausschusses nach Art. 40 wurde jüngst auch in einem anderen bemerkenswerten Zusammenhang in Frage gestellt, der für seinen möglichen Beitrag zum universellen Schutz der Menschenrechte von Bedeutung ist. Bei der Prüfung seines zweiten periodischen Berichtes[880] erbat Österreich eine Versicherung des Ausschusses, daß sein innerstaatliches Recht hinsichtlich der Rechtsmittelgarantie nach Art. 14 Abs. 5 vereinbar mit dem Pakt ist, so daß es seinen zu dieser Vorschrift eingelegten Vorbehalt zurückziehen könne.[881] Nachdem der Ausschuß zu dem Ergebnis kam, daß das fragliche österreichische Recht unvereinbar mit dem IPBPR war,[882] beschloß der Ausschuß die Anfrage Österreichs unter dem Hinweis seine eigene Unzuständigkeit nicht zu beantworten.[883] Wäre der MRA auf diese Aufforderung eingegangen, so hätte er ein weiteres Mittel besessen, sich zur Konformität von innterstaatlichem Recht und den Paktvorschriften zu äußern. Dieses hätte es ihm gleichzeitig ermöglicht, auch in diesem Verfahren für die universelle Umsetzung und damit einen welteinheitlichen Menschenrechtsstandard tätig zu werden.

Ausschußmitglieder haben jedoch hervorgehoben, daß der Ausschuß nicht in der Lage sei, die erbetene Feststellung zu geben, da ihm die nötige Expertise fehle.[884] Darüber hinaus wurde argumentiert, daß der Ausschuß nicht berechtigt sei, innerstaatliche Gesetze abstrakt und hypothetisch zu untersuchen.[885] Demgegenüber vertrat der Ausschuß in dem Individualbeschwerdeverfahren *Rodriguez ./. Uruguay*[886] die Auffassung, daß ein vom Paktstaat erlassenes Amnestiegesetz für Menschenrechtsverletzungen unvereinbar mit den Verpflichtungen aus dem Pakt sei. In diesem Verfahren überprüfte der MRA mithin die Vereinbarkeit eines

---

880 U.N. Doc. CCPR/C/51/Add. 2 (1990).

881 U.N. Doc. CCPR/C/SR. 1099, Rzf. 68 (1991). - Aus einer vergleichenden Sicht ist bemerkenswert, daß die IAMRK in ihrem Art. 64 Abs. 2 vorsieht, daß der IAGMR einem "Staat Gutachten in bezug auf die Vereinbarkeit von Vorschriften seines innerstaatlichen Rechts mit" menschenrechtlichen Verträgen geben kann. Eine vergleichbare Bestimmung enthält die EMRK nicht.

882 Herndl in U.N. Doc. CCPR/C/SR. 1167, Rzf. 64 (1992).

883 U.N. Doc. CCPR/C/SR. 1167, Rzf. 90 (1992). - Bereits in einem Individualbeschwerdeverfahren hatte der Ausschuß entschieden, daß dieses keine Möglichkeit biete, zu klären, ob ein innerstaatliches Gesetz mit den Bestimmungen des Paktes vereinbar sei. Die Geltendmachung einer individuellen Paktverletzung sei vielmehr nötig. *Interessengemeinschaft ./. Italien*, 163/1984, U.N. Doc. CCPR/C/OP/2, S. 47, 48 (1990).

884 Prado Vallejo in Rzf. 72 und Dimitrijevic in Rzf. 72 von U.N. Doc. CCPR/C/SR. 1167 (1992).

885 Dimitrijevic in Rzf. 74, 88 von U.N. Doc. CCPR/C/SR. 1167 (1992). Unter Umständen könnte jedoch eine neuere Zusammensetzung des Ausschusses zu einem anderen Ergebnis gelangen. Mullerson hält diese Auffassung nicht für unumstößlich, U.N. Doc. CCPR/C/SR. 1167, Rzf. 78 (1992).

886 322/1988, U.N. Doc. A/49/40, Vol. II, S. 5, 10. (1994).

innerstaatlichen Gesetzes mit dem Pakt. Eine solche Differenzierung Prüfung der Vereinbarkeit innerstaatlichen Rechts mit dem Pakt nur nach dem jeweiligen Verfahren, Staatenberichtsverfahren oder Individualbeschwerdeverfahren, ist nur wenig einleuchtend.

Denn im Rahmen des Staatenberichtsverfahrens ist es Aufgabe des MRA, die Umsetzung der Bestimmungen des IPBPR durch die Paktstaaten allgemein zu prüfen. Dieses geschieht durch abschließende und Allgemeine Bemerkungen. Eine Zuständigkeit des Ausschusses, die Vereinbarkeit innerstaatlichen Rechts mit den Vorschriften des IPBPR zu prüfen, ist aus der Kompetenz, abschließende Bemerkungen nach Prüfung eines Staatenberichtes zu verfassen, abzuleiten. Wie bereits erörtert, obliegt es dem MRA, auf Schwierigkeiten und Problemfelder bei der Umsetzung des Paktes in innerstaatliches Recht hinzuweisen.[887] Der Ausschuß hat diese, zunächst umstrittene, Kompetenz letztlich durch die stillschweigende Zustimmung der Paktstaaten erhalten. Zur Ausfüllung dieser Aufgabe fällt dem MRA notwendigerweise die Feststellung zu, ob innerstaatliche Vorschriften der Paktstaaten konform mit dem IPBPR sind. Anderenfalls wäre der Ausschuß nicht in der Lage festzustellen, ob sich ein Paktstaat in Übereinstimmung mit seinen Vertragsverpflichtungen verhält bzw. den Pakt korrekt umgesetzt hat.

Somit sind die im Ausschuß geäußerten rechtlichen Bedenken im Rahmen des Staatenberichtsverfahrens unbegründet. Praktische Erwägungen, wie z.B. die fehlende Expertise oder der Mangel an Kapazitäten, vergleichbare Anfragen wie die Österreichs zu bearbeiten, sollten den MRA nicht davon abhalten, eine Vereinbarkeitsprüfung durchzuführen und sich damit eines weiteren Mittels zur Sicherstellung des universellen Schutzes der Menschenrechte zu bedienen.

---

[887] Vgl. hierzu die Ausführungen im 2. Kapitel C I.

3. Kapitel: Zusammenfassung

Menschenrechte sind konzeptionell d.h. rechtsphilosophisch universell angelegt und zielen auf einen weltweit-einheitlichen Standard zum Schutz des Einzelnen ab. Sie sind einer Einschränkung durch kulturelle Eigenheiten eines Staates oder regionalen Wertvorstellungen wie von den kulturellen Relativisten gefordert nicht unterworfen.

Eine umfassende normative Umsetzung eines universellen Menschenrechtskataloges kann ausschließlich nur durch Menschenrechtsverträge erfolgen.

Das Völkergewohnheitsrecht ist nur in begrenztem Umfang geeignet, einen umfassenden Menschenrechtsstandard zu gewährleisten. Dieses liegt zum einen daran, daß das Vorliegen des konstitutiven Elementes der Staatenpraxis problematisch ist und nicht für alle, z.B. in der AEMR niedergelegten, Menschenrechte verifiziert werden kann. Auch wenn Stimmen in der Literatur auf dem Gebiet der Menschenrechte der bestätigenden Staatenpraxis eine geringere Bedeutung als in anderen Bereichen des Völkerrechtes zubilligen wollen, kann dieses Element auch im Bereich der Menschenrechte nicht vernachlässigt werden. Denn insbesondere beim Individualrechtsschutz, einem Rechtsgebiet, das traditionell durch eine Waffenungleichheit im Verhältnis von Staat zu Individuum geprägt ist, ist eine unzweifelhafte Rechtsklarheit erforderlich. An dieser würde es fehlen, wenn auf eine bestätigende Staatenpraxis auch nur teilweise verzichtet würde. Einem verbindlichen, auf Gewohnheitsrecht basierenden universellen Menschenrechtsstandard steht zum anderen entgegen, daß es Staaten durch das Rechtsinstitut des "*persistent objector*" möglich war und ist, sich einem gewohnheitsrechtlichen Menschenrechtsstandard zu entziehen. Durch diese Möglichkeit des "*pick and choose*" kann es an einem uneingeschränkt universellen normativen Charakter solcher Rechte fehlen.

Demgegenüber bietet das *jus cogens* zwar einen peremptorischen Rechtsstandard universeller Geltung. Jedoch handelt es sich aufgrund der geringen Zahl der dem *jus cogens* unterfallenden Menschenrechte um einen so begrenzeten Katalog, daß hieraus kein umfassender universeller Menschenrechtsstandard folgt.

Ein umfassender und verbindlicher universeller Menschenrechtsstandard ergibt sich auch nicht aus der Rechtsfigur der autoritativen Auslegung der AEMR, wonach es sich bei den Bestimmungen der AEMR um eine Präzisierung des Begriffs der Menschenrechte in den Artikeln 1 Abs. 3, 55 und 56 UNC handele. Zum einen ist zweifelhaft, ob alle in der AEMR enthaltenen Rechte zum Zeitpunkt des Inkrafttretens der Charta vom dort enthaltenen Begriff der Menschenrechte umfaßt waren. Fraglich ist dies insbesondere im Hinblick auf das in Art. 17 AEMR enthaltene Recht auf Eigentum. Zum anderen ist problematisch, ob der Menschenrechtskatalog der AEMR abschließend ist.

Schließlich kann ein universell-verbindlicher Menschenrechtsstandard auch nicht aus allgemeinen Rechtsgrundsätzen im Sinne von Art. 38 Abs. 1 (c) IGH-Statut hergeleitet werden. Dieser Begründungsansatz verkennt, daß es sich bei dem Institut der Menschenrechte nicht um Rechtssätze handelt, die von nationalen Rechtsordnungen auf die internationale Ebene übertragen werden. Vielmehr geht es um die Begründung, warum nationale Rechtsordnungen an einen internationalen Standard gebunden sind.

Letztlich vermag ein umfassender universeller Menschenrechtsstandard nur auf einem universellen Menschenrechtsvertrag zu basieren. Somit kommt dem IPBPR beim universellen Schutz der Menschenrechte aufgrund seiner universellen Zielrichtung sowie seines umfassenden Rechtskataloges im bürgerlich-politischen Bereich eine hervorgehobene Bedeutung zu. Dem in seinem Rahmen eingerichteten Ausschuß obliegt die Gewährleistung der Umsetzung und Sicherung der im Pakt enthaltenen Rechte. Ihm stehen im Rahmen des Paktes mehrere Verfahren zur Verfügung, von denen das Berichtsprüfungsverfahren gemäß Art. 40 sowie das Individualbeschwerdeverfahren nach dem Fakultativprotokoll die wesentlichen sind. Diese Verfahren schließen im Vergleich zu den Mechanismen der regionalen Menschenrechtsinstrumentarien zwar nicht mit einer rechtsverbindlichen Entscheidung. So kann der Ausschuß im Gegensatz zu den regionalen Menschenrechtsgerichtshöfen keine Urteile in Individualbeschwerdeverfahren fällen. Jedoch hat der Ausschuß trotz einer geringeren Rechtsverbindlichkeit seiner Verlautbarungen an einer auch prozeduralen Weiterentwicklung bestehender Mechanismen gearbeitet, um diese Verfahren zu effektivieren und einen größtmöglichen universellen Schutz zu gewährleisten.

Das Berichtsprüfungsverfahren, das ein Äquivalent auf der regionalen Menschenrechtsebene nicht besitzt, ist ein Hauptpfeiler der Arbeit des MRA. Während es in der Anfangszeit des Ausschusses hauptsächlich wie ein Anhörungsverfahren ausgestaltet war, ist der Ausschuß in der jüngsten Zeit dazu übergegangen, verschiedene Elemente dieses Verfahrens zu verändern, um es zu effektivieren. Hierzu gehört nicht nur die Anforderung von Sonderberichten in Krisensituationen, sondern insbesondere auch die Abfassung abschließender Stellungnahmen nach Prüfung eines Staaatenberichtes. Diese abschließenden Bemerkungen ermöglichen es dem MRA, eine konkrete Bewertung der Umsetzung der Paktverpflichtungen in jedem Staat vorzunehmen. Solche Beurteilungen der Einhaltung der Bestimmungen des IPBPR dokumentieren das Bemühen des Ausschusses, einen einheitlichen Standard der Umsetzung der Paktverpflichtungen und damit einen universellen Menschenrechtsstandard zu verwirklichen. Dieses Bemühen wird zudem unterstrichen durch die Abfassung Allgemeiner Bemerkungen, anhand derer der MRA einzelne Rechte des Paktes auslegt und deren Inhalt und Reichweite näher bestimmt. Diese Allgemeine Bemerkung, auf die sich der Ausschuß bei der Prüfung von Staatenberichten und Individualbeschwerden bezieht, gewährleisten eine einheitliche und damit universelle Auslegung der Rechte des

IPBPR im Rahmen der Paktarbeit. Diesen Aktivitäten des MRA steht jedoch die Verspätung vieler Berichte sowie die divergierende Qualität der vorgelegten Berichte gegenüber, die es vielfach erschweren, das Berichtsprüfungsverfahren effektiv zu nutzen. Damit können Berichtsprüfungsverfahren entweder gar nicht oder nur mit unvollständigen Informationen durchgeführt werden.

Auch im Rahmen des kontradiktorischen Individualbeschwerdeverfahrens, dem sich rund Zweidrittel der Paktstaaten unterworfen haben, ist der Ausschuß in jüngster Zeit bemüht, dieses Verfahren zu effektivieren und vor allem zu gewährleisten, daß die von ihm getroffenen Entscheidungen von den Paktstaaten umgesetzt werden. Aber auch hier bestehen institutionelle Grenzen für einen umfassenden effektiven Rechtsschutz, z.B. durch das Fehlen eines mündlichen Anhörungsverfahrens oder durch die fehlende Rechtsverbindlichkeit zur Umsetzung der Auffassungen des MRA, denen der Ausschuß durch die Einsetzung eines Sonderberichterstatters und der Verknüpfung von Individualbeschwerdeverfahren mit dem Berichtsprüfungsverfahren durch Verweisungen zu begegnen versucht.

Die Handhabung der ihm zugewiesenen Verfahren verdeutlicht, daß der Ausschuß das ihm übertragene Mandat für eine universelle Umsetzung der im Pakt enthaltenen Rechte extensiv ausnutzt, um somit Gewähr für einen universellen Menschenrechtsstandard zu bieten.

Daneben hat sich der Ausschuß für eine universelle Umsetzung der Paktverpflichtungen innerhalb des Paktregimes eingesetzt, indem er sich potentiellen Beschränkungen der im Pakt enthaltenen Rechte entgegengestellt hat. So hat er sich in der Allg. Bem. 24 [52] zu Recht die Aufgabe zugewiesen, über die Zulässigkeit von Vorbehalten zum Pakt zu befinden. Damit versucht der Ausschuß inhaltlich eine Vereinheitlichung und damit Universalisierung der Übernahme der Paktverpflichtungen sicherzustellen. Eine solche Kompetenz des Ausschusses folgt aus einer Annexkompetenz des MRA, die sich aus einer Auslegung des IPBPR nach seinem Ziel und Zweck gemäß Art. 31 Abs. 1 WVK ergibt. Hingegen ist seine Feststellung, daß Vorbehalte zu Rechten, die gleichzeitig Völkergewohnheitsrecht darstellen, mit Ziel und Zweck des Paktes unvereinbar seien, materiell bedenklich. Andererseits ist seine Schlußfolgerung zutreffend, daß Vorbehalte, die mit Ziel und Zweck des Paktes unvereinbar seien, in der Regel von der übrigen Ratifikation abtrennbar sind, sofern sie nicht *conditio sine qua non* der Ratifikation des Staates waren. Aufgrund anschließender entgegenstehender Stellungnahmen verschiedener Paktstaaten zur Unvereinbarkeit von Vorbehalten mit dem IPBPR wird sich keine übereinstimmende Rechtspraxis von Paktstaaten und Ausschuß entwickeln. Dies führt dazu, daß eine Verknüpfung verschiedener Menschenrechtsstandards, d.h. von gewohnheitsrechtlich und vertragsrechtlich gesichertem Menschenrechtsstandard, nicht möglich ist. Insoweit war die Allg. Bem. 24 [52] kontraproduktiv. Andererseits besteht die Möglichkeit, daß die vom Ausschuß in dieser Allg. Bem. niedergelegten Auffassungen zur Beschränkung von Vorbehalten einen neuen Rechtsstandard, zunächst innerhalb des Paktes, setzen. Indem diese Auffassungen von den Paktstaaten umgesetzt werden und sich somit im Laufe der Zeit "schleichend" eine entsprechende Rechtspraxis etabliert, die darüber hinaus Vorbildfunktion für andere vertragliche Menschenrechtsregime bekommen könnte, wird ein universellerer Schutz der Menschenrechte durch eine Zurückdrängung von Vorbehalten möglich.

Eine universelle Umsetzung der im Pakt enthaltenen Rechte wird grundsätzlich durch die Einräumung eines Beurteilungsspielraumes (*margin of discretion*) der Paktstaaten bei der Ausgestaltung einzelner Rechte eingeschränkt. Da der Ausschuß jedoch nicht statisch an diesem Beurteilungsspielraum festhält, sondern in Einzelfällen den Beurteilungsspielraum selbst ausfüllt, ist ein flexibler Umgang mit diesem Institut die Folge, so daß eine universelle Handhabung der Paktrechte durch dieses Rechtsinstitut nicht gefährdet ist.

Der Ausschuß hat sich darüber hinaus für eine universelle Umsetzung der im IPBPR enthaltenen Rechte eingesetzt, indem er sich gegen eine Einschränkung der Paktverpflichtungen durch religiöse oder kulturelle Vorstellungen eines Staates gewandt hat. Besondere Wertvorstellungen eines Paktstaates stellen nach Auffassung des MRA, auch im Rahmen eines Vorbehaltes, keine Rechtfertigung für eine nur beschränkte Umsetzung der Paktbestimmungen dar.

Zudem hat es der Ausschuß abgelehnt, auch wirtschaftliche Bedingungen eines Paktstaates als immanente Schranke der Rechtsgewährung bei der Umsetzung des Paktes anzusehen. Zwar erkennt er an, daß fehlende ökonomische Ressourcen u.a. zu einer Beschränkung der Rechtsmittelgarantie führen können. Gleichzeitig fordert er jedoch auch die Paktstaaten auf, die wirtschaftlichen Voraussetzungen für eine uneingeschränkte Rechtsgewährung zu schaffen, sowie eine gleichmäßige Distribution von Wirtschaftsgütern auf ihrem Territorium sicherzustellen.

Im Hinblick auf eine mögliche Vereinheitlichung menschenrechtlicher Standards mit den regionalen Menschenrechtsgerichtshöfen ist der Ausschuß zurückhaltender. Nach seiner Auffassung haben die Paktbestimmungen grundsätzlich eine eigenständige Bedeutung (*autonomous meaning*). Urteile und Verlautbarungen der regionalen Gerichtshöfe bezieht er nur ausnahmsweise als Auslegungshilfe in seine Entscheidungen mit ein. Sofern dieses vorkommt, verbirgt sich dahinter jedoch kein systematischer Ansatz, der bewußt auf die Hervorbringung eines universellen Standards gerichtet ist. Hieraus folgt, daß eine grundsätzlich identische Bedeutung gleicher Rechtsbegriffe in den regionalen Konventionen und dem Pakt durch die Arbeit des Ausschusses nicht gewährleistet ist. Andererseits ist jedoch aufgrund der vermehrten Bezugnahme der Parteien im Individualbeschwerdeverfahren auf Entscheidungen der regionalen Menschenrechtsorgane davon auszugehen, daß sich der Menschenrechtsausschuß in Zukunft verstärkt mit den Rechtsauffassungen der regionalen Organe wird auseinandersetzen müssen. Diese Entscheidungen sollte der Ausschuß bei seinen eigenen Verlautbrungen vermehrt berücksichtigen. Insofern ist zu hoffen, daß er diese in seiner Arbeit stärker berücksichtigen wird und damit einen Beitrag zur Herausbildung eines universellen Menschenrechtsstandards leisten wird.

Mit seiner Stellungnahme zur Fortgeltung des Paktes im Fall der Staatensukzession hat der MRA im Rahmen des Paktes keinen neuen Rechtsstandard geschaffen. Aufgrund der fehlenden Verbindlichkeit seiner Auffassung bedarf es noch einer umfänglichen Bestätigung in der Staatenpraxis. Durch das bestätigende Echo anderer internationaler menschenrechtlicher Organe könnte jedoch langfristig eine Änderung der Rechtsauffassung mit der einhergehenden Staatenpraxis die Folge sein. Insofern ist als Beitrag des Ausschusses zum universellen Schutz der Menschenrechte im Fall der Staatensukzession seine Wegbereitung für eine mögliche spätere rechtsverbindliche Nachfolgeverpflichtung festzuhalten. Dies stellt einen Beitrag des MRA zum universellen Menschenrechtsschutz über den Paktrahmen hinaus dar.

Zur Wahrung und Hervorbringung eines universellen Menschenrechtsschutz hat der Ausschuß in der Vergangenheit Anknüpfungspunkte der praktischen Zusammenarbeit mit anderen internationalen Gremien gesucht. Dabei hat er sich zu Recht auf einen informatorischen Austausch mit dem HKMR sowie den übrigen menschenrechtlichen Vertragskörperschaften beschränkt. Andere Formen der Kooperation, insbesondere mit dem UN-Sicherheitsrat würden aufgrund der Notwendigkeit der Berücksichtigung politischer Erwägungen die universelle Umsetzung der Paktrechte eher gefährden.

Die vom Ausschuß jüngst begonnene Praxis der Vor-Ort-Besuche stellt ein neues Mittel zur Überwachung der effektiveren Umsetzung der Paktbesimmungen und damit zur Gewährleistung eines universelleren Menschenrechtsstandards dar. Diese Handlungsform ist weniger durch kompetenzrechtliche denn durch finanzielle Bedenken beschränkt.

Die im Rahmen der Prüfung der Staatenberichte vom Auschuß abgelehnte Überprüfung der Vereinbarkeit innerstaatlicher Gesetze mit dem Pakt bedarf einer Revision durch den MRA. Wie bereits teilweise im Individualbeschwerdeverfahren erfolgt, sollte sich der Ausschuß auch diese Handlungsform zu eigen machen, um die Rechtskonformität innerstaatlichen Rechts mit dem Pakt und damit einen universellen Menschenrechtsstandard zu gewährleisten und hervorzubringen.

Zusammenfassend ist somit festzustellen, daß die Arbeit des Ausschusses im Bereich der ihm zugewiesenen Aufgaben darauf gerichtet ist, einen universellen Menschenrechtsschutz im Rahmen des Paktregimes zu gewährleisten. Insofern ist er zu einem "Motor" der Hervorbringung eines universellen Menschenrechtsstandards geworden. Er hat zudem bereits einen bemerkenswerten Prozeß in der schrittweisen Erweiterung seiner Tätigkeit in Gang gesetzt, um die universelle Umsetzung der Paktrechte zu überwachen. Zusätzliche Erweiterungen sind noch möglich.

Über den Paktrahmen hinaus ist er jedoch nicht um eine systematische Hervorbringung eines universellen Menschenrechtsstandards im Hinblick auf die Rechtsprechung regionaler Menschernrechtgerichtshöfe bemüht und unterläßt es damit, auf einen übereinstimmenden internationalen vertragsrechtlichen Menschenrechtsstandard hinzuwirken. Schließlich können jedoch seine Verlautbarungen zu Vorbehalten und zur Staatennachfolge, die innerhalb des Paktes noch einer bestätigenden Staatenpraxis bedürfen, um rechtsverbindlich zu werden, Vorbildfunktion für andere menschenrechtliche Vertragsregime haben. Dazu bedarf es jedoch einer weiteren Vereinheitlichung der regionalen menschenrechtlichen Rechtsprechung mit der des Menschenrechtsausschusses.

4. Kapitel: English Summary

The concept of human rights is based upon a universal and, therefore, a worldwide unified standard of norms for the protection of the individual. As such, the scope of human rights is not limited by divergent cultural norms or regional beliefs as proposed by the "cultural relativists".

Nevertheless, a worldwide normative transformation of a universal catalogue of human rights is only possible through human rights treaties.

Customary law is only a limited basis for a universal human rights standard. On the one hand it is impossible to verify the element of "state practice" for all human rights norms mentioned in the Universal Declaration of Human Rights (UDHR), for example. There are, however, voices in the human rights discussion which argue that the element of "state practice" could be overlooked for a human rights standard to be based on customary law in contrast to other fields of international law. It cannot be unjustified that in such a sensitive area as the protection of the individual against the power of a state (a legal field traditionally marked by a inequality of arms) no doubts about a standard of binding norms should arise. Yet, these doubts would persist even if the element of "state practice" for a binding universal human rights catalogue based on customary law would be abandoned. On the other hand, a universal binding human rights standard based on customary law is also impossible because states have as *persistent objectors* have always been able to exempt themselves from the applicability of certain human rights provisions. Through this ability to "pick and choose", a binding worldwide standard of human rights norms may be prevented.

Jus cogens as another possible basis for a binding universal human rights law is also an imperfect legal ground. Although *jus cogens* covers a peremptory set of universally binding norms, the number of human rights which qualify for this standard is so little that a comprehensive catalogue of universal human rights cannot be hereby established.

A comprehensive and binding universal standard of human rights also can not be based on an *authoritative interpretation* of the UDHR as proposed by various distinguished authors. They hold the view that the Universal Declaration specifies the term human rights as it is used in articles 1 (3), 55 and 56 of the UNC. This interpretation is debatable since it is doubtful that all human rights listed in the UDHR were also accepted as such at the time of the framing of the Charter. This point is especially relevant in respect to the right to private property as proclaimed in article 17 UDHR. Furthermore, it is questionable whether the catalogue of rights listed in the Universal Declaration is definitive since it is arguable that there are additional basic rights .

Finally, a universal binding standard of human rights can not be based upon "general principles of law" as set forth in article 38 par. 1 (c) in the Statute of the International Court of Justice. The proponents of this argument have misread the fact that human rights are not legal principles which are transferred from national legal systems to the international level. The issue is whether national legal orders are bound to an international human rights standard.

Therefore, a universal binding standard of human rights may only be based on a universal human rights treaty. Hence, the CCPR has to play an open role for the worldwide protection of human rights since it is directed towards a universal application and covers an extensive list of civil and political rights. The Committee established under the CCPR is responsible for the observence and recognition of the guarantees set forth in the Covenant. Under the CCPR the Committee has various responsibilities to perform which are laid out in different procedures. The most relevant is the state reporting procedure pursuant to article 40 CCPR and the individual complaint procedure pursuant to the Optional Protocol to the Covenant. However, neither procedure conclude with legally binding findings of the Committee as opposed to the judgments of the regional human rights courts. Nevertheless, the Human Rights Committee has used both procedures to enhance its procedural powers provided for in the Covenant as well as the Optional Protocol to extend and guarantee the rights set forth in the CCPR universally.

The procedure of making state reports, which lacks an equivalent on the regional human rights protection level, has developed as one of the main pillars of the work. While the reporting system had the character of a hearing in the early years of the Committe the rules have now been changed in both procedural and substantive ways. Essentially, the Committee has made the system more effective. Now, the Committee not only requests special reports in situations of crises but also issues final statements on state reports after examining them. As such, the Human Rights Committee is abled to verify and to judge whether a state party has fulfilled its obligations under the Covenant. This progressive development of the Committee has lead it to take on some of the characteristics of an adjudicating body. In adopting the practice of issuing final comments and by taking a progressive stand on uncertainties, the Committee ensures that it has the last word on the application of the CCPR, thereby strengthening the reporting procedure. The state reporting procedure under the Covenant has an important advantage over the procedures of the regional human rights systems. The Committee not only addresses individual communications but is also authorized to assess the national human rights situation in a systematic way, through the reporting procedure. This capacity enables the Committee to deal with human rights violations in a preventitive manner. Although it could be argued that the legally non-binding character of the Committee's findings in comparison to the judgments of the regional human rights courts might be a burden on the Committee's work, this concern misses an important point. Indeed, the accomplishments of the Committee have rendered this a moot point. States' parties are very concerned about the Comittee's work and follow it closely. One need only consider the reaction of the United States to the adoption of General Comment 24 [52] to reach this conclusion. Although the U.S. pointed out in its observations that the findings and holdings of the Committee are legally non-binding, the delegation demonstrated its eagerness to have its own views on record. This example illustrates that the legal character of the Committee's findings is not as important as the contents of these findings.

The enhanced procedure documents that the Committee continually attempts to establish and to gurantee a universal standard of Covenant rights within the territory of each state party. This approach is also underlined by the extensive use of General Comments by the Committee pursuant to article 40 (4) CCPR to specify the extent of individual rights of the CCPR. These General Comments, which the Committee refers to during the examination of state reports and individual complaints, allow a coherent and universal interpretation and application of the rights set forth in the Covenant. Unfortuantely, these particular activities of the Committee are continually impeded by the fact that numerous reports are submitted too late or are incomplete. The examination of the state reports is thereby very often based only on limited informations. These factors hinder the Committee's use the reporting system most effectively.

Additionally, the contradictory procedure of individual complaints pursuant to the Optional Protocol, which has been ratified by almost 2/3 of the states parties of the Covenant, has been strengthened by the Committee. The Human Rights Committee seeks to ensure that its findings are not only respected but also followed by the states parties. Yet again, the Committee faces procedural shortcoming in the individual complaint procedure for a more effective protection of rights. The effectiveness of the work under the individual complaint procedure is put in danger not only by the lack of an oral examination of individual complaints but also by the missing binding character of the legal findings of the Committee. The Committee tries to overcome these deficiencies by establishing a *Special Rapporteur* to oversee the follow-up of its own findings as well as through a nexus of both procedures. It refers to the opposite procedure where possible.

Creative improvements in the Committee's work have enhanced the interaction between the state reporting and the individual complaint procedure. General Comments are used as a guideline for the interpretation of the relevant Covenant provisions in the context of individual communications. Moreover, the follow-up procedure of individual communications is monitored through the examination of periodic reports. This development underlines the unity between the Committees' "views" pursuant to the Optional Protocol and its findings under the state reporting procedure. Through the exercise of its powers the Comittee has, thereby, underlined its willingness to extensively pursue the establishment of a universal standard of rights.

Additionally, the Committee has taken the position that the rights set forth in the Covenant should be respected in an identical manner universally opposing any attempts to shorten the scope of the Covenant's rights. The Committe has in respect to General Comment 24 [52] clarified that it should only consider whether or not a reservation is compatible with the object and purpose of the Covenant. The

Committee hereby tries to ensure a unified and universal standard of obligations under the Covenant. The competence of the Committee for such a finding has been questioned by some states parties. It results as a consequence of the Covenant's character as a human rights treaty. Since human rights treaties do not apply reciprocally, the beneficiaries of the Covenant's provisions have no other body on which to rely than the Committee. The Committee's competence acts as an "*Annexkompetenz*" as it is based on an interpretation of the CCPR through the application of article 31 (1) of the Vienna Convention on the Law of Treaties. Additionally, the Committee's determination that reservations which are in conflict with customary international law violate the object and purpose of the Covenant is legally questionable. . Yet, the Comittee assumes that reservations which are incompatible with the object and purpose of the CCPR are generally seperable from ratification as long as they are not considered *conditio sine qua non* and cannot be disputed. Because various states parties have disputed the competence of the Committee to make such findings, a common state and treaty practice on that issue in the future cannot be expected. Therefore, a legal nexus or even a unification of the varying human rights standards of customary and treaty law will not arise. In this respect, General Comment 24 [52] has been counterproductive. Nevertheless, it might be possible that the legal views expressed by the Committee on the validity of reservations in the General Comment may eventually develop into a common Covenant standard. Should the states parties accept the views of the Committee by withdrawing certain reservations, a common state practice under the regime of the Covenant might arise. The states parties and the Committee could hereby set an example for other international or regional human rights systems so that the number and extent of reservations to human rights treaties will ultimately diminish.

A universal application of the rights set forth in the CCPR might be limited by a generally accepted *margin of discretion* for the states parties on some human rights. Nevertheless, the Committee does not extend this margin unlimitedly. In certain cases, the Committee itself fills this margin with meaning. Through this flexible handling of the *margin of discretion,* it is impossible for the Human Rights Committee to impede on the universal application of the rights of the Covenant.

In addition, the Committee has openly spoken out against limiting the scope of the rights set out in the CCPR by taking into account differing religious or cultural beliefs within the societies of the various states parties. Certain cultural standards within the society of a state party cannot be an excuse for not complying with the standards of the Covenant as expressed by the Committee.

Furthermore, the Human Rights Committee has denounced the defence of various states parties that economic factors *per se* limit their obligations under the CCPR. However, the Committee accepts that in certain cases the right of appeal may be limited because of economical reasons and it requests the states parties to remedy these cases. The states parties are even asked to ensure an even and just distribution of economic goods within their territories.

In respect to a possible unification of divergent human rights standards with the regional human rights courts, the Committee is less advanced. It takes the view that the provisions of the CCPR have an autonomous meaning. Only in rare cases does the Committee refer to decisions of the regional human rights courts, and these references are only made to underline the argument of the Committee. However, it is to be expected that the Committee will have to deal with the judgements of the regional courts more often since decisions by these courts are cited more frequently by individuals in the individual complaint procedure. Hopefully, the Committee will use these occasions more often in order to establish a common and therefore, universal human rights standard together with the regional human rights courts.

The Committee had not yet established a new rule of law under the Covenant when it took the view that in cases of state successions, the successor state is bound to the obligations of the Covenant. Since this view lacks binding legal authority, a confirming state practice is necessary. Although various other treaty bodies have echoed their support of this opinion, it might be possible that a new international *opinio iuris* and even a confirming state practice might follow. Therefore, the Committee might have initiated the snow ball effect, thereby creating a new norm of international law which would have to be considered as a contribution to the universality of human rights beyond the scope of the Covenant.

The Human Rights Committee has established various ties to other international bodies for the protection and establishment of a universal protection of human rights. The Committee has hereby confined itself to an exchange of information between other treaty based human rights bodies as well as the High Commissioner for Human Rights. Although the Human Rights Committee considered establishing a form of cooperation with the U.N. Security Council, it correctly limited this cooperation to the exchange of information. All other forms of cooperation would be in violation of its mandate under the Covenant. It would then face the problem that political rather than legal arguments could determine the content of such a cooperation.

The increased cooperation between the various international bodies concerned with the protection of human rights constitutes a great challenge as well as an opportunity for the Human Righs Committee. If these bodies are to establish a universal understanding of the various human rights provisions under the direction of the Committee, the exchange of their interpretations of human rights provisions must continue. Such findings, though legally non-binding, may have an important role given the authority and validity of the Committee's holdings. Although they may not deter dictators and criminal governments, these human rights standards might develop the international standard through their acceptance by governments which take human rights seriously. The assessment of human rights by the Committee may even serve as an important yardstick to measure a state's compliance with international human rights standards.

The practice recently taken up by the Committee to use fact-finding missions to validate whether states parties are in compliance with their obligations under the CCPR is a new and effective means to ensure the Covenant rights as well as creative way to establish a universal standard of human rights. This new challenge is undoubtedly within the mandate of the Human Rights Committee and is only limited by financial concerns.

In regard to the Committee's view that it is not entitled to give a statement on the compatibility of domestic legislation with provisions of the CCPR within the state reporting procedure, it should reconsider its opinion, because there are no legal limitations in that respect. Since the Committee already considers domestic legislation during the examination of individual complaints under the Optional Protocol, it should make also use of this method within the state reporting procedure to ensure that the domestic legislation is in conformity with the provisions of the Covenant. As such, an additional contribution of the Committee to a universal standard of human rights would be possible.

In conclusion, the work of the Committee can be found to be directed towards the establishment of a guarantee for a universal standard of rights under the regime of the Covenant. Through this means the Human Rights Committee has become an "engine" for a universal standard of human rights. Furthermore, the Committee has enhanced its own powers by a remarkable extension of its mandate under the Covanant and further developments are still possible.

Nevertheless, the Committee is not willing to establish a common and, therefore, universal jurisprudence on individual rights in cooperation with the regional human rights courts. It hereby neglects to establish a common treaty based on human rights standards. Finally, its findings in respect to the issues of reservations and state succession may become the new universal standard for human rights treaties beyond the scope of the CCPR. A confirming state practice on these issues is still necessary.

Literaturverzeichnis

Roberto Ago	"Binding" Advisory Opinions of the International Court of Justice, 85 AJIL 439 ff. (1991),
Francisco J. Aguilar-Urbina	An Overview of the Main Differences between the Systems established by the Optional Protocol to the ICCPR and the ACHR as Regards Individual Communications, 1991 CanHRYB 127 ff.,
Nisuke Ando	The Future of Monitoring Bodies - Limitations and Possibilities of the Human Rights Committee, 1991 CanHRYB 169 ff.,
Abdullahi Ahmed An-Na'am	Human Rights in Cross-Cultural Perspectives, Philadelphia 1995, [zitiert: An-Na'am, Cross-Cultural Perspectives]
Fionnuala Ni Aolain	The Emergence of Diversity: Differences in Human Rights Jurisprudence, 19 FILJ 101 ff. (1995),
William D. Auman	International Human Rights Law: A Development Overview and Domestic Application Within the U.S. Criminal Justice System, 20 NCCLJ 1 ff. (1992),
Kilian Bälz	Islamisches Recht, staatliche Rechtsetzung und verfassungsgerichtliche Kontrolle, 57 ZaöRV 229 ff. (1997),
Roberto Baratta	Le Riserve Incompatibili con L'Art. 64 della Convenzione Europea dei Diritti Dell'Uomo, 75 RDI 289 ff. (1992),
Armin Barthel	Menschenrechte der Dritten Generation, Aachen 1992,
Hans Jürgen Bartsch	Die Entwicklung des internationalen Menschenrechtsschutzes im Jahre 1979, 33 NJW 489 ff. (1980),
Hans Jürgen Bartsch	Die Entwicklung des internationalen Menschenrechtsschutzes im Jahre 1981, 35 NJW 478 ff. (1982),
Hans Jürgen Bartsch	Die Entwicklung des internationalen Menschenrechtsschutzes 1983/84, 38 NJW 1751 ff. (1985),
Hans Jürgen Bartsch	Die Entwicklung des internationalen Menschenrechtsschutzes im Jahre 1985, 39 NJW 1379 ff. (1986),
Hans Jürgen Bartsch	Die Entwicklung des internationalen Menschenrechtsschutzes 1986-1989, 42 NJW 3061 ff. (1989),
Hans Jürgen Bartsch	Die Entwicklung des internationalen Menschenrechtsschutzes im Jahre 1990, 44 NJW 1390 ff. (1991),
Hans Jürgen Bartsch	Die Entwicklung des internationalen Menschenrechtsschutzes 1991 - 93, 47 NJW 1321 ff. (1994),
M. Cherif Bassiouni	A Functional Approach to "General Principles of International Law", 11 MJIL 768 ff. (1990),

M. Cherif Bassiouni	Reflections on the Ratification of the International Covenant on Civil and Political Rights by the United States Senate, 42 DPLR 1169 ff. (1993),
M. Cherif Bassiouni	Human Rights in the Context of Criminal Justice: Identifying International Procedural Protections and Equivalent Protections in National Constitutions, 3 DJCIL 235 ff. (1993),
Monika Bauer	Vorbehalte zu Menschenrechtsverträgen, München 1994,
Upendra Baxi	"A Work in Progress?" - The United States Report to the United Nations Human Rights Committee, 36 IJIL 34 ff. (1996),
Anne F. Bayefsky	Making the Human Rights Treaties Work in Human Rights: An Agenda for the Next Century, Hrsg. Louis Henkin und John L. Hargrove, Washington 1994, S. 229 ff.,
Anderew M. Beato	Newly Independent and Separating States' Succession to Treaties: Considerations on the Hybrid Dependency of the Republics of the Former Soviet Union, 9 AUJILP 525 ff. (1994),
Peter H.F. Bekker	Legality of the Threat or Use of Nuclear Weapons, 91 AJIL 126 ff. (1997),
Rudolf Bernhardt	Interpretation and Implied (Tacit) Modification of Treaties, 27 ZaöRV 491 ff. (1967),
Heiner Bielefeldt	Die Menschenrechte als Chance in der pluralistischen Weltgesellschaft, 21 ZRP 423 ff. (1988),
Heiner Bielefeldt	Menschenrechte und Menschenrechtsverständnis im Islam, 17 EuGRZ 489 ff. (1990),
Heiner Bielefeldt	Zum islamischen Menschenrechtsdiskurs - Probleme und Perspektiven, 25 ZRP 146 ff. (1992),
Heiner Bielefeldt	Muslim Voices in the Human Rights Debate, 17 HRQ 587 ff. (1995),
Richard Bilder	An Overview of International Human Rights Law in Guide to International Human Rights Practice, Hrsg. Hurst Hannum, 2. Aufl., Philadelphia 1992, S. 3 ff.,
Albert Bleckmann	Analogie im Völkerrecht, 17 ArchVR 161 ff. (1977/78),
Ineke Boerefijn	Towards a Strong System of Supervision: The Human Rights Committee's Role in Reforming the Reporting Procedure under Article 40 of the Covenant on Civil and Political Rights, 17 HRQ 766 ff. (1995),
Marc J. Bossuyt	Guide to the "travaux prepertoires" of the International Covenant on Civil and Political Rights, Dordrecht 1987,
Henry Bourguignon	The *Belilos* Case: New Light on Reservations to Multilateral Treaties, 29 VJIL 347 ff. (1989),
D. W. Bowett	Reservations to Non-Restricted Multilateral Treaties, 48 BYBIL 67 ff. (1976/77),
Renee E. Boxman	The Road to Soering and beyond: Will the United States Recognize the "Death Row Phenomenon"?,14 HJIL 151 ff. (1991),

A.E. Boyle	The Law of Treaties and the Anglo-French Continental Shelf Arbitration, 29 ICLQ 498 ff. (1980),
Dieter Brändle	Vorbehalte und auslegende Erklärungen zur EMRK, Zürich 1978,
Stephan Breitenmoser/Gunter Wilms	Human Rights v. Extradition: The *Soering* Case, 11 MJIL 845 ff. (1990),
Eva Brems	The Margin of Appreciation Doctrine in the Case-Law of the European Court of Human Rights, 56 ZaöRV 240 ff. (1996),
Ove E. Bring	Correspondents' Agora: UN Membership of the Former Yugoslavia, 87 AJIL 244 ff. (1993),
Ian Brownlie	Principles of Public International Law, 4. Aufl., Oxford 1990,
Winfried Brugger	Menschenrechte im modernen Staat, 114 AöR 537 ff. (1989),
Thomas Buergenthal	Comparative Study of Certain Due Process Requirements of the European Human Rights Convention, 16 BLR 18 ff. (1966),
Thomas Buergenthal	Implementing the UN Racial Convention, 12 TILJ 187 ff. (1977),
Thomas Buergenthal	International and Regional Human Rights Law and Institutions: Some Examples Of Their Interaction, 12 TILJ 321 ff. (1977),
Thomas Buergenthal	To Respect and to Ensure: State Obligations and Permissible Derogations in The International Bill of Rights, Hrsg. Louis Henkin, New York 1981, S. 72 ff., [zitiert: Buergenthal, Bill of Rights]
Thomas Buergenthal	The Advisory Jurisdiction of the Inter-American Court of Human Rights in Contemporary Issues in International Law, Essays in Honor of Louis B. Sohn, Hrsg. Thomas Buergenthal, Kehl am Rhein 1984, S. 127 ff., [zitiert: Buergenthal, FS Sohn]
Thomas Buergenthal	The Advisory Practice of the Inter-American Human Rights Court, 79 AJIL 1 ff. (1985),
Thomas Buergenthal	International Human Rights Law and Institutions: Accomplishments and Prospects, 63 WLR 1 ff. (1988),
Thomas Buergenthal/ Harold Maier	Public International Law in a Nutshell, 2. Aufl., St. Paul 1990 [zitiert: Buergenthal/Maier]
Thomas Buergenthal	The Human Rights Revolution, 23 StMLJ 3 ff. (1991),
Thomas Buergenthal	International Human Rights in a Nustshell, 2. Aufl., St. Paul 1995, [zitiert: Buergenthal, International Human Rights]
Thomas Buergenthal/ Dinah Shelton	Protecting Human Rights in the Americas, 4. Aufl., Kehl am Rhein 1995, [zitiert: Buergenthal/Shelton]
Pia Bungarten/Ute Koczy	Handbuch der Menschenrechtsarbeit, Bonn 1996, [zitiert: Bungarten/Koczy]
Iain Cameron	Turkey and Article 25 of the European Convention on Human Rights, 37 ICLQ 887 ff. (1988),

Iain Cameron/Frank Horn	Reservations to the European Convention on Human Rights: The *Belilos Case*, 33 GYIL 69 ff. (1990),
Angela Carlson-Whitley	Dowry Death: A Violation of the Right to Life under Article Six of the International Covenant on Civil and Political Rights, 17 UPSLR 637 ff. (1994),
Scott J. Catlin	A Proposal for Regulating Hate Speech in the United States Balancing Rights under the International Covenant on Civil and Political Rights, 69 NDLR 771 ff. (1994)
Christina M. Cerna	Universality of Human Rights and Cultural Diversity: Implementation of Human Rights in Different Socio-Cultural Contexts, 16 HRQ 740 ff. (1994),
Johannes Chan	State Succession to Human Rights Treaties: Hong Kong and the International Covenant on Civil and Political Rights, 45 ICLQ 928 ff. (1996),
Jonathan Charney	The Persistent Objector Rule and the Development of Customary International Law, 56 BYBIL 1 ff. (1986),
Jonathan Charney	Universal International Law, 87 AJIL 529 ff. (1993),
Christine Chinkin	Third Parties in International Law, Oxford 1993, [zitiert: Chinkin]
Christine Chinkin	Women's Rights as a Fulcrum for Debate over Cultural Raltivity and Human Rights, Proceedings of the ASIL/NVIR Third Joint Conference, Den Haag 1995, S. 326 ff., [zitiert: Chinkin, 1995 ASIL/NVIR Proceedings]
Belinda Clark	The Vienna Convention Reservations Regime and the Convention on Discrimination Against Women, 85 AJIL 281 ff. (1991),
Massimo Coccia	Reservations to Multilateral Treaties on Human Rights, 15 CWILJ 1 ff. (1985),
Gérard Cohen-Jonathan	La Convention Européene des Droits de L'Homme, Paris 1989, [zitiert: Cohen-Jonathan]
Gérard Cohen-Jonathan	Les Reserves à la Convention Europèene des Droits de L'Homme (A Propos de L'arret Belilos du 29 Avril 1988), 43 RGDIP 273 ff. (1989),
C.A. Cohn	The Early Harvest: Domestic Legal Changes Related to the Human Rights Committee and the International Covenant on Civil and Political Rights, 13 HRQ 295 ff. (1991),
Rebecca J. Cook	Reservations to the Convention on the Elimination of all Forms of Discrimination against Women, 30 VJIL 643 ff. (1990),
Jean-Pierre Cot	La Conduite Subséquente des Parties a un Traité, 1966 RGDIP 632 ff.,
Jill Crystal	The Human Rights Movement in the Arab World, 16 HRQ 435 ff. (1994),
Anthony D'Amato	Human Rights as Part of Customary International Law: A Plea for Change of Paradigms, 25 GJICL 47 ff. (1995/96),
Hans Danelius	The International Protection against Torture and Inhuman or Degrading Treatment or Punishment, 1991 AEL Vol. II, Book Nr. 2, S.151 ff.,

Kamleshwar Das	United Nations Institutions and Procedures Founded on Conventions on Human Rights and Fundamental Freedoms in Vasak, Human Rights, S. 303 ff.,
J.S. Davidson	The Procedure and Practice of the Human Rights Committee under the First Optional Protocol to the International Covenant on Civil and Political Rights, 4 CLR 337 ff. (1991),
P. van Dijk/G.J.H. van Hoof	Theory and Practice of the European Convention of Human Rights, 2. Aufl., Deventer 1990,
Vojin Dimitrijevic	The Roles of the Human Rights Committee, Band 37 der Vorträge vor dem Europa-Institut des Saarlandes, Saarbrükken 1985, [zitiert: Dimitrijevic, Human Rights Committee]
Vojin Dimitrijevic	In Search of Consensus: Decisions of the Human Rights Committee Relating to Communications under the Optional Protocol to the International Covenant on Civil and Political Rights, 1991 CanHRYB 29 ff.,
Karl Doehring	Die undifferenzierte Berufung auf Menschenrechte in Recht zwischen Umbruch und Bewahrung, Festschrift für Rudolf Bernhardt, Hrsg. Ulrich Beyerlin, Miachael Bothe, Rainer Hofmann, Ernst-Ulrich Petersmann, Heidelberg 1995, S. 355 ff., [zitiert: Doehring, FS Bernhardt]
Karl Doehring	Diskussionsbeitrag, 35 BDGVR 372 f. (1996),
Karl Doehring	Die Humanitäre Intervention - Überlegungen zu ihrer Rechtfertigung in The Modern World of Human Rights, Essays in Honour of Thomas Buergenthal, Hrsg. Inter-American Institute of Human Rights, San José, Costa Rica 1996, S. 549 ff., [zitiert: Doehring, FS Buergenthal]
Jack Donnelly	Cultural Relativism and Universal Human Rights, 6 HRQ 400 ff. (1984),
Regina C. Donnelly	*Soering* v. United Kingdom: Whether the Conitued Use of the Death Penalty in the United States Contradicts International Thinking? 16 NEJCC 339 ff. (1990),
Andrew Drzemczewski/ Colin Warbrick	The European Convention on Human Rights, 8 YEL 305 ff. (1988),
Andrew Drzemczweski/ Jens Meyer-Ladewig	Principal Characteristics of the New ECHR Control Mechanism, as Established by Protocol No. 11, Signed on 11 May 1994, 15 HRLJ 81 ff. (1994);
Richard W. Edwards	Reservations on Treaties, 10 MJIL 362 ff. (1989),
Asbjörn Eide/August Schou	International Protection of Human Rights, Stockholm 1968,
Hans-Michael Empell	Die Kompetenzen des UN-Menschenrechtsausschusses im Staatenberichtsverfahren, Heidelberg 1987,
Salo Engel	"Living" International Constitutions and the World Court, 16 ICLQ 865 ff. (1967),
Ulrich Fastenrath	Das Recht der Staatensukzession, 35 BDGVR 9 ff. (1996),
Ulrich Fastenrath	Diskussionsbeitrag, 35 BDGVR 373 ff. (1996),
Dana D. Fisher	Reporting under the Covenant on Civil and Political Rights: The First Five Years of the Human Rights Committee, 76 AJIL 142 ff. (1982),

Cees Flinterman — The Universality of Human Rights and Cultrual Diversity, Proceedings of the ASIL/NVIR Third Joint Conference, Den Haag 1995, S. 330 ff., [zitiert Flinterman, 1995 ASIL/NVIR Proceedings]

Michael Freeman — The Philosophical Foundations of Human Rights, 16 HRQ 491 ff. (1994),

Joan Fitzpatrick — The Human Rights Committee in Human Rights in Crisis, S. 82 ff., Pennsylvania 1994,

Donald T. Fox — Inter-American Commission on Human Rights Finds United States in Violation, 82 AJIL 601 ff. (1988),

Jochen Frowein — Der Beitrag der internationalen Organisationen zur Entwicklung des Völkerrechts, 36 ZaöRV 681 ff. (1976),

Jochen Frowein — The Interrelationship between the Helsinki Final Act, the International Covenants on Human Rights, and the European Convention on Human Rights, in Human rights, international law, and the Helsinki Accord, Hrsg. Thomas Buergenthal, New York 1977, S. 71 ff., [zitiert: Frowein, Helsinki Accord]

Jochen Frowein — Die Verpflichtungen *erga omnes* im Völkerrecht und ihre Durchsetzung in Völkerrecht als Rechtsordnung, Internationale Gerichtsbarkeit, Menschenrechte, Festschrift für Hermann Mosler, Hrsg. Rudolf Bernhardt, Wilhelm Karl Geck, Günther Jaenicke, Helmut Steinberger, Heidelberg 1983, S. 241 ff., [zitiert: Frowein, FS Mosler]

Jochen Frowein — *Jus Cogens* in Encyclopedia of Public International Law, Hrsg. Rudolf Bernhardt u.a., Band 7, 1. Aufl., S. 327 ff. (1984), [zitiert: Frowein, Jus Cogens]

Jochen Frowein — Reservations to the European Convention on Human Rights in: Protecting Human Rights: The European Dimension. Studies in Honor of Gérard J. Wiarda, Hrsg. F. Matscher und H. Petzold, S. 193 ff., Köln 1988, [zitiert: Frowein, FS Wiarda]

Jochen Frowein/ Wolfgang Peukert — Europäische Menschenrechtskonvention, EMRK-Kommentar, 2. Aufl., Kehl am Rhein 1996, [zitiert: Frowein/Peukert]

David L. Gappa — European Court of Human Rights - Extradition - Inhuman or Degrading Treatment or Punishment, *Soering* Case, 161 Eur.Ct.H.R. (Ser. A) (1989), 20 GJICL 463 ff. (1990),

Gates Garrity-Rokus/ Raymond H. Brescia — Procedural Justice and International Human Rights: Towards a Procedural Jurisprudence for Human Rights Tribunals, 19 YJIL 559 ff. (1993),

P.R. Ghandhi — The Human Rights Committee and Derogation in Public Emergencies, 32 GYBIL 321 ff. (1990)

John S. Gibson — International Human Rights Law: Progression of Sources, Agencies, and Law, 14 STLJ 41 ff. (1990),

Thomas Giegerich — Luxemburg, Karlsruhe, Straßburg - Dreistufiger Grundrechtsschutz in Europa?, 50 ZaöRV 836 ff. (1990),

Thomas Giegerich	Richtermacht und Todesstrafe in den USA, 22 EuGRZ 1 ff. (1995),
Thomas Giegerich	Vorbehalte zu Menschenrechtsabkommen: Zulässigkeit, Gültigkeit und Prüfungskompetenzen von Vertragsgremien, 55 ZaöRV 713 ff. (1995),
Ann Fagan Ginger	The Energying Effect of Enforcing a Human Rights Treaty, 42 DPLR1341 ff. (1993),
Jose Gomez del Prado	UN Conventions on Human Rights: The Practice of the Human Rights Committee and the Committee of the Elemination of Racial Discrimination in Dealing with Reporting Obligations of States Parties, 7 HRQ 492 ff. (1985),
Gilbert Gornig/Martin Ney	Die Erklärung der DDR zur UN-Antifolterkonvention aus völkerrechtlicher Sicht, 43 JZ 1048 ff. (1988),
Christoph Grabenwarter	Filmkunst im Spannungsfeld zwischen Freiheit der Meinungsäußerung und Religionsfreiheit, 55 ZaöRV 128 ff. (1995),
Bernhard Graefrath	Menschenrechte und internationale Kooperation, Berlin (Ost) 1988, [zitiert: Graefrath, Menschenrechte]
Bernhard Graefrath	Reporting and Complaint Systems in Universal Human Rights Treaties in Human Rights in a Changing East-West Perspective, Hrsg. Allan Rosas, Jan Helgesen, London und New York 1990, S. 290 ff.,
D.W. Greig	Reciprocity, Proportionality, and the Law of Treaties, 34 VJIL 295 ff. (1994),
Isabelle R. Gunning	Modernizing Customary International Law: The Challenge of Human Rights, 31 VJIL 211 ff. (1991),
John F.G. Hannaford	Truth, Tradition, and Confrontation: A Theory of International Human Rights, 31 CanYBIL 151 ff. (1993),
Hurst Hannum (Hrsg.)	Guide to International Human Rights Practice, 2. Aufl., Philadelphia 1992, [zitiert: Hannum, Guide]
Hurst Hannum/Dana Fisher (Hrsg.)	U.S. Ratification of the International Covenants on Human Rights, New York 1993, [zitiert: Hannum/Fisher, U.S. Ratification]
J. Hartmann	Derogation from Human Rights Treaties in Public Emergencies, 22 HILJ 1 ff. (1981),
Liz Heffernan	A Comparative View of Individual Petition Procedures under the European Convention on Human Rights and the International Covenant on Civil and Political Rights, 19 HRQ 78 ff. (1997),
Louis Henkin	U.S. Ratification of Human Rights Conventions: The Ghost of Senator Bricker, 89 AJIL 341 ff. (1995),
Louis Henkin	Human Rights and State "Sovereignty", 25 GJICL 31 ff. (1995/96),
Matthias Herdegen	Der Sicherheitsrat und die autoritative Konkretisierung des VII. Kapitels der UN-Charta in Recht zwischen Umbruch und Bewahrung, Festschrift für Rudolf Bernhardt, Hrsg. Ulrich Beyerlin, Michael Bothe, Rainer Hofmann, Ernst-

	Ulrich Petersmann, Heidelberg 1995, S. 103 ff., [zitiert: Herdegen, FS Bernhardt]
Matthias Herdegen	Der Universalitätsanspruch des Rechtsstaates: Menschenrechtsmission?, ARSP- Beiheft 65, Hrsg. Hans-Martin Pawlowski und Gerd Roellecke, Stuttgart 1996, S. 117 ff.; [zitiert: Herdegen, ARSP-Beiheft]
Matthias Herdegen	Europarecht, 1. Aufl., München 1997, [zitiert: Herdegen, Europarecht]
Kurt Herndl	Zur Frage des rechtlichen Status der Entscheidungen eines Staaten-gemeinschaftsorgans: die "views" des Menschenrechtsausschusses in Völkerrecht zwischen normativem Anspruch und politischer Realität, Festschrift für Karl Zemanek, Hrsg. Konrad Ginther, Gerhard Hafner, Winfried Lang, Hanspeter Neuhold, Lilly Sucharipa-Behrmann, Berlin 1994, S. 203 ff., [zitiert: Herndl, FS Zemanek]
Jessica Heslop/ Joel Roberto	Property Rights in the Unified Germany: A Constitutional, Comparative, and International Legal Analysis, 11 BUILJ 243 ff. (1993),
Rosalyn Higgins	Derogations under Human Rights Treaties, 48 BYBIL 281 ff. (1976/77),
Rosalyn Higgins	The United Nations: still a Force for Peace, 52 MLR 1 ff. (1989),
Rosalyn Higgins	Some thoughts on the implementation of human rights, BHR 89/1, S. 60 ff.
Rosalyn Higgins	Admissibility under the Optional Protocol to the International Covenant on Civil and Political Rights, 1991 CanYBHR 57 ff.,
Rosalyn Higgins	Africa and the Covenant on Civil and Political Rights During the First Five Years of the Journal: Some Facts and Some Thoughts, 5 AfrJICL 55 ff. (1992),
Hasso Hofmann	Zur Herkunft der Menschenrechtserklärungen, 28 JuS 841 ff. (1988),
Rhoda E. Howard	Cultural Absolutism and the Nostalgia for Community, 15 HRQ 315 ff. (1993),
Daniel N. Hylton	Default Breakdown: The Vienna Convention on the Law of Treaties': Inadequate Framework on Reservations, 27 VJTL 419 ff. (1994),
Pierre-Henri Imbert	Les Réserves Aux Traités Multilatéraux, Paris 1978, [zitiert: Imbert, Réserves]
Pierre-Henri Imbert	Reservations and Human Rights Conventions, 6 HRR 28 ff. (1981),
Pierre-Henri Imbert	Die Frage der Vorbehalte und die Menschenrechtskonventionen in: Europäischer Menschenrechtsschutz, 5. Kolloquium über die EMRK, Hrsg. Irene Maier, Heidelberg 1982, S. 95 ff., [zitiert: Imbert, Kolloquium]
Pierre-Henri Imbert	Reservations to the European Convention on Human Rights before Strasbourg Commission: the *Temeltasch* Case, 33 ICLQ 558 ff. (1984),

Josef Isensee — Weltpolizei für Menschenrechte, 50 JZ 421 ff. (1995),

Mark W. Janis — An Introduction to International Law, 2. Aufl., Boston 1993,

Anna Jenefsky — Permissibility of Egypt's Reservations to the Convention on the Elimination all Forms of Discrimination against Women, 15 MJILT 199 ff. (1991),

R. Jennings/A. Watts (Hrsg.) — Oppenheim's International Law, Band I, Teil 2-4, 9. Aufl., Harlow, Essex 1992,

Farrokh Jhabvala — The Practice of the Covenant's Human Rights Committee 1976-82: Review of State Parties Reports, 6 HRQ 81 ff. (1984),

Farrokh Jhabvala — The International Covenant on Civil and Political Rights as a Vehicle for the Global Promotion and Protection of Human Rights, 15 IYBHR 184 ff. (1985),

Walter Kälin — Die Vorbehalte der Türkei zu ihrer Erklärung gem. Art. 25 EMRK, 14 EuGRZ 421 ff. (1987),

Walter Kälin — Menschenrechtsverträge als Gewährleistung einer objektiven Ordnung, 33 BDGVR 9 ff.,

Lauren B. Kallins — The Juvenile Death Penalty: Is the United States in Contravention of International Law?, 17 MJILT 77 ff. (1993),

Menno T. Kamminga — State Succession in Respect of Human Rights Treaties, 7 EJIL 469 ff. (1996),

Wolfram Karl — Vertrag und spätere Praxis im Völkerrecht, Heidelberg 1983,

Alexandre C. Kiss — Permissible Limitations on Rights in The International Bill of Rights, Hrsg. Louis Henkin, New York 1981, S. 290 ff.,

Eckart Klein — Statusverträge im Völkerrecht, Heidelberg 1980,

Sari T. Korman — The 1978 Vienna Convention on Successon of States in Respect of Treaties: An Inadequate Response to the Issue of State Succession, 16 STLR 174 ff. (1992),

Rolf Kühner — Vorbehalte und auslegende Erklärungen zur Europäischen Menschenrechtskonvention, 42 ZaöRV 58 ff. (1982),

Rolf Kühner — Die 'auslegende Erklärung' der Schweiz zu Art. 6 Abs. 3 lit e der Europäischen Menscherechtskonvention, 43 ZaöRV 828 ff. (1983),

Rolf Kühner — Vorbehalte zu multilateralen völkerrechtlichen Verträgen, Heidelberg 1986, [zitiert: Kühner, Vorbehalte]

Ludger Kühnhardt — Menschenrechte, politisches Denken und politische Systeme, 13 EuGRZ 665 ff. (1986),

Ludger Kühnhardt — Die Universalität der Menschenrechte, Bonn 1987, [zitiert: Kühnhardt, Universalität]

Rajsoomer Lallah — Notes on the International Covenant on Civil and Political Rights and Some of its Case Law, 18 Commonwealth Law Bulletin 1276 ff. (1992),

Karl Larenz — Methodenlehre der Rechtswissenschaft, 6. Aufl., Heidelberg 1991, [zitiert: Larenz, Methodenlehre]

Werner Lauff — Der Schutz bürgerlicher und politischer Rechte durch die Vereinten Nationen, 34 NJW 2611 ff. (1981),

Richard Lillich — The *Soering* Case, 85 AJIL 128 ff. (1991),

Richard Lillich	Towards the Harmonization of International Human Rights Law in Recht zwischen Umbruch und Bewahrung, Festschrift für Rudolf Bernhardt, Hrsg. Ulrich Beyerlin, Michael Bothe, Rainer Hofmann, Ernst-Ulrich Petersmann, Heidelberg 1995, S. 453 ff., [zitiert: Lillich, FS Bernhardt]
Richard Lillich	The Growing Importance of Customary International Human Rights Law, 25 GJICL 1 ff. (1995/96),
Richard Lillich	Harmonizing Human Rights Law Nationally and Internationally: The Death Row Phenomenon as a Case Study, 40 StLLJ 699 ff. (1996);
Matthew Lippmann	The Protection of Human Rights under the International Covenant on Civil and Political Rights, 26 NILR 221 ff. (1979),
David O. Lloyd	Succession, Secession, and State Membership in the United Nations, 26 NYUJILP 761 ff. (1994),
Janet Lord	The United Nations High Commissioner for Human Rights: Challenges and Opportunities, 17 LLAICLJ 329 ff. (1995),
Lucinda Love	International Agreement Obligations after the Soviet Union's Break-up: Current United States Practice and ist Consistency with International Law, 26 VJTL 373 ff. (1993),
R. St. J. MacDonald	Reservations under the European Convention on Human Rights, 21 RBDI 429 ff. (1989),
Timothy F. Malloy	Disentangling Treaty and Customary International Law, 81 ASILP 157 ff. (1987),
Thilo Marauhn	Anmerkungen zum IGH Gutachten zur Rechtmäßigkeit der Androhung und des Einsatzes von Atomwaffen, 44 VN 179 ff. (1996),
Thilo Marauhn/Karin Oellers-Fram	Atomwaffen, Völkerrecht und die internationale Gerichts-, barkeit, 24 EuGRZ 221 ff. (1997),
Susan Marks	Reservations Unhinged: The *Belilos* Case Before the European Court of Human Rights, 39 ICLQ 300 ff. (1990),
Marco A. Martins	An Alternative Approach to the International Law of State Succession: Lex Naturae and the Dissolution of Yugoslavia, 44 SLR 1019 ff. 1(993),
Andreas Mavrommatis	Conditions of Admissability, 1991 CanHRYB 69 ff.,
Ann Elizabeth Mayer	Universal Versus Islamic Human Rights: A Clash of Cultures or a Clash with a Construct?, 15 MJIL 307 ff. (1994),
Annette Marfording	Cultural Relativism and the Construction of Culture: An Examination of Japan, 19 HRQ 431 ff. (1997),
Etienne R. Mbaya	Die Menschenrechtskonferenz von Wien 1993, 27 ZRP 25 ff. (1994),
Dominic McGoldrick	The Human Rights Committee: Its Role in the Development of the International Covenant on Civil and Political Rights, Oxford 1991, [zitiert: McGoldrick, Human Rights Committee]
D.M. McRae	The Legal Effects of Interpretative Declarations, 49 BYBIL 155 ff. (1978),

Menschenrechte	Dokumente und Deklarationen Textsammlung hrsg. von der Bundeszentrale für politische Bildung, 2. Aufl., Bonn 1995, [zitiert: Menschenrechte, Dokumente und Deklarationen]
M.R. Mendelson	Reservations to the Constitutions of International Organizations, 45 BYBIL 137 ff. (1971),
Theodor Meron	Norm Making and Supervision in International Human Rights: Reflections on Institutional Order, 76 AJIL 754 ff. (1982),
Theodor Meron	On a Hierarchy of International Human Rights, 80 AJIL 1 ff. (1986),
Theodor Meron	Human Righs and Humanitarin Norms as Customary Law, Oxford 1989, [zitiert: Meron, Customary Law]
Theodor Meron/Mary M. McCarthy	State Responsibility for Violations of Human Rights, 83 ASILP 372 ff. (1989),
Theodor Meron	Enhancing the Effectiveness of the Prohibition of Discrimination against Women, 84 AJIL 213 ff. (1990),
Theodor Meron	The Extraterritoriality of Human Rights Treaties, 89 AJIL 78 ff. (1995),
J.G. Merrills	The development of international law by the European Court of Human Rights, 2. Aufl., Manchester 1993,
Jens Meyer-Ladewig	Ein neuer ständiger Europäischer Gerichtshof für Menschenrechte, 48 NJW 2813 ff. (1995),
Jakob Th. Moeller	Recent Jurisprudence of the Human Rights Committee - A Brief Overview, 1991 CanHRYB 79 ff.,
Erik Moese/Torkel Opsahl	The Optional Protocol to the International Covenant on Civil and Political Rights, 21 SCLR 271 ff. (1981),
Manfred Mohr	Fragen der Durchsetzung von Völkerrechtsnormen, dargestellt anhand der Antirassismuskonvention von 1965 und der UN-Menschenrechtskonvention von 1966, Berlin 1981, [zitiert: Mohr, Durchsetzung von Völkerrechtsnormen]
Jörg Paul Müller	Vertrauensschutz im Völkerrecht, Köln 1971,
Rein A. Mullerson	Monitoring Compliance with International Human Rights Standards Experience of the Human Rights Committee, 1991 CanHRYB 105 ff.,
Rein A. Mullerson	Human Rights and the Individual as Subject of International Law: A Soviet View, 1 EJIL 33 ff. (1991),
Rein A. Mullerson	New Developments in the Former USSR and Yugoslavia, 33 VJIL 299 ff. (1993),
Rein A. Mullerson	The Continuity and Succession of States, by Reference to the Former USSR and Yugoslavia, 42 ILCQ 473 ff. (1993),
Roda Mushkat	Hong Kong and Succession of Treaties, 46 ICLQ 181 ff. (1997),
Makau wa Mutu	The Ideology of Human Rights, 36 VJIL 589 ff. (1996),
Ved P. Nanda	The United States Reservation to the ban on the Death Penalty for Juvenile Offenders: an Appraisal under the International Covenant on the Civil and Political Rights, 42 DPLR 1311 ff. (1993),
Fali S. Nariman	The Universality of Human Rights, 50 ICJRev. 8 ff. (1993),

Aryeh Neier	Political Consequences of the United States Ratification of the International Covenant on Civil and Political Rights, 42 DPLR 1233 ff. (1993),
Frank C. Newman	United Nations Human Rights Covenants and the United States Government: Diluted Promises, Forseeable Futures, 42 DPLR 1241 ff. (1993),
Isaac Nguéma	Diskussionsbeitrag in Universality of Human Rights in a Pluralistic World, Proceedings of the Colloquy organised by the Council of Europe in cooperation with the International Insitute of Human Rights, Strasbourg, 17.-19. April 1989, Kehl am Rhein 1990, S. 126 ff., [zitiert: Nguéma, Universality Colloquy]
Isaac Nguéma	Perspektiven der Menschenrechte in Afrika, 17 EuGRZ 301 ff. (1990),
Manfred Nowak	Die Durchsetzung des Paktes über bürgerliche und politische Rechte, 7 EuGRZ 532 ff. (1980),
Manfred Nowak	The Effectivenness of the International Covenant on Civil and Political Rights - Stocktaking after the first eleven sessions of the UN-Human Rights Committee, 1 HRLJ 136 ff. (1980),
Manfred Nowak	UN-Ausschuß für Menschenrechte - Rechtsprechungsbericht Oktober 1980 bis Juli 1981, 8 EuGRZ 427 ff. (1981),
Manfred Nowak	UN-Ausschuß für Menschenrechte - Rechtsprechungsbericht Oktober 1981 bis Oktober 1982, 10 EuGRZ 11 ff. (1983),
Manfred Nowak	UN-Ausschuß für Menschenrechte - Rechtsprechungsbericht März 1983 bis Juli 1984, 11 EuGRZ 421 ff. (1984),
Manfred Nowak	UN-Ausschuß für Menschenrechte - Rechtsprechungsbericht Juli 1984 bis Juli 1986, 13 EuGRZ 605 ff. (1986),
Manfred Nowak	UN-Ausschuß für Menschenrechte - Rechtsprechungsbericht Juli 1986 bis Juli 1989, 16 EuGRZ 430 ff. (1989),
Manfred Nowak	UNO-Pakt über bürgerliche und politische Rechte und Fakultativprotokoll, CCPR-Kommentar, Kehl am Rhein 1989, [zitiert: Nowak, CCPR-1989]
Manfred Nowak	The Activities of the UN-Human Rights Committee: Developments from 1 August 1989 through 31 July 1992, 14 HRLJ 9 ff. (1993),
Manfred Nowak	The International Covenant on Civil and Political Rights: A Commentary, Kehl am Rhein 1993, [zitiert: Nowak, CCPR]
Manfred Nowak	The Activities of the UN Human Rights Committee: Developments from 1 August 1992 through 31 July 1995, 16 HRLJ 377 ff. (1995),
D.P. O'Connell	International Law, Band I, 2. Aufl., London 1970,
Michael O'Flahery	Towards Effective Engagement of the United Nations Human Rights Protection Systems, May 1992 Irish Law Times 109,
Michael O'Flaherty	The Reporting Obligation under Article 40 of the International Covenant on Civil and Political Rights: Lessons to be

	Learned from Consideration by the Human Rights Committee of Irelands's First Report, 16 HRQ 515 ff. (1994),
Karin Oeller-Frahm	Anmerkungen zum IGH-Urteil vom 11. Juli 1996, Bosnien-Herzegowina gegen Jugoslawien (Serbien und Montenegro), 44 VN 181 ff. (1996);
Stefan Oeter	Die 'auslegende Erklärung' der Schweiz zu Art. 6 Abs. 1 EMRK und die Unzulässigkeit von Vorbehalten nach Art. 64 EMRK, 48 ZaöRV 514 ff. (1988),
Torkel Opsahl	The Protection of Human Rights in the Council of Europe and in the United Nations, EYB 1978, S. 92 ff.,
Torkel Opsahl	Ten years' coexistence Strasbourg - Geneva in Protecting Human Rights: The European Dimension, Studies in honour of Gèrard J. Wiarda, Hrsg. Franz Matscher, Herbert Petzold, Köln 1988, S. 441 ff., [zitiert: Opsahl, FS Wiarda]
Torkel Opsahl	The General Comments of the Human Rights Committee, in Des Menschen Recht zwischen Freiheit und Verantwortung, Festschrift für Karl-Joseph Partsch, Hrsg. Jürgen Jekewitz, Karl Heinz Klein, Jörg Detlef Kühne, Hans Petersman, Rüdiger Wolfrum, Berlin 1989, S. 273 ff., [zitiert: Opsahl, FS Partsch]
Torkel Opsahl	The Coexistence between Geneva and Strasbourg Inter-Relationship of the International Covenant on Civil and Political Rights and the European Convention on Human Rights and Their Respective Organs of Implementation, 1991 CanHRYB 151 ff.,
Torkel Opsahl	The Human Rights Committee in The United Nations and Human Rights, Hrsg. Philip Alston, Oxford 1992, S. 369 ff., [zitiert: Opsahl, Human Rights Committee]
Ebere Osieke	The legal validity of ultra vires decisions of international organizations, 77 AJIL 239 ff. (1983),
Karl-Josef Partsch	Vor- und Nachteile einer Regionalisierung des internationalen Menschenrechtsschutzes, 16 EuGRZ 1 ff. (1989),
Karl-Josef Partsch	Menschenrechte allgemein in Handbuch Vereinte Nationen, Hrsg. Rüdiger Wolfrum, 2. Aufl., München 1991, S. 544 ff.,
Jo M. Pasqualucci	Thomas Buergenthal: Holocaust Survivor to Human Rights Advocate, 18 HRQ 877 ff. (1996),
Jordan J. Paust	Avoiding "Fraudulent" Executive Policy: Analysis of Non-Self-Execution of the Covenant on Civil and Political Rights, 42 DPLR 1257 ff. (1993),
Jordan J. Paust	The Complex Nature, Sources and Evidences of Customary Human Rights, 25 GJICL 147 ff. (1995/96),
Vratislav Pechota	The Development of the Covenant on Civil and Political Rights in The International Bill of Rights, Hrsg. Louis Henkin, New York 1981, S. 2 ff.,
Michael J. Perry	Are Human Rights Universal? The Relativist Challenge and Related Matters, 19 HRQ 461 ff. (1997),
Pierre Pescatore	La Cour de justice des Communautés européenes et la Convention européene des Droits de l'Homme in Protecting

	Human Rights: The European Dimension, Studies in honour of Gèrard J. Wiarda, Hrsg. Franz Matscher, Herbert Petzold, Köln 1988, S. 441 ff., [zitiert: Pescatore, FS Wiarda]
Barry Phillips	Case Note on Pratt & Morgan v. Attorney-General for Jamaica, 88 AJIL 775 ff. (1994),
Catherine L. Piper	Reservations to Multilateral Treaties: The Goal of Universality, 71 ILR 295 ff. (1985),
Avv. Fausto Pocar	The International Covenant on Civil and Political Rights in Manual on Human Rights Reporting, UN-Doc. HR/PUB /91/1 (1991),
Avv. Fausto Pocar	Legal Value of the Human Rights Committee's Views, 1991 CanHRYB 119 ff.,
Adamantia Pollis/ Peter Schwab (Hrsg.)	Human Rights: Cultural and Ideological Perspectives, New York 1979, [zitiert: Pollis/Schwab]
Adamantia Pollis	Cultural Relativism Revisited: Through a State Prism, 18 HRQ 316 ff. (1996),
Michael H. Posner/ Peter J. Spiro	Adding Teeth to United States Ratification of the Covenant on Civil and Political Rights: The International Human Rights Conformity Act of 1993, 42 DPLR 1209 ff. (1993),
Othon A. Prounis	The Human Rights Committee: Towards Resolving the Paradox of Human Rights Law, 17 CHRLR 103 ff. (1985),
René Provost	Reciprocity in Human Rights and Humanitarian Law, 65 BYBIL 383 ff. (1994),
John Quigley	The International Covenant on Civil and Political Rights and the Supremacy Clause, 42 DPLR 1287 ff. (1993),
John Quigley	Criminal Law and Human Rights: Implications of the United States Ratification of the International Covenant on Civil and Political Rights, 6 HHRJ 59 ff. (1993),
B.G. Ramcharan	The Emerging Jurisprudence of The Human Rights Committee, 6 DLJ 7 ff. (1980),
Catherine Redgwell	Universality or Intergrity? Some Reflections on Reservations to General Multilateral Treaties, 64 BYBIL 245 ff. (1993),
Catherine Redgwell	Reservations to Treaties and Human Rights Committee General Comment No. 24 (52), 46 ICLQ 390 ff. (1997),
Florian Reindel	Auslegung menschenrechtlicher Verträge am Beispiel der Spruchpraxis des UN-Menschenrechtsausschusses, des Europäischen und des Inter-amerikanischen Gerichtshofes für Menschenrechte, München 1995,
Alison D. Renteln	The Unanswered Challenge of Relativism and the Consequences for Human Rights, 7 HRQ 534 ff. (1985),
Hans-Konrad Ress	Die Zulässigkeit territorialer Beschränkungen bei der Anerkennung der Zuständigkeit des Europäischen Gerichtshofs für Menschenrechte, 56 ZaöRV 427 ff. (1996),
Eibe Riedel	Menschenrechte der dritten Dimension, 16 EuGRZ 9 ff. (1989),
Charles Ritterband	Universeller Menschenrechtsschutz und völkerrechtliches Interventionsverbot, Bern 1982,

Arthur Robertson	The United Nations Covenant on Civil and Political Rights and the European Convention on Human Rights, 43 BYBIL 21 (1968/69),
Arthur Robertson	The Implementation System: International Measures in The International Bill of Rights, Hrsg. Louis Henkin, New York 1981, S. 332 ff., [zitiert: Robertson, Bill of Rights]
Craig R. Roecks	Extradition, Human Rights, and the Death Penalty: When Nations Must Refuse to Extradite a Person Charged with a Capital Crime, 25 CWILJ 189 ff. (1994),
Nigel Rodley	Monitoring Human Rights by the UN System and Nongovernmental Organizations in Human Rights and American Foreign Policy, 157 ff., London 1979,
Nigel Rodley	Religious Punishments and the Prohibition of Torture and Cruel, Inhuman or Degrading Punishment, Proceedings of the ASIL/NVIR Third Joint Conference, Den Haag 1995, S. 332 ff., [zitiert: Rodley, 1995 ASIL/NVIR Proceedings]
Jose Maria Ruda	Reservations to Treaties, 146 RdC 95 ff. (1975 III),
Jose Maria Ruda	Some of the Contributions of the International Court of Justice to the Development of International Law, 24 NYUJIP 35 ff. (1991),
Christian Rumpf	Die Anerkennung des Individualbeschwerderechts gemäß Art. 25 EMRK durch die Türkei, 47 ZaöRV 778 ff. (1987),
Urs W. Saxer	The Transformation of the Soviet Union: From a Socialist Federation to a Commonwealth of Independent States, 14 LLAICJ 581 ff. (1992),
Michael Scaperlanda	Polishing the Tarnished Golden Door, 1993 WiLR 965 ff.,
William A. Schabas	Reservations to Human Rights Treaties: Time for Innovation and Reform, 32 CYBIL 39 ff. (1994),
William A. Schabas	*Soering's* Legacy: The Human Rights Committee and the Judicial Committee of the Privy Council Take a Walk Down Death Row, 43 ICLQ 913 ff. (1994),
William A. Schabas	Invalid Reservations to the International Covenant on Civil and Political Rights: Is the United States still a Party?, 21 BJIL 277 ff. (1995),
Oscar Schachter	The Obligation of the Parties to Give Effect to the Covenant on Civil and Political Rights, 73 AJIL 462 ff. (1979),
Oscar Schachter	United Nations Law, 88 AJIL 1 ff. (1994),
Oscar Schachter	State Succession: The Once and Future Law, 33 VJIL 253 ff. (1993),
Dietrich Schindler	Die erga omnes-Wirkung des humanitären Völkerrechts in Recht zwischen Umbruch und Bewahrung, Festschrift für Rudolf Bernhardt, Hrsg. Ulrich Beyerlin, Michael Bothe, Rainer Hofmann, Ernst-Ulrich Petersmann, Heidelberg 1995, S. 199 ff., [zitiert: Schindler, FS Bernhardt]
Markus Schmidt	Individual Human Rights Complaint Procedures Based on United Nations Treaties and the Need for Reform, 41 ICLQ 645 ff. (1992),

Markus Schmidt	Kein stilles Dulden - Beschwerdeverfahren vor Menschenrechts-gremien der Vereinten Nationen, 42 VN 7 ff. (1994),
Christoph Schreuer	Regionalism v. Universalism, 6 EJIL 477 ff. (1995),
Stephen M. Schwebel	Human Rights in the World Court, 24 VJTL 945 ff. (1991),
Theodor Schweisfurth	Das Recht der Staatensukzession - Die Staatenpraxis der Nachfolge in völkerrechtliche Verträge, Staatsvermögen, Staatschulden und Archive in den Teilungsfällen Sowjetunion, Tschechoslowakei und Jugoslawien, 35 BDGVR 49 ff. (1996),
Michael Schweitzer	Staatsrecht III, Staatsrecht, Völkerrecht, Europarecht, 6. Aufl., Heidelberg 1997,
Egon Schwelb	Some aspects of the International Covenants on Human Rights of December 1966 in International Protection of Human Rights, Hrsg. Asbjörn Eide und August Schou, Stockholm 1968, S. 103 ff., [zitiert: Schwelb, International Covenants]
Egon Schwelb	The Law of Treaties and Human Rights, 1974 ArchVR 1 ff.,
Egon Schwelb	The International Measures of Implementation of the International Covenant on Civil and Political Rights of the Optional Protocol, 12 TILJ 141 ff. (1977),
Gerd Seidl	Diskussionsbeitrag, 35 BDGVR 364 ff. (1996),
Ignaz Seidl-Hohenveldern	Völkerrecht, 9. Aufl., Köln, Berlin 1997, [zitiert: Seidl-Hohenveldern]
Malcolm N. Shaw	State Succession Revisited, 5 FYBIL 34 ff. (1994),
Michael P. Shea	Expanding Judicial Scrutiny of Human Rights in Extradition Cases after Soering, 17 YJIL 85 ff. (1992),
Dinah Shelton	State Practice on Reservations to Human Rights Treaties, 1983 CanHRYB 205 ff.,
Dinah Shelton	Anmerkungen zu Resolution Nr. 3/87 der IAKMR, 8 HRLJ 355 ff. (1987),
Dinah Shelton	International Law in U.S. Ratification of the International Covenants on Human Rights, Hrsg. Hurst Hannum und Dana Fisher, New York 1993, S. 27 ff., [zitiert: Shelton, U.S. Ratification]
Dinah Shelton	The Participation of Nongovernmental Organizations in International Judicial Proceedings, 88 AJIL 611 ff. (1994),
Edward F. Sherman	The U.S. Death Penalty Reservation to the International Covenant on Civil and Political Rights: Exposing the Limitation of the Flexible System Governing Treaty Formation, 29 TILJ 69 ff. (1994),
Bruno Simma/Philip Alston	The Sources of Human Rights Law: Custom, Jus Cogens, and General Principles, 12 AYBIL 82 ff. (1992),
Bruno Simma	International Human Rights and General International Law: A Comparative Analysis, 1993 AEL, Vol. IV, Book Nr. 2, S. 153 ff.,
Bruno Simma	Die internationale Kontrolle des VN-Paktes über wirtschaftliche, soziale und kulturelle Rechte: neue Entwicklungen in Recht zwischen Umbruch und Bewahrung, Fest-

schrift für Rudolf Bernhardt, Hrsg. Ulrich Beyerlin, Michael Bothe, Rainer Hofmann, Ernst-Ulrich Petersmann, Heidelberg 1995, S. 615 ff., [zitiert: Simma, FS Bernhardt]

Bruno Simma — Diskussionsbeitrag, 35 DGVR 355 f. (1996),

Blaine Sloan — The United Nations Charter as a Constitution, 1 PYBIL 61 ff. (1989),

Louis B. Sohn — The Human Rights Law of the Charter, 12 TILJ 129 ff. (1977),

Louis B. Sohn — The New International Law: Protection of the Rights of Individuals rather than States, 32 AULR 1 ff. (1982),

Louis B. Sohn — Sources of International Law, 25 GJICL 399 ff. (1995/96),

David P. Stewart — United States Ratification of the Covenant on Civil and Political Rights: The Significance of the Reservations, Understandings, and Declarations, 42 DPLR 1183 ff. (1993),

David P. Stewart — U.S. Ratification of the Covenant on Civil and Political Rights: The Significance of Reservations, Understandings and Declarations, 14 HRLJ 77 ff. (1993),

Erik Suy — Droit de traités et droit de l'homme in Völkerrecht als Rechtsordnung, Internationale Gerichtsbarkeit, Menschenrechte, Festschrift für Hermann Mosler, Hrsg. Rudolf Bernhardt, Wilhelm Karl Geck, Günther Jaenicke, Helmut Steinberger, Heidelberg 1983, S. 935 ff., [zitiert: Suy, FS Mosler]

Erik Suy — Consensus, EPIL, Vol. I, North-Holland 1992,

Walter Tarnopolsky — The Operation of the Committee; Procedural Rules, 1991 CanHRYB 41 ff.,

Maxime E. Tardu — Human Rights Complaint Procedures of the United Nations: Assessment and Prospects in Des Menschen Recht zwischen Freiheit und Verantwortung, Festschrift für Karl-Joseph Partsch, Hrsg. Jürgen Jekewitz, Karl Heinz Klein, Jörg Detlef Kühne, Hans Petersman, Rüdiger Wolfrum, Berlin 1989, S. 287 ff., [zitiert: Tardu, FS Partsch]

Maxime E. Tardu — The Effectiveness of United Nations Methods and Mechanisms in the Field of Human Rights: A Critical Overview, U.N. Doc. A/CONF.157/PC/60/Add. 5 (1993),

Fernando R. Tesón — International Human Rights and Cultural Relativism, 25 VJIL 869 ff. (1985),

Fernando R. Tesón — Le Peuple, C'est Moi! The World Court and Human Rights, 81 AJIL 173 ff. (1987),

Sibylle Tönnies — Ohne Ansehen der Nation, FAZ vom 4. Juli 1996, S. 33,

Jiri Toman — Quasi-Legal Standards and Guidelines for Protecting Human Rights, in Guide to International Human Rights Practice, Hrsg. Hurst Hannum, 2. Aufl., Philadelphia 1992, S. 192 ff.,

Christian Tomuschat — Admissibility and Legal Effects of Reservations to Multilateral Treaties, 27 ZaöRV 463 ff. (1967),

Christian Tomuschat — Evolving procedural rules: The UN-Human Rights Committee's first two years of dealing with individual communications, 1 HRLJ 249 ff. (1980),

Christian Tomuschat — Der Ausschuß für Menschenrechte - Recht und Praxis, 29 VN 141 ff. (1981),

Christian Tomuschat — Is Universality of Human Rights Standards an Outdated and Utopian Concept? in Das Europa der zweiten Generation, Gedächtnisschrift für Christoph Sasse, Hrsg. Bieber, Bleckmann, Capotorti u.a., Kehl am Rhein 1981, S. 585 ff., [zitiert: Tomuschat, GS Sasse]

Christian Tomuschat — National implementation of international standards on human rights, 1985 CanHRYB 31 ff.,

Christian Tomuschat — Human Rights in World-Wide Framework: Some Current Issues, 45 ZaöRV 545 ff. (1985),

Christian Tomuschat — International Covenant on Civil and Political Rights, Human Rights Committee (1985) in Encyclopedia of Public International Law Bd. 2, S. 1115 ff., Hrsg. Rudolf Bernhardt, Elsevier (Niederlande) 1995, [zitiert: Tomuschat, EPIL]

Christian Tomuschat — Zehn Jahre Menschenrechtsausschuß - Versuch einer Bilanz, 35 VN157 ff. (1987),

Christian Tomuschat — Turkey's Declaration under Article 25 of the European Convention on Human Rights in Fortschritt im Bewußtsein der Grund- und Menschenrechte, Festschrift für Felix Ermacora, Hrsg. Manfred Nowak, Dorothea Steurer, Hannes Tretter, Kehl am Rhein 1988, S. 119 ff., [zitiert: Tomuschat, FS Ermacora]

Christian Tomuschat — Die Vereinten Nationen und die Menschenrechte in Politik und Zeitgeschichte, B49/88, S. 14 ff. (1988),

Christian Tomuschat — Die Durchsetzung der Menschenrechte im weltweiten Rahmen, 108 ZfSR 1 ff. (1989),

Christian Tomuschat — Diskussionsbeitrag in Universality of Human Rights in a Pluralistic World, Proceedings of the Colloquy organised by the Council of Europe in cooperation with the International Insitute of Human Rights, Strasbourg, 17.-19. April 1989, Kehl am Rhein 1990, S. 73 ff., [zitiert: Tomuschat, Universality Colloquy]

Christian Tomuschat — Aller guten Dinge sind III?, 25 EuR 340 ff. (1990),

Christian Tomuschat — Die Menschenrechte - Universaler Anspruch - Vielfalt der Kulturen in Die Menschenrechte - unsere Verantwortung, Hrsg. Hermann Weber, Bonn 1991, S. 18 ff.; [zitiert: Tomuschat, Menschenrechte - Universaler Anspruch]

Christian Tomuschat — Menschenrechte, Staatenberichte in Wolfrum, Handbuch VN, S. 559 ff., [zitiert: Tomuschat, Menschenrechte, Staatenberichte]

Christian Tomuschat — Die Zukunft der Vereinten Nationen, 47 EuArch 42 ff. (1992),

Christian Tomuschat — Menschenrechte - Eine Sammlung internationaler Dokumente zum Menschenrechtsschutz, Textsammlung, Bonn 1992, [zitiert: Tomuschat, Menschenrechte]

Christian Tomuschat	Obligations Arising for States Without or Against their Will, 1993 IV RdC 195 ff.,
Christian Tomuschat	Making Individual Communications an Effective Tool for the Protection of Human Rights in Recht zwischen Umbruch und Bewahrung, Festschrift für Rudolf Bernhardt, Hrsg. Ulrich Beyerlin, Michael Bothe, Rainer Hofmann, Ernst-Ulrich Petersmann, Heidelberg 1995, S. 615 ff., [zitiert: Tomuschat, FS Bernhardt]
Yogesh Tyagi	Cooperation between the Human Rights Committee and Nongovernmental Organizations: Permissibility and Propositions, 18 TILJ 273 ff. (1983),
U.O. Umozurike	Six Years of the African Comission on Human and Peoples' Rights in Recht zwischen Umbruch und Bewahrung, Festschrift für Rudolf Bernhardt, Hrsg. Ulrich Beyerlin, Michael Bothe, Rainer Hofmann, Ernst-Ulrich Petersmann, Heidelberg 1995, S. 635 ff., [zitiert: Umozurike, FS Bernhardt]
Athanassios Vamvoukos	Termination of Treaties in International Law, Oxford 1985,
Karel Vasak (Hrsg.)	The International Dimensions of Human Rights, Westport 1982, [zitiert: Vasak, Human Rights]
Alfred Verdross/ Bruno Simma	Universelles Völkerrecht, 3. Aufl., Berlin 1984, [zitiert: Verdross/Simma]
E.W. Vierdag	Some Remarks About Special Features of Human Rights Treaties, 25 NYBIL 119 ff. (1994),
Beatrice Wagner/ Luzius Wildhaber	Der Fall Temeltasch und die auslegende Erklärungen der Schweiz, 10 EuGRZ 145 ff. (1983),
S. Amos Wako	Comparison of the African Carter on Human and Peoples' Rights and the Optional Protocol to the International Covenant on Civil and Political Rights, 1991 CanHRYB 145 ff.,
Jaap A. Walkate	The Human Rights Committee and Public Emergencies, 9 YJWPO 133 ff. (1982),
Colin Warbrick	Coherence and the European Court of Human Rights: The Adjudicative Background to the Soering Case, 11 MJIL 1073 ff. (1990),
Halima Warzazi Emareka	Diskussionsbeitrag in Universality of Human Rights in a Pluralistic World, Proceedings of the Colloquy organised by the Council of Europe in cooperation with the International Insitute of Human Rights, Strasbourg, 17.-19. April 1989, Kehl am Rhein 1990, S. 80 ff., [zitiert: Warzazi Emareka, Universality Colloquy]
Geoffrey R. Watson	Consitutionalism, Judicial Review, and the World Court, 34 HILJ 1 ff. (1993),
Marc Weller	The International Response to the Dissolution of the Socialist Federal Republic of Yugoslavia, 86 AJIL 569 ff. (1992),
James C. Wolf	The Jurisprudence of Treaty Interpretation, 21 UCDLR 1023 ff. (1988),
Rüdiger Wolfrum	Die Entwicklung des internationalen Menschenrechtsschutzes, 48 EuArch 681 ff. (1993);

Rüdiger Wolfrum	Diskussionsbeitrag, Proceedings of the ASIL/NVIR Third Joint Conference, Den Haag 1995, S. 59 f., [zitiert: Wolfrum, 1995 ASIL/NVIR Proceedings]
Rüdiger Wolfrum	Diskussionbeitrag, 35 BDGVR 347 f. (1996),
Lee S. Wolosky/ Jonathan M. Malis/ David A. Schwimmer	START, START II, and Ownership of Nuclear Weapons: The Case for a "Primary" Successor State, 34 HILJ 581 ff. (1993),
Alfred de Zayas/Jacob Møller/Torkel Opsahl	Application of the International Covenant on Civil and Political Rights under the Optional Protocol by the Human Rights Committee, 28 GYIL 9 ff. (1985),
Alfred de Zayas/Jacob Th. Møller/Torkel Opsahl	Application of the International Covenant on Civil and Political Rights under the Optional Protocol by the Human Rights Committee, 26 CJR 3 ff. (1989),
Alfred de Zayas	The Follow-Up Procedure of the UN Human Rights Committee, 47 ICJRev. 28 ff. (1991),
Alfred de Zayas	The United Nations High Commissioner for Human Rights: Position, Functions and Experience in The Institution of a Commisioner for Human Rights and Minorities and the Prevention of Human Rights Violations, S. 17 ff., Hrsg. Ekkart Klein, Berlin 1994, [zitiert: de Zayas, High Commissioner]
Alfred de Zayas	The Follow-Up Procedure of the UN Human Rights Committee, Proceedings of the ASIL/NVIR Third Joint Conference, Den Haag 1995, S. 46 ff., [zitiert: de Zayas, 1995 ASIL/NVIR Proceedings]
Mona Zulificar	Keynote Speakers: From Human Rights to Program Reality: Vienna, Cairo, and Beijing in Perspective, 44 AULR 1017 ff. (1995).

GPSR Compliance
The European Union's (EU) General Product Safety Regulation (GPSR) is a set of rules that requires consumer products to be safe and our obligations to ensure this.

If you have any concerns about our products, you can contact us on

ProductSafety@springernature.com

In case Publisher is established outside the EU, the EU authorized representative is:

Springer Nature Customer Service Center GmbH
Europaplatz 3
69115 Heidelberg, Germany

www.ingramcontent.com/pod-product-compliance
Lightning Source LLC
LaVergne TN
LVHW010916051026
849532LV00003B/722
* 9 7 8 3 5 4 0 6 6 4 1 8 5 *